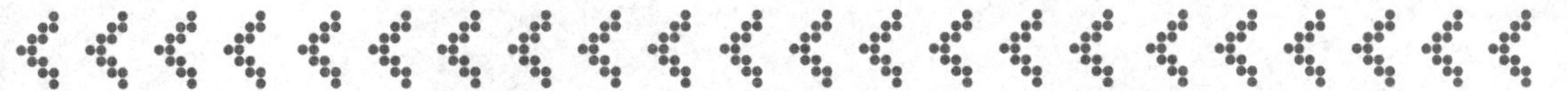

高等职业教育物流类专业新形态一体化教材

现代物流基础

（微课版·第五版）

胡建波　主　编

张　议　闫洪林　程文科　李　雪　副主编

清华大学出版社
北　京

内容简介

本书是"十四五"职业教育国家规划教材、校企双元团队合作开发教材、在线开放课程配套教材。本书秉持职业活动导向理念，遵循由浅入深的认知规律，参照《高等职业学校现代物流管理专业教学标准》《物流管理1+X试点工作指南》《物流服务师国家职业技能标准》等文件精神，结合数字技术赋能职业教育的创新发展，以及物流与供应链的数字化转型、升级，对现代物流基础课程内容进行了重构与优化，设置智慧物流认知、物流基本功能活动管理、企业物流管理、物流外包与第三方物流运营管理、物流组织与管理、国际物流运营与管理、智慧供应链管理七个项目。

本书凸显课程思政地位；配套数字资源丰富；有机融入新技术、新标准、新规范；任务引领、项目导向；角色扮演，游戏教学，寓教于乐；支持探究式学习；内容新，紧贴行业发展；提供大量新案例，增强教材可读性。

本书可作为高职院校物流类、工商管理类、电子商务类、经济贸易类、交通运输类专业及其他相关专业的教材，也可作为应用型本科院校相关专业的参考书，且适合相关领域的从业人员作为培训教材使用。

图书在版编目(CIP)数据

现代物流基础：微课版/胡建波主编.—5版.—北京：清华大学出版社，2024.2(2025.2重印)
高等职业教育物流类专业新形态一体化教材
ISBN 978-7-302-65221-2

Ⅰ.①现… Ⅱ.①胡… Ⅲ.①物流—高等职业教育—教材 Ⅳ.①F252

中国国家版本馆CIP数据核字(2024)第035940号

责任编辑：左卫霞
封面设计：常雪影
责任校对：李　梅
责任印制：杨　艳

出版发行：清华大学出版社
网　　址：https://www.tup.com.cn，https://www.wqxuetang.com
地　　址：北京清华大学学研大厦A座　　邮　　编：100084
社 总 机：010-83470000　　邮　　购：010-62786544
投稿与读者服务：010-62776969，c-service@tup.tsinghua.edu.cn
质量反馈：010-62772015，zhiliang@tup.tsinghua.edu.cn
课件下载：https://www.tup.com.cn，010-83470410
印 装 者：涿州汇美亿浓印刷有限公司
经　　销：全国新华书店
开　　本：185mm×260mm　　**印　张**：19.25　　**字　　数**：492千字
版　　次：2007年2月第1版　2024年4月第5版　　**印　　次**：2025年2月第3次印刷
定　　价：59.00元

产品编号：104901-01

FOREWORD

前 言

本书将党的二十大精神渗透到教材内容中，通过小贴士（专门知识点）和案例反映人工智能（AI）、区块链（BC）、机器学习（ML）、机器人流程自动化（RPA）、物联网（IoT）、云计算、大数据等新技术在智慧物流与供应链中的应用，凸显数字经济；通过挖掘课程思政元素，设置素养目标，开发课程思政素材，将社会主义核心价值观渗透到教材内容中，产生“润物细无声”的学习效果，落实立德树人根本任务；通过将新技术、新标准、新规范、新模式渗透到教材内容中，确保内容新，为培养高素质技术技能型智慧物流与供应链人才奠定基础，推动经济高质量发展。

2022 年 5 月，国务院发布《“十四五”现代物流发展规划》（以下简称《规划》）。《规划》指出，坚持以供给侧结构性改革为主线，提升产业链供应链韧性和安全水平，推动构建现代物流体系，推进现代物流提质、增效、降本，为建设现代产业体系、形成强大国内市场、推动高水平对外开放提供有力支撑。《规划》明确指出，按照“市场主导、政府引导，系统观念、统筹推进，创新驱动、联动融合，绿色低碳、安全韧性”原则，到 2025 年，基本建成供需适配、内外联通、安全高效、智慧绿色的现代物流体系，物流创新发展能力和企业竞争力显著增强，物流服务质量效率明显提升，“通道＋枢纽＋网络”运行体系基本形成，安全绿色发展水平大幅度提高，现代物流发展制度环境更加完善。

为践行产教融合、校企合作精神，把行业企业物流运作与管理的先进内容引入教材，使教材内容更好地反映行业的发展趋势，并满足行业企业对高素质技术技能人才的需求，我们构建了校企双元编写团队，由全国物流职业教育教学名师、中国物流学会理事、全国物流职业教育教学指导委员会教学改革专业委员会及课程思政专门委员会委员胡建波教授领衔，多所高职院校物流与供应链教师和行业龙头企业专家参与编写。

本书具有以下特色。

（1）凸显课程思政地位。编写团队充分挖掘课程思政元素，设置素养目标，开发课程思政素材，依托中国物流在世界崛起、供应链上升为我国国家战略等素材，培养学生的家国情怀、专业认同感及勇于担当和勇于创新的精神。

（2）校企双元团队合作开发、编写。行业、企业专家主要提供物流与供应链运作与管理素材，教师负责将其转化为项目及任务。

（3）配套数字资源丰富。本书配套建设有在线开放课程，内含物流与供应链视频、微课（专家、教授、名师授课视频）、案例库、试题库、实训资源、拓展资源、在线测试与讨论等内容，扫描下页下方二维码即可在线学习该课程，本书精选其中优质资源做成二维码在书中进行了关联标注。丰富的数字课程资源，方便学生自主个性化学习，方便教师开展线上线下“混合式”教学，有利于“翻转课堂”的组织实施。

(4) 凸显新技术在智慧物流与供应链中的应用。本书有机融入人工智能(AI)、区块链(BC)、机器学习(ML)、机器人流程自动化(RPA)、物联网(IoT)等新技术,凸显新技术在智慧物流与供应链中的应用。

(5) 任务引领、项目导向。全书包括物流认知、校园超市供应链的设计等九个实训项目,要求学生开展行业(企业)调查并完成调查报告,撰写设计方案,完成实训报告,系统培养学生的综合能力。

(6) 游戏教学,寓教于乐。在供应链运作与管理等实训项目的教学中,采取角色扮演,游戏教学的形式,寓教于乐。

(7) 问题驱动,支持探究式学习。每个项目的开头设置了引例,并设计了相应的问题,文中设计了思考题,引导学生开展探究式学习。

(8) 课后同步测试。每个项目结束后设计了判断、选择、计算、实训、情境问答、综合分析、案例分析、方案设计等练习,题型灵活多样,着重培养学生的物流与供应链运营管理实务能力,体现职业活动导向。

(9) 内容新,紧贴行业发展。本书包括绿色物流、智慧物流、跨境电商物流、智慧供应链、现代供应链、数字化供应链、物流与供应链金融等内容,引领学生认知物流外包的发展趋势,探析物流外包风险的成因与规避对策。

(10) 物流术语准确。本书根据现行国家标准《物流术语》(GB/T 18354—2021),准确界定和使用每个物流术语。书中涉及的相关物流术语放于每个项目开头的项目脚注二维码文件中。

(11) 新增大量我国崛起企业新案例。本书新增京东无人物流中心、顺丰公司打造核心竞争力的秘密武器、中国的希音为什么能够打败西班牙的 ZARA 等案例,传承民族精神,厚植爱国情怀,增强教材可读性。

(12) 配有大量物流实物图片。增强直观感,有助于提高学生的学习效果。

本书由四川交通职业技术学院胡建波教授担任主编,成都工贸职业技术学院张议、河南交通职业技术学院闫洪林、新疆交通职业技术学院程文科、四川长江职业学院李雪担任副主编。具体分工如下:胡建波设计全书内容框架、全书统稿,并编写项目 1 和项目 7;张议编写项目 2;程文科编写项目 3;李雪编写项目 4;雅安职业技术学院姜庆编写 5.1;上海中侨职业技术大学远亚丽编写 5.2;四川交通职业技术学院冯彦乔编写 5.3;成都工贸职业技术学院何晓林编写 5.4;新疆铁道职业技术学院付晓艳编写 5.5;四川财经职业技术学院周婷编写 5.6;闫洪林编写项目 6。本书由四川交通职业技术学院王煜洲教授审稿。

因编者水平有限,书中难免存在不妥之处,恳请使用本书的广大师生提出宝贵意见,以便进一步完善。

编　者

2024 年 1 月

现代物流基础在线开放课程

CONTENTS

目 录

智慧物流认知

项目1脚注

物流认知

【素养目标】

1. 具有家国情怀。
2. 具有社会主义核心价值观及科学发展观。
3. 树立系统观念。
4. 具有协同理念。
5. 具有绿色、低碳理念。
6. 具有服务意识。
7. 具有专业认同感。

【知识目标】

1. 理解物流的内涵及特点。
2. 树立现代物流观念。
3. 理解物流的价值。
4. 了解物流的分类。
5. 了解物流的起源、产生和发展趋势。
6. 理解物流与流通及生产的关系。
7. 熟悉物流的基本功能要素。

【能力目标】

1. 能分析物流与流通的关系。
2. 能分析物流与流通领域的其他支柱流的关系。
3. 能借助相关网络资源自主学习。
4. 能撰写物流调查报告。

【引例】

微课：中国物流在世界崛起

中国物流在世界崛起

2019年4月，国际物流知名咨询机构 SJ Consulting Group Inc. 发布了全球物流企业50强榜单。中国有两家公司上榜，一家是位列第14的中外运，另一家是位列第35的香港嘉里物流。

2021年4月，JOC发布了新一轮全球物流企业50强榜单。中外运位列第13，香港嘉里物流位列第18。两家公司的排位均有上升。

2022年10月,JOC发布的全球物流企业50强榜单中,中国有8家企业上榜,这8家企业及其在全球的排名如下:中远海运(8)、中国铁路(12)、顺丰速运(14)、中外运(21)、长荣海运(25)、嘉里物流(36)、阳明海运(39)、万海航运(41)。

2023年7月,美国Transport Topics联合SJ Consulting Group Inc.发布了最新的全球物流企业50强榜单,中国的上述8家企业依然在榜,多数企业的排位有所上升,具体如下:中远海运(7)、中国铁路(11)、顺丰速运(12)、中外运(19)、长荣海运(21)、嘉里物流(35)、阳明海运(39)、万海航运(41)。

2020年,消费者对医疗产品的网购量激增,促使一些全球顶级第三方物流服务商海外业务强劲增长。香港嘉里物流2020年全年的营业收入增长幅度达到47.1%,仅次于排位第一的亚马逊物流,亚马逊物流2020年全年的营业收入增长幅度达到49.6%。

中国物流在世界崛起,势不可挡。

问题

1. 为什么中国物流在世界崛起?
2. 什么是物流?
3. 现代物流有什么发展趋势?

1.1 物流的概念与特点

数字世界——京东创新的技术应用与服务能力

京东物流集团始终重视技术创新在企业发展中的重要作用。基于5G、人工智能、大数据、云计算及物联网等底层技术,京东物流正在持续提升自身在自动化、数字化及智能决策等方面的能力,不仅通过自动搬运机器人、分拣机器人、智能快递车、无人机等先进设备,在仓储、运输、分拣及配送等环节大幅度提升效率,还自主研发了仓储、运输及订单管理等系统,支持客户供应链的全面数字化,通过专有算法,在销售预测、商品配送规划及供应链网络优化等领域科学决策。凭借这些专有技术,京东物流集团已经构建了一套全面的智能物流系统,实现服务自动化、运营数字化及决策智能化。京东物流集团在全国共运营着43座"亚洲一号"大型智能仓库,拥有及正在申请的技术专利和计算机软件著作权超过5 500项,其中与自动化和无人技术相关的成果超过3 000项。

近年来,越来越多的企业管理者从物流过程角度对企业经营活动进行重新审视,并把物流管理[1]作为提升企业竞争力的重要手段。物流已成为继降低劳动力成本和物资消耗之后的"第三利润源"。

1.1.1 物流概念的产生和发展

1. 物流概念在美国的演变

物流概念最早诞生于美国。1905年,美国少校琼西·贝克(Major Chauncey B. Baker)提出并解释了logistics(后勤学),但它主要应用于军事领域。1915年,美国经济学家阿奇·萧在《市场流通中的若干问题》(*Some Problems in a Market Distribution*)一书中提出,"物流是与创造需求不同的一个问题",并提到"物质经过时间和空间的转移会产生附加价值"。这里所讲的物质的时间和空间的转移以后被称作实物流通。20 世纪 30 年代,美国出版的教科书《市场营销的原则》中涉及了"实物供应"(physical supply)这一概念,并将市场营销定义为"影响产品所有权转移和产品实物流通的活动"。该定义所指的实物流通与现代物流同义。1935 年,美国市场营销协会(American Marketing Association)最早对物流给出如下定义:"物流(physical distribution,P. D.)是包含于销售之中的物质资料和服务从生产地到消费地流动过程中伴随的种种活动。"显然,P. D. 是指销售物流。

第二次世界大战期间,美国将运筹学运用于军事领域,对军火的储存、运输、补给进行全面管理,并首次采用了"后勤管理"(logistics management)一词。第二次世界大战后,该概念被成功地运用于流通领域,被称为"商业后勤"(business logistics)。

1963 年,美国物流管理协会(National Council of Physical Distribution Management,NCPDM)成立,并对物流做了如下定义:"物流(P. D.)是把产成品从生产线的终点有效移动到消费者手里的活动,有时也包括从原材料供应源到生产线起始点的移动。"显然,该定义已包括供应物流,但尚未涉及生产物流。

1962 年,现代管理之父彼得·德鲁克在《财富》杂志上发表了《经济的黑大陆》一文,提出"流通是经济界的黑大陆"。因为流通包括商业流通和实物流通,故德鲁克所说的流通已经涉及物流。特别是进入 20 世纪 70 年代,美国理论界和实业界逐渐认识到有效的物流管理能带来巨大的经济效益,物流管理的范围逐步从流通领域扩展到包括供应物流、生产物流、销售物流等活动在内的"整体化的物流管理",进入现代物流综合管理阶段。

1985 年,美国物流管理协会更名为 Council of Logistics Management(CLM),并重新对物流进行了定义:"物流(logistics)是对货物及相关信息从起源地到消费地有效率、有效益的流动和储存这一过程进行计划、执行和控制,以满足顾客要求的过程。该过程包括进向、去向、内部和外部的移动,以及以环境保护为目的的回收。"logistics 取代 P. D.,成为物流科学的代名词,这是物流科学走向成熟的标志。

信息技术的有力支撑,使物流管理发展到了供应链管理阶段。1998 年,美国物流管理协会再次修改物流的定义:"物流是供应链流程的一部分,是以满足客户要求为目的,对货物、服务及相关信息在产出地和销售地之间实现高效率和高效益的正向和反向流动及储存所进行的计划、执行与控制的过程。"到目前为止,该定义以其完整和简要得到了国际上的普遍认可和引用。2005 年 1 月 1 日,有着 40 多年历史的美国物流管理协会再次更名为美国供应链管理专业协会(Council of Supply Chain Management Professionals,CSCMP)。这一变化从某种意义上揭示了世界物流的发展趋势。

综上所述,物流概念的产生和发展经历了实物配送、物流综合管理与供应链管理三个阶段。

2. 物流概念的传播

20 世纪 60 年代,P. D. 的概念传入日本并被译为"物的流通",日本著名学者平原直用"物流"代替"物的流通"后,"物流"一词迅速被广泛采用。平原直也因此被尊称为"物流之父"。在日本,关于物流的定义有多种,其中最具代表性的是 1981 年日本日通综合研究所对物流所下的定义,"物流是货物由供应者向需求者发生的物理性位移,是创造时间价值和场所价值的经济活动。它包括包装、搬运、保管、库存管理、流通加工、运输、配送等活动"。

1979 年 6 月,中国物资工作者代表团赴日本参加第三届国际物流会议,归国后在考察报告中首次引用了"物流"这一术语,成为现代汉语中"物流"这一名词使用的肇端。1989 年

4月,第八届国际物流大会在北京召开,此后,logistics这一名词普遍为我国物流界所接受。2021年8月20日,国家市场监督管理总局、国家标准化管理委员会发布的《物流术语》(GB/T 18354—2021)对物流做了以下定义:物流(logistics)是指“根据实际需要,将运输、储存、装卸、搬运、包装、流通加工、配送、信息处理等基本功能实施有机结合,使物品从供应地向接收地进行实体流动的过程”。

小贴士

我国的物流与供应链发展阶段

自1978年改革开放以来,我国的物流与供应链经历了引进吸收探索发展、加入WTO以后快速发展及党的十八大以后转型发展三个阶段。

微课:我国的物流与供应链发展阶段

我国的物流与供应链战略目标

我国的物流与供应链战略目标是,到2030年实现三个“十”:一是物流总成本占GDP的比率降到10%左右,二是全球物流与供应链绩效指数(LPI)排名进入全球前十,三是有十家左右的企业成为全球有影响力的物流与供应链企业,中国的物流与供应链国际竞争力极大提升,中国从物流大国走向物流强国。

微课:我国的物流与供应链战略目标

由于不同国家、不同历史时期、不同学派、不同产业界对物流的定义各不相同,联合国物流委员会为促进沟通并统一规范对物流的认识,对物流概念进行了如下的界定:“物流是为了满足消费者需要而对从起点到终点的原材料、中间过程库存、最终产品及相关信息所进行的计划、管理和控制的过程,以实现其有效的流动和储存。”

物流的概念是在发展中形成的,同时也处于不断发展变化中;物流是一个动态的概念,它将随着社会经济的进步不断向更高层次拓展与深化。

1.1.2 现代物流的科学内涵

1. 物

物流概念中的“物”是指一切有经济意义的需要发生空间位移的物质实体,其特点是能够发生位移,而固定设施如建筑物等不在此列。

一般而言,与“物”相关的概念包括“物资”“物料”“物品”“货物”“商品”等,有必要分别进一步明确。

物资在我国专指一些重要生产资料,有时也泛指全部物质资料,但较多地指工业品生产资料。在计划经济条件下,大多数物资未能真正纳入商品流通的范畴,而是采用计划调配,因而形成了这一特定概念。但其作为经济物品,存在着与其他商品相同的流动形式,因而,仍属于物流中的“物”。

物料是生产领域中的一个专门概念。工业企业习惯将最终加工完成的产成品以外的流转于生产领域的原材料、零部件、半成品、辅料、燃料,以及在加工中产生的边角、余料、废料和各种废物统称为“物料”。

货物[2]是交通运输领域中的一个专门概念。交通运输领域将其服务对象分为旅客和货物两大类。货物即为一般意义上所说的物流中的“物”。

商品是用以交换的产品,该概念与物流概念中的“物”在外延上是交叉的。凡是商品中可发生物理性位移的物质实体,都属于物流概念中的“物”的范畴。但债券、股票、基金等有价证券,以及商品房等则不在此列。

2. 流

物流概念中的"流"是指物的物理性运动,既包括空间位移也包含时间延续,它属于一种经济活动。

总之,尽管物流的定义在文字表述上有所差异,但实质是相同的。

(1) 物流是一项经济活动,是创造时间价值和空间价值、实现物品空间位移的经济活动,其活动内容包括运输、仓储、包装、搬运装卸、流通加工、配送、物流信息处理等。

(2) 物流是一项管理活动,即对物流各环节有效地进行计划、组织、执行与控制,高效率、高效益地实现物品从供应者到需求者的流动。

(3) 物流是一项服务活动,是物流企业[3] 或物流供给者为社会物流需求者提供的一项一体化服务业务,以满足用户多方面的需求。

(4) 物流贯穿生产领域和流通领域,是供应链的一个重要组成部分,在供应链管理与整合中起着非常重要的作用。

1.1.3 现代物流的特点

现代物流具有以下主要特点。

(1) 物流反应快速化。物流服务商对货主企业的物流配送需求的反应速度越来越快,提前期越来越短,配送频率越来越高,配送速度越来越快,商品周转次数越来越多。

全球123快货物流圈

中共中央、国务院2019年9月印发实施《交通强国建设纲要》(以下简称《纲要》)。《纲要》指出物流是交通强国建设的重要内容。《纲要》明确提出我国要建成"全球123快货物流圈",即国内1天送达,周边国家2天送达,全球主要城市3天送达。

(2) 物流功能集成化。现代物流注重将物流与供应链的其他环节进行集成,包括物流与商流的集成、物流渠道之间的集成、物流功能的集成、物流环节与制造环节的集成等。

(3) 物流服务系列化、个性化。现代物流强调物流服务功能的准确定位、完善及其系列化、个性化。除了运输、配送、包装、装卸搬运、流通加工,以及储存保管等基本服务外,现代物流服务还拓展到了市场调查与预测、采购及订单处理、货款回收与结算,以及物流系统规划、物流方案设计、物流咨询和教育培训等增值服务。而在现代物流的内涵方面,主要是提高了以上服务对决策的支持作用。

(4) 物流作业规范化。现代物流强调物流功能要素、物流作业流程、物流作业活动以及物流操作的标准化与程式化,以便使复杂的物流作业变得简单化,易于推广和考核。

(5) 物流目标系统化。现代物流从系统论的角度出发,统筹规划一个公司经营所涉及的全部物流活动,力求处理好物流与商流之间,物流、商流与公司目标之间,以及物流功能要素之间的关系。不是追求物流活动的局部最优,而是追求物流系统的整体最优。

(6) 物流手段现代化。现代物流采用先进的技术、设施和管理手段以提供服务支持。生产、流通和销售的规模越来越大、涵盖的范围越来越广,使物流技术、物流设施、物流管理方法与手段越来越现代化,导致计算机技术、通信技术、机电一体化技术和语音识别等技术在物流活动中得到了广泛应用。世界上最先进的物流系统运用了全球定位系统(GPS)、卫星通信技术、射频识别(RFID)以及机器人等先进技术,实现了物流作业的自动化、省力化、机械化、智能化和无纸化。

(7) 物流组织网络化。为了能对企业的生产经营活动提供快速、全方位的物流支持,并给顾客提供更大的让渡价值,现代物流需要有健全、完善的物流网络[4]。物流系统中节点与节点之间的物流活动必须保持高度的一致性和协调性,以有效避免节点间库存的重复设置,保证整个物流系统以最低的库存维持较高的服务水平,进而对市场需求做出快速反应。

装卸搬运:机器人作业

(8) 物流经营市场化。现代物流管理引入市场机制,无论是自营物流还是物流外包,企业都应该权衡利弊,在"服务"与"成本"之间寻求平衡。国际上既有自营物流相当出色的例子,如沃尔玛、海尔等著名企业,也有大量利用第三方物流企业提供物流服务的例子,如 Dell、HP 等。相较而言,物流的社会化、专业化已是主流,即使是非社会化、非专业化的物流组织也都实行了严格的经济核算。

(9) 物流信息网络化。由于信息技术在物流领域的广泛应用,现代物流过程的可视化(visibility)明显增加,物流过程中库存积压、延迟交货、库存与运输不可控等风险大大降低,从而可以加强供应商、物流商、批发商、零售商在组织物流过程中的协调与配合,以便对物流过程进行有效控制。

物流行业的数字化转型

当一个行业在众多业务领域采用数字化手段时,它就经历了一次数字化转型。物流行业正在经历数字化转型。云计算、大数据、人工智能、机器学习、自然语言处理、区块链等新兴技术正在推动物流行业数字化转型。预计到 2027 年全球物流行业数字化转型的支出将达到 846 亿美元。

数字化转型给物流公司带来的益处

数字化转型可以帮助物流公司加速创新、做出更优的决策、在整个流程中吸引客户、将灵活性纳入其组织结构并提高自动化程度。数字化转型可以帮助物流公司实时跟踪货物运输,从而确定需要改进的领域并提高效率。此外,数字化转型还能够优化行驶路线,解决可预见的运输延误,并在发生事故或车辆丢失时实时警示。

1.2 物流的价值与分类

1.2.1 现代物流的价值

在现代物流科学诞生之前(P. D. 时代),人们就已经发现物流能够创造物品的时间价值和场所价值。随着人们对物流科学研究的逐步深入,人们还发现了物流的形质价值、系统功能价值、利润价值、环境价值、服务价值和产业价值,从而使物流的内涵不断丰富,外延不断扩大。

1. 时间价值

著名物流学家詹姆斯·约翰逊和唐纳德·伍德指出:"在市场经济体制下,为了实现在适当的时候,花最少的费用,将用户所需要的产品和服务及时送达这一目标,一个有效的物流系统是关键。"

由于商品的生产和消费往往存在时间上的差异性(集中生产全年消费,或全年生产集中消费),通过有效的物流活动,可缩短时间差、延长时间差或弥补时间差,最终克服这种时间性分离,创造场所价值。

2. 场所价值

通常,物品的产地与消费地并不相同,这便产生了生产与消费之间的空间性分离。通过有效的物流活动,可实现商品从集中生产场所流入分散需求场所,或从分散生产场所流入集中需求场所,抑或从甲地(产地)流入乙地(需求地),最终克服这种空间性分离,创造场所价值。

3. 形质价值

一般来说,商品的价值是在工厂中形成的,例如,通过生产加工将原材料、零部件、外购件等生产资料转化为产成品,加工对象的外形和品质将发生很大变化。而在实物流通中,主要是维护商品的价值并通过适当的手段增加商品的价值,从而实现商品的"保质"和"增值"。例如,在配送中心,通过开舱卸货及产品组合等方式改变产品的装运规格和包装特性,以此改变产品的形式。通过以托盘为单位进行货物分装,以及通过流通加工将货物的大包装改为小包装,抑或将货物进行尺寸的分割等,都可以改变商品的外形并创造商品的附加价值。这类价值被称作形质价值。

4. 系统功能价值

虽然早在20世纪30年代学术界就已提出了物流的概念,但真正发现物流的系统功能价值却是在第二次世界大战期间。在战争中,美军将现代物流管理理念运用于整个军事后勤系统,将军事物资单元化、组合化,并将仓储、运输、包装、装卸、装备有机地结合在一起,构筑了一个高效、有力的军事后勤保障系统,从而为最终取得战争的胜利提供了强有力的支持。在这一过程中,物流是一项系统工程,成功地实现了以往单方面的物流活动所不能达成的目标,人们首次认识到了物流的系统功能价值。

第二次世界大战结束以后,物流作为一项军事后勤技术被成功地运用到了民用领域,证明了军事物流的系统管理思想、方法和技术在社会经济领域同样具有强大的生命力,人们再一次发现了物流的系统功能价值。

5. 利润价值

西方发达国家从20世纪五六十年代开始进入战后经济高速增长期,在经济繁荣的背后,物流越来越显现出巨大的利润价值。在这期间,产业界引入了物流技术和物流管理模式,有效地激发了企业的活力和潜能,提高了企业的经济效益,大大增加了企业的利润。事实上,在产业革命之后很长的一段历史时期,产业界一直把目光放在降低原材料成本和提高劳动生产率这两个利润源的挖掘上。然而,企业经营管理者发现利润上升的空间越来越小,寻找新的利润源泉迫在眉睫。正在此时,物流作为"第三利润源"被发现了。

1973年爆发了世界第一次石油危机,引发了能源、原材料及劳动力价格的全面上扬。传统的"第一利润源"和"第二利润源"反而成了企业巨大的成本负担,而物流却成了降低企业成本的"第三利润源"。在此期间,许多企业经营管理者优化了物流系统,强化了物流管理,创造了巨大的成本降低空间,有效地缓解了原材料、能源和劳动力价格上涨的压力,终于使人们认识到了物流的利润价值。

6. 环境价值

随着物流系统的有效开发,物流合理化进程的日益推进,以及高效率、高效益的物流管理的广泛实施,物流在展现自身功能价值和利润价值的同时,呈现出更加有序、更加节约、更加合理和更加高效的趋势。人们惊喜地发现,物流对于节约能源、减轻污染、改善环境及可持续发展具有不可或缺的作用,人们逐渐认识到了物流的环境价值。开展对物流环境价值的研究,有利于解决诸如交通混乱、环境污染等问题,有利于建设资源节约型、环境友好型社会,实现可持续发展。

7. 服务价值

20 世纪 70 年代以后,随着人们对物流科学研究的进一步深入以及现代企业制度的导入,企业经营管理者从企业发展战略的角度出发,逐渐发现了物流的服务价值。

利润最大化是企业经营的目标,但该目标的实现必须建立在企业通过向顾客提供让其满意的产品或服务的基础之上。产品有形,服务无形,但其实质相同,它们所代表的是一种价值,一种顾客认同的价值。货主企业与客户达成交易后,需要物流服务作为支撑,物流企业则专门为货主企业及其客户提供物流服务。

提供良好的物流服务有利于企业参与市场竞争,有利于树立企业的品牌形象,有利于与客户结成长期、稳定的战略联盟。在市场竞争日益激烈的今天,这对企业的生存与发展具有深远的现实意义和战略意义。

8. 产业价值

进入 20 世纪 90 年代,随着计算机技术的日臻完善以及以因特网为代表的信息技术的飞速发展,信息技术在整个社会物流体系中的运用日益广泛,物流运作效率及其经济效益呈几何级数增长,现代物流与传统物流已不可同日而语。逐渐地,物流成了一个新兴产业,它比传统产业更具朝气,同时也更加富有挑战性。在我国,物流产业将成为国民经济的支柱产业,将为我国经济的发展做出重要贡献。同时,物流也已成为第三产业新的经济增长点。物流产业价值的发现为未来物流产业的发展奠定了重要的理论基础。

综上所述,除了时间价值和场所价值以外,人们还发现了物流的形质价值、系统功能价值、利润价值、环境价值、服务价值和产业价值。这是物流价值的新发现。

1.2.2 现代物流的分类

1. 按照物流的作用分类

按照物流的作用,可将其划分为供应物流、生产物流、销售物流、逆(反)向物流与废弃物物流五种类型。

(1) 供应物流(supply logistics)是指"为生产企业提供原材料、零部件或其他物料时所发生的物流活动"(GB/T 18354—2021)。工业企业需要购入原材料、零部件等生产资料,商业企业需要采购经营的商品,消费者需要购买生活资料。因而供应物流是从买方角度出发的交易行为中所发生的物流活动。故从严格意义上讲,生产企业、流通企业或消费者购入原材料、零部件等生产资料或生活资料的物流过程才称为供应物流。企业的大部分流动资金被外购的原料、辅料、备品、备件等物资物料及在制品、半成品等占用,因而供应物流合理化对于降低企业的生产成本有着重要的意义。

(2) 生产物流(production logistics)是指"生产企业内部进行的涉及原材料、在制品、半成品、产成品等的物流活动"(GB/T 18354—2021),即从生产企业原材料的购进入库起,经过加工转化得到产成品,一直到成品库止这一全过程的物流活动。生产物流是工业企业所特有的,它和生产流程同步。原材料、半成品、在制品等加工对象按照工艺流程在各个工作中心之间的移动、流转便形成生产物流。如果生产物流的流程中断，生产过程也将随之停止。生产物流合理化对工业企业的生产秩序、生产成本有很大影响。生产物流均衡稳定，可以保证加工对象的顺畅流转，缩短工期。加强生产物流的管理和控制将有利于在制品库存的减少和设备负荷的均衡化。

(3) 销售物流(distribution logistics)是指"企业在销售商品过程中所发生的物流活动"(GB/T 18354—2021)。显然，销售物流是物品从生产者或持有者到用户或消费者之间的物流活动，特别地，它是指从卖方的角度出发所进行的交易行为中的物流活动。通过销售物流活动，企业可收回资金，并进行再生产。销售物流费用在顾客成本中占有相当的比例，故销售物流的效率与效果关系到企业的竞争力，关系到企业的生存与发展。因此，销售物流合理化对企业尤为重要。

(4) 逆向物流也称反向物流(reverse logistics)，是指"为恢复物品价值、循环利用或合理处置，对原材料、零部件、在制品及产成品从供应链下游节点向上游节点反向流动，或按特定的渠道或方式归集到指定地点所进行的物流活动"(GB/T 18354—2021)。逆向物流具有分散性、缓慢性、混杂性、多变性等特点。按照回收物品的特点，可将其划分为退货逆向物流和回收逆向物流两部分。前者是指下游客户将不符合订单要求的产品退回给上游供应商，其流程与常规产品流向正好相反；而后者则是指将用户所持有的废旧物品回收到供应链上各节点企业。逆向物流管理应遵循事前防范重于事后处理、绿色[5]、效益、信息化、法制化、社会化等原则。

回收逆向物流的物品种类

在生产及流通活动中，有些物资需要回收并加以利用，如作为包装容器的纸箱、塑料筐、酒瓶以及建筑工业的脚手架等就属于这类物资。此外，有些废弃物可通过回收、分类、再生以重新利用，比如，废旧的报纸、杂志、书籍、纸张等可通过回收、分类，再制成纸浆重新造纸；再如，因金属具有良好的再生性，金属类废弃物可回收后重新熔炼成有用的原材料。目前，我国冶金工业生产中，每年约有0.3亿吨废钢铁作为炼钢原料使用。换言之，我国钢产量中有30%以上是由回收的废钢铁冶炼而成的。由于回收物资品种繁多，流通渠道不规则且多变，因而管理控制的难度较大。

京东的回收物流

京东物流联合京东公益，京东的这两家分支机构向全社会发起旧物回收计划。京东小哥已上门回收约160万件闲置衣物、50万余份闲置玩具、1万余单过期药品。回收物资通过捐赠、再循环，减少碳排放量约2 500t。

(5) 废弃物物流(waste logistics)是指"将经济活动或人民生活中失去原有使用价值的物品，根据实际需要进行收集、分类、加工、包装、搬运、储存等，并分送到专门处理场所的物流活动"(GB/T 18354—2021)。生产和流通过程中所产生的无用废弃物，如开采矿山时产生的土石，废水、废气、废渣等工业"三废"以及其他无用废物，若不妥善处理，不但没有再利用价值，而且还会造成环境污染。将这些废弃物进行处理便产生了废弃物物流。废弃物物流没有经济效益，但具有不可忽视的社会效益。为了更好地保障生产生活的正常秩序，开展废弃物综合治理研究,提高废弃物物流的处理效率,减少资金消耗,是很有必要的。

2. 按照物流系统的性质分类

按照物流系统的性质,可将其划分为社会物流、行业物流和企业物流三种类型。

(1) 社会物流是指社会再生产过程中的总体物流活动。社会物流主要研究社会生产过程物流活动的运行规律及物流活动的总体行为。其主要特点是综观性和全局性。

社会物流研究的内容包括社会再生产过程中发生的物流活动、国民经济中的物流活动、如何形成服务于社会并面向社会而又在社会环境中运行的物流活动、社会物流体系结构及其运行规律。

可以认为,物流科学的整体研究对象是社会物流,社会的物资流通网络是国民经济的命脉,流通网络分布是否科学、合理,流通渠道是否畅通极为重要。故有必要科学、有效地管理和控制社会物流活动,须采用先进的技术手段,确保物流活动高效、低成本地运行,以获取巨大的经济效益和社会效益。

(2) 行业物流(profession logistics)是指同一行业中企业的物流活动。在过去,同行企业间往往视对方为竞争对手,而随着供应链管理时代的来临,在上下游企业间加强合作的同时,物流联盟[6]也悄然兴起。行业内企业间的协作,对促进行业物流系统的合理化具有非常重要的意义。同样,物流企业间的联盟也有利于促进物流产业的发展。

例如,行业内企业建立共同配送中心,开展共同配送[7]活动;建立共同集货系统;建立共同流通中心等。再如,在大量消费品方面采用统一发票,统一商品规格,统一托盘规格以及包装模数化等。行业物流系统化使行业中的企业均受益。

(3) 企业物流(enterprise logistics)是指“生产和流通企业围绕其经营活动所发生的物流活动”(GB/T 18354—2021)。企业是营利性的经济组织,是提供产品或服务的经济实体。工业企业要购进原材料,经过若干工序加工转换,形成产品后再销售出去,运输企业要按客户的要求将货物运输到目的地。在企业经营范围内由生产或服务活动所形成的物流系统即为企业物流。根据企业物流活动发生的先后顺序,可以认为企业物流由供应物流、生产物流、销售物流、逆向物流与废弃物物流构成。

总之,对物流系统进行分类是为了便于发现、分析、研究物流活动规律,提高物流效率,降低物流成本,为经济建设服务。

3. 按照物流活动的空间范围分类

按照物流活动的空间范围,可将其划分为地区物流、国内物流和国际物流三种类型。

(1) 地区物流(district logistics)中的“地区”有不同的划分原则。若按行政区域来划分,可分为如华北地区、华南地区、西南地区等;若按经济圈来划分,可分为如苏(州)、(无)锡、常(州)经济区,黑龙江边境贸易区等;若按地理位置来划分,可分为如长江三角洲地区、珠江三角洲地区、环渤海地区等。其中,地区物流按经济圈或地理位置来划分比较科学。

地区物流系统对于提高该地区企业物流活动的效率,改善当地居民的生活福利环境,具有不可或缺的作用。发展地区物流,应根据本地区的特点,从本地区的利益出发组织好物流活动。例如,在中心城市建设大型物流中心或物流园区,对于提高当地物流活动的效率、降低物流成本、稳定物价有极为重要的作用。但是,也会引起因供应点集中、货车来往频繁、交通拥挤以及噪声、废气污染等消极问题。因此,应从城市建设规划和地区开发计划出发,统筹安排,合理规划。

(2) 国内物流(domestic logistics)是拥有自己领土和领空的主权国家在国内开展的物流

活动。国家制定的各项方针政策、法令法规、发展规划都应该为其自身的整体利益服务。物流是一国的支柱产业，是国民经济的重要组成部分，应纳入国民经济总体发展规划的范畴。物流事业是我国现代化建设的重要组成部分，全国物流系统的构筑必须从全局出发，破除部门割据、条块分割，树立全国一盘棋的思想。在物流系统的建设投资方面，应从全局出发，统筹规划，分步实施，使一些大型物流中心、物流园区尽早建成，服务于经济建设。

(3) 国际物流(international logistics)是指"跨越不同国家(地区)之间的物流活动"(GB/T 18354—2021)。随着经济全球化进程的加快，国际经济贸易往来越来越频繁，物资流通越来越发达。许多企业在国内已发展成熟，正在向国外拓展，多国公司、全球公司、国际公司、跨国公司相继出现。对跨国经营而言，原材料采购，产成品的运输、配送乃至整个物流活动在地域上跨度大，因而导致管理复杂、协调难、费用高。如何提高国际物流活动的效率、降低物流成本，成了国际物流研究的重要课题。相应地，国际物流已成为现代物流的一个重要分支。

1.3　物流与流通及生产的关系

物流是流通领域的支柱流。物流具有保障生产，促进流通的作用。

1.3.1　流通在社会经济中的地位

现代商品经济有一个非常突出的形态特征，即经济模式呈现为高度专门化的分门类经济，即专业化生产。譬如作为服装生产者，大可不必成为从棉花购入到服装产出全过程的生产者，而仅需要成为其全过程中一部分的专业生产者，如棉线的染色等，这样可能对生产者或生产的全过程来说都更加有利，这就是分门类经济的优势所在。

但同时必须看到，专业化生产的高度发展也带来了另一个不容忽视的问题，就是生产者和消费者之间在社会、空间和时间三种要素上所表现出来的分离趋势越来越大。而唯一能够克服这种分离趋势的就是联系生产与消费的纽带——流通。一般而言，通过交易来实现物权转移是克服买卖双方社会性分离的主要途径，而通过物流来创造时间价值和空间价值是克服买卖双方时空分离的主要途径。

商品流通是指以货币为媒介的商品交换过程，包括简单商品流通和发达商品流通两种形式。简单商品流通是为买而卖，它始于卖而终于买，交换的目的是为满足购买者对商品使用价值的需要。而发达商品流通则是为卖而买，它始于买而终于卖，交换的目的是为实现商品的价值和实现货币的增值。发达商品流通是商业作为一个独立的行业从三次社会大分工中产生的，是商品流通最普遍、最重要的形式。

1.3.2　流通与生产的关系

流通是生产得以产生和发展的前提条件，同时流通对生产又具有反作用。生产决定流通，生产方式决定流通的性质，生产力的发展水平和速度决定流通的规模和方式。生产是流通的物质基础，没有生产就没有商品供给市场，自然也就没有流通。而流通对生产的反作用表现在，流通的规模和方式制约着生产的规模及其发展水平和速度。一方面，原材料、零部件等生产资料需要从上游的资源市场获取，如果供应渠道(生产资料流通)不畅，生产就会受到影响，同时，生产资料的供应价格也会影响企业的经营成本，影响企业的利润；另一方面，企业的产成品只有通过流通(分销渠道)才能到达消费者手中，才能实现其价值和使用价值，而生产者也才能收回生产成本并从中获得补偿，否则就会失去再生产的条件，经营活动将难以为继。

中国拥有全球最完整的工业体系

中国具有世界规模最大、门类最全、配套最完备的制造业体系，建立起了涵盖41个大类、207个中类、666个小类的完整工业体系，成为全世界唯一拥有联合国产业分类中所列全部工业门类的国家。2010年我国制造业增加值首次超过美国。2021年我国制造业增加值规模达31.4万亿元，占GDP的比重为27.4%。我国制造业增加值已连续12年居世界第一。220多种工业产品产量居世界首位。

1.3.3 物流与流通的关系

1. 流通领域的支柱流

现代流通领域主要涉及商流、物流、资金流、信息流和人才流五大流，如图1-1所示。

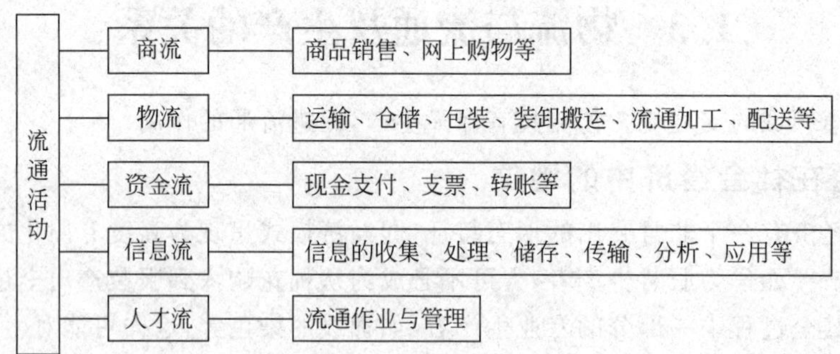

图1-1 流通领域的支柱流

(1) 商流。商流是生产者和消费者之间进行“物”的所有权转移时所发生的商业交易活动，包括商品销售、商务谈判、订购货物、签订合同，以及伴随着商业活动出现的市场调查与预测、市场策划、公关等活动。

(2) 物流。流通领域的物流活动主要包括上游生产资料及下游产成品在流通中所发生的运输、配送等物流活动。

(3) 资金流。资金流是指商品在流通中所涉及的资金支付、资金周转等所有与资金有关的活动，包括金融、信贷、保险、支票、保证金、现金支付、资金结算、账户管理、索赔与理赔、网上银行、电子转账(EFT)等内容。资金流有助于流通的实现。

(4) 信息流。信息流是现代流通领域中与其他支柱流相伴而生的情报、信息及相关的服务和支持活动，包括数据与信息的收集、处理、储存与传输，信息系统的运行与维护，数据库管理等活动。信息流也有助于流通的实现。

(5) 人才流。在现代流通领域，一切业务活动的开展都离不开人，特别是具有一定专业知识和管理经验的人才。如果离开了人才流，流通领域的其他几大流都将失去存在的基础。

在上述五大流中，商流和物流是流通领域最重要的支柱流。换言之，流通主要是由商流和物流构成的。因为资金流是在商品所有权更迭的交易过程中发生的，可以认为从属于商流，而信息流则包括商流信息和物流信息。因此，商流和物流主要代表流通的两个侧面，各自有着不同的功能和定位。一般认为，商流是解决生产者和消费者之间社会性分离的途径；而物流是解决生产者与消费者之间空间性和时间性分离的途径。

社会性分离是指商品生产者与商品消费者之间存在的人格性差异，若商品所有权从生产者转移到消费者，则这种社会性分离将随之克服。例如，海尔将电冰箱大量地生产出来，若电冰箱长期存放在库房里未售出，那么它们的价值和使用价值就无法得到实现。只有当消费者购买并使用了电冰箱后，这些产品的功能和价值才能得以实现。

因此，商流可实现商品的所有权转移从而创造社会价值，物流可以消除商品的时空分离从而创造时间价值和空间价值，两者配合共同完成商品的完整流通。

2. 物流与商流

商流和物流是流通的关键构成要素，两者关系密切，互为前提。一般来说，商流是物流的先导，物流是商流的后续。通常，当商流发生后（即商品所有权达成交易后），货物必然要从原来的货主转移到新货主，这就引发了物流活动。但之所以商流会发生，是因为人对"物"有购买需求。从该意义上讲，物流是商流的物质基础。因此，商流与物流相辅相成，互为条件。

尽管商流和物流的关系密切，但它们各自按照自己的规律和渠道独立地运动。例如，商贸中心、购物中心往往位于繁华的商业街区，但物流中心、物流园区则位于交通条件较好的城郊。由于商流和物流具有不同的活动内容与运动规律，因而按照"商物分离"的原则处理商流和物流是现代企业管理的需要，同时也是提高社会经济效益的客观需要。

3. 物流与信息流

在信息时代，商流、物流及其他支柱流都离不开信息，否则，将会影响流通体系的正常运转。因此，信息流是发展商流、物流和其他支柱流的基础。特别地，物流是一个产生并集中大量信息的领域，而且物流信息会随时间的推移不断变化。如果说现代商流是以物流系统作为保障，那么现代物流更是离不开信息流的支撑。

与物流关系密切的信息技术主要包括销售时点系统（POS）、电子数据交换（EDI）、自动识别与数据采集（AIDC）、射频识别（RFID）、全球定位系统（GPS）、地理信息系统（GIS）、仓库管理系统（WMS）、货物跟踪系统（GTS）、智能运输系统（ITS）、电子订货系统（EOS）、人工智能（AI）、区块链（BC）、物联网（IoT）、云计算、大数据等。

4. 物流与资金流

现代物流与资金流的关系也非常密切，物流是表象，资金的流动才是实质。换言之，物流本质上是资金的运动过程。例如，物流活动中资金的周转、支付，物流相关的保险（货物保险、车辆保险），国际物流中的信用证制度、口岸[8] 异地结算等都属于资金流动的范畴。物流业是商物分离的产物，而现代物流与商流的融合正日益加强。相应地，物流与资金流的关系将更加紧密。

案例：沃尔玛独领风骚的卫星通信系统

5. 物流与人才流

现代物流和传统物流相比，系统管理复杂、科技含量高。这种观点无论是从物流管理角度，还是从物流设备、物流技术，抑或物流各功能要素环节来考察无疑都是十分正确的。正因如此，要开展好现代物流业务，就必须拥有一大批专业知识过硬、业务能力强且具有丰富管理经验的优秀人才。无论是尖端的物流技术，还是先进的物流设备，乃至科学的物流管理，归根结底都离不开人才。如果缺少了人才流的支持，现代物流系统的高效运转将无从谈起。

1.3.4 物流与生产的关系

传统物流（P. D.）观点认为，产品从工业企业生产制造出来以后，经分销到达消费者手中的货物运动过程为物流活动。而现代物流观点（logistics）则认为，从原材料的采购与供应开始,经过生产加工转换得到产成品,再经过分销到达消费者手中的货物运动全过程都是物流活动。因此,物流贯穿供应链,与生产有着密不可分的联系。一般而言,物流对企业生产系统有如下影响。

(1) 企业物流系统为高效、连续、均衡的生产活动提供重要保障。例如,原材料、辅料、外购件等的采购与供应,零部件、在制品、半成品等加工对象在各工作中心之间的流转,物料、工具、产品等的储存保管,原料与成品的运输等,都必须有一个高效的物流系统作为支持;否则,企业生产活动便难以顺利进行。

(2) 物流费用一般在企业生产经营活动的总成本中占有较大比重。前些年,随着"第一利润源"和"第二利润源"的枯竭,人们将目光投向了物流,期望通过加强包括生产物流在内的企业物流管理,实施合理化物流,降低物流成本,挖掘"企业脚下的金矿",获取"第三利润源"。近年来,随着"第三利润源泉"的枯竭,人们将目光转向了供应链,期望通过加强供应链企业群体的合作,减少环节,协同增效,实现互利共赢。

(3) 物流状况对企业生产环境和生产秩序具有决定性的影响。在生产作业现场,各工作中心处于固定的位置,而物流始终处于运动状态,物流路线纵横交错,上下升降,形成了错综复杂的立体动态网络。物流线路不畅,节奏不均衡,都有可能造成生产秩序的混乱;物料堆放不合理,也将对生产环境造成不良影响。故有专家认为,企业物流状况最能体现企业管理水平的高低。

总之,物流具有服务商流、保障生产、服务生活等作用。

1.4 现代物流的基本功能

物流活动是物流诸功能的实施与管理过程,一般包括运输、仓储、包装、装卸搬运、配送、流通加工及信息处理等内容。现代物流的功能具有运输合理化、仓储自动化、包装标准化、装卸机械化、加工配送一体化和信息管理网络化等突出特点。

京东物流集团的"微笑面单"

为保证用户个人隐私和信息安全,早在2016年6月京东物流集团就开始使用微笑面单,利用技术手段从包裹生成时即部分隐藏用户的姓名和手机号信息,以笑脸代替。2017年,京东物流集团在全国推行"微笑面单",全面保护用户隐私。

1. 运输

运输的功能就是改变物的空间位移,它构成了物流的主体功能。物流企业或企业物流部门通过运输解决物资在生产地和消费地之间的空间性分离问题,从而创造商品的场所价值,实现商品的价值和使用价值,所以运输是物流的首要功能。运输可扩大经济作用的范围并在一定的经济范围内促进物价的均衡。随着现代社会化大生产的迅速发展,社会分工越来越细,产品种类越来越多,无论是原材料、零部件还是产成品的需求量都大幅度增加,地区间的物资交换更加频繁,这必然促进运输业的发展,相应地,运输能力将得到提升。所以,产业的发展促进了运输技术的革新和运输水平的提高;同样,运输手段和运输工具的发展也将促进产业的发展,它们是各行各业发展的重要支柱。

区块链技术在货物运输中的应用

承运人在货物运输中使用区块链(BC)技术,可以为客户提供更高的透明度,因为客户可以看到每一步交易,可以跟踪、了解整个货物运输过程。区块链还可以防止欺诈或货物丢失,防止运输延误,提供可降低成本和提高时间效率的智能合约,并提供第三方物流(3PL)确认。

人工智能在货物运输中的应用

借助人工智能(AI)和机器学习(ML)技术,车辆变得更加智能,可以预测复杂的转弯,避免对面的危险,并区分步行的人和不同类型的车辆。这可以防止高达80%的事故发生,并帮助驾驶员跟踪燃油、刹车使用和速度。

2. 仓储

仓储和运输是物流系统的两大基础平台。仓储功能包括对进入物流系统的货物进行堆码、保管、保养、管理和维护等一系列活动,在物流系统中起着包括运输整合、产品组合、物流服务、防范偶发事件,以及物流过程平衡等一系列增加附加价值的作用。仓储功能主要通过仓库设施来实现,而仓库是其中的重要组成部分,包括普通仓库和现代化立体仓库[9]等。一般而言,仓库具有三个最基本的功能:储存、移动和信息传递。为提高库存周转率及仓库的运行效率,及时满足顾客的需求,仓库的移动功能和信息传递功能正越来越受到人们的重视。

新兴技术在仓储中的应用

在传感器技术和大数据的帮助下,库存跟踪和仓库维护变得更加容易。自动化技术可以帮助仓库应对运输挑战并更好地准时交货。仓储机器人可以提高仓储任务的速度和准确性。

3. 包装

无论是产品还是材料,在装卸搬运及运输之前,都要对其进行某种程度的包装,或将其装入适量的容器,以保证产品完好地送到消费者手中,故包装常被称为生产的终点、社会物流的起点。

包装的作用是保护物品,使物品的形状、性能、品质在整个流通过程中不受损坏;通过包装还可以使物品形成一定的单位,作业时便于处置;此外,包装可使物品醒目、美观,以便促销。

为使货物完好地送到用户手中,更好地满足服务对象的要求,需要对大多数商品进行不同方式、不同程度的包装。包装按功能可分为运输包装(transport package)和销售包装(sales package)两种。运输包装也称工业包装,其作用是方便运输,并保护在途货物;销售包装也称商业包装、消费者包装或零售包装,其目的是便于最后的销售。因此,包装功能体现在保护商品、单位化、便利化和商品广告等几个方面。前三项属物流功能,最后一项属营销功能。

4. 装卸搬运

装卸是以垂直位移为主的实物运动形式,而搬运则是以水平位移为主的物流作业。一般来说,装卸搬运在物流过程中并不产生附加价值,但却是物流的主要环节。如仓储和运输活动要靠装卸搬运才能衔接起来,物流其他各个环节也要靠装卸搬运来连接,从该意义上讲,装卸搬运在物流系统的合理化中占有相当重要的地位。装卸搬运活动不仅发生的次数频繁,作业内容也复杂多样,并且往往耗费人力和动力。通常,其所消耗的费用在物流总费用中占有相当大的比重。此外,装卸搬运活动频繁发生、作业繁多也是产生货损的重要原因。

河马生鲜自动传输系统

装卸作业的代表形式是集装箱和托盘化,使用的装卸机械设备有吊车、叉车、传送带和各种台车等。在物流活动的全过程中,对装卸搬运的管理主要是对装卸搬运方式、装卸搬运机械设备的选择和合理配置与使用以及装卸搬运合理化,应尽可能减少装卸搬运次数,以节约物流费用,获得较好的经济效益。

5. 配送

配送是一种特殊、综合的物流活动形式,是商流与物流紧密结合的产物。从物流角度来看,配送几乎包括所有的物流功能要素,是物流的一个缩影或在某一范围内的全部物流活动的体现。一般的配送集包装、装卸搬运、储存保管和运输于一体,通过这一系列活动实现将货物送达客户的目的。特殊的配送还要进行流通加工,因而所涵盖的物流活动的范围更广。但是,配送的主体活动与一般物流活动有所不同,一般物流活动主要涉及仓储和运输,而配送则主要是货物的拣选、组配与运送。分拣配货是配送的独特要求,也是配送的特色功能活动,而以送货为目的的运输则是最后实现配送的主要手段,因而,人们习惯于将配送简化地看成运输的一种形式。

从商流的角度来说,配送与物流的不同之处在于,物流是商物分离的产物而配送则是商物合一的结果,配送本身就是一种商业活动形式。虽然配送在具体实施时,也有可能以商物分离的形式来实现,但从配送的发展趋势来看,商流与物流的紧密结合,是配送成功的重要保障。

配送功能的设置,可采取物流中心集中备货、集中储存、订单分拣、货物组配、搭配装载、线路规划、共同递送的形式,依靠配送中心的准时配送,使客户企业实现零库存,或只持有少量的安全库存,以降低客户企业的库存成本。因此,配送是现代物流最重要的特征之一。

6. 流通加工

流通加工是物品从生产领域向消费领域流动的过程中,为了促销、维护产品质量以及实现物流效率化,对物品进行加工处理,使其发生物理变化或化学变化的活动。流通加工的内容有装袋、定量化小包装、贴牌、贴标签、拣选、配货、混装、刷标记等。流通加工虽仅为初级加工,但可以弥补生产领域加工的不足,可以使产品的功能得到强化,方便配送,增加商品的附加价值,更好地衔接生产和需求,更好地满足顾客的个性化需求,从而使流通过程更加合理化。流通加工是物流的一项重要增值服务,也是现代物流发展的一种趋势。

7. 物流信息处理

现代物流需要依靠信息技术保证物流系统的正常运行。物流信息处理包括对各项物流功能有关的计划、预测、动态的信息(货运量、收货量、发货量、库存量),以及有关的费用信息、生产信息和市场信息的处理。对物流信息进行处理,要求建立健全物流管理信息系统,并建立相应的信息渠道,正确选定情报科目,对数据信息进行收集、处理、汇总、统计、储存、传递与使用,充分保证信息的时效性和可靠性,以服务于决策。

物流信息的主要作用表现在:①缩短从接受订货到发货的时间;②库存适量化;③提高搬运作业效率;④提高运输效率;⑤使接受订货和发货更为省力;⑥提高订单处理的精度;⑦防止发货与配送出现差错;⑧调整需求和供给;⑨提供信息咨询等。

物流信息处理必须建立在计算机网络技术和国际通用的电子数据交换(EDI)等信息技术的基础之上,才能高效地实现物流各环节的无缝衔接,真正创造时间效用和场所效用。可以

说，信息是物流活动的中枢神经，物流信息在物流系统的运行中具有不可或缺的重要作用。

综上所述，现代物流包括运输、仓储、包装、装卸搬运、配送、流通加工及物流信息处理七项基本功能。现代物流活动是物流诸功能实施与管理的过程。

1.5　现代物流的发展趋势

近年来，物流发展迅猛。绿色物流、智慧物流、物流金融等是现代物流的主要发展趋势。

1.5.1　绿色物流

京东物流集团的“青流计划”

2017年，京东物流集团联合九家品牌企业共同发起绿色供应链行动计划——青流计划，通过京东物流集团与供应链上下游企业的合作，探索在包装、仓储、运输等多个环节实现低碳环保、节能降耗。

2018年，京东集团宣布全面升级“青流计划”，从聚焦绿色物流领域，升级为整个京东集团可持续发展战略，从关注生态环境扩展到人类可持续发展相关的环境（planet）、人文社会（people）和经济（profits）全方位领域，倡议生态链上下游合作伙伴一起联动，以共创美好生活空间、共倡包容人文环境、共促经济科学发展为三大目标，共同建立全球商业社会可持续发展共生生态。

2019年10月，京东物流集团宣布响应科学碳目标倡议，成为国内首家承诺设立科学碳目标的物流企业。2020年11月15日，京东物流集团对外公布科学碳目标——京东物流集团2030年的减碳目标为与2019年相比，到2030年碳排放总量减少50%。京东物流集团成为国内首家完成设立碳目标的物流企业。

2020年7月6日，京东物流集团“青流计划”推出物流行业首个环保日，进一步推动和落实全程供应链环保理念与实践。

1. 绿色物流的概念与内涵

绿色物流（green logistics）是指“通过充分利用物流资源、采用先进的物流技术，合理规划和实施运输、储存、装卸、搬运、包装、流通加工、配送、信息处理等物流活动，降低物流活动对环境影响的过程”（GB/T 18354—2021）。

从管理的视觉来看，绿色物流是为了实现顾客满意，连接绿色需求主体和绿色供给主体、克服时间和空间限制的快速、有效的绿色商品和服务的经济与管理活动过程。

绿色物流包含以下五个方面的内涵。

（1）集约物流资源。这是绿色物流的本质内涵，也是现代物流业发展的主要指导思想之一。通过优化整合、合理配置物流资源，行业、企业可以提高物流资源的利用率，减少物流资源的浪费。

（2）绿色运输。目前我国交通运输领域 CO_2 的排放量占全国 CO_2 总排放量的比例约为10%，而货物运输过程中的燃油消耗和尾气排放，是物流活动造成环境污染的主要原因之一。推行绿色运输势在必行。

（3）绿色仓储。一方面，仓库选址要合理，这有利于节约运输成本，减轻环境污染；另一方面，仓储设施内部空间布局要科学，要能最大限度地提高仓储资源利用率，降低仓储成本。

(4) 绿色包装。绿色包装可以提高包装材料的回收利用率,有效控制资源消耗,减轻环境污染。

(5) 废弃物物流。将生产和流通过程中产生的废弃物进行处理便形成废弃物物流。在开展废弃物物流活动时,如果处理不妥当,也会造成环境污染。提高废弃物物流的处理效率,减少资金消耗,很有必要。

2. 发展绿色物流的策略与措施

(1) 树立绿色物流观念。过去,由于生产力水平低下,人们更多地考虑眼前利益,忽略可持续发展。为此,首先要树立绿色物流观念,要充分利用物流资源,开发先进的物流技术,合理规划和实施物流活动,以减轻物流活动对环境的负面影响。

(2) 制定绿色物流法规。通过制定绿色物流法规,加强对绿色物流活动的管理和控制,引导企业的物流活动向绿色化转型。如控制污染发生源(如运输工具的废气排放、流通加工的废水排放、一次性包装的丢弃等)、限制交通量、控制交通流等。

(3) 推行绿色物流经营。

① 发展绿色运输。"碳达峰、碳中和"是系统性问题,关系到经济与产业结构调整,其核心是降低 CO_2 的排放强度与总量。实施节能减排、调整供需结构,发展多式联运、甩挂运输、共同配送,开发、投入新能源运输工具,实现物流基础设施智能化,是实现绿色运输的主要措施。

低碳经济与低碳物流

低碳经济是指在可持续发展理念指导下,通过技术创新、制度创新、产业转型、新能源开发等多种手段,尽可能减少煤炭、石油等高碳能源消耗,减少温室气体排放,达到经济社会发展与生态环境保护双赢的一种经济发展状态。将低碳经济理念运用于物流领域,就形成了低碳物流的概念。低碳物流是指通过科学的管理手段和技术创新途径,降低物流过程的资源消耗和碳排放量,其核心是物流各环节资源能源消耗的最小化和污染排放的最小化。

② 推行绿色储存保管。一是仓库要合理选点布局,以节约运输成本;二是仓库在建设前要进行环境影响评价。例如,易燃易爆品仓库不应设置在居民区,有害物质仓库不应设置在重要水源地附近等。

③ 提倡绿色包装。绿色包装节约资源,保护环境;材料省,废弃少,易于回收利用和再循环,可自然降解且降解周期短,对人的身体和生态无危害。

④ 开展绿色流通加工。一是变分散加工为专业集中加工,以规模作业方式提高资源利用率,减轻环境污染;二是集中处理流通加工产生的边角废料,减少废弃物污染。

⑤ 收集和管理绿色信息。收集、整理、储存、共享绿色信息,促进物流的绿色化。

(4) 加强绿色物流人才培养。发展绿色物流,需要行业协会、政府、企业、学校协同培养一大批熟悉绿色物流理论和实务的人才,为推动现代物流的绿色化提供智力支持和人才保障。

(5) 开展环境管理体系标准认证。ISO 14000 是企业进入国际市场的通行证。其基本思想是预防污染和持续改进,它要求企业建立环境管理体系,使企业经营活动、产品和服务的每一个环节对环境的影响最小化。通过开展 ISO 14000 环境管理体系标准认证,有利于促进绿色物流的快速发展。

我国最早实施环境管理体系标准认证的物流企业

在我国,最先实施ISO 14000环境管理体系标准认证的第三方物流企业是广州新邦物流有限公司。该公司作为4A级物流企业,在倡导绿色物流的过程中取得了显著成效。

1.5.2 智慧物流

京东成为智慧物流的引领者

京东物流集团注重技术驱动、网络协同,体现在智慧化平台、数字化运营、智能化作业、物流云及物流科技等方面。京东物流集团以核心运营系统支撑高效交付来满足客户个性化及多元化场景消费的需求,成为体验升级、智慧运营、操作无人化等智慧物流的引领者。

1. 智慧物流的概念与内涵

智慧物流(smart logistics)是指“以物联网技术为基础,综合运用大数据、云计算、区块链及相关信息技术,通过全面感知、识别、跟踪物流作业状态,实现实时应对、智能优化决策的物流服务系统”(GB/T 18354—2021)。

换言之,智慧物流是以物联网及相关信息技术为支撑,在运输、储存、包装、装卸搬运、流通加工、配送、信息处理等物流活动各个环节实现系统感知、全面分析、及时处理及自我调整功能,实现物流规整智慧、发现智慧、创新智慧和系统智慧的现代综合物流系统。

物联网在物流管理中的应用

通过互联网形成网络的物理设备通常被称为物联网(IoT)。物联网可以促进车队管理和最后一公里交付,加速需求评估和预测性维护,扩大冷链监控,提高物流过程的透明度和可见性,并改进实时库存跟踪和管理。

数字经济与智慧物流

数字经济是继农业经济、工业经济之后的主要经济形态。数字经济正在成为重组全球要素资源、重塑全球经济结构、改变全球竞争格局的关键力量。发展数字经济是把握新一轮科技革命和产业变革新机遇的战略选择。

2020年我国数字经济规模为39.2万亿元,占GDP的38.6%。《“十四五”数字经济发展规划》明确提出,大力发展智慧物流,涉及物流新基建、新技术、新模式、新业态等。

中国物流与供应链数字化发展迅猛

大数据、区块链、物联网等与物流行业结合,加快推进了中国物流与供应链数字化发展。中国已经涌现全球最大的数字货运物流平台满帮、全球最大即时物流服务平台美团、全球最大快递物流服务平台菜鸟。数字物流已经成为中国新引擎,宝武钢铁旗下欧冶云商、中国物流集团旗下中储智运、中化能源旗下66云链等也在不同领域培育处于领先地位的数字供应链服务平台。

智慧物流概念的提出,顺应了历史潮流,符合现代物流业发展的自动化、网络化、可视化、实时化、跟踪与智能控制的发展新趋势,符合物联网发展趋势。

2. 智慧物流的基本功能

(1) 感知功能。即运用各种先进技术获取物流活动各个环节的大量信息,实现实时数据收集,使物流活动涉及的各方能准确掌握货物、车辆、仓库等信息,初步实现感知智慧。

(2) 规整功能。即感知之后,把采集的信息通过网络传输到数据中心,用于数据归档、建立强大的资料库。将资料分门别类后加入新数据,使各种数据按照要求规整,实现数据的关联性、开放性和动态性。并通过对数据和流程的标准化,推进跨网络的系统整合,实现规整智慧。

(3) 智能分析功能。运用智能的模拟器模型等手段分析物流问题。根据问题提出假设,并在实践过程中不断验证问题,发现新问题,做到理论与实践相结合。在运行中系统会自行调用原有经验数据,随时发现物流作业活动中的漏洞或薄弱环节,从而实现发现智慧。

(4) 优化决策功能。结合特定需要,根据不同的情况评估成本、时间、质量、服务、碳排放和其他标准,评估基于概率的风险,进行预测分析,协同制定决策,提出最合理有效的解决方案,使做出的决策更加准确、科学,从而实现创新智慧。

(5) 系统支持功能。系统智慧集中表现在智慧物流并非各个环节相互独立、毫不相关的物流系统,而是每个环节都能相互联系、互通有无、数据共享、资源优化配置的系统,从而为物流各个环节提供最强大的系统支持,使各环节协作、协调、协同。

(6) 自动修正功能。在前面各个功能的基础上,按照最有效的解决方案,系统自动遵循最快捷有效的路线运行,在发现问题后自动修正,并备用在案,方便日后查询。

(7) 及时反馈功能。智慧物流系统是一个实时更新的系统,反馈是实现系统修正与完善必不可少的功能。反馈贯穿于智慧物流系统的每一个环节,为物流运营及管理者了解物流运行情况、及时解决系统问题提供强有力保障。

3. 智慧物流的体系结构

按照服务对象及服务范围,可以把智慧物流划分为以下三个层次。

(1) 企业智慧物流。该层面主要是推广信息技术在物流企业中的应用,其集中表现在应用新的感测技术,实现智慧仓储、智慧运输、智慧装卸搬运、智慧包装、智慧配送、智慧供应链等,从而培育一批信息化水平高、示范带动作用强的智慧物流示范企业。

(2) 行业智慧物流。行业智慧物流的建设主要包括智慧区域物流中心、区域智慧物流行业以及预警和协调机制三个方面的内容。

(3) 区域或国家智慧物流。该层面旨在打造一体化的交通同制、规划同网、铁路同轨、乘车同卡的现代物流支持平台,以制度协调、资源互补和需求放大效应为目标,以物流一体化推动整个经济快速增长。

4. 智慧物流的价值

智慧物流的建设顺应历史潮流,符合物联网发展趋势。对企业、物流行业乃至整个国民经济的发展都具有至关重要的意义。

(1) 智慧物流对企业的贡献。一是集中体现在物流供应链管理方面,借助智慧供应链管理帮助企业降本增效;二是智慧物流系统帮助企业提高对风险的预测能力和掌控能力,降低物流各个环节非必要的成本,增加企业利润;三是智慧物流系统帮助企业提高客户服务能力,有利于提高客户满意度。

(2) 智慧物流对行业的贡献。智慧物流建设能打破行业限制,协调部门利益,实现集约化高效经营,优化社会物流资源配置,促进物流产业快速发展。

(3) 智慧物流对国家的贡献。一是智慧物流的发展有利于降低物流成本在 GDP 中的比重，从而提高国民经济的运行效率；二是智慧物流符合科学发展观与可持续发展战略，节能环保，减轻环境污染。

5. 智慧物流的实施

1）智慧物流的实施基础

(1) 信息网络是智慧物流系统的基础。智慧物流系统的信息收集、交换共用、指令下达都要依靠一个发达的信息网络。没有准确、实时的需求信息、供应信息、控制信息做基础，智慧物流系统就无法对信息进行筛选、规整、分析，也就无法发现物流作业中亟待优化的问题，更无法创造性的做出优化决策，整个智慧系统也就无法实现。

(2) 网络数据挖掘和商业智能技术是实现智慧物流系统的关键。如何对海量信息进行筛选规整、分析处理，提取其中的有价值信息，实现规整智慧、发现智慧，从而为系统的智慧决策提供支持，必须依靠网络数据挖掘和商业智能技术。并在此基础上自动生成解决方案，供决策者参考，实现技术智慧与人的智慧的结合。

(3) 良好的物流运作和管理水平是实现智慧物流系统的保障。智慧物流的实现需要配套的物流运作和管理水平。实践证明，如果没有良好的物流运作和管理水平，盲目发展信息系统，不仅不能改善业绩，反而会适得其反。智慧物流的实现也离不开良好的物流运作和管理水平。只有将两者结合，才能实现智慧物流的系统智慧，发挥协同、协作、协调效应。

(4) 智慧物流的实现更是需要专业的 IT 人才和熟知物流活动规律的经营管理人才的共同努力。物流业是一个专业密集型和技术密集型的行业，没有人才，大量信息的筛选、分析乃至应用将无从入手，智慧技术的应用与技术之间的结合也无从进行。

(5) 智慧物流的建成必须实现从传统物流向现代物流的转型。智慧物流所要实现的产品的智能可追溯网络系统、物流过程的可视化智能管理网络体系、智能化的企业物流配送中心和企业的智慧供应链必须建立在“综合物流”之上。如果传统物流业不向现代物流业转型，智慧物流只是局部智能而非系统智慧。

(6) 物流系统只有在物流技术、智慧技术与相关技术有机结合的支持下才能实现，两者相辅相成，缺一不可。只有应用这些技术，才能实现智慧物流的感知智慧、规整智慧、发现智慧、创新智慧、系统智慧。这些技术主要包括新的感测技术、EDI、GPS、RFID、条码技术、视频监控技术、移动计算技术、无线网络传输技术、基础通信网络技术、互联网技术及物联网技术。

2）智慧物流的实施模式

(1) 第三方物流企业运营模式。第三方智慧物流不同于传统的第三方物流系统，顾客可以在网上直接下订单，然后系统对订单进行标准化处理，并通过 EDI 传递给第三方物流企业。第三方物流企业利用感测器、RFID 和智能设备来自动处理货物信息，实现实时数据收集和信息透明，准确掌握货物、天气、车辆和仓库等信息，利用智能的模拟器模型等手段评估成本、时间、碳排放和其他标准，将货物安全、及时、准确无误地送达客户。

(2) 物流园区模式。在智慧物流园区的建设中，要充分考虑信息平台的先进性，供应链管理的完整性，电子商务的安全性，以确保物流园区的商流、信息流、资金流的快速安全流转。智慧物流园区要有良好的通信基础设施，共用信息平台，提供行业管理的信息支撑手段来提高行业管理水平。建立智慧配送中心使用户订货适时、准确，尽可能不使用户所需的订货断档，保证订货、出货、配送信息畅通无阻。

(3) 大型制造企业模式。该模式要求制造企业的每个物件都能够提供关于自身或与其相关联的对象的数据，并能够将这些数据进行通信。这样，每个物件都具备了数据获取、数据处理及数据通信的能力,从而构建由大量的智慧物件组成的网络。在智慧物件网络的基础上,所有物品信息均可联通,组成物联网,企业就有了感知智慧,就能够及时、准确、详细地获取关于库存、生产、市场等所有相关信息。然后通过规整智慧、发现智慧找出其中的问题、机会和风险,再由创新智慧及时做出正确的决策,企业尽快生产出满足市场需求的产品,从而获取最大化的利润。

3) 智慧物流的实施步骤

第一步,完善基础功能。提高既有资源的整合和设施的综合利用水平。加强物流基础设施在规划上的总体协调和功能整合,使物流基础设施的空间布局更加合理、功能更加完善,逐步提高各种运输服务方式对物流基础设施的支持能力、物流基础设施的经营与网络化服务能力以及物流基础设施的信息化水平。

第二步,开发物流模块的智慧。智慧物流系统设计可以采取模块设计方法,即先将系统分解成多个部分,逐一设计,然后根据最优化原则组合成为一个满意的系统。在智慧物流感知记忆功能方面,系统包括基本信息维护模块、订单接收模块、运输跟踪模块、库存管理模块;在智慧物流的规整发现功能方面,主要是调度模块,这是业务流程的核心模块。通过向用户提供订单按照关键项排序、归类和汇总,详细的运输工具状态查询等智能支持,帮助完成订单的分理和调度单的制作;智慧物流的创新智慧主要体现在分析决策模块。系统提供了强大的报表分析功能,各级决策者可以看到他们各自关心的分析结果;而系统智慧体现在技术工具层次上的集成,物流管理层次上的集成,供应链管理层次上的集成,物流系统同其他系统的集成,这些共同构成供应链级的管理信息平台。

第三步,目标和方案的确立。智慧物流的建设目标包括构建多层次智慧物流网络体系,建设若干个智慧物流示范园区、示范工程、产业基地,引进一批智慧企业。智慧物流系统的建设遵循以下步骤:搭建物流基础设施平台、加强物流基础功能建设、开发一些最主要的物流信息管理软件。完成服务共用的管理功能和辅助决策的增值服务功能,进一步完善物流信息平台的网上交易功能。

第四步,发现、规整智慧的实施创新和系统的实现。在利用感测器、RFID和智能设备来自动处理货物信息,实现实时数据收集和信息透明时,使物流活动涉及的各方在准确掌握货物、车辆和仓库等信息的基础上,通过对数据的挖掘和商业智能对信息进行筛选,提取信息的价值,找出其中的问题、机会和风险,从而实现系统的规整与发现智慧;然后利用智能的模拟器模型等手段评估成本、时间、质量、服务、碳排放和其他标准,评估基于概率的风险,进行预测分析并实现具有优化预测及决策支持的网络化规划,通过执行,从而实现系统的创新智慧和系统智慧。

4) 智慧物流实施的瓶颈制约

(1) 基础信息缺乏的制约。物流信息是物流系统的中枢神经,是物流系统变革的决定力量。在智慧物流系统中,必须对海量、多样、更新快速的信息进行收集、加工、处理,才能成为系统决策的依据。如果物流基础信息匮乏,智慧物流系统也就无从谈起。

(2) 智慧物流功能需求及市场需求不明确的制约。系统能否运行成功,关键看系统提供的功能能否被系统使用者接受。因此,进行智慧物流系统的功能分析,就成为构建智慧物流系统的首要任务。

(3) 传统物流企业发展现状及层次不高的制约。首先是传统物流发展的整体规划不足,基础平台相对薄弱,不利于发挥物流资源的整合效应。其次,传统物流企业的专业化、信息化程度较低,目前能有效参与国际市场竞争的大型物流企业数量偏少。最后,部分第三方物流企业的功能不全，物流服务专业化程度有待提高。

(4) 人才匮乏的制约。物流业是一个专业密集型和技术密集型的行业，智慧物流的实现更是需要专业的IT人才和熟知物流活动规律的经营管理人才的共同努力。物流人才的匮乏，物流产业人员素质不高，势必会阻碍智慧物流的发展。

"智慧＋共享"物流

"智慧＋共享"物流是指将智慧化和共享化两种理念共同融入现代化物流运作系统，在降本增效等耦合力机制作用下实现智慧化的物流智能技术体系和共享化的物流共享互动机制之间关联要素相互耦合衔接，推动物流系统主要功能环节相互适应、耦合协调、相辅相成，并最终达成物流运作流程高效智能化、物流资源高度共享化、物流系统功能全面转型升级的新型物流运作模式。简言之，"智慧＋共享"物流＝智慧化物流智能技术体系＋共享化物流共享互动机制＋降本增效耦合动力机制。

物流智慧化和共享化具有天然耦合"基因"，共享物流"智慧化"、智慧物流"共享化"是未来物流企业发展趋势，物流企业的"智慧＋共享"耦合运作、共融共生将打破传统行业企业边界、实现多方利益主体的协同合作，打造互联共享的智慧共享物流生态圈。

1.5.3 物流金融

物流金融的起源

物流金融的发展起源于物资融资(以物融资)业务。金融和物流的结合可以追溯到公元前2400年，当时的美索不达米亚地区就出现了谷物仓单。而英国最早出现的流通纸币就是可兑付的银矿仓单。

1. 物流金融的概念与内涵

物流金融(logistics finance)是物流与金融相结合的复合业务概念，是指在面向物流业务的运营过程中，通过应用和开发各种金融产品，有效地组织和调剂物流领域中货币资金的运动，为企业提供资金融通、结算、担保、质押等涉及物流服务的金融业务。

物流金融伴随着物流产业的发展而产生。物流金融涉及物流企业、融资企业和金融机构等主体，它们对物流金融的开展都有着非常迫切的现实需要。其核心是物流企业和金融机构联合起来为资金需求企业提供融资。对金融业务来说，物流金融的功能是帮助金融机构扩大贷款规模、降低信贷风险；在业务扩展服务上，物流企业的介入，能协助金融机构处置部分不良资产，有效管理客户关系，提升质押物评估的效率和效果，并能提供基于物流的企业理财服务等。物流和金融的紧密融合能有力支持社会商品流通，促使流通体制改革顺利进行。物流金融正成为国内银行一项重要的金融业务，并逐步显现其作用。

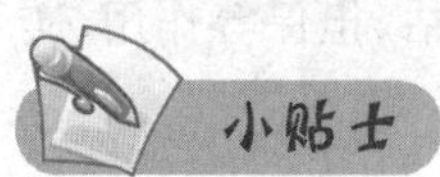

物流金融服务的驱动源

国外物流金融服务的推动者主要是金融机构，而国内物流金融服务的推动者主要是第三方物流企业。物流金融服务伴随着第三方物流企业而生。很多第三方物流企业不但要提供现代物流服务,还要与金融机构合作提供部分金融服务。

2. 物流金融的业务模式

中国储运开展物流金融业务成效显著

中国物资储运集团有限公司(简称中国储运)从1999年开始开展物流金融业务,物流金融给中国储运带来了新的发展机遇。中国储运在总结其物流金融业务模式的基础上,将其在集团公司内部推广,取得了较好的成效。

随着现代金融和现代物流的不断发展,物流金融的模式也越来越多。按照金融在现代物流中的业务内容,可以把物流金融划分为物流结算金融、物流仓单金融、物流授信金融等几种类型。

1) 物流结算金融

物流结算金融是指利用各种结算方式为物流企业及客户提供融资的金融活动。目前主要有代收货款、垫付货款、承兑汇票等业务模式。

(1) 代收货款。代收货款业务是物流公司在为客户(大多为各类邮购公司、电子商务公司、商贸企业、金融机构等)提供物流服务的同时,帮助卖方向买方收取现款,然后将货款转交卖方并从中收取一定比例的佣金。代收货款模式是物流金融的初级阶段,从盈利来看,它直接带来的利益属于物流公司,同时卖方和买方获得的是方便快捷的服务。

(2) 垫付货款。垫付货款业务是指当物流公司为发货人[10]承运一批货物时,物流公司首先代提货人预付一半货款;当提货人提取货物时再交付给物流公司全部货款。物流公司从垫付货款中获取佣金。

(3) 承兑汇票。为消除垫付货款对物流公司的资金占用,又衍生出另外一种模式:发货人将货权转移给银行,银行根据市场情况按其一定比例提供融资(银行开具承兑汇票,以承兑汇票为结算工具),当提货人向银行偿还货款后,银行向物流公司发出放货指示,将货权退还给提货人。这种模式下,物流公司的角色发生了变化,由原来的商业信用主体变成了为银行提供货物信息、承担货物运送,协助控制风险的角色。该模式实质上是保兑仓融资模式。

2) 物流仓单金融

物流仓单金融的典型业务模式是仓单质押融资,包括基本模式和拓展模式。

案例:北美地区面向农产品的仓单质押

(1) 仓单质押融资的基本模式。

① 仓单质押融资的要旨与流程。仓单质押融资[11]也称仓单融资,是指融资企业将其拥有完全所有权的货物存放在银行指定的物流公司仓库,并以物流公司出具的仓单[12]在银行进行质押[13],作为融资担保,银行依据质押仓单向融资企业提供用于经营与仓单货物同类商品的专项贸易的短期融资业务。

仓单质押融资实质上是一种存货抵押贷款方式,通过银行、物流公司和融资企业签订三方协议,银行引入专业物流公司在融资过程中发挥其对质押物的监管、价值评估、担保等作用,实现以融资企业的存货仓单为抵押的融资模式。

物流公司、融资企业和银行三方的基本业务关系如图1-2所示。

由于仓单质押融资业务涉及物流公司、融资企业和银行三方的利益,因此需要遵循一整套

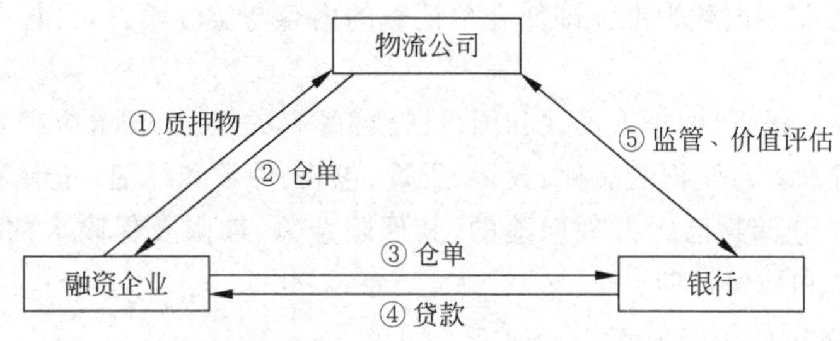

图1-2　物流公司、融资企业和银行三方的基本业务关系

严格、完善的质押贷款业务流程，具体如下。

第一步，签订相关协议及保证书。具体包括融资企业（货主/贷款人）与银行签订《银企合作协议》和《账户监管协议》，物流公司、货主和银行签订《仓储协议》，物流公司与银行签订《不可撤销的协助行使质押权保证书》。

第二步，质押贷款申请。具体流程如下：货主按照约定数量将货物送到指定的仓库；物流公司接到通知后，验货确认并开立专用仓单；货主当场对专用仓单进行质押背书，经由仓储方签章后，货主把仓单交付银行并提出仓单质押贷款申请。

第三步，银行受理并放款。银行审核融资企业的仓单质押贷款申请后，签署贷款合同和仓单质押合同，按照仓单价值的一定比例发放贷款至货主在银行开立的监管账户。

第四步，融资企业还款并提取质押物。融资企业在贷款期内实现正常销售时，货款全额划入监管账户；银行按约定根据到账金额开具分提单（提货的凭证）给货主；货主将提单交付物流公司，物流公司按照约定要求核实后发货；货主到期向银行归还贷款，余款可由货主（借款人）自行支配。

② 仓单质押融资对质押物的要求。开展仓单质押融资，对质押物有以下要求：a. 所有权明晰（不存在与他人在所有权上的纠纷）；b. 无形损耗小，不易变质，易于长期保管；c. 市场价格稳定，不易过时，市场前景较好；d. 用途广，易变现；e. 规格明确，便于计量；f. 产品合格且符合国家有关标准，不存在质量问题。根据上述要求，适合作为仓单质押融资的质押物主要有钢材、有色金属、黑色金属、建材、石油化工产品等大宗货物。

③ 仓单质押融资对融资企业的要求。开展仓单质押融资，对融资企业有以下要求：a. 将可用于质押的货物（现货）存储于银行认可的物流公司，并持有物流公司出具的相应仓单；b. 应当对仓单所载明的货物拥有完全所有权，并且是仓单上载明的货主或提货人；c. 以经销仓单质押下货物为主要经营活动，从事该货物经销的时间不短于一年，熟知市场行情，拥有稳定的购销渠道；d. 资信可靠，经营管理状况良好，具有偿付债务的能力，在各大银行均无不良记录；e. 融资用途应为针对仓单货物的贸易业务。

④ 仓单的性质与内容如下。

a. 仓单的性质。仓单是保管人收到储存货物以后给存货人开具的提货凭证，同时也是保管人已收取储存货物的凭证。仓单是一种有价证券，可以通过背书，转让仓单货物的所有权，或用于出资。

仓单的法律性质。首先，仓单是一种要式证券。仓单上必须记载保管人的签字及必要条款，以此来确定保管人和存货人各自的权利和义务。其次，仓单是物权凭证。仓单持有人依仓单享有对有关储存货物的所有权，行使仓单载明的权利或对权利进行处分。实际占有仓单者可依仓单请求保管人交付仓单所载明的储存货物。最后，仓单是文义证券。仓单的权利和义务的范围,以仓单的文字记载为准。即使仓单记载的内容与实际不符,保管人仍应按照仓单所载文义履行责任。

b. 仓单的内容。根据《中华人民共和国民法典》的有关规定,仓单应载明以下内容:存货人的名称或姓名、住所;仓储物的品种、数量、质量、包装、件数和标记;仓储物的损耗标准;储存场所;储存期限;仓储物已经办理保险的,其保险金额、期限及保险人的名称;仓储费用;仓单填发人、填发地和填发日期。

(2) 仓单质押融资的拓展模式。

① 异地仓单质押融资。该模式是在仓单质押融资基本模式的基础上对地理位置的拓展。物流公司根据客户需要,整合社会仓储资源甚至是客户自身的仓库,就近质押监管,极大地降低了质押成本。物流公司向货主提供仓单,货主依仓单向银行申请贷款。

② 保兑仓融资模式。保兑仓融资模式也称买方信贷,俗称"厂商银",属于前向物流金融模式。保兑仓是指以银行信用为载体,以银行承兑汇票为结算工具,由银行控制货权,卖方(或仓储方)受托保管货物并对承兑汇票保证金以外金额部分由卖方以货物回购作为担保措施,由银行向制造商(卖方)及其经销商(买方)提供的以银行承兑汇票为基础的一种金融服务。

京东的供应链金融独具优势

多数电商企业在备货方面有强烈的融资需求,但零售仓单融资存在以下两个方面的难点:一方面,对出质方存货周转率的要求高,这不同于整进整出的批量存货质押,如奶粉、纸尿裤、鞋、化妆品等消费类商品随时进出,对既定生成的仓单要求具有更频繁的解付、置换、再质押等操作,且必须采用数字化流程;另一方面,质押物有质保临期或者过季风险,若借款未及时归还,为避免发生违约,还需要一个强有力的处置变现体系,以确保产品在可售期内处理完毕,否则仓单面临掉价,无法弥补融资本金风险。京东集团的销售和仓储都是自营可控的,可与金融机构实现数据共享,因此京东在供应链金融方面具有独特优势,具备质押货物变现的能力。

相对于仓单质押融资基本模式,保兑仓融资模式的特点是"先票后货",即银行在没有货物质押的情况下,率先开出承兑汇票。具体而言,首先要形成一个以四方为主体的两套三方协议,第一套协议涉及甲方制造商、乙方经销商、丙方银行,第二套协议涉及甲方银行、乙方物流公司、丙方经销商。其运作流程如下:经销商(融资企业)向银行交纳一定的保证金后,银行开出承兑汇票且由银行承兑,收款人为经销商的合作企业——上游制造商,制造商在收到银行承兑汇票后向物流公司的仓库发货,货物到达仓库以后转为仓单质押。若经销商到期无法偿还银行贷款,则上游制造商负责回购质押货物。

需要说明的是,物流公司提供承兑担保,卖方以货物对物流公司进行反担保,并承诺回购货物;买方向银行申请开出承兑汇票并交纳一定比率的保证金;银行在无货质押的情况下开出承兑汇票;买方凭银行承兑汇票向卖方采购货物,并交由物流公司评估、入库作为质押物;银行在承兑汇票到期时兑现,将款项划拨到卖方账户;物流公司根据银行的要求,在买方履行了还款义务后释放质押物。如果买方违约,则质押物可由卖方或物流公司回购。

从盈利来看,买方获得了融资,缓解了企业流动资金的紧张状况;卖方在承兑汇票到期兑现即可获得银行的支付,不必等到买方向银行付款;银行通过为买方开出承兑汇票获得了业务收入;而物流公司通过为银行提供货物价值评估及质押监管服务而获得了收益。最终所有参与体均实现了共赢。

3）物流授信金融

物流授信金融即统一授信的担保模式。该模式是指银行根据物流公司的规模、经营业绩、运营状况、资产负债比例及信用程度，授予物流公司一定的信贷额度，物流公司根据客户的条件和融资需要，向其提供灵活的质押贷款服务。物流公司向银行提供信用担保，银行基本上不参与质押贷款项目的具体运作。该模式减少了仓单质押融资基本模式中融资企业向银行申请质押贷款的多个申请环节，优化了质押贷款的业务流程，降低了银行与融资企业的交易费用，有利于企业更加便捷地获得融资；同时，也有利于银行充分利用物流公司的货物监管经验并发挥其担保作用，强化银行对质押贷款全过程的监控，降低了质押贷款风险。

天津港散货交易公司开展物流金融业务成效显著

作为全国港口第一家涉足物流金融业务的天津港散货交易公司，在组建的前两年就与 77 家物流企业建立了紧密的物流金融业务关系，累计为客户实现了近 48 亿元的融资贷款，实现业务收入 1 100 万元。

综上，物流金融是一种创新型的第三方物流服务产品，它为金融机构、供应链企业以及第三方物流企业间的紧密合作提供了良好的平台，使合作能达到共赢的效果。它不仅能提升第三方物流企业的业务能力及效益，还能为企业融资及资本运用提高效率。

实训项目 1　物流认知

实训项目描述

物流活动广泛地分布在社会再生产全过程的各个领域。大家初识物流，大多是从物流环节的末端开始，如小区附近的菜鸟驿站、智能快递柜，或道路上奔跑的运输车辆，然而更多的物流活动环节往往不被大家所熟知，时常让人产生物流是一项不高端、无特点、让人费心的活动的错觉。作为物流类专业的学生，需要从大物流的视角去探索和认知物流活动的类型、环节和发展，从而确定自己对物流的理解，并建立从事物流事业的职业理想。

实训目标

通过实训，应达到以下目标。

1. 能从文献资料中理解不同时代的物流发展理论、理念和典型特征。
2. 能从企业参观或社会交流活动中了解物流的现状与发展趋势。
3. 能借助不同的载体来展示对物流的理解。
4. 能从不同视角分析和表达对物流的看法。
5. 能清楚、准确地表达实训项目的成果。
6. 能经团队协作提升集体意识和劳动意识。

实训内容

学生以小组为单位，完成以下实训内容。

1. 通过文献调查、企业调查、实地走访等途径，撰写一篇关于物流认知的调研报告。
2. 制作调研报告交流汇报 PPT，录制汇报视频，或在课堂进行汇报答辩。
3. 小组间互动交流，根据标准对彼此成果展开实事求是、友善慎重的评价。

4. 根据师生建议,修改和反复优化调研报告,并在规定时间内提交终稿。

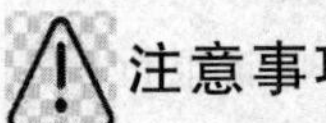

建议实训时间

4h,其中课内 2h,课余 2h。

注意事项

1. 撰写调研报告时,若引用他人成果,请注明出处。
2. 在汇报和答辩时,请思考和注意职业礼仪和礼貌。
3. 在汇报时,应阐述小组成员实训期间的劳动成果。

评价与反馈

1. 小组成果展示

(1) 小组的收获与体会见表 1-1。

表 1-1　小组的收获与体会

活动总结	内容描述
活动收获	
活动体会	

(2) 对其他小组的建议见表 1-2。

表 1-2　对其他小组的建议

反馈建议	内容描述
改进建议	

注:① 请分别对其他小组提出建议。
② 建议的内容应分条列出、切实可行,注意保持和谐的氛围。

2. 评分

采用加权平均法对学生的实训成绩进行评定,包括学生自评(25%)、小组互评(25%)、教师评价(50%)三部分,见表 1-3。

表 1-3　学生实训成绩评定

考核项目	评分标准	分数	学生自评(25%)	小组互评(25%)	教师评价(50%)	小计
团队合作	是否默契:是否有活动分工,汇报和答辩是否配合	5				
活动参与	是否积极:是否准时提交成果,是否有担当精神	5				
任务方案	是否正确、合理:结构是否严谨、内容是否准确、方案是否可行等	5				
实训过程	(1) 任务准备 ① 团队组建是否符合要求 ② 调研计划是否缜密可行	20				

续表

考核项目	评分标准	分数	学生自评（25%）	小组互评（25%）	教师评价（50%）	小计
实训过程	(2) 任务实施 ① 调研过程是否求真务实 ② 材料分析是否准确无误 ③ 报告撰写是否严谨认真	30				
	(3) 任务结果 ① 调研报告一份 ② 汇报 PPT 一份 ③ 汇报视频一个	20				
任务完成情况	是否圆满完成	5				
实训方法	是否规范、标准	5				
实训纪律	是否能严格遵守	5				
总　分		100				
教师签名：			年　月　日		得分	

注：没有按照规范流程和要求实训，出现违规和违纪行为，本任务考核记0分。

小　结

物流是根据实际需要，将运输、储存、装卸、搬运、包装、流通加工、配送、信息处理等基本功能实施有机结合，使物品从供应地向接收地进行实体流动的过程。物流管理是为达到既定的目标，从物流全过程出发，对相关物流活动进行的计划、组织、协调与控制。物流具有服务商流、保障生产、服务生活等作用，具有时间、场所、形质、系统功能、利润、环境、服务及产业等价值。现代物流具有反应快速化，功能集成化，服务系列化，个性化，作业规范化，目标系统化，手段现代化，组织网络化，经营市场化，信息网络化等特征。可以按照物流系统的作用、属性及物流活动的空间范围等标准对物流进行分类。商流和物流是流通领域最重要的支柱流，两者配合共同完成商品的流通。生产决定流通，流通对生产又具有反作用。绿色物流、智慧物流、智能物流、物流金融等是现代物流的主要发展趋势。绿色物流是指通过充分利用物流资源、采用先进的物流技术，合理规划和实施物流活动，降低物流活动对环境影响的过程。低碳物流的核心是物流各环节资源能源消耗的最小化和污染排放的最小化。智慧物流是以物联网等技术为支撑，实现物流规整智慧、发现智慧、创新智慧和系统智慧的现代综合物流服务系统。物流金融包括物流结算金融、物流仓单金融、物流授信金融等几种类型，仓单质押融资是其典型业务模式。

同步测试

一、判断题

1. 绿色物流的目的是充分利用物流资源，而非降低物流活动对环境影响。（　）

2. “碳达峰、碳中和”是系统性问题，关系到经济与产业结构调整，其核心是降低 CO_2 的排放强度与总量。（　）

3. 低碳物流的核心是物流各环节资源能源消耗的最小化和污染排放的最小化。（　　）
4. 网络数据挖掘和商业智能技术是实现智慧系统的关键。（　　）
5. 智慧物流以物联网技术为基础。（　　）
6. 代收货款模式是物流金融的初级阶段。（　　）
7. 仓单质押融资是物流金融的典型业务模式。（　　）
8. 保兑仓融资模式也称买方信贷,俗称"厂商银",属于后向物流金融模式。（　　）
9. 相对于仓单质押融资基本模式,保兑仓融资模式的特点是"先货后票"。（　　）
10. 在统一授信的担保模式中,银行当了"跷脚老板",也没有什么风险。（　　）

二、多选题

1. 现代物流的主要发展趋势包括(　　)。
A. 绿色物流　B. 智慧物流　C. 智能物流
D. 物流金融　E. 低碳物流
2. 按照物流系统的作用,可将其划分为(　　)等几种类型。
A. 供应物流　B. 生产物流　C. 销售物流
D. 逆向物流　E. 回收物流
3. 流通包含商流、物流、资金流和信息流等多种流。可以认为其中的信息流从属于(　　)。
A. 资金流　B. 物流　C. 商流
D. 管理流　E. 信息流
4. 除了时间价值、场所价值和系统功能价值外,物流的价值还包括(　　)。
A. 利润价值　B. 环境价值　C. 产业价值
D. 服务价值　E. 形质价值
5. 物流活动是物流诸功能的实施与管理过程,一般包括运输、储存保管及(　　)等内容。
A. 包装　B. 装卸搬运　C. 配送
D. 流通加工　E. 信息处理
6. (　　)是实现绿色运输的主要措施。
A. 实施节能减排　B. 调整供需结构　C. 发展多式联运
D. 开展甩挂运输　E. 开展共同配送
7. 智慧物流具有(　　)智慧。
A. 感知　B. 规整　C. 发现
D. 创新　E. 系统
8. 智慧物流的实施模式包括(　　)。
A. 第三方物流企业运营模式　B. 物流园区模式
C. 大型制造企业模式　D. 大型批发企业模式
E. 大型零售企业模式
9. 物流金融包括(　　)几种类型。
A. 物流结算金融　B. 物流仓单金融　C. 物流授信金融
D. 物流口岸金融　E. 物流质押金融
10. 仓单是(　　)。
A. 物权凭证　B. 保管凭证　C. 有价证券
D. 要式证券　E. 文义证券

三、简答题

1. 现代物流的科学内涵是什么?

2. 怎样理解物流与流通的关系?

3. 什么是第一利润源泉?什么是第二利润源泉?什么是第三利润源泉?什么是第四利润源泉?为什么近年来人们把目光投向了第四利润源泉?(参考项目 7)

4. 现代物流有什么发展趋势?

四、综合分析题

废旧电池的回收物流

废旧电池经过长期机械磨损和腐蚀,其内部的重金属和酸碱等泄漏出来,进入土壤或水源,就会通过各种途径进入人的食物链,危害人类的健康。我国电池产量约占全世界电池产量的 1/2 强,近年我国电池出口贸易快速增长,已成为全球关注的重点行业。

欧盟在 2006 年 5 月通过一项指令,要求从 2008 年开始,强制回收废旧电池,回收费用由生产厂家负担。

欧盟该指令要求:从 2009 年开始,所有在欧盟境内销售的电池都必须标明具体使用寿命;2012 年之前,欧盟境内 1/4 的废电池必须被回收;到 2016 年,这一比例应达到 45%。这项指令目前已获欧盟理事会与欧盟议会批准,即将成为欧盟法律。

我国作为世界电池制造和出口大国,欧盟的该项法令对我国电池制造业的回收问题提出了严峻考验。

问题:请在现状调查的基础上,为我国旧电池回收找出问题症结所在,并提出可行性解决方案。

五、案例分析题

ABC 建材公司的物流金融解决方案

中小企业融资难是普遍现象,这种状况制约了国内中小企业的发展。物流金融能够解决中小企业融资难的问题。

ABC 公司是一家建材企业,主营建材业务。公司的采购支出占用了大量资金,同时账面上有数额巨大的建材存货,存货资金占用的情况非常严重。公司拟扩大经营规模,但流动资金吃紧,公司经营管理者想通过贷款来缓解公司资金紧张的压力。但仅凭公司现有的规模很难从银行获得融资,因为公司缺乏传统意义上的房地产作为担保,融资比较困难。资金短缺制约了公司的发展。

眼看商机稍纵即逝,ABC 公司在万般无奈之下,找到 XYZ 物流咨询公司,邀请其前来诊断。ABC 公司在 XYZ 物流咨询公司的帮助下,通过物流金融快速解决了公司资金短缺的问题,使 ABC 公司的经营出现了转机。

XYZ 公司根据 ABC 公司的实际需求和存在的问题,引入 KT 物流公司作为质押物监管方,为 ABC 公司打开了通往银行的快速融资通道。针对 ABC 公司的存货,XYZ 公司通过评估其价值,将建材存货作为质押物向招商银行进行融资,委托符合招商银行准入条件的 KT 物流公司进行质押监管。招商银行根据融资金额和质押率,确定由 KT 物流公司监管货物的最低价值,超过最低价值以上的存货由 KT 公司自行控制提换货,以下的部分由 ABC 建材公司追加保证金或用新的货物赎货。同时,KT 物流公司负责建材质押的全程监控,而监控的建材正是向招商银行贷款的质押物。这样就盘活了 XYZ 公司的建材存货,解决了公司资金吃紧的问题,采购款项也就有了着落。

对于KT物流公司来说,一项业务可以获得两份收入,一项是常规的物流服务费,另一项是货物质押监管费。更重要的是,通过物流金融服务,稳定了客户关系。对ABC建材公司来说,好处显而易见,通过KT物流公司解决了资金短缺问题,经营规模得到扩张。对于银行,扩大了业务规模,获得了营业收入,降低了信贷风险。通过物流金融,所有参与各方均实现了共赢。

根据案例提供的信息,回答以下问题。

1. ABC建材公司的物流金融属于哪种类型?
2. ABC建材公司采取的是哪种物流金融业务模式?
3. ABC建材公司符合仓单质押融资企业的条件吗?为什么?
4. ABC建材公司的质押物符合仓单质押融资的条件吗?为什么?
5. KT物流公司发挥了什么作用?
6. ABC建材公司的物流金融属于前向物流金融还是后向物流金融?
7. ABC建材公司的物流金融属于“厂商银”吗?为什么?
8. 为什么ABC建材公司的采购支出高,而建材库存量大?
9. 为什么中小企业融资难?
10. 本案例带给我们什么启示?

项目2

物流基本功能活动管理

项目2脚注

【素养目标】

1. 具有家国情怀。
2. 具有绿色、环保理念。
3. 具有精益求精、吃苦耐劳的工匠精神。
4. 养成耐心细致、勇于创新的品质。
5. 具有安全意识。
6. 具有良好的职业操守。
7. 诚实守信。
8. 具有专业认同感。

【知识目标】

1. 理解物流基本功能的概念与作用。
2. 掌握物流基本功能活动合理化的措施。
3. 掌握基本运输方式的优缺点及其技术经济特征。
4. 了解多式联运及集装箱运输的概念和特征。
5. 了解常见的物流信息技术及其在物流管理中的应用。

【能力目标】

1. 熟悉物流基本功能活动的作业流程。
2. 能正确选择运输方式。
3. 能判断不合理运输。
4. 能识别基本的包装标志。
5. 能区分流通加工与生产加工。

2.1 包装作业与管理

【引例】

京东物流集团的绿色包装

2017年京东物流集团的循环快递箱"青流箱"在行业内首次发布，已累计使用"青流箱"等循环包装1.6亿次；京东物流集团提出"原发包装"新概念，通过原发包装及纸箱回收再利用，

现代包装作业

已节约20亿个快递纸箱,超过20万个商家、亿万名消费者参与其中;京东物流集团通过推动仓库的无纸化作业、减量包装和快递纸箱回收项目,节约纸张近100万吨;通过胶带瘦身及包装减量等措施减少塑料使用量5万吨。2018年,京东物流集团联合50余家上下游供应链企业发起绿色包装联盟,通过企业实施绿色包装等措施,实现减塑减碳。2019年,京东物流集团联合宝洁、联合利华、中国包装测试中心等机构成立中国电商物流行业包装标准联盟,并发布了国内首个电商包装测试标准。

问题

1. 京东物流集团为什么要实施绿色包装?

2. 京东物流集团联合多家机构成立中国电商物流行业包装标准联盟,并发布了国内首个电商包装测试标准,有何启示?

3. 有哪些常见的包装技术?

4. 如何实现包装的合理化?

包装是生产的重要组成部分,很多产品只有经过包装后,才算完成了它的生产过程,进而进入流通和消费领域。同时,包装也是物流活动的基础,很多物品只有经过合理的包装后,才能使物流的其他功能活动得以实现。在生产及流通过程中,包装都具有特殊的地位,它位于生产的终点和社会物流的起点,贯穿整个流通过程。

2.1.1 现代包装的概念

包装(package; packaging)是指"为在流通过程中保护产品、方便储运、促进销售,按一定技术方法而采用的容器、材料及辅助物等的总体名称"(GB/T 18354—2021)。包装也指为了达到上述目的而采用容器、材料和辅助物的过程中施加一定技术方法等的操作活动。现代包装把包装的物质形态和盛装产品时所采取的技术手段、装潢形式及工艺操作过程融为一体。这个概念较以往人们仅仅把包装看作"产品的包扎""包含着内容物的容器""产品的容器与盛装"等概念更完善。

商品包装具有从属性和商品性两种特性。包装是其内装物的附属品,包装选用的材料、采取的包装技法、设计的结构造型以及外观装潢,都从属于其内装物的需要,包装必须与内装物的性质相容,并能给予稳妥的保护。商品包装又是社会生产的附属于内装商品的特殊商品,具有价值和使用价值,其价值包含在商品实体的价值中,在出售商品时予以体现。而且优良的包装不仅能保证商品的质量完好,还能提高商品的艺术性和精美度,从而增加商品的附加价值。

2.1.2 现代包装的功能

包装主要有保护、容纳、方便和促销等功能。

1. 保护功能

保护功能即保护商品不受损伤的功能,这是包装最基本的功能,主要体现在以下几个方面。

(1) 保护商品不受机械伤害。适当的包装材料、包装容器和包装技法,能确保商品在运输、装卸、堆放过程中受到颠簸、冲击、震动、碰撞、摩擦、翻滚、跌落(如由于操作不慎造成包装跌落)、堆压(如库房储存堆码,使最低层货物承受强大压力)等外界作用力情况下的安全,保护商品不至于变形、损伤、渗漏和挥发。

(2) 保护商品不受环境损害。商品包装必须能在一定程度上起到阻隔水分、潮气、光线及空气中各种有害气体的作用,要能保证商品在流通和储存过程中抵御外界温度、湿度、风吹、雨淋、日晒、尘埃、化学气体等不良因素带来的危害，保护商品在流通中的安全，不至于出现商品干裂、脱水、潮解、溶化、腐烂、锈蚀、氧化、老化、发霉、变色等品质变化。

(3) 保护商品不受生物损害。鼠、虫及其他有害生物对商品有很大的破坏性，适宜的包装能有效地阻隔鼠、虫、微生物等的侵害，保护商品不至于虫蛀、霉烂、变质等。

(4) 保护商品不受人为损害。封装牢固的包装，能防止因人为随意挪动、操作不当而造成的商品损害，还能避免偷窃行为造成的商品损失。

2. 容纳功能

容纳是包装的重要功能之一，主要体现在以下几个方面。

(1) 容纳使商品形成一定的形态。许多商品(如气态、液态、粉粒状商品)本身并没有一定的集合形态，依靠包装的容纳才具有了特定的商品形态，才能进行运输和销售。

(2) 容纳能保证商品卫生。对于食品、药品、化妆品、消毒品、卫生用品等商品，由于包装物起到了商品保护层的作用，因而保证了商品的卫生，有利于商品质量的稳定。

(3) 容纳使商品成组化。成组化即单元化，是指包装能把许多件商品或一些包装物组合在一起，形成一个整体。这种成组化的容纳能将商品聚零为整，变分散为集中，以达到方便物流作业和方便商业交易之目的。从物流方面考虑，包装单元的大小要和装卸、保管、运输能力等条件相适应，应当尽量做到便于集中输送以便获得最佳的经济效益，同时又要求能分割及重新组合以适应多种装卸搬运条件及分货要求。从商业交易方面考虑，包装单元大小应与交易的批量相适应，如零售商品的包装应适合消费者的一次购买要求。

(4) 容纳能节省储运空间。通过包装的容纳作用，可使结构复杂的商品外形整齐，使质地疏松的商品经过合理的压缩而缩小体积。因此，容纳不仅可以充分利用包装容积，还能方便装卸搬运及堆码作业，提高装卸搬运、堆码的效率以及车辆、库房的利用率，从而节约包装费用、节省储运空间。

3. 方便功能

商品包装具有方便流通、方便消费的功能。在物流活动全过程中，合理的包装会为商品所经过的流转环节提供巨大的方便，从而提高物流活动的效率和效果。商品包装的方便功能主要体现在以下几方面。

(1) 方便装卸搬运。商品经适当包装后为装卸作业提供了方便。完整整齐的商品包装便于各种装卸搬运机械的使用，有利于提高装卸搬运机械的使用效率，使装卸搬运简单省力。包装的规格尺寸标准化后为集合包装提供了条件，从而极大地提高了装载效率。

(2) 方便运输。包装的规格、形状、重量等与货物运输关系密切。包装尺寸与运输车辆、船只、飞机等运载工具的箱、仓容积相吻合，方便了运输，提高了运输效率，而且包装的各种标志(如商品分类标志、储运标志、收发货标志等)便于商品安全装运，准确运达目的地。

(3) 方便储存保管。从商品验收的角度看，易于开包并便于重新打包的包装方式为验收工作提供了方便，而且包装的组合化、定量性对于节约验收时间，加快验收速度也起到了十分重要的作用；从搬运的角度看，商品出入库时，包装的规格尺寸、形态等适合仓库内的作业，为仓库的搬运工作提供了方便；从堆码的角度看，完整整齐的商品包装能够承受一定压力，便于商品堆码并可达到一定的安全高度，能够充分利用库房容积；从商品在库保管的角度看，商品包装为保管工作提供了方便，便于维护商品本身的使用价值，并且包装的各种标志使仓库的管理者方便识别、存取、盘点，有特殊要求的商品易于引起注意。

商品包装除了以上提及的方便功能外，还有方便分发、方便识别、方便销售、方便携带、方便使用、方便回收、方便处理等方便功能。包装的方便功能使商品与物流各环节具有广泛的适应性,使物流过程快捷、准确、可靠、便利。

4. 促销功能

促销功能与商流密切相关,该功能主要体现在以下两方面。

(1) 传达商品信息,指导消费。通过包装上的文字说明,向人们介绍内装商品的名称、品牌、性能、用途、规格、质量、数量、价格、使用方法、保存方法、注意事项、生产日期、生产厂家和产地等信息,对商品进行无声宣传,帮助消费者了解商品,指导消费。

(2) 表现商品,激发购买欲望。精美包装的造型、色彩、文字、图案,尤其是经过艺术加工的礼品包装,更能刺激消费者的感官,引起人们的注意,激发人们的购买欲望,让人产生购买行为。

2.1.3 现代包装的分类

为了适应各种商品的性质差异和各种装卸搬运机械、运输工具等的不同要求,包装在设计、选料、包装技法、包装形态等方面出现了多样化,从而导致现代包装种类繁多,包装品种复杂。

一般而言,商品包装在生产、流通和消费领域的作用不同,不同部门和行业对包装分类的要求也不同,各种分类方法的分类目的和分类标准也有所不同。

1. 按照包装的层次或位置分类

按照包装的层次或位置划分,商品包装可分为自包装、内包装和外包装三种类型,如图 2-1 所示。

图 2-1　自包装、内包装和外包装

(1) 自包装。自包装是指直接接触商品,与商品同时装配出厂,构成商品组成部分的包装,如筒装奶粉的袋、香水的瓶、牙膏的铝管等。商品的自包装上多有图案或文字标识,这类包装具有保护商品、方便销售及指导消费的作用。

(2) 内包装。内包装是贴近商品的包装。多为具有一定形状的容器,如牙膏的包装纸盒、糖果的塑料袋等。商品的内包装具有防止商品受外力挤压、撞击而发生损坏或受外界环境影响而发生受潮、发霉、腐蚀等变质变化的作用。

(3) 外包装。外包装是商品最外部的包装。多是若干件商品集中的包装,如箱、盒、袋等。商品的外包装上都有明显的标记,注明商品的名称、型号、规格、数量、重量、产地等。这类包装具有保护商品在流通中的安全(如防水、防盗、防破损等)及方便储运等作用。

2. 按照包装在流通领域的作用分类

按照包装在流通领域的作用划分,商品包装可分为销售包装和运输包装两种类型。

(1) 销售包装。销售包装又称小包装、内包装或商业包装,是指随同内装商品一同销售,以促进商品销售为主要目的的包装。这种包装的特点:①造型和表面设计新颖、美观,装饰性强,有激发购买欲望的艺术魅力,还具有丰富的引导选购和指导使用的商品信息;②该包装不但在销售活动中，而且在流通过程中都能起到保护商品的作用；③包装件小，方便携带和使用；④包装单位适于顾客的购买量和商店柜台陈设的要求。如礼品包装，见图 2-2。

图 2-2 礼品包装

改进商品包装，人参价值倍增

俗话说："货卖一张皮。"商品的包装要与其价值和质量一致，货价相当。我国东北出口的优质人参，开始采用木箱或纸盒包装，每箱 20～25kg，低劣的包装使外商怀疑其是否是真正的人参。后来改用小包装，不同等级的人参包装不同，上品内用木盒，外套印花铁盒，每盒 1～5 支，精致美观；一般的人参则采用透明塑料盒包装。由于采用等级包装，东北人参身价倍增。

想一想 案例中的包装做法运用了何种物流管理方法？

(2) 运输包装。运输包装(transport packaging)又称大包装、外包装或工业包装，是指"以满足运输、仓储要求为主要目的的包装"(GB/T 18354—2021)。它是为了在商品流通过程中，方便货物的装卸搬运、运输配送和储存保管等工作，提高物流作业效率，保护货物所进行的包装。运输包装一般不随商品出售，通常不与消费者见面(但如电视机、洗衣机等大型家电商品的运输包装也是销售包装)，因此，对包装的外观不像销售包装那样讲究，但包装上的标志必须清晰。这种包装的特点：体积大，容量大，荷重大，结构坚固，外形规则，实用性强，包装费用低廉。如 EMS 纸箱，见图 2-3。

3. 按照包装的使用范围分类

按照包装的使用范围划分，商品包装可分为专用包装和通用包装两种类型。

(1) 专用包装。专用包装是指专供某种或某类商品使用的一种或一系列的包装。采用专用包装是根据商品某些特殊的性质来决定的。这类包装都有专门的设计制造和科学管理方法。如品牌茶叶的专用包装，见图 2-4。

(2) 通用包装。通用包装是指一种包装能盛装多种商品，被广泛使用的包装容器。通用包装一般不是专门设计制造的，而是根据标准系列尺寸制造的包装，被用于包装各种无特殊要求的或标准规格的产品。如盛装饮料的罐、酒瓶等，见图 2-5。

图 2-3 EMS 纸箱

图 2-4 品牌茶叶的专用包装

图 2-5 健力宝饮料罐

除了上述分类方法外,包装还可以按照材料、技术方法以及内容物等标准进行分类。

现代包装作业

2.1.4 现代包装作业

京东的智能打包机器人

近年来,京东物流集团加大了智能物流技术的研发力度。京东的智能打包机器人可以保证纸箱、包装袋等包装物能够精确地投入使用,不浪费每一厘米纸箱。数据显示,中国快递行业一年消耗的纸箱费用超过100亿元。京东的智能打包机器人不仅节省了人力,降低了成本,更重要的是实现了绿色环保,为京东物流集团"青流计划"的实现,以及到2030年减碳目标的达成奠定了基础。

包装作业是指为了达到包装在流通过程中保护商品、方便储存、促进销售的目的而进行的操作活动,既包括商品包装前的技术处理,又包括机械包装的辅助工作。

1. 充填

充填是指将商品按要求的数量装入容器的操作。充填是包装过程的中间工序,在此之前是容器准备工序(如容器的盛开加工、清洗消毒、按序排列等),在此之后是封口、贴标、打印等辅助工序。在充填过程中,精密地计量内装物是很重要的。充填主要分为固体内装物充填和液体内装物充填。

(1) 固体内装物充填方法。固体内装物充填方法有称重法、容积法和计数法三种。

① 称重法是将内装物用秤进行计重,然后充填到容器中的包装方法。对于一些中小块状不一的商品,一般采用称重法。

② 容积法一般采用定量杯(槽)或通过机械元件(如螺杆、定量阀门等)的传动来达到既定量又完成商品包装的全过程。它适用于不易吸潮和比重无变化的干粉或粒状商品,尤其对小颗粒状商品更为适宜。

③ 计数法有机械计数与电子计数两种方法。机械计数是通过孔穴板(板上钻有一定数量的孔穴),采用回转盘或往复插板的结构,既计数又完成定量进料的工序。该方法计量比较准确,但速度较慢。为了加快计数,有时采用多头电子计数装置。在商品自动化包装中,采用电子计数时,还必须在前一道工序选择配置检验商品的机械。对大小不一致的块状商品,大多采用计数法。

(2) 液体内装物充填方法。液体内装物充填又称为灌装。其方法按原理可分为重力灌装、等压灌装、真空灌装和机械压力灌装四大类。

① 重力灌装是利用液体自身重力充填容器。

② 等压灌装适用于含气液体,如啤酒、汽水等,生产时采用加压的方法使液体内含有一定的气体,而在灌装时为了减少气体的溢出和灌装的顺利进行,必须先在空瓶中充气,使瓶内气压与储液缸内气压相等,然后再进行液体灌装。

③ 真空灌装是将容器中的空气抽出后灌装液体的方法,适用于果汁、糖浆、牛奶、酒精等,但不适用于容易变形的软性包装容器,如软塑料瓶、椭圆形的金属罐等。

④ 机械压力灌装是对黏度大的半流体内装物,如牙膏、香脂等,采用机械压力进行充填。

2. 包装封口

包装封口是指将商品装入包装容器后,封上容器开口部分的操作。包装封口是包装操作的一道重要工序，它直接关系到包装作业的质量与包装密封性能。

针对不同容器和密封性能要求的不同，有不同的封口方法，主要有黏合封口、胶带封口、插接封口、捆扎封口、铰接封口、装订封口、热熔封口、收缩封口、盖塞封口、焊接封口、卷边封口、压接封口、缝合封口、真空封口、胶泥封口、浸蜡封口等。

3. 捆扎

捆扎是将商品或包装件用适当的材料扎紧、固定的操作。常用的捆扎材料有钢带、聚酯带、聚丙烯带、尼龙带和麻绳等。选用捆扎材料时，要根据被捆扎物的要求和包装材料的成本及供应情况等综合考虑。捆扎的基本操作过程是先将捆扎带缠绕于商品或包装件上，再用工具或机器将带勒紧，然后将两端重叠连接。捆扎带两端连接方式有用铁皮箍压出几道牙痕连接、用铁皮箍切出几道牙痕并间隔地向相反方向弯曲连接、用热黏合连接及打结连接等。

4. 裹包

裹包是用一层或者多层柔性材料包覆商品或包装件的操作。用于裹包的材料主要有纸张、织品、塑料薄膜及蒲席等。裹包的方法主要有直接裹包、多件裹包、收缩裹包、压缩裹包与卷绕裹包等。

5. 加标和检重

加标就是将标签粘贴或拴挂在商品或包装件上。标签是包装装潢和标志，因此加标也是很重要的工作。检重即检查包装内容物的重量，它关系到企业和消费者的利益。

常见的包装设备如图 2-6 所示。

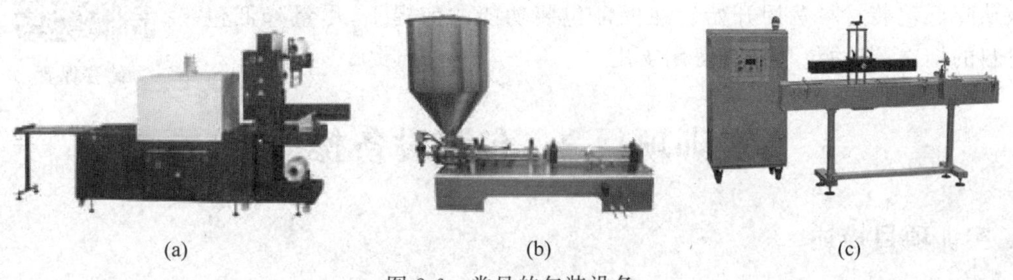

(a)　(b)　(c)

图 2-6　常见的包装设备

(a) 收缩膜包装机；(b) 灌装机；(c) 封口机

2.1.5　现代包装的合理化

现代包装标志

在现实生活中，存在很多不合理的包装现象。所谓包装不合理，是指在现有条件下可以达到的包装水平而未达到或超过所需包装水平，从而造成包装强度过低或过高、包装材料选择不当等问题。

包装合理化是指在包装过程中使用适当的材料和技术，制成与物品相适应的容器，节约包装费用，降低包装成本，既满足包装保护商品、方便储运、有利于销售的要求，又要提高包装的经济效益的包装综合管理活动。目前，包装合理化正朝着智能化、标准化、绿色化、单位大型化、作业机械化、成本低廉化等方向不断发展。

1. 智能化

物流信息化的一个重要基础是包装智能化。若包装上的信息量不足或错误，就会直接影响物流各环节活动的进行。随着物流信息化程度的提高，包装上除了应标明内装物的数量、质量、品名、生产厂家、保质期及搬运储存所需条件等信息外，还应粘贴商品条码和物流条码，以实现包装智能化。

2. 标准化

包装标准化是针对包装质量和有关包装质量的各个方面,由一定的权威机构所发布的统一的规定。包装标准化可以大大减少包装的规格型号,提高包装的生产效率,便于被包装物品的识别和计量。它包括包装规格尺寸标准化、包装工业产品标准化和包装强度标准化三方面的内容。

3. 绿色化

在选择包装方式时,应遵循绿色化原则,即通过减少包装材料、重复使用、循环使用、回收利用等包装措施,以及生物降解来推行绿色包装[1],节省资源。

4. 单位大型化

随着交易单位的大量化和物流作业的机械化,包装单位大型化的趋势越来越明显。单位大型化包装有利于装卸搬运机械的使用,有利于提高物流活动的效率。

韩国托盘共用公司(KPP)和韩国物流箱共用公司(KCP)

5. 作业机械化

包装作业机械化是减轻人工包装作业强度、实现省力、提高包装作业效率的重要举措。包装作业机械化首先从个装开始,之后是装箱、封口、挂提手等与包装相关联的作业。

储存保管

6. 成本低廉化

包装成本中占比例最大的是包装材料费用,因此,降低包装成本首先应该从降低包装材料费用开始。在保证包装功能的前提下,尽量降低包装材料的档次,节约包装材料费用支出。

实训项目 2　包装设备操作

实训项目描述

物流实训室中常见的包装设备主要有手动打包机、半自动打包机和全自动打包机等,其功能为加固包装物品,避免物品在搬运或储存过程中因捆扎不牢而散落。随着智能物流包装理念的提出,类似智能快递包装的设备开始出现,作业效率大幅度提升,其智能化、柔性化、一体化等发展趋势,为智慧物流的实现提供了技术支持。了解包装设备的功能及发展趋势,掌握其操作方法,有助于物流类专业学生认知物流装备发展进程,提升岗位适应能力。

实训目标

通过实训,应达到以下目标。

1. 了解手动打包机的操作方法。
2. 能规范使用半自动打包机。
3. 能规范使用全自动打包机。
4. 能准确描述智能包装设备的工作原理。
5. 能基于工作场景选用适合的包装设备。

实训内容

学生以小组为单位,完成以下实训内容。

1. 手动打包机操作。
2. 半自动打包机操作。
3. 全自动打包机操作。
4. 智能包装设备认识。

建议实训时间

2h。

注意事项

1. 在教师指导下进行包装设备操作。
2. 实训前必须取下带挂绳的所有饰物。
3. 录制团队实训活动视频。

评价与反馈

1. 小组成果展示

(1) 小组的收获与体会见表 2-1。

表 2-1　小组的收获与体会

活动总结	内 容 描 述
活动收获	
活动体会	

(2) 对其他小组的建议见表 2-2。

表 2-2　对其他小组的建议

反馈建议	内 容 描 述
改进建议	

注：① 请依据安全作业规程和操作标准，分别对其他小组的实训过程提出改进建议。
② 建议内容应分条列出、清楚准确，注意保持和谐的氛围。

2. 评分

采用加权平均法对学生的实训成绩进行评定，包括学生自评(25%)、小组互评(25%)、教师评价(50%)三部分，见表 2-3。

表 2-3　学生实训成绩评定

考核项目	评分标准	分数	学生自评(25%)	小组互评(25%)	教师评价(50%)	小计
团队合作	是否默契：在进行设备操作训练时是否相互交流、共同提高	5				
活动参与	是否积极：是否人人参与操作训练，是否都分享了操作方法	5				

续表

考核项目	评分标准	分数	学生自评(25%)	小组互评(25%)	教师评价(50%)	小计
任务方案	是否正确、合理：任务方案中涉及的操作方法是否符合标准和安全作业规程	5				
实训过程	(1) 任务准备 ① 是否储备了实训所需的相关标准,是否了解设备操作注意事项 ② 是否正确选择实训环境和设备	20				
	(2) 任务实施 ① 是否规范使用手动打包机 ② 是否规范使用半自动打包机 ③ 是否规范使用全自动打包机 ④ 能否准确描述智能包装设备	30				
	(3) 任务结果 ① 实训操作视频三个 ② 总结汇报 PPT 一个	20				
任务完成情况	是否圆满完成	5				
操作方法	是否规范、标准	5				
实训纪律	是否能严格遵守	5				
总　分		100				
教师签名：			年　月　日		得分	

注：没有按照规范流程和要求操作,出现违规和违纪行为,本任务考核记 0 分。

2.2　储存保管作业与管理

【引例】

京东物流集团的节能仓储[2]

京东物流集团是国内首家建设分布式光伏能源体系的企业,京东的上海“亚洲一号”大型智能仓库实现了仓储屋顶分布式光伏发电系统应用。预计到 2030 年,京东物流集团将搭建全球屋顶光伏发电产能最大的生态体系,将联合合作伙伴建设光伏发电面积达 2 亿平方米。京东物流集团还积极推进屋顶雨水收集系统,京东上海“亚洲一号”大型智能仓库的地下有一个巨大的蓄水池,可以储存雨水并用于园区绿化区域的灌溉。

问题

1. 该案例给我们什么启示?

2. 储存保管在现代物流管理中有何重要地位？

3. 怎样才能实现储存保管的合理化？

储存保管是一种普遍存在的社会经济现象。一家工业企业要对其原材料、零部件、半成品、劳动工具及产成品进行储存保管，一家商业企业要对其经销的商品进行储存保管，一家物流公司要对其客户的货物进行储存保管，一个家庭要对其生活用品进行储存保管，一个国家需要进行物质储备[3]。储存保管在经济活动特别是物流活动中起着举足轻重的作用，它与运输一起被称为物流系统的两大支柱。

2.2.1 储存保管的概念

储存(storing)是指“贮藏、保护、管理物品”(GB/T 18354—2021)，保管(stock keeping)是指“对物品进行储存，并对其进行保护和保管的活动”(GB/T 18354—2021)。因此，储存保管是指在一定的时期和场所，以适当的方式对一定数量和质量的物品进行储藏、保护、管理和控制的活动。

想一想 储存、储备与库存有什么区别与联系？

储存、储备与库存是较为相近的一组概念，且在实际工作中，储存与储备经常混用。储备是一种有目的的储存物资的行动，是有目的地使在生产领域、流通领域中的物料、物品处于暂时停滞的状态，其目的就是保证社会再生产高效、连续不断地进行。而库存(inventory)是指“储存作为今后按预定的目的使用而处于备用或非生产状态的物品”(GB/T 18354—2021)。广义的库存还包括处于制造加工状态和运输状态的物品。

显然，储存保管包含库存和储备两层含义，是一种广泛存在的社会经济现象。

2.2.2 储存保管的作用

储存保管作为社会再生产各环节之间“物”的停滞，在国民经济中既有其积极作用，也有其消极作用。

1. 储存保管的积极作用

(1) 改变“物”的时间状态，调节供求。前已述及，生产与消费一般不可能完全同步，它们之间往往存在着时间差。而供给与需求的时差矛盾，可以通过对商品的储存保管进行解决。我们可以形象地把储存比喻成社会再生产这条大河中“商品流”的“蓄水池”。当大河上游生产(供应)的商品大大超过下游的消费需求时，就可暂时把过剩的商品存入这个“蓄水池”，这样就不会导致“江河泛滥”；反之，当上游生产(供应)的商品一时不能满足下游需求时，“蓄水池”中的库存则可用于满足下游消费者的紧急需求。特别是在现代化大生产条件下，专业化程度不断提高，市场竞争日趋激烈，使越来越多的商品需要经过各种不同形式的储存保管来调节供求关系。

(2) 保证商品在库安全和维护商品的使用价值。储存保管的基本职能就是保管商品，保管的基本要求是要做到商品在库不丢不损，数量准确，质量完好。处于相对停滞状态的储存商品，时时刻刻都会受到各种不良因素的影响，以不同的方式和速度发生着物理变化与化学变化，甚至因技术进步而被淘汰，成为呆滞库存、积压物品。储存保管工作能针对每一种在库商品的自然属性，结合环境条件和社会因素，延缓在库商品发生有形损耗和无形损耗的速度，维护在库商品的使用价值。在库商品短少、缺损，或质量变化失去使用价值，抑或损耗过大，都将给国家和人民的财产造成损失。

(3) 储存是创造“第三利润源”的重要领域之一。首先，企业有了储存职能，就可以选择有利的采购时机,批量采购,获取价格折扣,从而降低采购成本;其次,企业有了库存保障,就可避免在客户追加订单时加班赶工,就可省去相应的赶工加班费用,从而避免增大企业的运营成本;再次,企业有了储存保证,就能在有利时机进行销售,增加利润;最后,因储存中的节约潜力是巨大的,故通过储存保管的合理化,可以降低储存投入,加速资金周转,降低储存成本,增加企业利润。

2. 储存保管的消极作用

(1) 储存保管要产生相应的成本费用。储存保管需要投入一定的资源,如修建或租赁库房,购买或租赁货架、巷道堆垛起重机等设施设备;此外,还需要雇用专门的储存保管人员以及装卸搬运工人,这样必然会产生相应的成本费用(包括仓库的投资建设费用、租赁费用、仓库管理人员的工资福利费用等)。另外,商品在储存保管期间,往往还存在一定的安全风险(如被盗、虫霉、鼠咬等),因此,还会引起保险费用的支出(近年来我国已经开始对储存商品采取投保措施)。

(2) 储存保管会造成库存商品的有形损耗。库存商品在装卸搬运过程中会造成一定的机械损伤,在库存放期间可能会由于自身特性或外界因素的影响而发生各种变化(包括物理、化学、生物等方面的变化),严重时会导致商品失去使用价值。

(3) 储存保管会造成库存商品的无形损失。商品在储存期间经常发生陈旧损失和跌价损失,造成价值衰减。此外,库存商品还会占用资金,产生利息费用,并增加企业的机会成本(机会成本是使用资源而放弃的收益)。

综上所述,储存保管既有积极的作用,也存在负面的影响。因此,我们在物流管理中就应充分发挥其积极作用,并尽量减轻、化解其不利影响,以满足企业生产经营的需要。

2.2.3 储存保管的分类

储存保管有多种分类方法,其中较常见的是以下两种分类。

1. 按照储存的集中程度分类

按照储存的集中程度,可将其分为集中储存、分散储存和零库存三种。

(1) 集中储存是指将一定数量的储存物资集中于一个场所进行存储。这是一种大规模的存储方式,可以产生规模效应。集中储存有利于采用先进的科技手段,有利于采用机械化、自动化的储存设施设备。从储存的调节作用来看,集中储存有较强的调节能力及对某一需求更大的满足、保证能力。集中储存能使储存保管的设施、工具、人员等资源得到充分利用,从而降低单位储存费用,取得较好的经济效益。

(2) 分散储存在地域上分布较广,各储存点的储存数量相对较少。分散储存是规模较小的储存方式,一般和生产企业、流通企业及消费者的具体需求相结合。分散储存不是面向社会的,而是面向特定的企业或个体的,其储存量一般取决于企业生产经营规模及具体需要。分散储存的特点是储存位置离需求源较近,储存易与需求密切结合,但由于库存数量有限,其供应保证能力一般较弱。

(3) 零库存是现代物流学中的重要概念,是指某一领域不再保有库存,以无库存(或很低库存)作为生产或供应保障的一种系统方式。零库存管理思想认为库存是一种浪费,是在为掩盖管理工作的失误提供方便。零库存管理是企业库存管理的理想目标,是企业库存管理的发展趋势。

2. 按照储存的位置分类

按照储存的位置,可将其分为仓库储存、车间储存和港站场储存三种。

(1) 仓库储存。仓库储存是储存的一种正式形式,是将商品储存于各种类型的仓库、库棚、料场中。进行仓库储存,需要有一整套基础设施设备,还需要有入库、出库等正式手续。

(2) 车间储存。在生产过程中,仓库储存仍然是一种正式储存形式,相应的储存计划是整个生产计划的一部分。而车间储存则是生产过程中的暂存形态,属非正式储存形式。

(3) 港站场储存。港站场储存是物流过程中运输线路衔接点(即物流节点)的储存。设置该储存方式的目的是为发货、收货、提货及转运等提供服务支持,因而该储存仍属于一种暂存形式,是一种附属性的储存形式。相对于生产储存而言,其计划性较弱。

2.2.4　储存保管的作业流程

储存保管的基本作业流程可以分为三个阶段,即货物入库阶段、货物保管阶段及货物出库阶段,包括实物流和信息流两个方面。

货物入库与出库作业

实物流是指库存物品实体的空间位移过程。它是从库外流向库内,并经合理停留后再流向库外的过程。从作业内容和作业顺序来看,储存保管基本作业流程主要包括货物接运、货物验收、入库存放、检查盘点、维护保养、库存控制、备货出库、货物发运等环节(见图 2-7)。实物流是仓库作业中货物最基本的运动过程。仓库各部门、各环节的业务工作,都要保证和促进库存物的合理流动。在保证库存物质量完好和数量准确的前提下,加速流转,尽可能消除库存物不必要的停滞,缩短物流作业时间,提高物流作业效率,降低仓储费用,获取更好的经济效益。

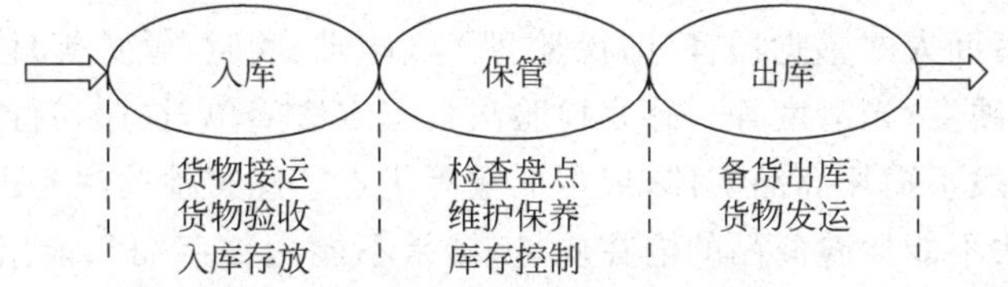

图 2-7　储存保管基本作业流程

实物流是借助一定的信息来实现的。仓库物资信息包括与实物流有关的物资单据、凭证、台账、报表、技术资料等文件,它们在仓库各作业环节的填制、核对、传递、保存即形成信息流。信息是实物流的前提,它控制着物流的流向、流量、速度和目标。

1. 货物入库作业

货物入库主要涉及货物接运、货物验收、货物入库等几个环节的作业。

(1) 货物接运。货物接运的主要任务是向托运人[4] 或承运人[5] 办清业务交接手续,按质、按量、及时地将货物安全接运回库。货物接运主要有以下几种形式。

① 到车站、码头提货。

② 到货主所在地提货。

③ 托运人送货到库,仓储部门接货。

④ 经铁路专用线[6] 送货到库,仓储部门接货。

(2) 货物验收。货物验收是保证入库物资数量准确无误、质量规格符合要求的关键作业环节,应遵循认真、准确、及时、经济的原则。货物验收的依据主要是货主的入库通知单、货物调拨通知单、订货合同或采购计划,最常见的是货主的入库通知单。

货物验收的作业程序一般为验收准备、核对凭证、实物检验、填写验收报告、处理验收问题。

① 验收准备。做好验收准备工作是保证货物迅速、准确验收入库的重要环节,也是防止出现差错、缩短验收入库时间的有效措施。验收准备工作主要包括人员准备、资料准备、机械设备及计量检验器具准备、货位准备、苫垫用品准备等。

② 核对凭证。在进行实物检验以前,收货人员应先检查货物的入库凭证,并把货物的入库凭证与收货员所拥有的相应单据进行核对,以确认凭证的真实性、准确性、完整性和合法性。在一般情况下,入库货物都应具备下列凭证:

a. 入库通知单和订货合同副本,这是仓库接收货物的凭证;

b. 供应商提供的产品材质证明书、装箱单、磅码单、发货明细表等;

c. 承运人提供的运单[7]。

③ 实物检验。实物检验是根据入库单和有关技术资料对实物进行数量、质量及包装等检验。其内容主要包括数量检验、质量检验和包装检验三个方面。

a. 数量检验。数量检验的形式主要有计件、检斤和检尺求积三种。计件是指对按件数供货或以件数为计量单位的商品,做数量检验时的清点件数;检斤是指对按重量供货或以重量为计量单位的商品,做数量检验时的称重;检尺求积是指对以体积为计量单位的商品,先检尺,后求体积。

b. 质量检验。质量检验是检查制造商和供应商所提供的商品质量是否合格、完好,它与入库商品的抽检(抽样检验)是紧密结合、同时进行的。质量检验的方法有感官检验法和仪器检验法(又称理化检验法)两种。

感官检验法是借助人的感觉器官(即视觉、听觉、味觉、嗅觉、触觉等)检验商品质量的一种方法,如气味、弹性、硬度、光滑度等。感官检验法具有方法简单,快速易行,不需要专门的仪器设备和特定场所,一般不损坏商品实体,成本低廉等优点。感官检验法是现在较常用的检验方法。但是感官检验法不能检验商品的内在质量,结果不能用数字而只能用比较性词语或定性词语表示,结果容易受到检验人的主观因素,如知识、经验、审美观和感官灵敏度等的影响。

为弥补感官检验法的不足,验收人员应根据实际情况采用仪器检验法对商品进行检验。仪器检验法是借助各种仪器、设备、试剂,通过物理或化学作用测定和分析商品质量的一种方法,如热学法、电学法等。仪器检验法具有检验结果精确,可用数字表示,检验结果客观,不受检验者主观意志的影响,能深入分析商品的内在质量等优点;但是需要专门的设备和场所,往往需要破坏一定数量的商品,消耗一定数量的试剂,费用较高,检验时间较长。在实际操作中,仪器检验法作为感官检验法的补充手段,一般在感官检验法之后进行。

c. 包装检验。包装对货物安全运输和储存关系甚大,是验收中必须检查的一项内容。凡业务单位对货物包装有具体规定(如对木箱、铁皮、纸箱、麻袋、草包、筐等质量有具体要求)的,都要按规定进行验收。对入库货物包装的外观检查,通常要查看选用的材料、规格、制作工艺、打包方式,检查有无水湿、油污、破损等情况。

仓库开箱拆包验收的货物,一般应由三人以上同时在场操作,以明责任。验收后在箱件上应该印贴“已验收”的标志,由开验人注明日期,签章负责。对于查明不宜续用的包装,经过更换包装后,应重新填写货物装箱单。

④ 填写验收报告。检验人员应该详细记录验收情况,并让相关人员签字确认,以此作为划分责任的依据。

⑤ 处理验收问题。验收中可能出现许多问题,检验人员应根据实际情况进行迅速处理。一般常见的问题及处理方法如下。

a. 数量不符或规格不符。经开箱，拆包核点商品细数时，发现数量或规格不符，应立即和送货单位联系，确定补送、取回或调换。

b. 包装不符。对于包装破损不牢固的情况，若破损轻微或少量，检验人员可会同送货人对残损包装内的货物进行细数清点，如果发现数量缺少，应及时请送货单位处理；若数量准确，可自行加固[8]整修；若严重破损或不符合存货单位对包装质量的要求时，可以拒收。对于包装潮湿的情况，若潮湿轻微或少量，应予以剔除，或摊开晾干后入库堆码；若潮湿严重，应与送货单位联系调换；如果数量过多，可以拒收。

c. 质量有异状。如果质量有轻微异状，供货单位又同意承担责任，可先收货，但要把异状情况详细记载在入库凭证上。如果质量异状严重，同时数量较少，应将其剔出，要求送货单位调换；但若数量较多，应当拒收。

d. 单据不齐或单货不符。对货到而单据未到齐的商品或单货不符的商品，要一边接收商品单独存放，妥善保管，一边及时和有关部门联系进行处理。

货物入库作业

(3) 货物入库。货物入库是指把经验收的商品放入仓库储存区域恰当货位的工作。其主要内容包括选择恰当的储存货位、进行合理的苫垫堆码、登账、立卡及建立货物档案等。

2. 货物在库作业

货物在库是储存保管业务的中间环节，是持续时间相对较长的一个阶段。该阶段的作业主要包括对库存物品进行检查、盘点、维护保养及库存量控制等。

3. 货物出库作业

货物出库作业

货物出库是储存保管业务的最后一个阶段，它使仓储工作与运输部门和货物使用单位直接发生联系。货物出库是根据存货单位或业务部门开具的正式出库凭证，按凭证所列的品号、品名、产地、规格、数量、件数、印鉴、库位等进行全面核对，做到数量准确、质量完好、包装完整、标志清晰。货物出库的主要业务流程是根据运输调度的指示，进行货物出库前的准备、凭证核对、备货、复核、点交、清理现场及单据。货物出库要加强复核，避免发生差错事故。货物出库要贯彻"三先"原则，即"先进先出""易坏的先出"和"接近失效期的先出"的原则。另外，在进行点交时一定要注意与相关人员共同清点货物，然后双方在相应的单据上签字或盖章，即"当面点清，签字确认"。

(1) 货物出库的依据。货物出库的主要依据是有关单位开具的正式出库凭证，如货主开具的货物调拨通知单等。应杜绝凭信誉或无正式手续的发货。

(2) 货物出库的基本要求。货物出库必须符合有关规定和要求。对货物出库业务的基本要求如下。

① 凭证出库。出库业务必须依据正式的出库凭证进行，任何非正式的凭证均视为无效凭证，不能作为出库的依据。

② 严格执行出库业务程序。出库业务程序是出库业务顺利进行的基本保证。为防止出现工作失误，在进行出库作业时，必须严格履行规定的出库业务程序，使出库业务有序进行。

③ 发货及时。仓储部门平时应经常主动向业务部门了解货物调拨供应情况。仓储部门应派人参加业务部门召开的订货会、补货会和交流会等会议，方便及时了解情况，及时备货，保证及时发货。

④ 发货准确。仓储部门在发货工作中，无论是自提还是送货，都要特别强调复核工作，通

过复核严格把住货物出库这一关。从核单、出库到配货、包装,一直到将货物交给提货人或运输员,环环都要注意复核,力求准确,防止差错。

⑤ 货品安全。对于货物出库作业,一定要注意安全操作,防止压坏包装及货物,防止货物损坏,保证出库货物安全、质量完好。不允许将过期失效、变质、损坏、失去使用价值的货物分发出库。

(3) 货物出库方式。货物出库主要有以下几种方式。

① 自提。自提也称提货制,是由需方派人持业务部门开具的提货单,到仓库提货。仓库管理人员(简称库管员)根据提货单上所列的品名、规格、牌号和数量等商品信息,经核实后把货物当面点交给提货人,并办妥交接手续。

② 送货。送货由业务部门开具提货凭证,经内部传送到仓库,库管员按凭证所列的商品办理出库手续,再由备货人员进行配货、包装、拼箱、贴标签、集中理货待运,然后与运输员办理交接手续,分清储、运双方的责任,最后由运输员托运或装车,发给收货人[9]。

③ 移库。这是一种不经过购销业务活动的货物出库形式。根据保管或业务需要,把货物由甲库移到乙库储存。这类货物出库,也要由业务部门开具货物移库单。

④ 取样。这也是一种不经过购销业务活动的货物出库形式。业务部门为方便购货单位了解商品情况,从仓库取样并布置样品室;或因商品化验需要,抑或为方便在供应会、交流会上介绍商品,向仓库提取货样。库管员根据业务部门开具的正式样品出库单上的品名、规格、牌号、数量等信息进行备货,然后将货物直接交给提货人。

⑤ 过户。过户是指将在库商品通过在保管账簿上记账转付。过户的商品虽未出库,但已由甲单位调拨或销售给了乙单位。商品过户时,仓储部门必须凭甲单位开具的正式发货凭证及乙单位填制的商品入库凭证才能转账过户。

2.2.5 储存保管合理化

储存保管合理化是指充分利用各种资源,采取科学的保管方法,以尽量低的储存保管成本实现储存保管的最佳功能。储存保管合理化的实质是在保证货物储存功能的前提下尽量减少投入,是一个投入与产出的关系问题。

1. 不合理储存的现象

不合理储存是指在现有保管条件下可以实现的最佳保管功能未能实现,从而造成仓储资源的浪费。目前,商品不合理储存的现象主要有以下四种。

(1) 储存保管时间过长。从时间效用的角度考虑,商品储存一定时间后效用可能会增大,但随着储存保管时间的增长,效用增加的幅度就会减缓甚至出现效用降低的现象。对绝大多数商品而言,过长的储存时间都会影响其总效益。

(2) 储存保管数量过大或过小。储存保管数量过大会引起储存损失增加,而管理能力一般不能同比增长,甚至还可能出现当储存量增加到一定程度,储存损失陡增的现象;而储存保管数量过小,又难以实现储存的规模经济效应,而且会严重降低储存对供应、生产及消费的保证能力。因此,储存保管数量应适宜。

(3) 储存保管条件不足或过剩。储存保管条件不足,往往会造成储存商品的损失;而储存保管条件过剩,又会使储存商品担负过高的储存成本,甚至出现亏损。

(4) 储备结构失衡。储备结构失衡的表现有以下几种情形:

① 储存商品的类型、品种、规格失调;

② 不同类型、品种、规格商品的储存期或储存量失调;

③ 储存商品的储存地域失调。

2. 商品储存合理化的标志

(1) 商品质量标志。保证储存商品的质量,是储存的基本功能要求。唯有如此,商品的价值和使用价值才能最终得以实现。因而,保证储存商品的使用价值是商品储存合理化的主要标志。

(2) 商品数量标志。商品储存合理化的另一个标志是数量标志。由于商品储存保管的数量过大或过小均不宜,因此,有必要对储存商品合理的数量范围做出科学的决策。

(3) 商品储存时间标志。商品储存时间合理与否与储存商品的数量及出库速度有关。商品储存量越大,而出库速度越慢,则商品储存时间就越长,反之就越短。在实务中,衡量商品储存时间往往用库存周转速度指标来反映,如库存周转率[10]、库存周转天数[11]等。

(4) 商品储存结构标志。商品储存结构合理与否是通过被储存商品不同品种、不同规格、不同花色的储存数量比例关系来判断的。尤其是相关性很强的商品之间的数量比例关系更能反映储存商品结构的合理性。

(5) 商品储存分布标志。商品储存分布标志是指不同地区商品储存数量的比例关系。通过对商品储存分布的分析,可以预测当地市场需求及其变化。通过对需求满足保障制度的分析来判断该指标对整个物流系统的影响。

(6) 商品储存费用标志。商品储存费用包括仓库设施设备的资金占用成本和仓库运营成本。这些费用都能反映商品储存的合理与否。

3. 储存合理化的措施

实现商品储存合理化,可以采取以下主要措施。

(1) 加快库存周转。库存周转加快,会带来一系列好处,如资金周转加快、资本效益提高、货损降低、仓库吞吐能力增强、成本降低等。在网络经济时代,以信息代替库存,及时把握供求信息,实现有效衔接,就可以减少库存,加快周转。另外,采用集装单元储存和快速分拣系统等物流技术,也可以加快库存周转。

(2) 对库存物品实施分类管理。物品分类管理也称重点管理或ABC分类管理,是80/20原则在物流领域的应用。其主要思想是针对重要性不同的物品,给予不同程度的管理,达到既能保证供应,又能节约订购和储存费用的目的。一般而言,库存物品品种繁多,但价值差异较大。其中,有些物品虽然数量少但价值高,占用的库存资金较多;有些物品虽然数量多但价值低,占用的库存资金较少;还有一些物品,其数量和价值介于上述两类物品之间。因而,对不同等级的物品,必须分级管理,分级控制。ABC分类法是以某类库存物品数量占库存物品总数的百分比和该类物品金额占库存总金额的百分比为依据,将库存物品分为三类甚至更多的类别,进行分类(级)管理。通过市场预测和经济分析,做到及时进货,保证满足需求,加速资金周转,避免资金积压,从而提高企业经济效益。

(3) 采用"先进先出"的作业方式。"先进先出"是一种先进有效的作业方式,可以保证商品的储存周期不至于太长。"先进先出"的作业方式主要有以下几种。

① 联单制。每个货箱有两联单,其中一联贴在货箱上,另一联按时间先后顺序放在文件夹内。需用物料时,依据文件夹中联单的时间先后顺序发货。

② 计算机存取系统。即通过软件排序,实现货物的"先进先出"。该方法还能将"先进先出"和"快进快出"结合起来,即在保证"先进先出"的前提下,将周转快的货品存于便于存取之处,加快周转,减少劳动消耗。

③ 贯通式货架系统。即利用货架的每层形成贯通的通道,从一端存入货物,从另一端取

货,货物在通道中自行按序排队不越位。这是一种最有效的“先进先出”方式,既可以提高仓库空间利用率,又能实现仓储作业的机械化、自动化。

④ 双仓法。其也称“双区制”,是指给每种被储存物准备两个仓位或货位,轮换进行存取,再配以“一个货位中的货必须取完才可以补充”的规定,就可以保证实现“先进先出”。该法管理简单,设备投入少,但库存水平较高,适合那些资金占用不大、经常使用又无须进行重点管理的物品。

⑤ 重力供料制。物料从上部入仓、下部出仓,比较适合散装物料。

(4) 提高储存密度,提高仓容的利用率。例如,高层堆码、缩小库内通道宽度、减少库内通道数量等,都可以提高储存密度。而此举的主要目的是减少储存设施的投资,降低储存成本,减少土地占用。

① 高层堆码。例如,采用高层货架仓库或采取集装单元化储存等都可以增加储存高度。

② 缩小库内通道宽度以增加储存有效面积。具体方法:采用窄巷道式通道,配以轨道式装卸车辆,以降低车辆运行宽度要求;采用侧叉车、推拉式叉车,以缩减叉车转弯所需的宽度。

③ 减少库内通道数量以增加储存有效面积。具体方法:采用密集型货架,采用可进车的可卸式货架,采用各种贯通式货架,采用不依靠通道的桥式吊车装卸技术等。

(5) 采用有效的储存定位系统。商品储存定位的含义是对储存商品位置的确定。如果定位系统有效,能节省寻找、存取商品的时间,不但可以节约物化劳动和活化劳动,而且能防止差错,便于货物清点和货位管理。储存定位方法有四号定位和计算机辅助定位等。

四号定位是用一组四位数字来确定商品存取位置的固定货位方法。这是我国仓储工作中采用的手工管理方法。这四个号码是库号、架号、层号和位号。这就使一个货位有一个组号,在商品入库时,按规划要求,对商品进行编号,记录在账、卡、台上。提货时,按四位数字的指示,很容易将货物拣选出来。这种定位方式要求对仓库区域事先做出规划,它能方便快速存取商品,有利于提高商品存取速度,减少差错。

计算机辅助定位是利用射频识别(RFID)技术和计算机储存容量大、检索迅速的优势,在商品入库时,将商品的存放货位、入库时间输入计算机,出库时向计算机发出指令,并按计算机的指示人工或自动寻址,找到存放货物,拣选取货的方式。如电子标签辅助拣货系统(computer aided picking system, CAPS),借助安装在货架储位上的电子设备,通过计算机软件的控制,就可以准确显示货位与货物数量,引导拣货人员快速、轻松地完成拣货作业。CAPS包括摘取式拣货系统(digital picking system, DPS)和播种式拣货系统(digital assorting system, DAS)两种类型。

(6) 采用有效的监测清点方式。该方式是通过对储存商品数量和质量的监测,掌握商品储存的实际情况。在实际工作中稍有差错,就会账、卡、货不符,所以必须及时、准确地掌握商品储存情况。经常对账、卡、货进行核对,这无论是对人工管理还是计算机管理都是必不可少的。因此,经常性监测也是掌握被储存商品状况的重要方法。仓储管理中常用的监测清点方式有“五五化”堆码方式、光电识别系统和计算机监控系统。

① “五五化”堆码方式。这是我国仓储作业中常用的一种方式。储存商品时,以“五”为基本单位,堆成总量为“五”的倍数的垛形,如梅花五、重叠五等。采取这种方式堆码后,有经验的人可以过目成数,大大加快人工点数的速度,减少差错。

② 光电识别系统。在货位上设置的光电识别装置对被储存的商品进行扫描,并将准确数目自动显示出来。利用这种方式不需要人工清点就能准确掌握库存商品数目。

③ 计算机监控系统。这种方式是用计算机指示商品的存取,可以防止人工存取容易出现

的差错。如在被存商品上采用条形码认寻技术,使识别计数和计算机连接,每存取一件商品时,识别装置会自动将条形码识别并将其输入计算机,计算机会自动做出存取记录。用户需要查询商品信息时,只需向计算机查询,就可以了解所储存商品的准确情况,而无须再建立对实物的人工监控系统。

中国香港机场货运中心的物流水平处于世界领先地位

中国香港机场货运中心是现代化的综合性货运中心。在其 1 号货站,货运管理部对需要入库的货物按标准打包,之后,一般规格的包装被货架车推到一列摆开的进出口,在计算机输入指令后,货架车就自动进入轨道,运送到六层楼高的库房,自动进入指定仓位。当需要从库房提取货物时,也是在计算机的指令下,货物自动从进出口输送出来。对于巨型货架,则用高 3 米、宽 7 米的升降机将其运送到仓位。搬运货物主要用叉车、拖车,看不到人工搬运。

(7) 采用现代商品储存保养技术。采用现代商品储存保养技术是实现储存合理化的重要手段。例如,气幕隔潮、气调储存、塑料薄膜封闭等。

(8) 采用集装箱、集装袋、托盘等运储装备一体化的方式。集装箱等集装设施的出现,给储存带来了新观念。采用集装箱后,箱体本身便是"一栋仓库",不需要再有传统意义的库房。在物流过程中,也就省去了入库、验收、清点、堆垛、保管、出库等一系列储存作业,因而对改变传统储存作业有很重要的意义,是实现储存合理化的一种有效方式。

(9) 在形成一定的社会总规模的前提下,适当集中储存,追求规模效益。适度集中储存是储存合理化的重要内容之一。所谓适度集中储存,是指利用储存规模优势,以适度集中储存代替分散的小规模储存,以此实现储存合理化。

(10) 其他措施。如采用虚拟仓库和虚拟库存等,也可实现储存合理化。

仓储与配送

货物分拣

大福物流

自动导引车(AGV)系统

世界先进的大型物流中心货物自动分拣系统

快速分拣系统与服务

实训项目 3　仓储设备认知

实训项目描述

仓储作为物流活动的核心环节,主要是借助仓库设施及配套设备对物品进行储存与保管,包含了入库、储存、库内加工、分拣、库内包装、出库等一系列操作活动。其管理理念的智慧化水平和设施设备的智能化程度,将直接影响仓储的经济效益和服务水平。随着人工智能、大数据、物联网等新技术在物流业的应用实践,智能仓储应运而生,仓储设备步入改造升级的新阶段。认知仓储设备及其操作方法,可拓展物流人的视野,深化对业态的认识。

实训目标

通过实训,应达到以下目标。

1. 了解智能仓储的运作过程。
2. 了解智能仓储的设施设备。
3. 了解立体仓库的构成。
4. 了解托盘的分类及结构。
5. 了解库区常用的搬运设备。
6. 了解库区的消防安全设备。
7. 了解库区的其他物流设备。

实训内容

学生以小组为单位,完成以下实训内容。

1. 搜索与智能仓储相关的视频。
2. 搜索与立体仓库相关的视频。
3. 搜索库区的装卸搬运作业视频。
4. 在校内实训室了解托盘相关信息。
5. 搜索仓库消防设备使用视频。
6. 搜索其他仓储设备操作视频。
7. 小组间互动交流,拓宽设备认知。

建议实训时间

4h,其中课内 2h,课余 2h。

注意事项

1. 各学习小组应备好 U 盘,分类保存视频、图片等资料。
2. 在互动交流前,各小组应撰写视频等资料的介绍文稿。

评价与反馈

1. 小组成果展示

(1) 小组的收获与体会见表 2-4。

表 2-4 小组的收获与体会

活动总结	内容描述
活动收获	
活动体会	

(2) 对其他小组的建议见表 2-5。

表 2-5　对其他小组的建议

反馈建议	内容描述
改进建议	

注：① 建议围绕新技术、新标准、新规范等方面，对其他小组的汇报提出改进建议。

② 建议的内容应分条列出、切实可行，注意保持和谐的氛围。

2．评分

采用加权平均法对学生的实训成绩进行评定，包括学生自评(25%)、小组互评(25%)、教师评价(50%)三部分，见表 2-6。

表 2-6　学生实训成绩评定

考核项目	评分标准	分数	学生自评(25%)	小组互评(25%)	教师评价(50%)	小计
团队合作	是否默契：是否有活动分工，汇报过程是否有协同	5				
活动参与	是否积极：是否准时提交成果，是否有担当精神	5				
任务方案	是否正确、合理：结构是否严谨、内容是否全面等	5				
实训过程	(1) 任务准备 ① 存储 U 盘准备 ② 实训环境选择	20				
	(2) 任务实施 ① 视频搜索 ② 图文搜索 ③ 汇报准备	30				
	(3) 任务结果 ① 视频不少于六个 ② 图片不少于十张 ③ 汇报文稿一份	20				
任务完成情况	是否圆满完成	5				
实训方法	是否规范、标准	5				
实训纪律	是否能严格遵守	5				
总　分		100				
教师签名：		年　月　日			得分	

注：没有按照规范流程和要求实训，出现违规和违纪行为，本任务考核记 0 分。

2.3　运输与配送管理

【引例】

京东的无人送货车投入运营

京东的无人店、无人仓、无人机、无人车有口皆碑。近年来，京东的无人送货车陆续投入运营。无人送货车具有自动驾驶、路线自动规划、主动换道、车位识别、自主泊车等功能。它通过搭载的雷达、传感器、高精地图以及定位系统,可以提前感知150m外的障碍物,重新规划道路。遇到信号灯,前视摄像头也同样可以感知。无人驾驶+感知系统,物流运输被重新定义!

问题

1. 该案例给我们什么启示?
2. 五种基本运输方式各有何优缺点?
3. 怎样才能实现运输、配送合理化?

运输是实现物流目的的手段。传统的运输管理重视的是运输本身的合理化,没有将其同物流系统整体的合理化联系在一起。目前,货物运输系统正逐渐融入社会物流体系,并成为社会物流体系的一个有机组成部分。

2.3.1 运输

1. 运输认知

(1) 运输的概念。广义的运输是指人和物通过运力在空间发生的位移,其具体活动是人和物的载运及输送。而物流领域的运输专指物的载运及输送。我国国家标准《物流术语》(GB/T 18354—2021)对运输(transport)的定义是"利用载运工具、设施设备及人力等运力资源,使货物在较大空间上产生位置移动的活动"。显然,运输是在不同地域范围内(例如,两个城市、两个工厂之间),以改变物品的空间位置为目的的活动,而搬运则是在同一地域范围内(例如,一个工厂、一个仓库或一个配送中心)以水平位移为主的物流作业,并且每次运输的运量远比每次搬运的作业量大。

(2) 运输的特征。运输是一种特殊的生产活动,它具有很强的服务性。从运输在社会再生产中的地位,以及运输产品的属性来看,运输生产过程与工农业生产有很大的差别。

① 运输联系的广泛性。运输生产是一切经济部门生产过程的延续,通过各种运输方式,既能把原材料、燃料等送达生产地,又能把产品运往消费地,运输贯穿整个社会再生产过程。因而,运输几乎和所有的生产经营活动都发生直接或间接的联系。运输线路的畅通程度,对企业的连续生产、充分发挥生产资源的作用及加速商品流通等,都具有非常重要的影响。

② 运输生产的服务性(非实体性)。运输并不创造新的实体产品,因而人们常说的运输产品,实质是货物的空间位移,即运输服务。一般而言,生产活动是通过物理、化学或生物作用过程,改变劳动对象的数量和质量,从而得到新的产品。而运输生产则与此不同,它虽然也创造价值和使用价值,但不创造新的产品。它把价值追加到被运输的货物上,实现货物所在场所的变更。因而,运输产品是看不见、摸不着的,它是和被运输的实体产品结合在一起的。换言之,运输产品的生产和消费是同一过程,它不能脱离生产过程而单独存在。对运输从业者来说是运输的生产过程,而对用户来说则是对运力的消费过程。

运输产品既不能储存,做到以丰补歉,又不能调拨,在地区间调剂余缺,只有通过调整运力适应社会对运力需求的变化。因此,在满足运输需求的前提下,如果产生多余的运输产品和运输费用,对社会而言就是一种浪费。在物流活动中,充分考虑节省运力、降低运输成本,具有极其重要的意义。

③ 运输生产的连续性。运输生产是在一个固定的线路上完成的,它的空间范围极为广阔,好像一个大的"露天工厂",而且货物运输往往要由几种运输方式共同完成,而不像工农业生产那样在一定范围内即可完成其生产任务。因此,在物流规划中,如何保证运输生产的连

续性以及根据运输需求，按地区和货流形成综合运输能力，具有非常重要的意义。基于这一特点，物流规划必须充分重视自然条件，扬长避短，提高物流活动的运输效率和经济效益。

④ 运输产品的同一性。虽然各种运输方式的运输线路、运载工具各不相同，但其生产的本质相同，即都能实现货物的空间位移，对社会具有同样的效用。

⑤ 运输方式的可替代性。实现货物的位移，一般可采用不同的运输方式。运输产品的同一性决定了运输方式的可替代性。

(3) 运输的作用。运输具有物品转移和物品临时储存两大功能，在现代物流活动中发挥着举足轻重的作用。具体表现在以下几个方面。

① 运输可以创造物品的空间价值和时间价值。运输通过改变物品的地点或位置创造空间价值，并保证物品能够在适当的时间到达消费者手中，创造时间价值。

② 运输可以扩大商品的市场范围。企业的产品能够顺利到达市场，必须借助运输来实现。通过运输，可以扩大商品的市场范围，增加企业的发展机会。

③ 运输能够促进社会分工。运输是生产和销售之间不可或缺的纽带，只有运输才能真正实现生产和销售的分离，促进社会分工的发展。

④ 运输是"第三利润源"的主要源泉。根据对社会物流费用综合分析计算的结果，运费在物流系统的总成本中所占的比重最大(约占 50%)，因此，运输是"第三利润源"的主要来源，运输领域节约成本的潜力非常巨大。

2. 基本运输方式及其特点

按照运输工具，可以将运输分为铁路运输、公路运输、水上运输、航空运输及管道运输五种基本运输方式，如图 2-8 所示。

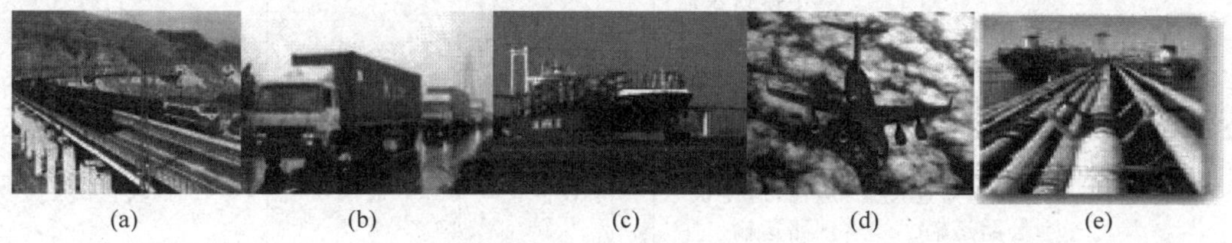

(a)　(b)　(c)　(d)　(e)

图 2-8　基本运输方式

(a) 铁路运输；(b) 公路运输；(c) 水上运输；(d) 航空运输；(e) 管道运输

(1) 五种基本运输方式的含义如表 2-7 所示。

表 2-7　五种基本运输方式的含义

运输方式	含　义
铁路运输	指利用机车、车辆等技术设备沿铺设轨道运行的运输方式
公路运输	广义的公路运输是指利用一定的运载工具(如汽车、拖拉机、畜力车、人力车等)沿公路实现旅客或货物空间位移的过程；狭义的公路运输是指汽车运输，物流中的公路运输专指汽车货物运输
水上运输	指利用船舶、排筏和其他浮运工具，在江、河、湖泊、人工水道以及海洋上运送旅客和货物的一种运输方式
航空运输	简称空运，是使用飞机运送客货的运输方式
管道运输	指利用管道，通过一定的压力差完成气体、液体和粉状固体运输的一种运输方式

(2) 五种基本运输方式的组成及优、缺点的比较如表 2-8 所示。

表 2-8 五种基本运输方式的组成及优、缺点的比较

运输方式	系统组成部分	优　点	缺　点
铁路运输	线路、机车车辆、信号设备和车站	运量大,速度快,成本低,全天候,准时	基建投资较大,运输范围受铁路线限制
公路运输	公路、车辆和车站	机动灵活,可实现“门到门”运输[12],不需转运或反复搬运,是其他运输方式完成集疏运的手段	成本较高,容易受气候和道路条件的制约,准时性差,货物安全性较低,对环境污染较大
水上运输	船舶、港口和航道	运量大,运距长,成本低,对环境污染小	速度慢,受港口、气候等因素影响大
航空运输	航空港、航空线网和机群	速度极快,运输范围广,不受地形限制,货物比较安全	运量小,成本极高,站点密度小,需要公路运输方式配合,受气候因素影响
管道运输	管线和管线上的各个站点	运量大,运费低,能耗少,较安全可靠,一般受气候环境影响小,劳动生产率高,货物零损耗,不污染环境	只适用于输送原油、天然气、煤浆等货物,通用性差

(3) 五种基本运输方式的技术经济特征比较如表 2-9 所示。

表 2-9 五种基本运输方式的技术经济特征比较

技术经济特征	运输方式				
	铁路运输	公路运输	水上运输	航空运输	管道运输
运输成本	低于公路运输	高于铁路运输、水上运输和管道运输,仅比航空运输低	一般比铁路运输低	最高	与水上运输接近
速度	长途快于公路运输,短途慢于公路运输	长途慢于铁路运输,短途快于铁路运输	较慢	极快	较慢
能耗	低于公路运输和航空运输	高于铁路运输和水上运输	低,船舶单位能耗低于铁路运输,更低于公路运输	极高	最小,在大批量运输时与水上运输接近
便利性	机动性差,需要其他运输方式的配合和衔接,才能实现“门到门”运输	机动灵活,能够实现“门到门”运输	需要其他运输方式的配合和衔接,才能实现“门到门”运输	难以实现“门到门”运输,必须借助其他运输方式进行集疏运	运送货物种类单一,且管线固定,运输灵活性差
投资	投资额大,建设周期长	投资小,投资回收期短	投资少	投资大	建设费用比铁路运输低 60%左右
运输能力	运能大,仅次于水上运输	载重量不高,运送大件货物较为困难	运能最大	只能承运小批量、体积小的货物	运输量大
对环境的影响	占地多	占地多,环境污染严重	占地少		占地少,对环境无污染

续表

技术经济特征	运输方式				
	铁路运输	公路运输	水上运输	航空运输	管道运输
适用范围	适合大宗低值货物的中、长距离运输，也适用于大批量、时间性强、可靠性要求高的一般货物和特种货物的运输	适用于近距离、小批量的货物运输或水上运输、铁路运输难以到达地区的长途、大批量货物运输	适用于运距长、运量大，对送达时间要求不高的大宗货物的运输，也适合集装箱运输	适用于价值高、体积小、送达时效要求高的特殊货物的运输	适用于单向、定点、量大的流体状且连续不断的货物的运输

想一想　选择运输方式应考虑哪些因素？

3. 选择运输方式应考虑的因素

运输方式的选择是物流合理化的重要内容。选择运输方式时应考虑的因素包括：货物的性质、运输时间、交货时间的适应性、运输成本、批量的适应性、运输的机动性和便利性、运输的安全性和准确性等。对于货主来说，关注的重点是运输的安全性和准确性、运输费用的低廉性及缩短运输总时间等因素。从业种看，制造业重视运输费用的低廉性，批发业和零售业重视运输的安全性和准确性及运输总时间的缩短等运输服务方面的质量。

具体而言，在选择运输方式时应考虑以下因素。

(1) 所运物品的种类。物品的形状、单件重量与容积、危险性、变质性等都是选择运输方式的制约因素。

(2) 运输量。一次运输的批量不同，所选择的运输方式也不同。一般来说，原材料等大批量的货物运输适合于铁路运输或水上运输。

(3) 运输距离。中短距离适合于公路运输[13]，而长距离适合于铁路运输、水上运输及航空运输。

(4) 运输时间。运输时间与交货期有关，应根据交货期选择适合的运输方式。

(5) 运输费用。物品价值的高低关系其承担运输费用的能力，这也成为选择运输手段考虑的重要因素。一般而言，高值物品担负运费的能力较强，而低值物品担负运费的能力较弱。

虽然货物运输费用的高低是选择运输手段时要重点考虑的因素，但不能仅从运输费用本身出发，而必须从物流总成本的角度出发，结合物流的其他费用综合考虑。应注意运输费用与物流其他费用之间存在的效益背反[14] 关系。

当然，在具体选择运输方式时，往往要受到当时运输环境的制约，而且也没有一个固定标准。因此，必须根据运输货物的各种条件，通过综合分析加以判断。

4. 集装箱运输与多式联运

(1) 集装箱运输。集装箱运输是以集装箱为运输单元，通过一种或几种运输工具，进行货物运输的一种先进的运输方式，也是集装运输[15] 中的一种高级形态，目前已成为国际上普遍采用的一种重要的运输方式。集装箱运输是运输方式的革命，是运输技术的巨大进步，它是实现散杂货物运输合理化、效率化的重要手段。

小贴士

我国集装箱运输的发展情况

我国集装箱运输始于1955年,首先在铁路中采用。1973年国际标准集装箱开始在海上运行,1978年制定了第一个集装箱国家标准《集装箱外部尺寸和重量系列》(GB 1413—1978),铁路开始发展5t集装箱运输。改革开放以来,我国集装箱运输进入全面、快速发展阶段,初步形成了水、铁、空集装箱“门到门”联运体系。我国港口集装箱吞吐量占全球港口集装箱吞吐量的22%,位居世界第一(平均每年增长超过1 100万TEU)。2021年我国港口集装箱吞吐量约28 300万TEU,同比增长约7%。

与一般货物运输相比,集装箱运输具有以下主要特征。

① 提高货物运输质量,减少货损货差。由于集装箱结构坚固,强度和刚度很大,能防止压、砸、撞带来的损失,因此对货物有很好的保护作用。同时,在全程运输中,使用机械装卸、搬运,可不动箱内货物直接进行装卸或在不同运输工具之间换装作业,大大减少了货损货差。

② 节省货物包装材料和包装费用。由于集装箱的保护,集装箱内的货物不受外界的挤压碰撞,一般不需要外包装,内包装也被简化,可大量节约包装材料,降低包装费用。

③ 采用快速装卸装置进行装卸,大大提高了车船装卸效率,可以缩短运输时间,减少运输费用。

④ 可以简化货运手续,方便装卸以及火车、汽车、轮船、飞机联运中的交接。

⑤ 有利于组织多式联运。

(2) 多式联运。多式联运(multimodal transportation; intermodal transportation)是指“货物由一种运载单元装载,通过两种或两种以上运输方式连续运输,并进行相关运输物流辅助作业的运输活动”(GB/T 18354—2021)。换言之,在物流领域,多式联运是指联运经营人根据单一的联运合同,通过一次托运、一次计费、一张单证、一次保险,使用两种或两种以上的运输方式,负责将货物从指定地点运至交付地的运输活动。

① 多式联运的作用与意义如下。

第一,提高运输效率和社会效益。随着社会经济飞速发展,客货流量不断增长,流程运距日益延伸,加上交通运输生产活动具有跨地区、跨部门、开放性、多环节等特点,单靠一种运输方式很难对货物运输的全过程实现科学合理的组织。多式联运通过合理组织多种运输方式,可以大大提高运输效率,提高社会效益。

第二,简化手续,方便货主。多式联运可以将货主在中转地进行的提货、托运、换载等业务活动,以及各种运输方式所处“结合部”的部分运输业务活动分离出来,使其社会化、专业化。这样,不管运输路程多远,运输环节多少,货主只需办理一次托运,支付一笔运费,取得第一联运提单即可把货物从起点运到终点,大大简化了货物在运输过程中的手续,节约了时间,减少了人力、物力的浪费。

第三,保证货物流通过程的畅通。货物运输过程是货物生产过程在流通领域的继续,在时间、速度、数量、费用、规模等方面必须同货物流通过程相互适应、相互统一。多式联运可以提高装卸效率,加快车、船周转和货物送达,从而减少了货物在途时间,加速了货物流通。

总之,多式联运把分阶段的不同运输过程连接成一个单一的整体运输过程,不但给托运人和承运人带来了方便,而且加速了运输过程,有利于降低成本,减少货损货差的发生,提高运输质量。因此，发展多式联运，是充分发挥各种运输方式的优势，使之相互协调、配合，建立起综合运输体系的重要途径。

② 多式联运的特点。多式联运是对多种运输方式的综合组合与综合运用，不仅要考虑一种运输方式的特点，更要注重发挥多种运输方式的整体功能和综合优势，以及各联运企业间的协调和配合。与一般运输相比，多式联运在组织生产活动中具有协同性、通用性、全程性、简便性等特点。

③ 多式联运的优点。多式联运具有以下优点：a. 手续简单统一，节省人力、物力；b. 减少中间环节，提高运输质量；c. 降低运输成本，节约运杂费用；d. 扩大运输经营人的业务范围，提高运输组织水平，实现合理运输。

④ 多式联运的分类。多式联运的常见分类如下：a. 按照联运对象，可将其划分为货物联运和旅客联运；b. 按照参与联运全程的各种运输方式相互结合的状况，可将其划分为铁—水联运、公—水联运、公—铁联运[16]、铁—公—水联运、铁—公—航联运等；c. 按照联运区域，可将其划分为国内多式联运和国际多式联运[17]。

⑤ 开展多式联运需具备的条件。开展多式联运需具备以下条件：

a. 必须签订一个多式联运合同；

b. 必须使用一份全程的多式联运单据（多式联运提单、多式联运运单等）；

c. 全程运输过程中必须至少使用两种不同的运输方式，而且是连续运输；

d. 必须使用全程单一的费率；

e. 必须有一个多式联运经营人对货物的运输全程负责；

f. 如果是国际多式联运，则多式联运经营人接收货物的地点与交付货物的地点必须属于两个国家或地区。

5. 运输合理化

通常，运输成本占物流总成本的比重较大，运输成本的降低是获取第三利润源的重要手段。因此，运输的合理化在物流管理中占有十分重要的地位。

（1）不合理运输的表现形式。不合理运输是在现有条件下可以达到的运输水平而未达到，从而出现运力浪费、运输时间增加、运费超支等不合理现象的运输形式。我国目前存在的不合理运输形式主要有以下八种。

① 返程或启程空驶。空车行驶可以说是最严重的不合理运输形式。在实际运输组织中，有时候必须调运空车，从管理上不能把它看成不合理运输。但是，因调运不当、货源计划不周、不采用运输社会化而形成的空驶，则是不合理运输的表现。造成空驶的原因主要有以下几种。

a. 能利用社会化的运输体系而不利用，却依靠自备车送货提货，这往往出现单程实车、单程空驶的不合理运输。

b. 由于工作失误或计划不周，造成货源不实，车辆空去空回，从而形成双程空驶。

c. 由于车辆过分专用，无法搭运回程货，只能单程实车、单程回空周转。

② 对流运输。对流运输也称双向运输、交错运输，是指同一货物，或彼此之间可以互相代用而又不影响管理、技术以及效益的货物，在同一线路上或者平行线路上进行相对方向的运送，而与对方运程的全部或一部分发生重叠交错的运输（见图 2-9）。已经制定了合理流向图的产品，一般必须按合理流向进行运输，如果与合理流向图指定的方向相反，也属于对流运输。

在判断对流运输时需注意，有的对流运输是不很明显的隐蔽对流。例如，不同时间的相向运输，从发生运输的时间看，当时并无对流出现，因而容易做出错误的判断，所以需要特别注意

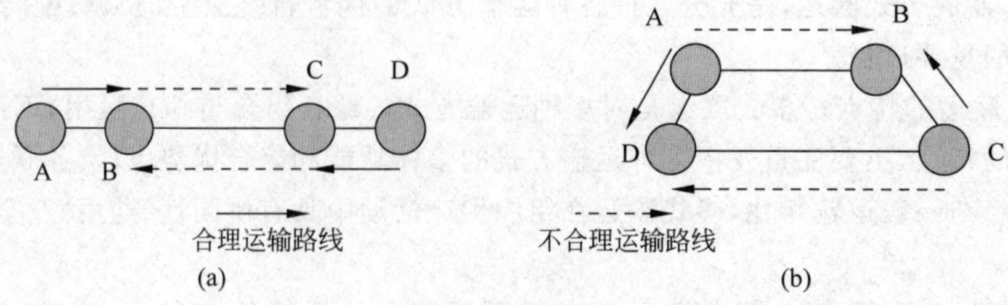

图 2-9 对流运输

(a) 同一线路的对流运输;(b) 平行线路的对流运输

隐蔽的对流运输。

③ 迂回运输。迂回运输是舍近求远的一种运输形式(见图 2-10)。原本可以选择较短的路线进行运输,却错误地选择了路程较远的运输路线。迂回运输有一定的复杂性。一般来说,只有因计划不周、地理位置不熟、组织不当而发生的迂回运输才属于不合理运输。当最短路线遇交通堵塞、道路状况不好或有对噪声、排气等特殊限制而不能使用时所发生的迂回,不能称为不合理运输。

④ 过远运输。过远运输是指选择供货单位或调运物资时舍近求远,这就造成本可以采取近程运输而未采取,结果拉长了运距造成了浪费(见图 2-11)。过远运输占用运力时间长,运输工具周转慢,物资占压资金时间长。若地区间自然条件相差大,又容易出现货损,增加了费用支出。

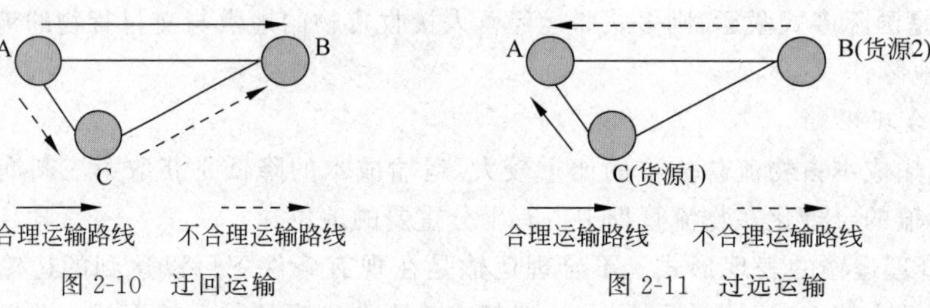

图 2-10 迂回运输　　图 2-11 过远运输

需要注意的是,虽然过远运输和迂回运输都属于拉长运距、浪费运力的不合理运输,但两者是有区别的:过远运输是由于在选择商品或物资供应地时舍近求远从而使运距过长,而迂回运输则是由于运输路线选错从而拉长了运距。

⑤ 重复运输。重复运输有两种形式:一种是本来可以直接将货物运达目的地,但是在未到达目的地之前,或在目的地之外的其他场所将货物卸下,再重复装运送达目的地[见图 2-12(a)];另一种是在同一地点将同品种货物运进的同时又向外运出[见图 2-12(b)]。重复运输的最大问题是增加了非必要的中间环节,使商品流通速度减慢,增加了费用,增大了货损。

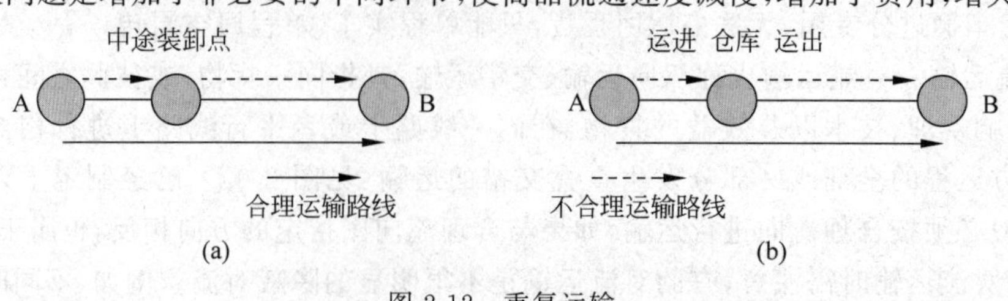

图 2-12 重复运输

(a) 中途卸货,重复装运;(b) 一边运进,一边运出

⑥ 倒流运输。倒流运输是指货物从销售地或中转地向产地或起运地回流的一种现象(见图 2-13)。其不合理程度要甚于对流运输,原因在于,往返两程的运输都是不必要的,形成了双程浪费。倒流运输也可以看成隐蔽对流的一种特殊形式。

⑦ 运力选择不当。运力选择不当是由于未考虑各种运输工具的优势而不正确地利用运输工具所造成的不合理现象。常见的有以下几种形式。

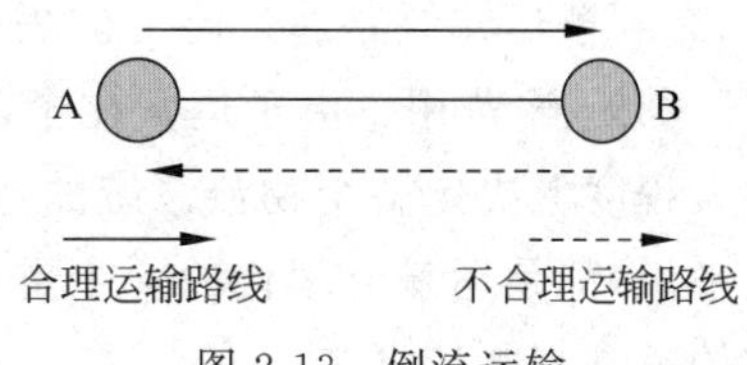

图 2-13　倒流运输

a. 弃水走陆。在可以利用水运及陆运时不利用成本低的水运或者水陆联运,而选择成本较高的火车运输和汽车运输,使水运优势不能发挥。

b. 铁路、大型船舶的过近运输。运距不在铁路、大型船舶的经济运行里程范围内,却利用这些运力进行运输的不合理做法。主要不合理之处在于铁路及大型船舶这两种运输方式的起运及到达目的地的准备与装卸时间长,且机动灵活性不足,在过近距离中利用发挥不了距离的经济优势。相反,由于装卸时间长反而会延长运输时间。另外,和小型运输设备比较,铁路、大型船舶装卸难度大,费用也比较高。

c. 运输工具承载能力选择不当。不根据承运货物的数量及质量(即传统意义上的重量)进行选择,而盲目决定运输工具,造成过分超载、损坏车辆或货物未满载、浪费运力的现象。尤其是"大马拉小车"现象发生较多。由于装货量小,单位货运成本必然增加。

⑧ 托运方式选择不当。对货主而言,本可以选择最佳托运方式而未选择,造成运力浪费及费用增加的一种不合理运输。例如,本应选择整车运输却选择了零担托运,本应选择直达运输却选择了中转运输,本应选择中转运输却错误地选择了直达运输等,都属于这类不合理运输。

上述各种不合理的运输形式都是在特定条件下表现出来的,在进行判断时必须注意其不合理的前提条件,否则就容易出现判断失误。例如,对商标不同、价格不同的同一种产品所发生的对流,就不能片面地看成不合理的现象,因为这其中存在市场竞争。如果强调因为表面的对流而不允许运输,就会起到保护落后、阻碍竞争甚至助长地区封锁的作用。类似的例子,不胜枚举。

再者,以上对不合理运输的描述,主要是从局部而言的。在实务中,必须将其放在整个物流系统中进行综合判断。否则,很可能出现物流效益背反现象。单从某方面来看,它是合理的,但其合理有可能建立在其他部分不合理的基础之上。因此,只有从系统角度出发进行综合判断才能有效避免物流效益背反,实现整体最优。

(2) 影响运输合理化的因素。影响运输合理化的因素很多,但起决定性作用的有五个,通常称其为合理运输的五要素。

① 运输距离。在运输活动中,由于运输工具、运输时间、运输成本、运输方式、运输货损、运输费用及车船周转等若干技术经济指标,都与运输距离长短有一定的比例关系,因此,运输距离长短是运输合理与否的一个最基本要素。缩短运输距离既有宏观的社会效益,也有微观的企业效益。

② 运输环节。每增加一次运输,不但会增加起运的运费和总费用,而且会增加运输的附属活动,如装卸、包装等,各项经济指标也会因此下降。所以减少运输环节,尤其是同类运输工具的环节,对合理运输有促进作用。

③ 运输工具。各种运输工具都有其使用的优势领域,根据货种、批量对运输工具进行优化选择,按运输工具的特点进行装卸、运输作业,最大限度地发挥所用运输工具的作用,是运输合理化的重要环节。

④ 运输时间。运输是物流过程中需要花费时间较多的环节,尤其是远程运输。在全部物流时间中,运输时间占绝大部分,所以,缩短运输时间对整个物流时间的缩短有决定性作用。此外,缩短运输时间,有利于加速运输工具的周转,充分发挥运力,有利于加速货主资金的周转,有利于运输线路通过能力的提高,对运输合理化有很大贡献。

⑤ 运输费用。由于运费在全部物流成本中占有很大的比例(接近50%),因此运费高低在很大程度上决定整个物流系统的竞争力。实际上,运输费用的降低,无论对货主还是对物流企业来说,都是运输合理化的一个重要目标。运费的多少,也是各种运输合理化措施是否行之有效的最终判断依据之一。

上述五个要素既相互联系,又相互影响,有时甚至是相互矛盾的,这就要求运输部门进行综合分析、比较,选择最佳运输方案。在通常情况下,运输时间短,运输费用少,是考虑合理运输的两个主要因素,它们集中体现了运输的经济效益。

(3) 实现运输合理化的有效措施如下。

① 提高运输工具的实载率。实载率有两个含义:一是单车实际载重量与运距之乘积和额定载重量与行驶里程之乘积的比率,这在安排单车、单船运输时,是作为判断装载合理与否的重要指标;二是作为车船的统计指标的含义,即一定时期内车船实际完成的货物周转量(以吨·千米计)占车船额定载重量与行驶里程乘积的百分比。提高实载率的意义在于,充分利用运输工具的额定能力,减少车船空驶和不满载行驶的时间,减少浪费,从而实现运输的合理化。提高实载率的有效途径是实行"配载",即将多个客户需要的货物或一个客户需要的多种货物实行配装,以实现运输工具的容积和载重量的充分合理利用,这比起以往企业自行提货或送货车辆回程空驶的状况,自然是一个进步。

② 减少动力投入。运输的投入主要是能耗和基础设施的建设,在设施建设已定型和完成的情况下,尽量减少动力投入,是少投入的核心。做到了这一点就能大大节约运费,降低单位物品的运输成本,达到运输合理化的目的。其意义在于少投入、多产出,走高效益之路。减少动力投入,提高运输能力的有效措施:在机车能力允许情况下,多加挂车皮;水运拖排和拖带;将内河驳船编成一定队形,由机动船顶推前进;汽车拖挂运输[18] 等。

③ 发展社会化的运输体系。运输社会化的含义是发展运输的大生产优势,实行专业分工,打破一家一户自成运输体系的状况。一家一户的运输小生产是车辆自有,自我服务,不能形成规模,且运量需求有限,难以自我调剂,因而容易出现空驶、运力选择不当、不能满载等浪费现象,且配套的接、发货设施,装卸搬运设施也很难有效运行,所以浪费很大。实行运输社会化,可以统一安排运输工具,避免对流、倒流、空驶、运力不当等多种不合理形式,不但可以追求组织效益,而且可以追求规模效益,所以发展社会化的运输体系是运输合理化非常重要的措施。

④ 开展中短距离铁路公路分流。在公路运输经济里程范围内,尽量利用公路,开展"以公代铁"运输。这种运输合理化的表现主要有两点:一是采用"公铁分流"后,比较紧张的铁路运输可以得到一定程度的缓解,从而加大这一区段的运输通过能力;二是充分发挥公路运输"门到门"及在短途运输中速度快且机动灵活的优势,实现铁路运输难以达到的效果。

我国"以公代铁"的情况

我国"以公代铁"目前在杂货、日用百货运输及煤炭运输中较为普遍,一般在200km范围内，有时可达 700～1 000km。例如，山西的煤炭向省外运输，有关部门经过认真的技术经济论证，认为用公路代替铁路将煤炭运至河北、天津、北京等地是合理的。

⑤ 发展直达运输[19]。直达运输是实现运输合理化的重要途径，它可以减少中转环节及换装，从而缩短运输时间，节省装卸费用，降低中转货损。直达的优势在一次运输批量和客户一次性货运需求量达到一整车时表现得尤为突出。此外，在生产资料、生活资料运输中，通过直达，建立起稳定的产销关系和运输系统，有利于提高运输的计划水平，采用最有效的技术实现这种稳定运输，从而大大提高运输效率。

⑥ 开展配载[20] 运输。这是充分利用运输工具的载质量（即载重量）和容积，合理安排装载物品的一种运输方式。配载运输也是提高运输工具实载率的一种有效形式。配载运输往往是轻重货物混合配载，在以重质物品运输为主的情况下，同时搭载一些轻泡物品。例如，海运矿石、黄沙等重质货物，在舱面捎运木材、毛竹等；铁路运载矿石、钢材等重物上面搭运轻泡农副产品等，这样就在基本不增加运力投入也不减少重质物品运量的情况下，解决了轻泡物品的搭运问题。

⑦ 开展"四就"直拨运输。一般而言，批量到站或到港的物品，首先要进入分销部门或批发部门的仓库，然后按程序分拨或销售给客户。这样就容易出现不合理运输。"四就"直拨，首先是由管理机构预先筹划，然后就厂、就站（码头）、就库、就车（船）将物品分送给客户。

⑧ 发展特殊运输技术和运输工具。依靠科技进步是实现运输合理化的重要途径。例如，专用散装罐车解决了粉状、液状物运输损耗大、安全性差等问题；袋鼠式车皮、大型半挂车解决了大型设备整体运输问题；滚装船[21]（见图 2-14）解决了车载货的运输问题；集装箱船[22]（见图 2-15）比一般船能容纳更多的箱体；集装箱高速直达车船加快了运输速度等。这些都是通过运用先进的科学技术实现运输合理化的有效例证。

⑨ 实现流通加工合理化。不少产品由于本身的形态及特性很难实现运输的合理化，如果适当进行加工，就能够有效实现合理运输。例如，将造纸材料在产地预先加工成干纸浆，然后压缩体积运输，就能够解决造纸材料运输不满载的问题；将轻泡产品预先捆紧再按规定尺寸包装、装车就容易提高车辆的装载量；将水产品及肉类预先冷冻，就可提高车辆装载率并降低运输损耗。

图 2-14　滚装船

图 2-15　集装箱船

2.3.2　配送

7-11 便利店的物流配送系统

7-11 便利店是全球最大的连锁便利店。根据 2023 年 10 月 7-11 便利店官网数据显示，该公司在全球拥有 71 100 家连锁店，公司的净利润率高达 20.5%，远远超过行业平均水平。

一家成功的便利店背后一定有一个高效的物流配送系统。7-11便利店物流配送系统每年大约能为7-11便利店节约相当于商品原价10%的费用。因此,便利店经营成功与否在很大程度上取决于配送系统运营绩效的高低。

仓储与配送

7-11便利店物流配送系统的演进大体经历了三个阶段。起初由多家批发商分别向各个便利店送货;中间阶段改由一家批发商在一定区域范围内统一管理该区域内的同类供应商,然后向7-11便利店统一配货(集约化配送);在最后阶段,公司在总结批发商配送的经验后,自己建立了高效的物流配送体系。

运输和配送都是物流系统的重要功能要素,其中,配送又是运输的一种特殊形式。

1. 配送认知

(1) 配送的概念。配送(distribution)是指"根据客户要求,对物品进行分类、拣选、集货[23]、包装、组配等作业,并按时送达指定地点的物流活动"(GB/T 18354—2021)。配送的意义在于最大限度地缩短物资流通时间,降低物资流通费用,压缩整个社会的物资库存量,提高客户服务水平,实现社会资源的优化配置。

(2) 配送的特点。作为一项独特的物流功能活动,配送主要具有以下特点。

① 需求导向。配送是从物流节点[24](如配送中心、区域配送中心等)至客户(或门店)的一种特殊的送货方式,它是按照需方(客户或门店)的要求组配货[25]与送货的。

货物分拣

② 功能多样。配送不同于一般的送货与运输,而是"配"和"送"的有机结合。配送除了具备货物组配与送货两项基本职能外,还要从事大量的分货、拣选、加工、分割、配装等工作。

运输、配送、送货的区别如表2-10所示。

表2-10 运输、配送、送货的区别

比较项目	比较内容	
	主要业务	一般特点
运输	集货、送货、选择运输方式和运载工具、确定运输路线和行程、车辆调度	干线、中长距离、少品种、大批量、少批次、长周期的货物移动
配送	进货、储存、分货、配货、送货、选择运输方式和运载工具、确定运输线路规划与行程、车辆调度	支线、接近客户的那一段流通领域,短距离、多品种、小批量、多批次、短周期的货物移动
送货	一般意义上的货物递送,通常由供应商承担	简单的货物递送活动,技术装备简单,有什么送什么,具有被动性

③ 配送提供的是一种"门到门"的服务。

(3) 配送与物流的关系。配送与物流的关系密切,但两者又有区别。

① 配送是一项特殊、综合的物流活动形式,它几乎涵盖了物流的基本功能要素,是物流的一个缩影或小范围内物流全部活动的体现。

但是配送的主体活动与一般的物流活动有所不同。一般意义上所说的物流,其主体活动主要是运输和仓储,而配送的主体活动是分拣[26]、配货与运输(特指配送运输)。其中,分拣、配货是配送独特的功能要素,而以送货为目的的运输则是最后实现配送功能的主要手段。

② 物流是"商物分离"的产物,而配送则是"商物合一"的产物,配送本身就是一种商业形

式。虽然配送在具体实施时也可能以商物分离的形式出现，但从配送的发展趋势来看，商流与物流的结合正越来越紧密，这是配送取得成功的重要保障。

2. 配送的分类

根据不同产品、不同企业、不同流通环境，可将配送形式进行不同分类。

(1) 按照实施配送的主体不同，可分为配送中心配送、仓库配送、商店配送及生产企业配送。其中，商店配送又可分为兼营配送（销售兼配送）和专营配送（只配送不零售）两种形式。

(2) 按照所配送的商品种类及数量的不同，可分为单（少）品种大批量配送、多品种小批量配送及配套成套配送。后者如供应商将装配机器设备所需的全部零部件配齐后向装配型生产企业进行配送。

(3) 按照配送时间和数量的不同，可分为定时配送、定量配送、定时定量配送、定时定路线配送及即时配送[27]。其中，定时配送又有当日配送（简称日配）、准时制配送[28]及快递式配送三种形式。

京东物流公司的快递服务

京东物流公司从 2016 年起开始面向商家推出快递业务，2018 年 10 月正式推出个人快递业务，提供同城最快半小时达、异地次晨送达、当日达及次日达等快时效服务，同时提供其他经济型服务，全方位满足客户多样化需求。客户还可以选择门店代寄服务，在就近已开通代寄服务的京东物流营业部、便利店、超市、便民点等，选择寄件。

(4) 按照经营方式的不同，可分为销售配送、供应配送、销售—供应一体化配送及代存代供配送四种。

(5) 按照加工程度的不同，可分为加工配送（与流通加工相结合的配送）和集疏配送两种。后者形成大批量进货后小批量、多批次发货，或零星集货后以一定批量送货等。

(6) 按照配送企业的专业化程度不同，可分为综合配送和专业配送两种。前者配送的商品种类较多，组织实施的难度较大；后者配送的商品种类较少或单一，但专业化程度相对较高，例如，化工原料或化工产品的配送。

案例：IBM 公司的“零库存”配送模式

3. 配送的环节与流程

(1) 配送的基本环节。配送一般具有备货、储存、分拣与配货、配送加工、配装、配送运输等基本环节。但是，并非所有的配送活动都同时具备这些环节，例如，生鲜产品的物流活动涉及冷链[29]，其配送往往具备流通加工程序，而燃料燃油的配送则不具备分拣、配货等程序。

物联网和自动化技术在冷链中的应用

高度互联的商业世界创造了实时经济。从产品开发到客户服务，一切都是实时发生的。由于自动化和物联网，供应链在全球范围内变得敏捷。这种效应在冷链中更为明显。冷链是在温度受控的环境中运输药品和疫苗、冷冻食品和新鲜蔬菜、化学品等对温度敏感物品的供应链。延误会给冷链带来沉重的代价，因为这些商品容易腐烂。物联网和自动化技术在很大程度上解决了冷链的这个难题，通过物联网可以对整个物流链进行实时管理，还可以通过基于传感器的技术实时跟踪数据。同样,可以跟踪和维护冷链中所有环节的环境状况,以防止货物变质和损失。物联网在冷链中的应用具体体现在以下几个方面:通过传感器技术收集实时温度、湿度和位置数据;识别延误或损坏情况以及即时补救措施;通过实时数据的深度分析提高效率;增强的预测性维护和成本效益;最佳的温度和湿度维护以减少浪费。

在一般情况下,配送由备货、储存、理货、配装和送货五个基本环节的活动组成(见图2-16),而每个环节又包括许多具体的作业活动。

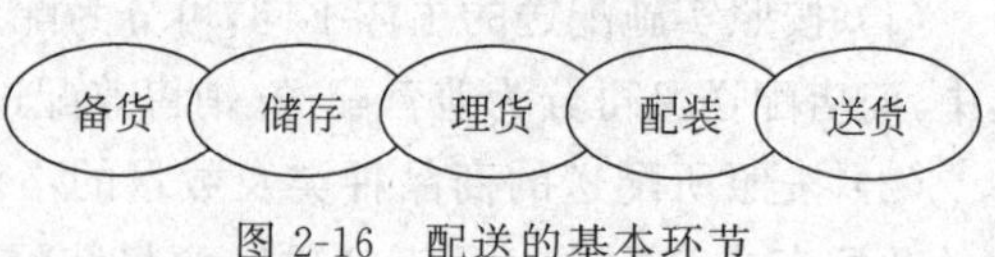

图 2-16 配送的基本环节

① 备货。备货通常也称进货,这是配送的准备工作和基础环节。备货主要包括组织货源、订货、运输、验货、入库、结算等一系列作业活动。备货的主要目的是把用户的分散需求集中起来进行批量采购,以降低进货成本,同时也对配送形成必要的资源保障。

② 储存。储存是对进货的延续,包括入库、码垛、上架、苫垫、货区标识、商品的维护保养等作业活动。配送中的储存有暂存和储备两种形态。而暂存也有两种形式:一种形式是在理货现场进行的少量货物储存,其目的是为适应日配、即时配送的需要,一般在数量上未作严格控制;另一种形式的暂存是货物分拣、组配好后在配装之前的暂时存放,其目的是调节配货与送货的节奏。而储备主要是对配送的持续运作形成资源保障,一般数量较充足、结构较完善,通常在配送中心的库房和货场中进行。

③ 理货。理货是配送活动不可或缺的重要环节,是不同于一般送货的重要标志,也是配送企业在送货时进行竞争和提高自身经济效益的重要手段。理货[30] 通常包括分类、拣选、加工、包装、配货、粘贴货运标识、出库、补货[31] 等作业。

案例

京东在货物拣选环节投入智能物流设备

随着信息技术、AI、物联网、5G技术的快速发展,京东加大了人工智能、云计算、大数据、机器人等高新技术在物流领域的应用力度。

(1) 智能微型无人仓机械臂拣选系统。该系统是京东针对仓储设施中商品拣选出库环节自主研发的系统,其目的是解决货物搬运损耗、人员拣选效率低、拣选错误率高等问题。这一系统利用机器人3D视觉技术,大幅度提高拣选效率和准确率,完全能够取代传统人工拣选。目前,该系统已经应用于京东物流多个亚洲一号智能仓库,并服务多家外部客户。

(2)"地狼"。"地狼"是京东自主研发的搬运型AGV机器人,其最高承重达500kg,具备环境感知、自主导航、容器识别、无线开关机、一键归巢等功能。适用于仓储领域货物拣选作业环节货架到工作站的搬运以及生产物流中的物料柔性搬运。"地狼"可以大幅度提高人工拣选的作业效率和准确率,降低人员劳动强度和运营成本。2021年6月,100多台地狼机器人在西藏拉萨公共物流仓储设施及配送中心启用,大型智能物流仓首次落地青藏高原。

④ 配装。即将不同客户的货物搭配装载,以充分利用运载工具的运能和运力。配装也是配送不可或缺的重要环节,是现代配送区别于传统送货的重要标志之一。配装一般包括粘贴或悬挂包含货物重量、数量、类别、物理特性、体积大小、送达地、货主等内容的标志,并登记填写送货单、装载、覆盖、捆扎固定等作业。

⑤ 送货。即将配装后的货物按规划好的路线送交各个客户。一般采用汽车、专用车等小型车辆作运输工具,并需要进行运输线路的规划,力求运距最短,经济合理。具体而言,送货包

括运输方式与运载工具的选择、运输线路的规划、卸货地点及交货方式的确定、货物移交、签收和结算等活动。

(2) 配送的一般流程。一般而言，通用、标准的配送流程是指具有典型性的多品种、小批量、多批次、多用户的货物配送流程，如图 2-17 所示。

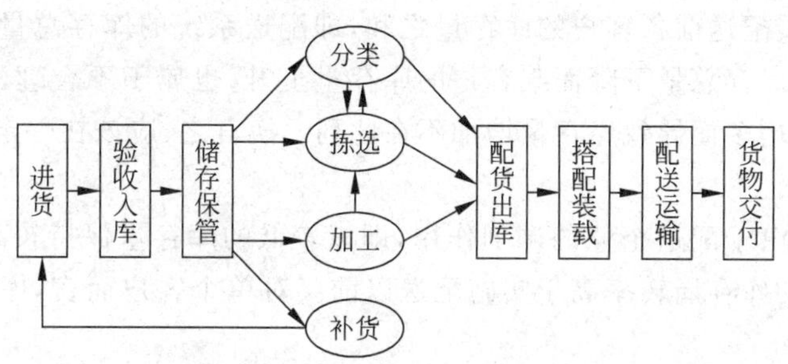

图 2-17　配送的一般流程

沃尔玛配送中心的业务流程

沃尔玛配送中心的基本业务流程：商品被供应商送到配送中心后，经过核对采购计划、进行商品检验等程序，被分别送到货架的不同位置存放。门店提出要货计划后，计算机系统将所需商品的存放位置查出，并打印有门店代号的标签。整包装的商品直接在货架上送往传送带，零散的商品由工作台人员取出后也送到传送带上。一般情况下，门店要货的当天就可以将商品送出。

4. 配送合理化

(1) 不合理配送的表现形式。不合理配送是在现有条件下可以达到的配送水平而未达到，从而造成资源浪费、成本上升、服务水平降低的现象。不合理配送的表现形式有以下几种。

① 备货与配送业务量不合理。主要表现在备货量及配送业务量过大或过小，例如，仅为少数几家客户代购代送，未实现备货及配送的规模效益。

② 库存决策不合理。主要表现在配送中心的集中库存总量高于或等于实施配送前各客户分散的库存总量，导致资源浪费；或者储存量不足，缺乏足够的供应保证能力。

③ 配送费率不合理。主要表现在配送企业提供货物配送服务的费率普遍高于客户自行提货或送货的单位成本，从而损害了客户利益(当然，由于配送企业提供了优质的服务，费率稍高，客户也是可以接受的，这不能视为不合理)；或者配送费率制定得过低，使配送企业在无利或亏损状态下运营。

④ 配送与直达的决策不合理。在用户需求量较大的情况下，原本可以批量进货直接运达，却选择了配送，增加了环节，加大了成本；或者需求量较小，本该采取配送方式，却选择了直达，导致成本增加。

⑤ 不合理运输。不合理运输的若干表现形式在配送中都有可能出现，从而使配送变得不合理。

⑥ 经营理念不合理。在开展配送业务时，有许多不合理现象的根本原因是配送企业缺乏科学、先进的经营理念，这不但使配送优势无从发挥，反而损害了配送企业的形象。例如，在配送企业的库存量过大时，强迫客户接货，将库存资金及风险转嫁给客户；在资金紧张时，长期占用客户的资金；在货源紧张时，将客户委托的货品挪作他用以获取利润等。

(2) 合理配送的判断标志。判断配送是否合理,属于配送决策系统的重要内容。一般而言,有以下七种判断标志。

① 库存标志。库存是判断配送合理与否的重要标志,具体包括两个指标。

a. 库存总量。在一个配送系统中,配送中心的库存量加上各客户在实施配送以后的库存量的总和应低于开展配送前各客户的库存量之和,即配送系统的库存总量应下降。需要说明的是,若配送系统的库存总量下降而某客户的库存量上升,也属于不合理,但客户企业由于经营规模扩大,业务量增多而导致库存量增加不在此列。换言之,应该在一定的经营业务量前提下进行比较才有意义。

b. 库存周转。由于配送企业的调剂作用,即以较低的库存量保持较高的供应保证能力,可使整个配送系统的库存周转率高于实施配送以前。对单个客户而言,库存周转也应该快于以前。

在具体判断时,以上指标均应从金额角度理解,即以库存资金为基础进行计算、比较。

② 资金标志。总的来说,实施配送应有利于资金占用额度的降低及资金运用的科学化。具体判断指标有以下三个。

a. 资金总量。用于物流配送的资金总量特别是库存所占用的流动资金总额,随着储备总量的下降以及供应方式的改变必然有一个较大幅度的降低。

b. 资金周转。从资金运用的角度来看,同样数额的资金,过去占用的时间较长;在实施配送以后,由于资金充分发挥作用,资金周转加快,资金运营能力增强。

c. 资金投向。在实施配送以后,资金的投向发生变化,由分散投入变为集中投入,相应地,配送系统对资金的调控能力增强。

③ 成本效益标志。社会宏观效益、企业微观效益、总效益、备货及配送成本等都是判断配送合理化的重要标志。对于不同的配送方式、不同的参与体,往往侧重点也有所不同。例如,对于配送企业,一般以利润来衡量配送合理化的程度;对客户而言,通常是在供应水平不变或提高的前提下,以供应成本的降低来衡量配送合理化的程度。在判断时,甚至可以具体到储存、运输、配送等环节。

沃尔玛的配送成本

在美国,沃尔玛的配送成本只占销售额的2%,仅为竞争对手的50%。一般来说,物流成本大约占销售额的10%,有些食品行业甚至达到20%或者30%。沃尔玛的经营理念就是要把最好的东西用最低的价格卖给消费者,这是它成功的所在。沃尔玛的竞争对手一般只有50%的货物实行集中配送,而沃尔玛90%多的货物采用集中配送,只有少数可以从加工厂直接送到店铺,这样,成本与竞争对手就相差很多。

④ 供应保证标志。实行配送以后,商品的供应保证能力必须提高才算实现了合理。具体判断指标有以下三个。

a. 缺货率[32]。实行配送以后,对各客户而言,缺货率必须下降才算合理。

b. 配送企业集中库存量。该库存量所形成的供应保证能力必须高于建立配送系统前单个企业的供应保证能力。

c. 即时配送的能力和速度。该指标必须高于实行配送前用户的紧急进货能力和速度才算合理。

需要指出的是,供应保证能力是一个科学合理的概念。如果供应保证能力过高,超过了实际需求,则会造成浪费,因而追求供应保证能力的合理化具有非常重要的意义。

⑤ 社会运力节约标志。末端运输是目前运能、运力使用不合理、浪费较大的领域,合理配送可解决这些问题。具体而言,社会运力节约标志包括以下指标:

a. 社会车辆总数减少而承运量增加;

b. 社会车辆空驶率[33] 降低;

c. 企业自提自运的现象减少,社会化运输程度增加。

⑥ 货主企业物流资源减少标志。配送企业介入以后,客户在本企业物流系统中的投资会减少,相应的物流资源,包括人力、物力和财力(例如,库存量、仓库面积、仓库管理人员、采购人员、送货接货人员等)也应减少。

⑦ 物流合理化标志。配送必须有利于实现物流合理化。具体可从以下几方面进行判断:是否降低了物流费用;是否减少了物流损失;是否加快了物流速度;是否发挥了各种物流方式的最优效果;是否有效衔接了干线运输和末端运输;是否减少了实际物流的中转次数;等等。

(3) 实现配送合理化的有效措施。借鉴国内外的先进经验,实现配送合理化可采取以下措施。

① 推行一定综合程度的专业配送。通过采用专业化的设施、设备及标准操作程序,降低配送过分综合化所带来的组织工作的复杂程度及难度,从而追求配送合理化。

② 推行加工配送。通过加工和配送相结合,不增加新的中转环节(充分利用本来应有的中转),以求得配送合理化。同时,加工借助于配送,使其目的性更加明确,增进了和客户的联系。两者的有机结合,在投入增加不多的情况下可以获得两方面的效益,取得两方面的优势,这是实现商品配送合理化的重要途径。

③ 推行共同配送。通过实施共同配送,可以最短的运距、最低的成本完成商品配送,从而实现配送合理化。

案例:7-11 便利店配送合理化的措施

④ 实行送取结合。配送企业介入以后,与客户建立稳定、紧密的协作关系。在配送时,将客户所需的物资(例如,原材料、零部件等生产资料)送到,然后将该客户生产的产品用同一车运回。这种送取结合的方式,使运能、运力得到充分利用,也使配送企业的功能得到更大限度的发挥,从而实现合理化。

沃尔玛配送合理化的措施

沃尔玛在配送运作时,大宗商品通常经由铁路送达自己的配送中心,再由公司卡车送达商店。每店一周约收到 1~3 辆卡车货物。60%的卡车在返回配送中心的途中又捎回从沿途供应商处采购的商品。这种集中配送与送取结合方式,为公司节约了大量成本。据统计,20 世纪 70 年代初,公司的配送成本只占销售额的 2%,仅为一般大型零售企业的一半左右。同时,集中配送还为各分店提供了更快捷、更可靠的送货服务,并使公司能更好地控制存货。通常,其竞争对手的商品只有约 50%~65%实行集中配送。

⑤ 推行准时制配送。准时制配送是配送合理化的重要内容之一。只有实现准时配送,客户才能准确、高效地配置资源(例如,设置库存量,安排接货的人力、物力等),才能放心地降低

库存量甚至实现零库存。客户企业的供应保证能力取决于配送企业的准时供应能力，因而，建立高效的准时供应配送系统是实现配送合理化的重要途径。

⑥ 推行即时配送。即时配送是最终解决客户企业担心断供之忧、大幅度提高供应保证能力的重要手段。即时配送是配送企业快速反应能力的具体化，是配送企业能力的体现。即时配送成本较高，但它是商品配送合理化的重要保障。此外，客户要实现零库存，即时配送也是重要的保证手段。

大福物流

实训项目4 分拣设备认知

实训项目描述

分拣设备是执行拣选、分货和分放等作业的现代化设备，是仓库或配送中心高效完成相关作业的技术保证。随着物流企业业务规模的不断扩大，为达到连续大批量分拣货物、降低误差率、减轻劳动强度、减少人工成本等目的，分拣设备变得不可或缺，自动分拣系统开始得到推广，智能分拣、全自动分拣逐渐进入大众视野。作为物流类专业学生，需要了解物流业装备技术的发展趋势，清楚技术装备革新对新时代物流人技术技能所提出的新要求，不断加强知识补充和技能拓展。

实训目标

通过实训，应达到以下目标。

1. 了解分拣作业的基本流程。
2. 了解分拣作业的常用方法。
3. 了解分拣设备与储存等设备的匹配关系。
4. 了解电子标签拣选系统布置方式。
5. 了解自动化拣选系统的构成要素。
6. 提升创新意识。

实训内容

学生以小组为单位，完成以下实训内容。

1. 搜索智能分拣(或自动分拣)运作过程视频。
2. 搜索智能分拣典型设备运行视频。
3. 在校内实训室学习、了解现有分拣设备的组成、工作原理、操作方法和步骤，并练习。
4. 在校内实训室运用仿真软件模拟货物分拣过程。
5. 小组间互动交流，拓宽对设备的认知。

建议实训时间

4h，其中课内2h，课余2h。

注意事项

1. 各学习小组应备好U盘，分类保存视频、图片等资料。
2. 在互动交流前，各小组应撰写视频等图文资料的介绍文稿。

评价与反馈

1. 小组成果展示

(1) 小组的收获与体会见表 2-11。

表 2-11　小组的收获与体会

活动总结	内 容 描 述
活动收获	
活动体会	

(2) 对其他小组的建议见表 2-12。

表 2-12　对其他小组的建议

反馈建议	内 容 描 述
改进建议	

注：① 请从分拣设备的功能、运行过程及原理汇报和设备操作等方面对其他小组提出改进建议。

② 建议内容应分条列出、切实可行，注意保持和谐的氛围。

2. 评分

采用加权平均法对学生的实训成绩进行评定，包括学生自评(25%)、小组互评(25%)、教师评价(50%)三部分，见表 2-13。

表 2-13　学生实训成绩评定

考核项目	评分标准	分数	学生自评(25%)	小组互评(25%)	教师评价(50%)	小计
团队合作	是否默契：是否有活动分工，汇报过程是否有协同	5				
活动参与	是否积极：是否准时提交成果，是否有担当精神	5				
任务方案	是否正确、合理：结构是否严谨、内容是否全面等	5				
实训过程	(1) 任务准备 ① 模拟仿真准备 ② 实训操作准备	20				
	(2) 任务实施 ① 视频搜索 ② 设备操作 ③ 汇报准备	30				
	(3) 任务结果 ① 视频不少于二个 ② 图片不少于六张 ③ 汇报文稿一份	20				
任务完成情况	是否圆满完成	5				
操作方法	是否规范、标准	5				

续表

考核项目	评分标准	分数	学生自评(25%)	小组互评(25%)	教师评价(50%)	小计
实训纪律	是否能严格遵守	5				
	总　分	100				
教师签名:			年　月　日		得分	

注:没有按照规范流程和要求操作,出现违规和违纪行为,本任务考核记0分。

2.4 装卸搬运作业与管理

【引例】

联华便利物流中心装卸搬运系统

联华公司创建于1991年5月,是上海首家发展连锁经营的商业企业。经过多年的发展,联华公司已成为中国规模较大的连锁商业企业。联华公司的快速发展,离不开高效便捷的物流配送中心的大力支持。目前,联华共有四个配送中心,分别是两个常温配送中心,一个便利物流中心,一个生鲜加工配送中心,总面积7万余平方米。其中,联华便利物流中心总面积8 000m^2,由四层楼的复式结构组成。为实现货物的装卸搬运,配置的主要装卸搬运机械设备有电动叉车8辆、手动托盘搬运车(见图2-18)20辆、垂直升降机2台、笼车(见图2-19)1 000辆、辊道输送机5条、数字拣选设备2 400套。装卸搬运的操作过程如下:首先将来货卸下,然后把货物装在托盘上,由电动叉车将货物搬运至入库运载处。接着,入库运载装置上升,将货物送上入库输送带。当接到向第一层搬送指示的托盘,在经过垂直升降机平台时,不再需要上下搬运,而是直接从当前位置经过一层的入库输送带自动分配到一层入库区等待入库;接到向2～4层搬送指示的托盘,将由托盘垂直升降机自动传输到指定楼层。当垂直升降机到达指定楼层时,由各层的入库输送带自动搬送货物至入库区。货物下平台时,由叉车从输送带上取下托盘入库。出库时,根据订单进行拣选配货,拣选后的货物用笼车装载,由各层平台通过笼车垂直升降机送至一层的出货区,装入相应的运输车上。

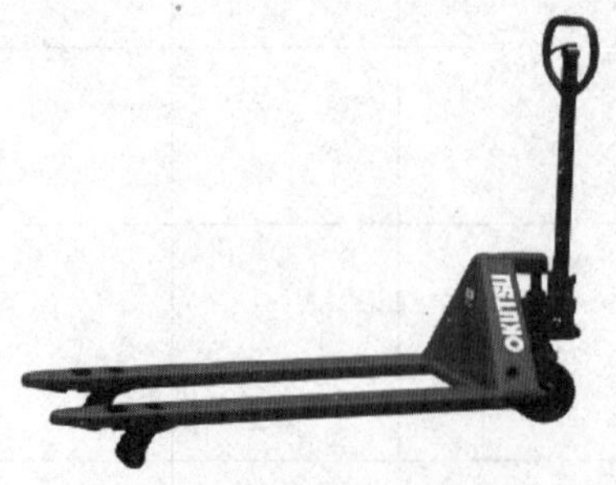

图2-18 手动托盘搬运车(液压托盘车)

图2-19 笼车

先进实用的装卸搬运系统,为联华便利店的发展提供了强有力的支持,使联华便利的物流运作能力和效率大大提高。

问题

1. 联华便利物流中心配置的装卸搬运机械设备主要有哪些？

2. 装卸搬运在物流系统中有着什么样的地位和作用？

3. 怎样才能实现装卸搬运合理化？

运输能创造空间效用和时间效用，储存保管能创造时间效用，而装卸搬运本身并不产生新的效用或价值。但在物流活动中，装卸搬运作业却占有较大的比重，因为它是物流活动各环节的桥梁和纽带。

2.4.1　装卸搬运的概念

装卸搬运作业

装卸(loading and unloading)是指“在运输工具间或运输工具与存放场地(仓库)间，以人力或机械方式对物品进行载上载入或卸下卸出的作业过程”(GB/T 18354—2021)。搬运(handling)是指“在同一场所内，以人力或机械方式对物品进行空间移动的作业过程”(GB/T 18354—2021)。

显然，装卸和搬运是两个不同的概念，装卸是物品在指定地点以人力或机械装入运输工具或从运输工具卸下，它是以垂直位移为主的实物运动形式，是物流过程中伴随着包装、保管、输送所必然发生的活动。而搬运则是在同一场所内(如仓库、车站、码头、港口、配送中心等物流节点)，对物品进行以水平移动为主的物流作业。它们发生的都是短距离的位移。在物流实务中，装卸与搬运活动密不可分，常常相伴而生。通常人们并未对其进行严格区分，而是常常将其作为一种活动来对待。

综上，装卸是改变物品存放、支撑状态的活动，搬运是改变物品空间位置的活动，两者合称装卸搬运。

2.4.2　装卸搬运的作用

装卸搬运是连接物流各环节的纽带，是运输、仓储、包装等物流活动得以顺利实现的保证。加强装卸搬运作业的组织，不断提高装卸搬运合理化程度，对提高物流系统整体功能有着极其重要的作用。

在物流过程中，装卸搬运活动是不断出现和反复进行的，它出现的频率高于其他各项物流活动，且每次装卸搬运都要花费很长时间，所以，该环节的活动往往成为决定物流效率的关键。装卸活动所消耗的人力也很多，所以装卸费用在物流成本中占有较高的比重。以我国为例，铁路运输从始发站到目的站的装卸搬运作业费用大致占运费的 20%，水上运输更高，占 40%；再如，根据有关部门对我国生产物流的统计资料，机械工厂每生产 1t 成品，需要进行 252 吨次的装卸搬运，其成本占加工成本的 15.5%。因此，为了降低物流费用，提高经济效益，必须重视装卸搬运作业。同时，装卸搬运效率低，物品流转时间就会延长，商品就会破损，物流成本就会增大，就会影响整个物流过程的质量。目前，我国企业的装卸作业水平、机械化、自动化程度与发达国家相比还有很大差距，野蛮装卸造成包装破损、货物丢失现象时有发生，货损率[34] 和人工费用居高不下。实践证明，装卸搬运是造成物品破损、散失、损耗的主要环节。例如，袋装水泥纸袋破损和水泥散失主要发生在装卸搬运过程中，玻璃、机械、器皿、煤炭等产品在装卸时最容易造成损失。

可见，装卸搬运是构成物流活动的要素之一，是进行物流活动的必要条件，是降低物流成本和提高物流效率的关键环节。装卸搬运作业不但影响货物的数量和质量，而且影响运输安全及运输设备的利用率。

总之,装卸搬运是物流各环节活动之间相互转换的桥梁,正是因为有了装卸搬运活动,物料或货物运动的各个环节才能连接成连续的“流”,从而保证物流的正常运行。如果忽视装卸搬运,生产和流通领域轻则发生混乱,重则造成生产经营活动的停顿。所以,装卸搬运影响着物流的正常运行,决定着物流质量、物流技术水平、物流的效率和效益。

2.4.3 装卸搬运的特点

与其他物流环节的活动相比,装卸搬运具有以下特点。

1. 附属性、伴生性

装卸搬运是物流每一项作业活动开始及结束时必然发生的活动,因而常被人们忽视。事实上,装卸搬运与其他物流环节的活动密切相关,是其他物流作业不可缺少的组成部分。例如,汽车运输包含必要的装车、卸载与搬运;仓储活动也包含入库、出库及相应的装卸搬运活动。可见,装卸搬运具有附属性、伴生性的特点。

2. 保障性、服务性

装卸搬运对其他物流活动有一定的决定性,它影响着其他物流活动的质量和速度。例如,装车不当会引起运输过程中的损失;卸放不当会引起货物在下一阶段活动的困难。许多物流活动只有在高效的装卸搬运支持下才能实现高效率,从而保障生产经营活动的顺利进行。同时,装卸搬运过程中一般不消耗原材料,不占用大量的流动资金,它只提供劳务,所以具有服务性的特点。高效的物流活动要求提供安全、可靠、及时的装卸搬运服务。

3. 衔接性、及时性

一般而言,物流各环节的活动靠装卸搬运来衔接,因而,装卸搬运成为整个物流系统的“瓶颈”,它是物流各功能之间能否紧密衔接的关键。建立一个高效的物流系统,关键看这一衔接是否有效。同时,为了使物流活动顺利进行,物流各环节的活动对装卸搬运作业都有一定的时间要求,因而具有及时性的特点。

4. 均衡性、波动性

生产领域的装卸搬运必须与生产活动的节拍一致,因为均衡是生产的基本原则,所以生产领域的装卸搬运作业基本上也是均衡、平稳和连续的;流通领域的装卸搬运则是随车船的到发和货物的出入库而进行的,作业常为突击性、波动性和间歇性的。对作业波动性的适应能力是流通领域装卸搬运系统的特点之一。

5. 稳定性、多变性

生产领域装卸搬运的作业对象是稳定的,或略有变化但有一定的规律性,故生产领域的装卸搬运具有稳定性的特点。而流通领域装卸搬运的作业对象是随机的,货物品种、形状、尺寸、重量、体积、包装、性质等千差万别,车型、船型、仓库形式也各不相同。因而,对多变的作业对象的适应能力是流通领域装卸搬运系统的特点。

6. 局部性、社会性

生产领域装卸搬运作业的设施、设备、工艺、管理等一般只局限在企业内部,因而具有局限性的特点。而在流通领域,装卸搬运涉及的要素,如收货人、发货人、车站、港口、货主等都在变动,因而具有社会性的特点。这要求装卸搬运的设施、设备、工艺、管理、作业标准等都必须相互协调才能使物流系统发挥整体作用。

7. 单程性、复杂性

生产领域的装卸搬运作业大多数是仅改变物料的存放状态或空间位置,作业比较单一。而流通领域的装卸搬运是与运输、储存紧密衔接的,为了安全和充分利用车船的装载能力与库容,基本上都要进行堆码[35]、满载、加固、计量、检验、分拣等作业,比较复杂,而这些作业都成为装卸搬运作业的分支或附属作业,对这些分支作业的适应能力也成了流通领域装卸搬运系统的特点之一。

8. 效益性、经济性

装卸搬运活动的效益性、经济性体现在正反两方面,一是节约成本,即通过实现装卸搬运合理化,减少费用支出;二是增加成本,即不合理的装卸搬运不但延长了物流时间,而且需要投入大量的活劳动和物化劳动,而这些劳动不能给物流对象带来附加价值,只是增大了物流成本。

装卸搬运作业的上述特点,对装卸搬运作业组织提出了特殊要求,因此,为有效完成装卸搬运工作,必须根据装卸搬运作业的特点,合理组织装卸搬运活动,不断提高装卸搬运的效率和效益。

2.4.4 装卸搬运作业

1. 装卸搬运作业的内容

装卸搬运作业是指物料在短距离范围内的移动、堆垛、拣货、分选等作业。具体而言,装卸搬运作业主要包括以下内容。

(1) 装货卸货作业。向载货汽车、铁路货车、货船、飞机等运输工具装货以及从这些运输工具上卸货的活动。

(2) 搬运移送作业。对物品进行短距离的移动活动,包括水平、垂直、斜行搬运或由这几种方式组合在一起的搬运移送活动。显然,这类作业是改变物品空间位置的作业。

(3) 堆垛拆垛作业。堆垛是将物品从预先放置的场所移送到运输工具或仓库内的指定位置,再按要求的位置和形状放置物品的作业活动。拆垛是与堆垛相反的作业活动。

(4) 分拣配货作业。分拣是在堆垛、拆垛作业之前发生的作业,它是将物品按品种、出入库先后顺序进行分门别类堆放的作业活动。配货是指把物品从指定的位置,按品种、作业先后顺序和发货对象等整理分类所进行的堆放拆垛作业,即把分拣出来的物品按规定的配货分类要求集中起来,然后批量移动到分拣场所一端指定位置的作业活动。

2. 装卸搬运作业的分类

一般来说,可以按照以下标准对装卸搬运作业进行分类。

(1) 按照使用的物流设施、设备不同,可以将装卸搬运作业划分为以下五种类型。

① 铁路装卸。铁路装卸是指对火车车皮进行装进及卸出,其特点是一次作业就能实现一车皮货物的装进或卸出,很少有像仓库装卸时出现的整装零卸或零装整卸的情况。

② 港口装卸。港口装卸包括码头前沿的装船,也包括后方的支持性装卸搬运。有的港口装卸还采用小船在码头与大船之间"过驳"的办法,因而其装卸的流程较为复杂,往往经过几次装卸及搬运作业才能最后实现船舶与陆地之间货物过渡的目的。

③ 汽车装卸。汽车装卸即对汽车进行的装卸作业。由于汽车装卸批量不大,加上汽车具有机动灵活的特点,因而可以减少或省去搬运活动,直接利用装卸作业达到汽车与物流设施之间货物过渡的目的。

④ 仓库装卸。仓库装卸是指在仓库、堆场、物流中心等处所进行的装卸搬运作业,如堆垛拆垛作业、分拣配货作业、挪动移送作业等。

⑤ 车间装卸搬运。车间装卸搬运是指在企业车间内部各工序之间进行的各种装卸搬运活动。一般包括原材料、在制品、半成品、零部件、产成品等的取放、分拣、包装、堆码、输送等

作业。

(2) 按照装卸搬运机械及其作业方式不同,可以将装卸搬运作业划分为以下四种方式。

滚上滚下式装卸搬运作业

① 吊上吊下方式。该方式是采用各种起重机械从货物上部起吊,依靠起吊装置的垂直移动来实现装卸,并在吊车运行的范围内或回转的范围内实现物品搬运或依靠搬运车辆实现小规模的搬运。由于吊起及放下属于垂直运动,故这种装卸方式属垂直装卸。

② 叉上叉下方式。该方式是采用叉车将货物从底部托起,并依靠叉车的运动实现货物位移。整个搬运过程完全依靠叉车,货物不落地就可直接放置于指定的位置。这种方式主要是发生水平位移,垂直运动的幅度不大,故属水平装卸方式。

③ 滚上滚下方式。该方式主要发生在港口装卸中,属水平装卸方式。它是利用叉车、半挂车或汽车承载货物,载货车辆开上船,到达目的地后再从船上开下,故人们形象地称为滚上滚下方式。采用该方式,若是借助于叉车进行,在船上卸货后,叉车必须离船。若是利用半挂车、平车或汽车,则拖车将半挂车、平车拖拉至船上后,拖车开下离船而载货车辆连同货物一起运至目的地,然后原车开下或拖车上船拖拉半挂车、平车开下。滚上滚下方式需要有专门的船舶,即滚装船(见图 2-14),对港口、码头也有特殊要求。

④ 移上移下方式。该方式是在两车(如火车与汽车)之间进行靠接,通过水平移动将货物从一辆车推移至另一辆车上,故称移上移下方式。采用这种方式,需要使两种车辆实现水平靠接,因此,对站台或车辆货台有特殊要求,并需要有专门的移动工具配合实现。

集装箱货物的装卸作业与工艺

集装箱货物的装卸作业方式。集装箱货物的装卸主要采用“吊上吊下”和“滚上滚下”两种作业方式。前者借助于起重机械进行集装箱装卸,是目前使用最广的一种作业方式;后者采用牵引车、手拖带挂车或叉车等装卸搬运机械,往滚装船或铁路平车上装卸集装箱。与这两种装卸作业方式相匹配的机械主要有岸边装卸机械、水平运输机械和场地装卸机械。

集装箱码头装卸工艺。集装箱码头装卸工艺是指根据港口、码头的条件,使用不同的装卸搬运设备,按照一定的方法和操作程序,以经济合理的原则完成集装箱货物的装卸、搬运和堆码任务。集装箱码头装卸工艺主要有六种典型方式:底盘车方式、跨运车方式、轮胎式龙门起重机方式、轨道式龙门起重机方式、正面吊运机方式、跨运车-龙门吊混合方式。

(3) 按照被装货物的主要运动形式不同,可以将装卸搬运作业划分为以下两种方式。

① 垂直装卸搬运。这是指采取提升和降落的方式对货物进行的装卸搬运。这种装卸搬运方式较常用,所用的设备通用性较强,应用领域较广(如起重机、叉车、提升机等),但耗能较大。

水平装卸搬运作业

② 水平装卸搬运。这是指采取平移的方式对货物进行的装卸搬运。这种装卸搬运方式不改变被装物的势能,比较省力,但需要有专门的设施,如和汽车水平接靠的适高站台、汽车和火车之间的平移工具等。

(4) 按照装卸搬运对象不同,可以将装卸搬运作业划分为以下三种方式。

① 单件货物装卸。这是指对货物进行单件、逐件装卸搬运的方式。目前,对于长大笨重

的货物，或集装会增加危险的货物，仍采用这种传统的作业方式。

② 散装货物装卸。这是一种集装卸与搬运于一体的装卸搬运方式。在对煤炭、粮食、矿石、化肥、水泥等块、粒、粉状货物进行装卸搬运时，从装点至卸点中途货物不落地。这种作业常采用重力法、倾翻法、机械法、气力法等方法。

③ 集装货物装卸。这是先将货物聚零为整，再进行装卸搬运的作业方法。包括集装箱作业法、托盘作业法、货捆作业法、滑板作业法、网装作业法及挂车作业法等。这种装卸搬运方式可以提高装卸搬运效率、减少装卸搬运损失、节省包装费用、提高顾客服务水平，便于实现储存、装卸搬运、运输、包装一体化，物流作业机械化、标准化。

(5) 按照装卸搬运作业的特点不同，可以将装卸搬运作业划分为以下两种方式。

① 连续装卸。这是指以连续的方式，沿着一定的线路，从装货点到卸货点均匀输送、装卸搬运货物的作业方式。这种方式作业线路固定，负载均匀，动作单一，便于实现自动控制。在装卸量较大、装卸对象固定、货物对象不易形成大包装的情况下，适合采取这种方式。

② 间歇装卸。这是指以间歇运动完成对货物装卸搬运的作业方式。这种作业方式有较强的机动性，装卸地点可在较大范围内变动，主要适用于货流不固定的各种货物，尤其适合包装货物和大件货物，对于散粒状货物，也可采取这种方式。

(6) 按照装卸搬运的方法和手段不同，可以将装卸搬运作业划分为人力装卸和机械装卸两种。人力装卸即利用人工进行装卸搬运，如肩担背挑等。机械装卸即利用装卸搬运机械进行装卸作业，如起重机装卸等。

3. *装卸搬运作业方法*

常见的装卸搬运作业方法有以下几种，如表 2-14 所示。

表 2-14　常见的装卸搬运作业方法

装卸搬运作业方法	内　容
单件作业法	逐件装卸搬运的人工方法，主要适用于以下三种情况：①由于某些物资的特有属性，采取单件作业有利于安全；②在某些装卸搬运场合，由于没有或难以设置装卸机械，只能采取单件作业；③某些物资体积过大、形状特殊，适合单件作业
重力作业法	利用货物的势能来完成装卸作业的方法，如采取重力法卸车
倾翻作业法	将运载工具的载货部分倾翻，进而将货物卸出的方法
集装作业法	先将物资进行集装，再对集装件进行装卸搬运的方法。主要包括集装箱作业法、托盘作业法及滑板作业法等
机械作业法	采用各种专用机械，通过舀、抓、铲等作业方式，达到装卸搬运的目的
气力输送法	利用风机在气力输运机的管道内形成单向气流，依靠气体的流动或气压差输送货物的方法
人力作业法	完全依靠人力，使用无动力机械完成装卸搬运作业的方法
间歇作业法	在两次作业中存在一个空程准备过程的作业方法，包括重程和空程两个阶段，如门式和桥式起重机作业
连续作业法	在装卸过程中，设备不停地作业，物资持续实现装卸作业的方法，如带式输送机、链头装卸机作业

2.4.5　单元装卸

单元装卸(unit loading and unloading)是指“用托盘、容器或包装物将小件或散状物品集成一定质量或体积的组合件，利用机械对组合件进行装卸的作业方式”(GB/T 18354—2021)。

换言之,单元装卸是把许多单件物品集中起来作为一个运送单位(即集装单元),放置在集装设备上进行一系列运送、保管、装卸的装载方式。它可以提高装卸搬运效率,减少装卸搬运损失,节省包装费用,提高客户服务水平。

根据使用的装载工具,可以将单元装卸划分为托盘物品装载、全程托盘物品装载和集装箱物品装载三种方式。

1. 托盘物品装载

托盘物品装载是将多个单件物品集中在托盘上作为运送单位的单元装卸方式。一般有整齐码放、交错码放、砌砖式码放、针轮式码放和裂隙式码放几种。

(1) 整齐码放。整齐码放即各层码放物品的形状和方向均相同的托盘码放方式,也叫直装或顺装。

(2) 交错码放。交错码放即头一层的物品均为统一方向,第二层将物品方向旋转 90°进行码放,相邻两层物品相互交错,依次向上码放的托盘码放方式。

(3) 砌砖式码放。砌砖式码放即头一层的物品纵横交错摆放,第二层将物品方向旋转 180°进行码放,逐层向上码放的托盘码放方式。

(4) 针轮式码放。针轮式码放即中间留出空隙,围着空隙按风车形码放物品的托盘码放方式。一般各层之间改变方向向上码放。

(5) 裂隙式码放。该方式与砌砖式码放相同,只是相互间留有空隙。

按照使用的托盘形态来划分,托盘有平板托盘和箱式托盘两种类型。平板托盘一般由叉车进行装卸,箱式托盘一般由托盘卡车进行装卸。采用托盘物品装卸方式的典型例子是航空货运。在航空货物运输中,物品被运送到机场的货运仓库后,按到达地、机种对物品进行分拣整理,然后把分拣好的物品装放在飞机用的托盘上,用网罩罩住,再把整个托盘装进飞机的货仓进行运输。到达目的地后,从飞机上卸下托盘,将其搬运至机场的货运仓库,并进行货物分拣、交货、运送等作业。

2. 全程托盘物品装载

全程托盘物品装载是指从发货地至目的地的整个物流过程全部采用托盘进行物品装载的作业方式。即物品在全程物流过程中一直装放在托盘上进行装卸、搬运和保管。采用该方式可以缩短装卸作业时间,防止物品破损,降低物流成本。同时,也易于实现装卸作业的标准化、机械化和自动化。目前,欧美、日本等发达国家与地区已经在积极推广全程托盘物品装载方式,并广泛应用于各个行业。

虽然全程托盘物品装载方式有许多优点,但也存在一些亟须解决的问题。

(1) 目前使用的托盘的规格多种多样,有些企业甚至独自采用特殊规格的托盘,托盘的规格急需实现统一化和标准化。

(2) 托盘随物品被送到目的地后,其回收需要花费一定的时间和费用,并且回收的效率需要提高。

(3) 这种装载方式虽然提高了装载作业的效率,但同时也可能造成运载卡车的装载率下降,增加运输成本。

3. 集装箱物品装载

集装箱物品装载是指把一定数量的单件物品集装在一个特定的箱子内作为一个运送单元进行一系列运输、保管、装卸的作业方式。与托盘物品装载方式相比,该方式易于实现各种形状物品的集装化[36]。这种广泛使用的物品装载方式通常包括整箱货装箱和拼箱货装箱两种装箱方式。前者是指发货人在工厂货仓自行装箱(也可以由承运人代为装箱),然后直接送往集装箱场站[37] 等待装运(或者由承运人在内陆货运站接箱),到达目的港后,收货人直接提走整箱货。后者则是指发货人把物品送到集装箱货运站由承运人进行装箱,到达目的港后,承运人在目的港的集装箱货运站或港口外的内陆货运站掏箱,并把货物分送给不同的收货人。

2.4.6 装卸搬运合理化

装卸搬运是装卸搬运人员借助于装卸搬运机械和工具,作用于货物的生产活动。它的效率高低,直接影响物流活动的整体效率。为此,科学组织装卸搬运作业,实现装卸搬运合理化,对物流系统的整体优化有着非常重要的意义。

1. 不合理装卸搬运的表现形式

在物流实务中,不合理装卸搬运主要表现在以下三个方面。

(1) 过多的装卸搬运次数。在物流活动中,装卸搬运环节是发生货损的主要环节,而在整个物流过程中,装卸搬运作业又是重复进行的,其发生的频数超过其他任何活动,过多的装卸搬运必然导致货损的增加。同时,每增加一次装卸,就会较大比例地增加物流费用(一次装卸的费用相当于几十千米的运费),就会大大减缓整个物流的速度。

(2) 过大过重包装的装卸搬运。在实际的装卸搬运作业中,如果包装过大过重,就会反复在包装上消耗较多的劳动。这一消耗不是必要的,因而会形成无效劳动。

(3) 无效物质的装卸搬运。进入物流过程中的货物,有时混杂着没有使用价值的各种掺杂物,例如,煤炭中的矸石、矿石中的水分、石灰中未烧熟的石灰以及过烧石灰等。这些无效物质在反复装卸搬运的过程中必然要消耗能量,形成无效劳动。

由此可见,不合理装卸搬运增加了物流成本,增加了货物的损耗,降低了物流速度,若能有效防止,就会实现装卸搬运作业乃至物流活动的合理化。

2. 装卸搬运合理化的目标

装卸搬运合理化的主要目标是距离短、时间少、质量高、费用省。

(1) 装卸搬运距离短。在装卸搬运作业中,装卸搬运距离最理想的目标是"零"。货物装卸搬运不发生位移,应该说是最经济的,然而这是不可能实现的,因为凡是"移动"都要产生距离。距离移动得越长,费用就越高;距离移动得越短,费用就越低。所以,装卸搬运合理化的目标之一,就是要尽可能使装卸搬运距离最短。

(2) 装卸搬运时间少。这主要是指货物的装卸搬运从开始到完成所经历的时间短。如果能压缩装卸搬运时间,就能大大提高物流速度,及时满足客户的需求。为此,装卸搬运作业人员应根据实际情况,尽可能实现装卸搬运的机械化、自动化和省力化。这样,不但大大缩短了物流时间、提高了物流效率、降低了物流费用,而且通过装卸搬运的合理衔接,还能优化整体物流过程。所以,装卸搬运时间短是装卸搬运合理化的重要目标之一。

(3) 装卸搬运质量高。装卸搬运质量高是装卸搬运合理化目标的核心。高质量的装卸搬运作业,是为客户提供优质服务的主要内容之一,也是保证生产顺利进行的重要前提。按照要求的数量、品种,安全及时地将货物装卸搬运到指定的位置,这是装卸搬运合理化的主体和实质。

(4) 装卸搬运费用省。装卸搬运合理化目标中,既要求距离短、时间少、质量高,又要求费用省,这似乎不好理解。事实上,如果能真正实现装卸搬运的机械化、自动化和省力化,就能大幅度削减作业人员,降低人工费用,装卸搬运费用就能得到大幅度节省。为此,应合理规划装卸搬运工艺,设法提高装卸作业的机械化程度,尽可能实现装卸搬运作业的连续化,从而提高效率,降低成本。

3. 装卸搬运合理化的原则

(1) 集装(单元)化原则。将散放物品规整为统一格式的集装单元[38](如托盘、集装箱、集装袋等),称为集装单元化。这是实现装卸搬运合理化的一条重要原则。遵循该原则,可以达到以下目的:一是由于搬运单位变大,可以充分发挥机械的效能,提高搬运作业效率;二是单元化装卸搬运,方便灵活;三是负载大小均匀,有利于实现作业标准化;四是有利于保护被搬运物品,提高装卸搬运质量。

(2) 省力化原则。所谓省力,就是节省动力和人力。省力化原则的具体内涵:能往下则不往上;能直行则不拐弯;能用机械则不用人力;能水平则不上坡;能连续则不间断;能集装则不分散。

在不得不以人工方式作业时,要充分利用重力并消除重力影响,进行少消耗的装卸搬运。具体而言,由于装卸搬运使货物发生垂直和水平位移,必须通过做功才能完成。但由于目前我国的装卸机械化水平还不高,一些装卸搬运作业尚需人工完成,劳动强度大,因此在有条件的情况下,可利用货物的重量,进行有一定落差的装卸搬运。例如,可将设有动力的小型运输带(板)斜放在货车、卡车上,依靠货物自身的重量进行装卸搬运,或使货物在倾斜的输送带(板)上移动,这样就能减轻劳动强度和减少能量消耗。

在装卸搬运时,减少人体的上下运动,避免反复从地面搬起重物,避免人力抬运或搬运过重物品,尽量消除或削弱重力影响,也会获得减轻体力劳动及其他劳动消耗的效果。例如,在进行两种运输工具的换装[39]时,若采用落地装卸方式,即将货物从甲工具卸下并放到地上,经过一定时间后,再将货物从地上装到乙工具上,这样必然消耗更多的劳动。如果能进行适当安排,将甲、乙两工具靠接,使货物平移,就能有效消除货物重力的影响,实现装卸搬运合理化。

(3) 消除无效搬运的原则。尽量减少装卸搬运次数,减少人力、物力的浪费和货物损坏的可能性;努力提高物品的纯度,只装卸搬运必要的货物,如有些货物要去除杂质之后再装卸搬运比较合理;选择最短的作业路线;减少倒搬次数;避免过度包装,减少无效负荷;充分发挥装卸搬运机械设备的能力和装载空间,中空的物件可以填装其他小物品再进行搬运(即套装搬运),以提高装载效率;采用集装方式进行多式联运等,都可以防止和消除无效装卸搬运作业。

(4) 活性化原则。即提高物品装卸搬运活性的原则。货物平时存放的状态是各种各样的,既可以是散放在地上,也可以是装箱存放在地上,或放在托盘上等。由于存放的状态不同,货物的装卸搬运难易程度也就不一样。人们把货物从静止状态转变为装卸搬运运动状态的难易程度称为装卸搬运活性。如果很容易转变为下一步的装卸搬运而不需要过多地做装卸搬运前的准备工作,则活性就高;反之,活性低。

在整个装卸搬运过程中,往往需要几次装卸搬运作业,为使每一步装卸搬运都能按一定活性要求操作,对不同放置状态的货物做了不同的活性规定,这就是活性指数。通常,活性指数分为0～4共五个等级。散放在地上的货物要运走,需经过集中(装箱)、搬起(支垫)、升起(装车)、运走(移动)四次作业,作业次数最多,最不易装卸搬运,也就是说,它的活性水平最低,规定其活性指数为0;集中存放在箱中的货物,只要进行后三次作业就可以运走,装卸搬运作业较方便,活性水平高一等级,规定其活性指数为1;货物装箱后搁在托盘或其他支垫上的状态,规定其活性指数为2;货物装在无动力车上的状态,规定其活性指数为3;而处于运行状态的货物，因为不需要进行其他作业就能运走，其活性指数最高，规定为4，如表2-15所示。

表2-15　装卸搬运活性指数

放置状态	需要进行的作业				活性指数
	集中(装箱)	搬起(支垫)	升起(装车)	运走(移动)	
散放在地上	需要	需要	需要	需要	0
置于容器中(装箱)	0	需要	需要	需要	1
集装化(如托盘上)	0	0	需要	需要	2
无动力车上	0	0	0	需要	3
处于动态(动力车/传送带)	0	0	0	0	4

在装卸搬运作业工艺方案设计中，应充分利用活性理论，合理设计作业工序，不断改善装卸搬运作业。货物放置时要有利于下次搬运，如装于容器内并垫放的物品较散放于地面的物品易于搬运；在装上时要考虑便于卸下，在入库时要考虑便于出库；要创造易于搬运的环境和使用易于搬运的包装。总之，要提高装卸搬运活性，以达到作业合理化、节省劳力、降低消耗、提高装卸搬运效率的目的。

(5) 机械化原则。机械化原则即合理利用装卸搬运机械设备的原则，亦即尽可能采用机械化、自动化设备，改善装卸搬运条件，提高装卸搬运效率。在现阶段，装卸搬运机械设备大多在以下情况使用：超重物品的搬运；搬运量大、耗费人力多或人力难以操作的物品搬运；粉体或液体的物料搬运；速度太快或距离太长，人力不能胜任的物品搬运；装卸作业高度差太大，人力无法操作时。今后的发展方向是，即使在人可以操作的场合，为了提高生产率、安全性、服务性和作业的适应性，也应将人力操作转变为借助机械设备来实现。同时，要通过各种集装方式形成机械设备最合理的装卸搬运量，使机械设备能充分发挥效能，达到最优效率，实现规模装卸搬运。

装卸搬运：机器人作业

(6) 物流量均衡原则。货物的处理量波动过大时，会使搬运作业变得困难(人力和相关机械设备的使用与调配变得困难)。但是搬运作业受运输及其他物流环节的制约，其节奏不能完全自主决定，必须综合各方面的因素妥善安排，尽量使物流量保持均衡，避免忙闲不均。

(7) 权变原则。在装卸搬运过程中，必须根据货物的种类、性质、形状、重量合理确定装卸搬运方式，合理分解装卸搬运活动，并采用现代化管理方法和手段，改善作业方法，实现装卸搬运的高效化和合理化。

(8) 系统化原则。在物流活动过程中，运输、保管、包装、装卸搬运各环节的改善，不能仅从单方面考虑，应将各环节作为一个系统来看待，必须考虑综合效益。

此外，要实现装卸搬运合理化还应遵循人性化原则、标准化原则、安全化原则、连续化原则(流程原则)、短路化原则、(作业线的)平衡性原则、最小操作化原则以及机械设备的经常使用、保养更新与弹性(机械设备的兼容性与共用性)原则。

总之，在装卸搬运过程中，必须根据货物的种类、性质、形状、重量合理确定装卸搬运方式，合理分解装卸搬运活动，并采用现代化管理方法和手段，改善作业方法，实现装卸搬运的高效化和合理化。

创建“复合终端”,实现装卸搬运合理化

近年来,工业发达国家为了对运输线路的终端进行装卸搬运合理化的改造,创建了所谓的“复合终端”,即对不同运输方式的终端装卸场所,集中建设不同的装卸设施,例如,集中设置水运港、铁路站场、汽车站场等,这样就可以合理配置装卸搬运机械,使各种运输方式有机连接起来。

复合终端的优点如下。

第一,取消了各种运输工具之间的中转搬运,因而有利于物流速度的加快,减少装卸搬运活动所造成的货损货差。

第二,由于各种装卸场所集中到复合终端,可以共同利用各种装卸搬运设备,提高设备利用率。

第三,在复合终端内,可以利用大生产的优势进行技术改造,大大提高转运效率。

第四,减少装卸搬运次数,有利于物流系统功能的发挥,提高物流效率。

实训项目5　堆码搬运设备操作

实训项目描述

堆码搬运作业是将物品整齐、规则地摆放在托盘上,借助装卸搬运设备进行位置调整和移动,从而实现物流环节紧密衔接的物流活动。堆码作业关系到装卸搬运作业安全,以及仓储设施和运输设备空间的充分利用。科学合理地进行堆码作业设计并规范堆码,是物流类专业学生必备的基本技能之一。此外,掌握手动(或电动)托盘搬运车、电动堆高车等装卸搬运设备的安全操作规程,有助于学生更好地领悟劳动工具之于职业工作的意义,进而不断提升自己的职业技能和职业精神。

实训目标

通过实训,应达到以下目标。

1. 能正确设计堆码视图并规范堆码。
2. 能正确使用手动(或电动)托盘搬运车。
3. 能正确使用电动堆高车。
4. 能利用装卸搬运设备完成搬运和装卸作业。
5. 能准确判断设备操作是否符合标准及规范。
6. 能准确判断堆码搬运作业是否存在安全隐患。
7. 提升安全意识和劳动组织意识。

实训内容

学生以小组为单位,完成以下实训内容。

1. 物品堆码作业。
2. 手动(或电动)托盘搬运车操作。
3. 电动堆高车操作。

4. 堆码搬运联合作业。

建议实训时间

2h。

注意事项

1. 严格执行装卸搬运设备的操作标准。
2. 严格遵守实训室安全作业与管理规范。
3. 严格执行授课教师的指导和指示。
4. 在操作训练时,录制团队活动视频。

评价与反馈

1. 小组成果展示

(1) 小组的收获与体会见表2-16。

表2-16　小组的收获与体会

活动总结	内容描述
活动收获	
活动体会	

(2) 对其他小组的建议见表2-17。

表2-17　对其他小组的建议

反馈建议	内容描述
改进建议	

注:① 请分别对其他小组的实训过程提出改进建议。

② 建议的内容应分条列出、清楚准确,注意保持和谐的氛围。

2. 评分

采用加权平均法对学生的实训成绩进行评定,包括学生自评(25%)、小组互评(25%)、教师评价(50%)三部分,见表2-18。

表2-18　学生实训成绩评定

考核项目	评分标准	分数	学生自评(25%)	小组互评(25%)	教师评价(50%)	小计
团队合作	是否默契:在进行设备操作训练时是否相互交流、共同提高	5				
活动参与	是否积极:是否人人参与操作训练,是否都贡献了操作方法	5				
任务方案	是否正确、合理:任务方案中涉及的操作方法是否标准,是否安全,是否可行	5				

续表

考核项目	评分标准	分数	学生自评（25%）	小组互评（25%）	教师评价（50%）	小计
实训过程	(1) 任务准备 ① 是否熟悉实训室的安全作业与管理规范 ② 是否收集了本次实训所涉及设备的操作方法及注意事项	20				
	(2) 任务实施 ① 堆码方案设计是否合理 ② 堆码作业是否达标 ③ 搬运设备操作是否符合标准 ④ 装卸设备操作是否符合标准	30				
	(3) 任务结果 ① 实训操作视频四个 ② 总结汇报 PPT 一个	20				
任务完成情况	是否圆满完成	5				
操作方法	是否规范、标准	5				
实训纪律	是否能严格遵守	5				
总　分		100				
教师签名：			年　月　日		得分	

注：没有按照规范流程和要求操作，出现违规和违纪行为，本任务考核记 0 分。

2.5　流通加工作业与管理

【引例】

阿迪达斯的鞋店

阿迪达斯公司在美国有一家超级市场，设立了组合式鞋店，店里摆放的不是成品鞋，而是做鞋用的半成品，款式花色多样，有 6 种鞋跟、8 种鞋底，均为塑料制造的，鞋面的颜色以黑、白为主，搭带的颜色有 80 种，款式有百余种，顾客进来可任意挑选自己喜欢的各种部件，再交给职员当场组合。职员技术熟练，只要 10min，一双崭新的鞋便呈现在顾客面前。这家鞋店昼夜营业，鞋的售价与成批制造的价格差不多，有的还稍便宜些。所以顾客络绎不绝，销售金额比邻近的鞋店多 10 倍。

现代配送中心

问题

1. 为什么阿迪达斯公司要在流通领域完成鞋的最后加工作业？
2. 流通加工与制造有什么区别？
3. 怎样才能实现流通加工的合理化？

流通加工是物流系统的构成要素之一。由于流通加工可以增加商品的附加价值,可以更好地满足顾客的个性化需求,目前,已越来越成为现代物流不可或缺的重要组成部分。

2.5.1　流通加工的概念

流通加工是商品在流通过程中,为了维护产品质量、促进销售和提高物流效率所进行的辅助性的加工活动。我国国家标准《物流术语》(GB/T 18354—2021)对流通加工(distribution processing)的定义:"根据顾客的需要,在流通过程中对产品实施的简单加工作业活动[40]的总称。"该定义深刻地揭示了流通加工的内涵,将流通加工与生产加工及物流系统的其他作业活动区分开来。

流通加工是在流通领域从事的简单生产活动,具有生产制造活动的性质,它和一般的生产型加工在加工方法、加工组织、生产管理方面并无显著区别,但在加工对象、加工程度方面差别较大,主要表现在以下几方面。

(1) 流通加工的对象是进入流通领域的商品,具有商品的属性,而生产加工的对象不是最终产品,是原材料、零配件、半成品等生产资料。

(2) 流通加工大多是简单加工,不是复杂加工。一般而言,如果必须进行复杂加工才能形成人们所需的商品,那么这种复杂加工应专设生产加工过程,该过程应当完成大部分加工活动。流通加工是对生产加工的一种辅助及补充。特别需要指出的是,流通加工绝不是对生产加工的代替。

(3) 从价值观来看,生产加工的目的在于创造产品的价值和使用价值,而流通加工的目的是完善商品的使用价值,并在不做大的改变的情况下提高商品的价值。

(4) 流通加工的组织者是从事流通工作的人员,他们能紧密结合流通的实际需要开展加工活动。从加工的主体来看,流通加工由物资流通企业完成,而生产加工则由生产企业完成。

(5) 商品生产是为了交换和消费而进行的生产,而流通加工则是为了消费(或再生产)所进行的加工,这一点与商品生产有共同之处。但有时候流通加工也是以自身流通为目的的,纯粹是为了给流通创造条件,这又是流通加工不同于商品生产的特殊之处。

2.5.2　流通加工的地位与作用

1. 流通加工的地位

流通加工在商品流通以及国民经济中的重要地位主要表现在以下几方面。

(1) 流通加工能有效完善流通。流通加工在创造时间价值和场所价值方面,确实不能与运输和储存保管等主要功能要素相比,其普遍性也不及运输和仓储等功能。但它能有效完善流通,提高物流水平,促进商品流通的现代化。

(2) 流通加工是"第三利润源"的重要组成部分。流通加工是一种低投入、高产出的加工方式,是企业的重要利润源泉。通过流通加工,可以改变商品包装,提升商品档次,增加商品的附加价值;通过流通加工,可使产品的利用率提高 30%,甚至更高;通过流通加工,既为企业创造了利润,又满足了顾客多样化、个性化的需求。由此可见,流通加工能实现企业和用户的"双赢",它是企业为顾客提供增值服务的重要手段。

(3) 流通加工能促进国民经济健康稳定发展。在国民经济的组织和运行中,流通加工是一种重要的加工形式,它对完善产业结构,推动国民经济健康、有序、稳定发展,具有重要的意义。

2. 流通加工的作用

随着市场竞争的加剧及日益显现的多样化、个性化的顾客需求,流通加工的作用表现得越来越重要。具体而言,流通加工具有以下几方面的作用。

(1) 提高原材料的利用率。通过流通加工进行集中下料,将生产厂商直接运来的简单规格产品,按用户的要求进行下料。例如,对钢材定尺、定型,按需求下料;将钢板进行剪板、切裁;将钢筋或圆钢裁制成毛坯;将木材、铝合金加工成各种可直接投入使用的型材等。集中下料可以优材优用、小材大用、合理套裁,明显地提高原材料的利用率,有很好的技术经济效果。

(2) 进行初级加工,方便用户。用量小或满足临时需要的用户,不具备进行高效率初级加工的能力,通过流通加工可以使用户省去进行初级加工的投资、设备、人力,方便了用户。目前发展较快的初级加工有:将水泥加工成生混凝土;将圆木或板、方材加工成门窗;冷拉钢筋及冲制异型零件;钢板预处理、整形、打孔等加工。

(3) 提高加工效率及设备利用率。在分散加工的情况下,加工设备由于生产周期和生产节奏的限制,设备利用时松时紧,使加工过程不均衡,设备加工能力不能得到充分发挥。而流通加工面向全社会,加工数量大,加工范围广,加工任务多。这样可以通过建立集中加工点,采用一些效率高、技术先进、加工量大的专门机具和设备,一方面可提高加工效率和加工质量,另一方面还可提高设备利用率。例如,一般的使用部门在对钢板下料时,采用气割的方法留出较大的加工余量,不但出材率低,而且由于热加工容易改变钢的组织,加工质量也不好。集中加工后可设计高效率的剪切设备,在一定程度上防止了上述缺点。

(4) 弥补生产加工的不足。一方面,由于工业企业数量多,分布广,生产资料及产品种类繁多,规格型号复杂,要完全实现产品的标准化极为困难;另一方面,社会需求复杂多样,这也导致工业企业无法完全满足客户在品种、规格、型号等方面的需求。而流通企业了解市场供需双方的情况,在商品流通的过程中开展加工活动,能弥补生产加工的不足,能更好地满足顾客的需求。

(5) 强化产品保存。流通加工使产品的使用价值得到妥善保存。例如,对消费品进行的冷冻、防腐、保鲜、防虫及防霉加工,对生产资料进行的防潮、防锈加工以及对木材进行的防干裂加工等,均属此类。

(6) 衔接干支线运输,方便配送。一般来说,流通加工中心将实物流通分成两段,从生产厂到流通加工中心距离较长,而从流通加工中心到消费地距离较短。第一阶段在生产厂与流通加工中心之间进行定点、直达、大批量的远距离输送,可采用水运、火车等大量运输方式;第二阶段则可利用载货汽车运输经流通加工后的多规格、小批量、多用户的产品。因而,流通加工能有效衔接干支线运输,方便配送。

(7) 提高商品的附加价值。流通加工可提高商品的附加价值。例如,内地的许多制成品,像洋娃娃、时装、轻工纺织品、工艺美术品等,在深圳进行简单的装潢加工,改变了产品的外观功能,仅此一项,就可使产品的售价提高20%以上。

2.5.3 流通加工的类型

按照流通加工的目的,可将其划分为以下十种类型。

1. 为弥补生产领域加工不足的深加工

许多产品的生产加工只能进行到一定程度,这是由于一些因素限制了生产领域不能完全实现终极加工。例如,钢铁厂的大规模生产只能按照标准规定的规格进行,目的是让产品具有较强的通用性,使生产具有较高的效率和效益;木材如果在产地制成成品,就会造成运输的极大困难,所以原生产领域只能加工到圆木、木板、方材这个程度,进一步的下料、切裁、处理等加工则由流通加工中心来完成。这种流通加工实质是生产的延续，是生产加工的深化，对弥补生产领域加工不足有重要意义。

2. 为满足需求多样化和消费个性化所进行的服务性加工

多样化和个性化是现代需求与消费的重要特征。这种多样化和个性化的需求与规模生产所形成的标准化产品之间存在一定的矛盾。如果在生产领域增加一道工序或由用户自行加工，将会使生产与管理的复杂性和难度增加，而且按客户个性化生产的产品难以组织高效率、大批量的流通。流通加工是解决该矛盾的重要方法，它将厂商生产出来的基型产品进行多样化的加工，以满足消费者多元化的需求。例如，对钢材卷板的舒展、剪切加工；平板玻璃按需要规格所进行的开片加工；木材改制成方木、板材的加工；将商品的大包装改为小包装等。这样，不仅使生产企业的流程减少，使之集中力量从事技术性较强的劳动，也可使消费者省去烦琐的预处理工作，从而集中精力从事较高级、能直接满足需求的劳动。

3. 为保护产品所进行的加工

在最终消费者对产品进行消费之前的整个物流过程中，都存在对产品的保护问题。为防止产品在运输、储存、包装、装卸、搬运等过程中遭到损失，使其使用价值顺利得以实现，就需要进行流通加工。这种加工主要采取稳固、改装、冷冻、保鲜、涂油等方式，而不改变产品的外形及性质。

4. 为提高物流效率、方便物流的加工

对于在生产过程中装配完整但运输时耗费很高的产品，通常的做法是把它们的零部件分别集中捆扎或装箱，在到达销售地或使用地之后，再分别组装成成品，这样可使运输方便、经济。对那些形状特殊的，影响运输及装卸作业效率的，极易发生损失的物品进行加工，可以弥补其物流缺陷。例如，鲜鱼的装卸、储存困难；过大设备的搬运、装卸困难；气态物质的运输、装卸困难。进行流通加工，可以使物流各环节易于操作。例如，鲜鱼冷冻、过大设备先解体后装配(如自行车在消费地的装配加工)、气体液化(如石油气的液化加工)以及将造纸用材料磨成木屑等，这种加工往往改变"物"的物理状态，但不改变其化学特性，并最终仍能恢复原物理状态。

5. 为促进销售的流通加工

流通加工可以从很多方面起到促进销售的作用，例如，将过大包装或散装物分装成适合一次性销售的小包装的分装加工；将原以保护产品为主的运输包装改换成以促进销售为主要目的的销售包装，以起到吸引消费者、指导消费的作用；将零配件组装成用具、车辆以便直接销售；将蔬菜、肉类、鱼类洗净切块以满足消费者需求等。这种流通加工一般不改变"物"的本体，只是进行简单的改装加工，当然也有许多是组装、分块等深加工。

6. 为提高加工效率的流通加工

许多生产企业的初级加工由于数量有限、加工效率不高，难以投入先进的科学技术。流通加工以集中加工形式，解决了单个企业加工效率不高的问题。以一家流通加工企业代替若干家生产企业进行初级加工，可实现流通加工的规模化、专业化，有利于提高加工效率。

7. 为提高原材料利用率的流通加工

利用流通加工中心的人才、设备、场所等资源优势以及综合性强、用户多等特点，以集中加工代替各使用部门的分散加工，通过合理规划、合理套裁、集中下料，不但能提高加工质量，而且可以减少原材料的消耗，有效提高原材料的利用率，减少损失与浪费。与此同时，还能使加工后的副产品得到充分利用。

8. 衔接不同运输方式,使物流合理化的流通加工

在干线运输和支线运输的节点设置流通加工环节,可以有效解决大批量、低成本、长距离干线运输与多品种、小批量、多批次末端运输和集货运输之间的衔接问题。在流通加工点与大型生产企业之间形成大批量、定点运输的渠道,又以流通加工中心为核心,组织对用户的配送。也可在流通加工点将运输包装转换为销售包装,从而有效衔接不同目的的运输方式。例如,在水泥中转仓库从事的散装水泥进行袋装加工以及将大规模散装水泥转化为小规模散装水泥,就属于这种流通加工形式。

9. 以提高经济效益,追求企业利润为目的的流通加工

流通加工的一系列优点,可以形成一种"利润中心"的经营形态,这种类型的流通加工是经营的一环。在满足生产和消费要求的基础上取得利润,同时在市场和利润的引导下使流通加工在各个领域能有效地发展。

10. 生产—流通一体化的流通加工形式

依靠生产企业与流通企业的联合,或者生产企业涉足流通领域,或者流通企业涉足生产领域,形成对生产与流通加工的合理分工、合理规划、合理组织,统筹进行生产与流通加工的安排,这就是生产-流通一体化的流通加工形式。这种形式可以促使产品结构及产业结构的调整,充分发挥企业集团的技术经济优势,是目前流通加工领域的新形式。

2.5.4 流通加工作业

流通加工作业的内容包括袋装、定量化小包装、挂牌子、贴标签、配货、拣选、分类、混装、刷标记等。生产的外延流通加工包括剪断、打孔、折弯、拉拔、挑扣、组装、改装、配套及混凝土搅拌等。流通加工作业中常用的设备如图 2-20 所示。

(a)

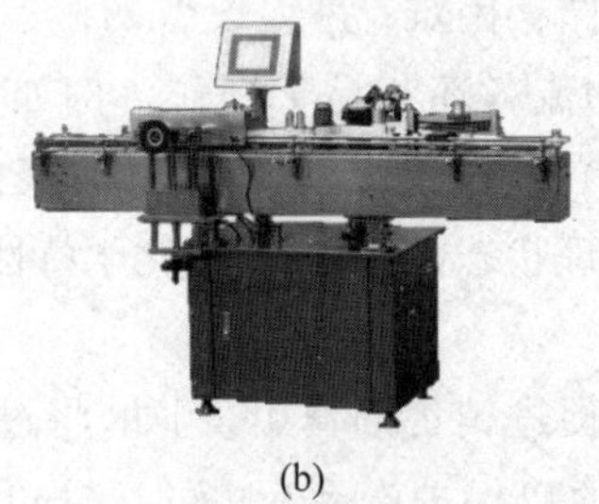
(b)

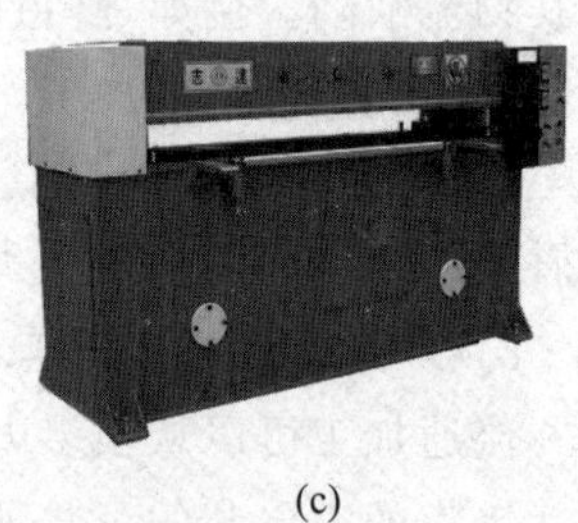
(c)

图 2-20 常用流通加工设备

(a) 手动贴标机;(b) 自动贴标机;(c) 皮料剪裁机

按照流通加工是增加商品的附加价值,还是提高商品销售的服务质量,可将流通加工作业分解为两部分:一是生产性质的作业,如分割、组装、改装、剪裁、研磨、打孔、折弯、拉拔等;二是销售服务作业,如贴标签、商品检验、冷冻冷藏、加热、刷标记等。销售服务作业能改善服务质量,却是纯成本的付出,其设计应根据商品价值作适度安排。生产性质的作业兼有商品价值和服务水平提高的作用,应在物流过程中大力推行。

由流通加工作业的内容可见,流通加工是在流通过程中对商品附加进行的一些简单的物理性作业,不改变商品的固有属性,不改变商品的原有使用价值,只是商品外形、物质聚集状态及大小等的改变。流通加工发生在流通过程的各个节点上,如加工中心(冷冻冷藏厂、剪切处等)、销售中心(各种销售点)、输送中心(各类站场)、物流中心及仓库和向客户交货的地点,甚至发生在用户家内。

综上,流通加工不同于创造新物质的生产过程,也不是国际贸易中的“来料加工[41]、来样加工、来件装配”,它位于生产和销售之间,既可看作生产过程在流通领域的延伸或深化,也可看作流通功能向消费服务领域的扩大,如图2-21所示。

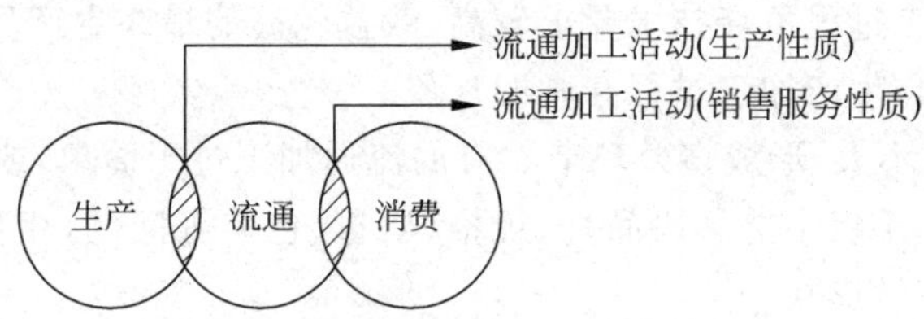

图2-21 流通加工在经济活动中的位置

物流企业开展的主要流通加工作业

物流企业开展的主要流通加工作业包括分装加工与分选加工。

分装加工。许多商品的零售量小,而生产企业为了保证其高效的运输,一般而言,出厂包装(即工业包装或运输包装)都比较大。为了便于销售,经销商购进商品后还要按消费者所要求的零售量进行重新包装。即大包装改小包装,散包装改小包装,运输包装改销售包装。

分选加工。一般来说,经销商购进的农副产品其质量、规格参差不齐,如果直接把这样的商品卖出去,一是不受顾客欢迎,二是销售价格低。因此,就有必要按照质量、规格等标准,用人工或机械方式进行分选,并分别包装,实现质优价高,质次价低,这样就比较适合不同层次顾客的需要。通过分选加工,可提高商品的附加价值和顾客的满意度,企业也因此获得了更多的利润。

2.5.5 流通加工合理化

流通加工合理化的含义是避免各种不合理的流通加工现象,实现流通加工资源的最优配置,使流通加工有存在的价值,并且实现最优化。为此,应在满足社会需求的同时,合理组织流通加工生产,并综合考虑加工与运输、加工与配送、加工与商流的有机结合,从而实现最佳的加工效益。

1. 不合理的流通加工形式

流通加工是在流通领域对生产所进行的辅助性加工,一般来说,它能对流通加工起到补充和完善的作用,但若设计不合理,也会产生负面影响,所以应尽量避免不合理的流通加工。不合理的流通加工主要表现在以下几方面。

(1) 流通加工地点设置不合理。流通加工地点的选择是非常重要的,其布局状况往往关系到流通加工的效率与效益。一般而言,为衔接单品种大批量生产与多样化需求的流通加工,加工地应设置在需求地区,这样才能实现大批量的干线运输与多品种末端配送的物流优势。而为方便物流活动的流通加工环节则应设在产出地,设置在进入社会物流之前。否则,不但不能解决物流问题,反而在流通中增加一个中间环节,因而是不合理的。

即使是产地或需求地设置流通加工的选择是正确的,还存在一个小地域范围的正确选址问题,如果处理不善,仍然会出现不合理。这种不合理主要表现在交通不便,流通加工与生产企业或用户之间距离较远,流通加工点的投资过高(如受选址的地价影响),加工点周围的社会、环境条件不良等。

(2) 流通加工方式选择不当。流通加工方式包括流通加工对象、流通加工工艺、流通加工技术以及流通加工程度等。流通加工方式的正确选择实际上是生产加工的合理分工问题。本来应选择由生产加工环节完成的,却错误地选择由流通加工过程完成;本来应选择由流通加工环节完成的,却错误地选择由生产加工过程完成,都会导致不合理。一般而言,如果工艺复杂,技术装备要求较高,或加工可以由生产过程延续或较易解决的都不宜再设置流通加工环节,尤其不宜与生产加工过程争夺技术要求较高、效益较高的最终生产环节。如果流通加工方式选择不当,就会出现与生产加工过程夺利的现象。

(3) 流通加工作用不大,形成多余环节。有的流通加工过于简单,或对生产及用户作用都不大,甚至存在盲目性,不仅不能解决品种、规格、质量、包装等问题,相反却增加了环节,这也是流通加工不合理的一种形式。

(4) 流通加工成本过高,效益不好。流通加工之所以有生命力,其重要优势之一是有较大的产出投入比,因而能有效地对生产加工起到补充完善的作用。但若流通加工成本过高,则不能实现以较低的投入实现更高回报的目的。除了一些必需的,从政策要求来看即使亏损也应进行的加工外,其他流通加工都应看成不合理的。

2. 实现流通加工合理化的途径

针对以上不合理的流通加工形式,需要从运营及操作上加以改进,以促进流通加工的合理化。为此,就需要对是否设置流通加工环节,在什么地点设置,选择什么类型的加工方式,采用何种技术装备等,进行正确的决策。

(1) 搞好流通加工中心的布局规划与建设工作。流通加工中心(或流通加工点)的布局状况是影响其合理化的重要因素之一。一般而言,为衔接单品种大批量生产与多样化需求的流通加工,加工地应设置在需求地区,这样既有利于销售,提高服务水平,又能发挥干线运输与末端配送的物流优势,例如,平板玻璃的开片套裁加工中心就应建在销售地,靠近目标市场。为方便物流的流通加工,加工地应设在产出地,例如,肉类、鱼类的冷冻食品加工中心就应设在产地。这样使经过流通加工中心的货物能顺利、低成本地进入运输、储存等物流环节。

(2) 加强流通加工的生产管理。在物流系统和社会生产系统中,经过可行性研究确定设置流通加工中心后,组织与管理流通加工生产便成了运作成败的关键。流通加工的生产管理方法与运输、存储等有较大区别,而与生产组织和管理有许多相似之处。流通加工的组织和安排的特殊性在于,不但内容及项目多,而且不同的加工项目要求有不同的加工工艺。一般而言,都有如劳动力、设备、动力、财务、物资等方面的管理。特别地,对于套裁型流通加工,其最具特殊性的生产管理是对出材率的管理。这种主要流通加工形式的优势在于利用率高、出材率高,从而获取效益。为提高出材率,需要加强对消耗定额的审定及管理,并应采取科学方法,进行套裁的规划与计算。

(3) 加强流通加工的质量管理。流通加工的质量管理主要是对加工产品的质量控制。由于国家质量标准一般没有加工成品的品种规格,因此,进行这种质量控制的依据,主要是用户的要求。而不同用户对质量的要求不一,对质量的宽严程度也不同,因此,流通加工据点必须能进行灵活的柔性生产才能满足不同用户的不同质量要求。此外,全面质量管理中采取的工序控制、产品质量监测、各种质量控制图表等,也是流通加工质量管理的有效方法。

(4) 实现流通加工与配送、运输、商流等的有机结合。应做到加工与配送相结合,按配送需要进行加工,并使加工后的产品直接投入配货作业,以提高配送水平;加工与配套相结合,通过流通加工,有效促成配套,提高流通加工作为桥梁与纽带的能力;加工与合理运输相结合,使干线运输与支线运输合理衔接,提高运输及运输转载的效率;加工与合理商流相结合,通过加工,有效促进销售,使商流合理化;加工与节约相结合,通过合理设置流通加工环节,达到节约能源、节约设备、节约原材料消耗的目的，从而提高经济效益。

对于流通加工合理化的最终判断标准，要看其是否能实现社会和企业本身的两个效益，而且是否取得了最优效益。对流通加工企业而言，与一般生产企业的一个重要不同之处是，流通加工企业更应树立社会效益第一的观念，因为只有在以"补充""完善"为己任的前提下进行加工，企业才有生存的价值。如果只是一味追求企业的微观效益，不适当地进行加工，甚至与生产企业争利，那就有违于流通加工的初衷，或者其本身已不属于流通加工的范畴了。

2.6　物流信息管理

【引例】

Gramener 为 USCS 提供冷链物流人工智能解决方案

顺丰快递智能终端

USCS 是北美第三大公共冷藏仓储（PRW）物流服务商，它运营的 43 个仓储设施涉及北美 13 个州，提供超过 3.3 亿立方英尺的温控仓储及配送服务。该公司正在寻找一种解决方案，希望能够准确预测承运人到达的时间以及公司为承运人提供服务的时间，从而促进预约安排，以便成功应对接送延误、天气变化等因素对公司调度造成的困扰。

Gramener 是一家以设计为主导的数据科学组织，该组织构建自定义数据和 AI 解决方案以改进其业务流程，并开发针对其问题的智能和预测性解决方案。Gramener 开发了智能预约调度程序（IAS），这是一个直观的数据驱动应用程序。它基于历史数据进行预测，并自动预约承运人，确保调度的准确性和充足的人员配备。USCS 将 IAS 部署在 26 个仓储设施中，每天可以安排约 650 次预约，将周转时间减少了 15%。

问题

1. 为什么 Gramener 能够为 USCS 提供冷链物流人工智能解决方案？
2. 常见的物流信息技术有哪些？
3. 信息技术对一个公司的物流运作能起到什么作用？

物流信息在物流活动中起着神经系统的作用，它对物流活动各环节能起到衔接、协调与控制的作用。特别地，物流信息的效率和质量直接影响到物流活动的效率与效果，并影响到物流、资金流、商流等多种流程是否顺畅、连续。因此，必须高度重视物流信息管理工作。

2.6.1　物流信息认知

1. 物流信息的概念

物流信息（logistics information）是指"反映物流各种活动内容的知识、资料、图像、数据的总称"（GB/T 18354—2021）。狭义的物流信息是指与物流活动有关的信息，一般是伴随从生产到消费的物流活动而产生的信息流，这些信息通常与运输、保管、包装、装卸等物流功能活动有机结合在一起，是物流活动顺利进行必不可少的条件。而广义的物流信息还包括与其他流通活动有关的信息，如商品交易信息和市场信息等。

物流信息通常伴随着物流活动的发生而发生，为了能对物流活动进行有效控制就必须及时掌握准确的物流信息。物流发达的国家往往把物流信息管理作为改善物流状况的关键环节而予以重点关注。

2. 物流信息的分类

物流信息有多种分类方法，一般地，可以按照管理层次、信息来源、信息的可变度及信息沟通方式等标准进行划分。

(1) 按照管理层次分类。按照管理层次，可以将物流信息划分为战略管理信息、战术管理信息、知识管理信息和运作管理信息四类。

① 战略管理信息。这类信息是企业高层管理者制定企业年度经营目标、进行战略决策所需要的信息。例如，企业年度经营业绩综合报表、消费者收入动向、市场动态以及国家有关的政策法规等信息。

② 战术管理信息。这类信息是部门管理者制定中短期决策所需要的信息。例如，月销售计划完成情况、单位产品的制造成本、库存成本、市场商情等信息。

③ 知识管理信息。这些是企业知识管理部门对企业的知识进行收集、分类、储存、查询，并进行分析得到的信息。例如，专家决策知识、物流企业业务知识、员工的技术和经验形成的知识等信息。

④ 运作管理信息。这些信息产生于运作管理层，反映并控制着企业的日常运营活动。例如，产品质量指标、客户的订货合同、供应商的供应信息等。这类信息一般发生频率高且信息量较大。

(2) 按照信息来源分类。按照信息来源，可以将物流信息划分为物流系统内信息和物流系统外信息两类。

① 物流系统内信息。这类信息是伴随着物流活动而产生的信息，包括物料流转信息、物流作业层信息(如货运、储存、配送、流通加工及定价等信息)、物流控制层信息以及物流管理层信息。

② 物流系统外信息。这类信息是在物流活动以外发生，但需要提供给物流活动使用的信息，包括供应商信息、客户信息、订货合同信息、社会运力信息、交通及地理信息、市场信息、政策信息，以及企业内部生产、财务等与物流有关的信息。

此外，按照信息的可变度，可以将物流信息划分为固定信息(如物资消耗定额、固定资产折旧、物流活动的劳动定额等)和变动信息(如库存量、货运量等)；按照信息沟通方式，可以将物流信息划分为口头信息(如物流市场调查信息)和书面信息(如物流相关报表、物流技术资料等)。

3. 物流信息的特征

物流信息除了具有时效性、传递性、共享性等信息的一般特点外，还具有以下特征。

(1) 信息量大，分布广。物流信息伴随着货物的位移而分布在不同的时间和地点，不但信息量大，而且分布广。与其他领域的信息相比，物流信息的产生、加工和应用在时间与空间维度上的差异越来越大。特别是随着全球供应链时代的来临，企业的经营活动越来越需要国际物流作为支撑。相应地，企业需要在全球范围内对物流信息进行收集、加工处理、传递和共享。

(2) 动态性强，价值衰减快。物流活动的复杂性及客户需求的多样性，决定了物流信息伴随着物流活动在不同的时空范围内动态地变化，相应地，物流信息的价值衰减速度加快。这就要求物流业者具备较强的对动态信息的实时捕捉和利用能力。例如，超市销售的商品种类和数量在一天甚至一小时范围内都会有很大的变化，这就体现出物流信息非常明显的动态性特征。

(3) 种类多，来源多样。物流信息种类多，不仅物流系统内部各个环节有不同种类的信息，而且由于物流系统与其他系统(如生产系统、供应系统)密切相关，因而还必须收集物流系统外的有关信息。这使物流信息的收集、分类、筛选、统计、研究等工作的难度加大。

(4) 标准化。由于物流信息种类多,来源多样,企业竞争优势的获得需要供应链各参与主体的协作与配合。而协调合作的手段之一便是信息的实时交换与共享,为此,需要实现物流信息的标准化。

4. 物流信息的功能

物流信息与物流活动相伴而生,贯穿于物流活动的整个过程,它不但对物流活动具有支持保障功能,而且具有连接整合整个供应链和使整个供应链活动效率化的功能。物流信息的作用具体表现在以下几方面。

(1) 物流信息有助于物流活动各环节的相互衔接。物流系统是由采购、运输、库存以及配送等子系统构成的,物流系统内各子系统的相互衔接是通过信息予以沟通的,基本资源的调度也是通过信息传递实现的。只有通过物流信息的桥梁纽带作用,才能保证物流各环节活动的有效运转,物流系统也才能成为有机的整体。

例如,企业接到客户的订货信息后,首先要查询库存信息,若库存能满足顾客需求,就可以发出配送指示信息,通知配送部门配货送货;若库存不能满足需求,则发出采购或生产信息,通知采购部门采购货品,或由生产部门安排生产,以此来满足顾客的订单需求。配送部门接到配送指示信息后,就会据此对商品进行个性化包装,并反馈包装完成信息;运输部门则开始设计运输方案,进而产生运输指示信息,指示送货人员送货;在货物运送的前后,配送中心还会发出装卸指示信息,指导货物的装卸;当货物成功送达客户后,还要传递配送成功的信息。因此,物流信息的传送连接着物流活动的各个环节,并指导各环节的工作,起着桥梁和纽带作用。

(2) 物流信息有助于物流活动各环节的协调与控制。要合理组织物流活动必须依赖物流系统中信息的有效沟通,只有通过高效的信息传递和及时的信息反馈,才能实现物流系统的有效运行。在物流活动过程中,任何一个环节都会产生大量的信息。物流系统通过合理的应用现代信息技术手段,对这些信息进行充分挖掘与分析,得到下一环节活动的指示性信息,从而对各环节的活动进行协调与控制。例如,根据客户订购及库存信息安排采购计划或生产计划,根据出库信息安排配送作业或库存补充计划等。因此,物流信息有助于物流活动各环节的协调与控制,能有效支持和保障物流活动的顺利进行。

(3) 物流信息有助于物流管理和决策水平的提高。有效的物流管理可以提高客户服务水平,而物流管理需要大量准确、及时的信息和用以协调物流系统运作的反馈信息。任何信息的遗漏和错误都有可能影响决策的正确性,并将影响物流系统运转的效率和效果,进而影响企业的经济效益。而物流系统产生的效益来自物流服务水平的提高和物流成本的降低,这些都与信息在物流过程中的协调作用密不可分。通过运用科学的分析工具,对物流活动所产生的各类信息进行科学分析,获得有价值的信息,从而服务于决策,提高管理水平。

正是因为物流信息具有上述功能,才使物流信息在现代企业经营管理中占有越来越重要的地位。建立物流信息系统,提供快速、准确、及时、全面的物流信息是现代企业获得竞争优势的必要条件。

2.6.2　物流信息技术

物流信息技术(logistics information technology)是指“以计算机和现代通信技术为主要手段实现对物流各环节中信息的获取、处理、传递和利用等功能的技术总称”(GB/T 18354—2021)。

新兴技术在物流行业的应用

目前,大数据、物联网、人工智能等新技术在物流行业的应用越来越广泛,这些新技术对提高物流效率、降低物流成本的作用越发凸显。

大数据分析有助于解决当前和未来复杂的物流问题。企业可以通过跟踪和分析不同年份的物流成本来优化其物流成本。由于不同时期的运输成本不同,企业可以确定时期并安排这些时期的运输需求。这对于不从事冷链物流服务的物流公司特别有用。此外,回程空驶一直是物流行业的一项重大挑战。使用大数据对运输车辆进行跟踪可以大大提升物流效率。

根据世界经济论坛的评估,物流活动产生的碳排放量占全球碳排放总量的13%。人工智能和大数据跟踪有助于减少碳排放量和能源消耗量。

延迟交货将产生违约金。通过在整个供应链中整合大数据,物流公司可以有效地跟踪货物的位置,避免延迟交货并提高物流效率。

在传感器技术和大数据的帮助下,库存跟踪和仓库维护变得更加容易。自动化技术可以帮助仓库应对运输挑战并更好地准时交货。仓储机器人可以提高仓储任务的速度和准确性。

使用人工智能驱动的供应链预约调度程序可以帮助管理者和司机跟踪他们的货物交付情况。

物联网技术的进步有助于人们开发更加环保的自动卡车和无人机以减轻环境污染。

1. 信息编码技术

信息编码技术是指对大量的信息进行合理分类后或是为了对编码对象(如商品)进行唯一标识而用代码加以表示,从而实现对管理对象的正确识别。信息编码技术可分为信息分类编码和标志(ID)代码两大类。信息分类编码是将具有某种共同属性或特征的信息合并在一起,把不具有上述共性的信息区别开来,并在此基础上赋予信息某种符号体系,一般用代码表示。例如,海关协调系统代码(H. S.)即是对报关的进出口货物的分类代码体系,而全国工农业产品(物质)分类代码则是对我国的工农业产品或物质的分类代码体系。标志代码是对编码对象不进行事先分类,而是对不同对象分配不同且唯一的号码。一般采用无含义的编码方法。最简单的号码分配方式是采用流水号进行编码,也可采用无序编码方法。例如,通用商品编码即是在全球范围内唯一标志某一商品单品的标志代码。

信息编码的标准化极为重要。统一的信息编码是信息系统正常运转的前提。通过标准化实现供应链参与体的数据交换与共享,实现"货畅其流",已成为供应链运营管理的必然要求。

2. 自动识别与数据采集技术

自动识别与数据采集(automatic identification and data capture,AIDC)技术是指对字符、影像、条码、声音等记录数据的载体进行机器识别,自动获取被识别物品的相关信息,并提供给后台的计算机处理系统完成相关后续处理的一种技术。

借助AIDC技术,通过自动的方式识别项目标志信息,无须使用键盘即可将数据输入计算机系统,从而实现物流与信息流的同步。AIDC技术包括条码技术、射频识别技术、声音识别技术、图形识别技术、光字符识别技术、生物识别技术及空间传输等技术。在物流与供应链管理中,最常用的是条码技术和射频识别技术。

(1) 条码技术。条码技术(bar code technology)是指在计算机的应用实践中产生和发展起来的一种自动识别技术[42]。它是为实现对信息的自动扫描而设计的，是快速、准确而可靠地采集数据的有效手段。条码技术的应用成功地解决了数据输入和数据采集的“瓶颈”问题，为物流与供应链管理提供了有力的技术支持。

条码技术具有数据采集快速、准确，成本低廉、易于实现，具有全球通用的标准，所标识的信息能满足供应链管理的要求等特点。

① 条码的内涵。条码(bar code)是条形码的简称，它是“由一组规则排列的条、空组成的符号，可供机器识读，用以表示一定的信息，包括一维条码和二维条码”(GB/T 18354—2021)。条码由一组黑白相间、粗细不同的条状符号组成，条文隐含着数字、字母、标志和符号等信息，主要用以表示商品的制造国、制造商以及商品本身的基本信息，是全球通用的商品代码的表示方法。其中，常见的是一维条码[43]，它自出现以来，就得到了人们的普遍关注，发展十分迅速，仅仅 20 年左右的时间，已广泛应用于交通运输业、商业、医疗卫生、制造业、仓储业等领域。一维条码的使用，极大地提高了数据采集和信息处理的速度，改善了人们的工作环境和生活环境，提高了工作效率，并为管理的科学化和现代化做出了很大贡献。二维条码[44] 属于高密度条码，在 1 平方英寸内可记录高达 2 000 个字符的信息。它是一个完整的数据文件，在水平方向和垂直方向都表示了信息，在国外又被称为便携数据文件、自备式数据或纸上网络等。二维条码是各种证件及卡片等大容量、高可靠性信息实现存储、携带并自动识读的最理想的方法，如图 2-22 所示。

(a)　(b)

图 2-22　一维条码与二维条码
(a) 一维条码；(b) 二维条码

② 条码的光学原理。条码是一组黑白相间的条文，这种条文由若干个黑色的“条”和白色的“空”的单元所组成。其中，黑色的条对光线的反射率低而白色的空对光的反射率高，再加上条与空的宽度不同，就能使扫描光线产生不同的反射接收效果，在光电转换设备上转换成不同的电脉冲，形成可以传输的电子信息。由于光的运动速度极快，所以可以快速准确地对运动中的条码进行识别。

③ 条码的主要系统与字符结构。条码的主要系统有 EAN 码和 UPC 码[45]。EAN 条码即国际上通用的商品条码，我国通用商品条码标准也采用 EAN 条码结构。其标准版是由 13 位数字及相应的条码符号组成，在较小的商品上则采用八位数字码及其相应的条码符号的缩短版。标准版包括以下四个组成部分。

a. 前缀码。由三位数字组成，是国家代码(我国为 690)。它是由国际物品编码会统一确定的。

b. 制造商代码。由四位数字组成，我国物品编码[46] 中心统一分配并统一注册，实行一厂一码。

c. 商品代码。由五位数字组成，表示每个制造厂商的商品。该码由厂商确定，可标识 10 万种商品。

d. 校验码。由一位数字组成，用以校验前面各码的正误。

例如，6902952880041。该条码的字符结构中，“690”是国家代码；“2952”是制造商代码；“88004”是商品代码；“1”是校验码。

④ 常见条码的种类、特点与用途如表 2-19 所示,常见物流条码的种类、特点与用途如表 2-20 所示。

表 2-19 常见条码的种类、特点与用途

图 例	条 码	特点及用途
6 901234 567892 EAN-13 0 012345 7 EAN-8	EAN 标准版商品条码(EAN-13)	① 是一种定长(13 位数)无含义条码; ② 从左到右依次为前缀码、制造商代码、商品代码、校验码; ③ 用于零售商品的标识
16901234000044	ITF-14 条码	只用于非零售贸易项目的标识,适合直接印刷于瓦楞纸上
(01) 06901234567892	UCC/EAN-128 条码	是可变长度的连续性条码,可携带大量信息

表 2-20 常见物流条码的种类、特点与用途

图 例	条 码	特点及用途
16901234000044	储运单元条码	① 专门表示储运单元编码的条码; ② 常用于搬运、仓储和运输中; ③ 分为定量储运单元和变量储运单元
(01) 06901234567892	贸易单元 128 条码	可变长度,携带信息包括生产日期、有效期、运输包装序号、重量、尺寸、体积、送出地址、送达地址等

⑤ 条码识别装置。条码识别装置是用来读取条码信息的设备。它使用一个光学装置将条码的条空信息转换成电频信息,再由专用译码器翻译成相应的数据信息。条码识别装置一般不需要驱动程序,接上后可直接使用,如同键盘一样。条码识别装置有多种类型,可以按照扫描原理、使用方式等标准进行分类。

快速分拣系统与服务

⑥ 条码在物流中的应用。条码在物流中的应用比较广泛,包括配送、库存管理等领域。

a. 销售时点(point of sale,POS)系统。它是指"利用自动识别设备,按照商品最小销售单位读取实时销售信息,以及采购、配送等环节发生的信息,并对这些信息进行加工、处理和共享的系统”(GB/T 18354—2021)。采用 POS 系统(见图 2-23),在商品上贴上条码就能快速、准确地利用计算机进行销售和配送管理。例如,在商品销售结算时,收银员通过 RF 手持终端或台式终端,以光电扫描方式读取商品信息,商场就能准确掌握每个单品(SKU)的销售数据和信息。

案例:联邦快递公司的条码应用

图 2-23　POS 机(电子收银机)

POS 系统最早应用于零售业,后来逐渐扩展到其他行业(如金融、旅馆等服务行业),POS 系统的使用范围也从企业内部扩展到整个供应链。

想一想　POS 系统能给企业带来哪些益处?

b. 库存管理系统。在库存管理中应用条码技术,可以提高库存管理的效率。在商品入库时,通过 RF 手持终端等设备,扫描商品条码并将商品信息输入计算机系统,经计算机处理后形成库存信息;出库亦然,库存数据将同步更新。

c. 分货拣选系统。在货物出库及配送时,需要快速处理大量货物。利用条码技术可实现货物的自动分拣,并进行相关的事务管理。

RFID

(2) 射频识别技术。射频识别(radio frequency identification,RFID)技术最早出现在 20 世纪 80 年代,用于跟踪业务。它是“在频谱的射频部分,利用电磁耦合或感应耦合,通过各种调式和编码方案,与射频标签交互通信唯一读取射频标签身份的技术”(GB/T 18354—2021)。而射频识别系统(radio frequency identification system)则是“由射频标签、识读器、计算机网络和应用程序及数据库组成的自动识别和数据采集系统”(GB/T 18354—2021),如图 2-24 所示。

图 2-24　RFID 系统的组成

在多数 RFID 系统中,识读器可以在 2.5cm 至 30m 的范围内发射无线电波形成电磁场,射频标签[47](储存有商品的数据)在该区域范围内可以检测到识读器的信号并发送储存的数据,识读器接收射频标签发送的信号,解码并校验数据的准确性以达到识别的目的,最终将数据传送到计算机的主机进行处理。

射频识别技术适用的领域包括物料跟踪、运载工具识别、货架识别等要求非接触数据采集和交换的场合,特别是要求频繁改变数据内容的场合尤其适用。

在运输管理中,通常将射频标签贴在集装箱和车辆等装备上,RFID的识读器安装在检查点上,例如,运输线路中的门柱或桥墩旁,以及仓库、车站、码头、机场等关键场所。识读器接收到射频标签发送的信息后,连同接收地的位置信息一起上传至通信卫星,再由卫星传送给运输调度中心,最后输入数据库,以此来完成货物与车辆的跟踪与控制。

我国开展ETC智慧停车城市建设试点

(1) 数字赋能产业融合。结合"新基建",通过大数据、人工智能、5G等与ETC技术的融合应用,强化"ETC+互联网"产业融合,打造ETC+物联网感知、ETC+智能网联通讯、ETC+大数据平台、ETC+静态交通管理、ETC+车主服务等ETC+产业链,形成数据驱动的管理服务新模式,实现与本地相关平台互联互通、信息共享,增强协同应用能力,推动城市停车服务提质增效。

(2) ETC+车生活服务。以便利用户为导向,通过线上、线下两种渠道,拓展ETC+智慧停车、ETC+智慧加油、ETC+智慧洗车、ETC+智慧充电、ETC+智慧景区/园区等相结合的ETC多场景服务,助力智慧交通、智慧城市发展。

除了在高速公路收费及智慧停车城市建设中使用射频识别技术外,铁路系统使用RFID记录货车车厢编号的试点也已运行了一段时间。一些物流公司也正在准备或已将射频技术用于物流管理中。生产企业也开始采用射频技术,例如,汽车的焊接、装配等生产线,通过对车体、部件的识别与跟踪来管理和控制生产流水线。射频识别技术在其他物品的识别及自动化管理方面也得到了较广泛的应用。

3. 电子数据交换技术

(1) 电子数据交换的概念。电子数据交换(electronic data interchange,EDI)是指"采用标准化的格式,利用计算机网络进行业务数据的传输和处理"(GB/T 18354—2021)。

EDI是20世纪80年代发展起来的一种新颖的电子化贸易工具,俗称"无纸贸易",它是计算机、通信和现代管理技术相结合的产物。国际标准化组织(ISO)于1994年确认了EDI技术的定义:"将商务或行政事务处理,按照一个公认的标准,形成结构化的事务处理或信息数据格式,从计算机到计算机的数据传输方式。"换言之,EDI是通过计算机信息网络,将贸易、运输、保险、银行和海关等行业信息,转化为国际公认的标准格式,实现各有关部门或公司之间的数据交换与处理,并完成以贸易为中心的全部过程。它是一种在公司与公司之间传输订单、发票等作业文件的电子化手段。通俗地讲,EDI就是一类电子邮包,按一定规划进行加密和解密,并以特殊标准和形式进行传输。

EDI系统的构成要素包括计算机应用、通信网络和数据标准化。其中,计算机应用是EDI的条件,通信网络是EDI的应用基础,数据标准化是EDI的特征。这三个要素相互衔接、相互依存,共同构成了EDI的基础框架。EDI系统模型如图2-25所示。

图2-25 EDI系统模型

(2) EDI在物流中的应用。EDI最初由美国企业应用在企业间的订货业务中,其后EDI

的应用范围逐渐向其他业务扩展，例如，POS 数据的传输业务、库存信息管理业务、发货送货信息和支付信息的传输业务等。近年来，EDI 在物流中的应用日益广泛，货主、承运人及其他相关部门（如海关）或机构之间，通过 EDI 系统进行物流数据交换，并在此基础上开展物流业务活动。

4. 全球定位系统

全球定位系统（global positioning system，GPS）是“以人造卫星为基础、24 小时提供高精度的全球范围的定位和导航信息的系统”（GB/T 18354—2021）。其工作原理如图 2-26 所示。

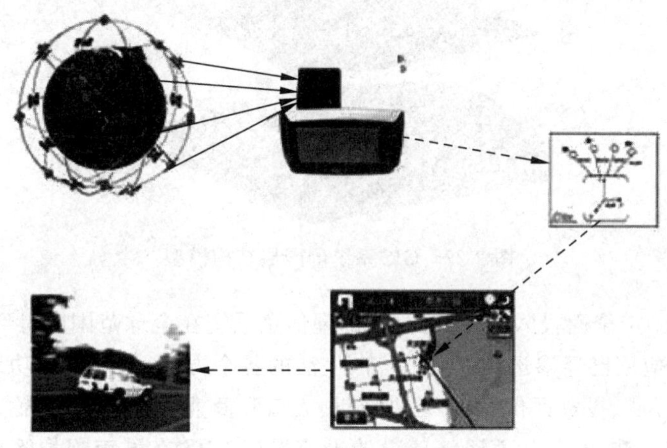

图 2-26　GPS 的工作原理

GPS 最初由美国国防部开发成功，目前主要由导航主机、天线、陀螺仪传感器以及车速传感器组成。它具有性能好、精度高、应用广的特点，是迄今最好的导航定位系统。近年来，中国研制的北斗系统快速崛起，与 GPS 形成竞争态势。[48]

GPS 系统与电子地图、无线电通信网络及计算机车辆管理信息系统相结合，可以实现车辆跟踪和交通管理等许多功能，这些功能包括以下五项。

(1) 车辆跟踪功能。利用 GPS 和电子地图可以实时显示出车辆的实际位置，可对重要车辆和货物进行跟踪运输。

(2) 提供出行路线规划和导航功能。提供出行路线规划，包括自动路线规划和人工路线设计。

(3) 信息查询功能。查询资料可以以文字、语言及图像的形式显示，并在电子地图上显示其位置。

(4) 交通指挥功能。指挥中心可以监测区域内车辆的运行状况，对被监控车辆进行合理调度。

(5) 紧急援助功能。通过 GPS 定位和监控管理系统可以对遇有险情或发生事故的车辆进行紧急援助。

5. 地理信息系统

地理信息系统（geographical information system，GIS）是随着地理科学、计算机技术、遥感技术和信息科学的发展而发展起来的一种新兴技术，它是“在计算机技术支持下，对整个或部分地球表层（包括大气层）空间中的有关地理分布数据进行采集、储存、管理、运算、分析、显示和描述的系统”（GB/T 18354—2021）。GIS 系统的图层结构模型如图 2-27 所示。

地理信息系统萌芽于 20 世纪 60 年代初，1972 年，世界上第一个地理信息系统——加拿

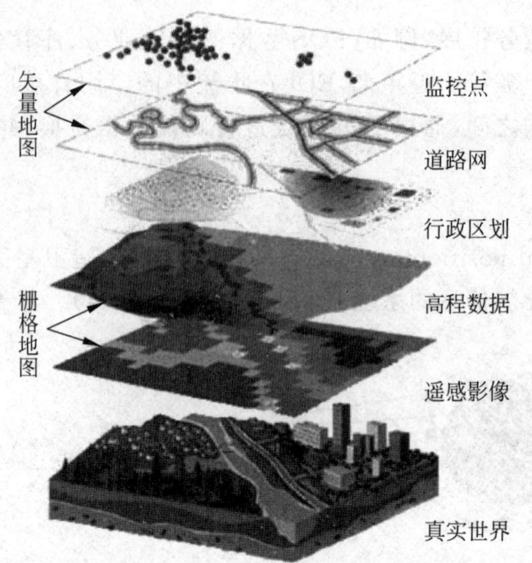

图 2-27 GIS 系统的图层结构模型

大地理信息系统(CGIS)全面投入运行。此后,地理信息系统在全球范围内得到了快速发展,在西方发达国家,GIS 的应用已经渗透到社会、经济、生活的各个方面,目前已成功地应用到了资源管理、环境保护、灾害预测、投资评价、城市规划建设、人口和商业管理、交通运输、石油和天然气、教育、军事等众多领域。在我国,随着经济建设的迅速发展,GIS 在城市规划管理、环境保护、交通运输、防灾减灾、农业、林业等领域发挥了重要的作用,取得了良好的经济效益和社会效益。

GIS 可应用于物流分析,可利用 GIS 强大的地理数据功能完善物流分析技术。GIS 还可用于车辆路线模型设计,用于解决"一个起始点、多个终点的货物运输"如何降低物流作业费用,并保证服务质量等问题,包括决定使用多少辆车及每辆车的路线如何安排等。驾驶者也可借助 GIS 查看路况信息并决定休息、用餐地点等。

6. 电子订货系统

电子订货系统(electronic ordering system,EOS)是指"不同组织间利用通信网络和终端设备进行订货作业与订货信息交换的系统"(GB/T 18354—2021)。例如,零售商与批发商之间、批发商与制造商之间、制造商与原材料供应商之间的 EOS 系统。需要说明的是,这里的通信网络主要是指增值网(VAN)或因特网,而订货作业与订货信息交换主要以在线(online)方式进行,如图 2-28 所示。

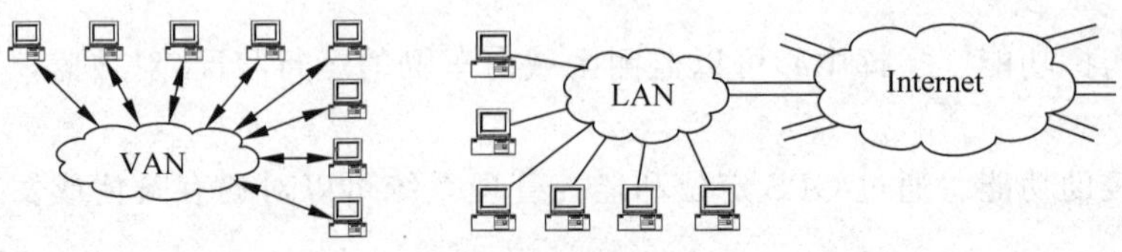

图 2-28 EOS 企业间连接方式

电子订货系统能及时准确地交换订货信息,它在企业物流管理中有以下作用。

(1) 相对于传统的订货方式,EOS 可以缩短订单传输及处理的周期,缩短订单交付的前置期。

(2) 有利于提高订单处理的效率,降低差错率,节省人工费用。

(3) 有利于降低企业库存水平,提高库存管理效率,并能有效防止商品特别是畅销品出现脱销。

(4) 制造商和批发商通过分析零售商的订货信息,能准确判断畅销品和滞销品,有利于调整生产计划和销售计划,及时满足市场需求。

(5) 有利于提高企业物流管理信息系统的效率,使各业务信息子系统之间的数据交换变得更加便利和迅速,有利于丰富企业的经营信息。

2.6.3 物流管理信息系统

联邦快递的物流管理信息系统

总部位于美国田纳西州的联邦快递(FedEx)公司是全球规模最大的快递公司之一。公司的员工数量超过14.5万,拥有648架货运飞机,4.45万辆货运汽车,4.35万个送货点。FedEx的物流网络覆盖了全球绝大多数国家和地区,在全球366个大小机场拥有航权。该公司营运的主要特点是充分利用并发挥电子信息与网络化技术的优势,公司在全球范围内使用统一的FedEx物流管理软件,拥有Powerships、FedEx Ships及InterNetShips 3个信息系统。其中投入使用的Powerships系统超过10万套,FedEx Ships及InterNetShips系统则超过100万套。公司通过这些信息系统与全球上百万名客户保持密切的联系。每天的货运量约2 650万磅,平均每天处理的货件量超过330万件,平均处理通信次数达50万次/天,平均电子传输量达6 300万份/天,24～48h为客户提供户到户送货服务并保证准时的清关服务。

物流管理信息系统的产生和发展是建立在管理信息系统基础之上的,它是管理信息系统在物流领域的应用。一般而言,物流管理信息系统是企业管理信息系统的一个子系统,它对于物流运营管理极为重要。

1. 物流管理信息系统认知

物流管理信息系统(logistics management information system)是"通过对物流相关信息的收集、存储、加工、处理以便实现物流的有效控制和管理,并提供决策支持的人机系统"(GB/T 18354—2021)。换言之,物流管理信息系统是由人员、计算机硬件、软件、网络通信设备及其他办公设备组成的人机交互系统,其主要功能是进行物流信息的收集、存储、加工处理、传输及系统维护,为物流管理者及其他组织管理人员提供战略、战术及运作决策支持,以达到提高物流运营管理效率,获取企业竞争优势的目的。

物流管理信息系统作为企业经营系统的一部分,与企业其他部门的管理信息子系统并无本质的区别。但由于物流活动具有动态性强、时空跨度大等特点,使得物流管理信息系统除了具备一般信息系统的实时化、网络化、规模化、专业化、集成化、智能化等特点外,还具有开放性、可扩展性与灵活性、安全性、协同性、动态性、快速反应性、支持远程处理、具备检测、预警与纠错功能等特征。

物流管理信息系统有多种分类方法。按照系统的功能性质,可将其划分为操作型系统和专家系统;按照系统的配置,可将其划分为单机系统和计算机网络系统;按照系统的网络范围,可将其划分为基于物流企业内部局域网的系统、分布式企业网与因特网相结合的系统、企业内部局域网与因特网相结合的系统;按照服务对象,可将其划分为面向制造商的物流管理信息系统和面向批发商、零售商、第三方物流企业等节点企业的物流管理信息系统。

2. 物流管理信息系统的子系统

按照系统的业务功能,还可进一步将物流管理信息系统划分为若干次级系统,主要包括以下七种。

(1) 进、销、存管理系统。这是企业经营管理的核心环节,是企业能否获得经济效益的关键所在。包括进货管理子系统、销货管理子系统、库存管理子系统。

(2) 订单管理系统。提供完整的产品生命周期流程,使客户有能力追踪订单、制造、分销、服务流程的所有情况。其主要功能包括网上下单、EDI接收电子订单、访销下单;订单预处理(包括订单合并与分拆);支持客户网上订单查询;支持紧急插单等。

(3) 仓库管理系统[49]。仓储管理是现代物流的核心环节之一。仓库管理系统具有货物储存、进出库程序、单据流程、货物登记与统计报表、盘点[50]程序、货物报废审批及处理、人员管理、决策优化(如"先进先出"或"后进先出")等功能,包括入库作业系统、保管系统、拣选作业系统、出库作业系统等子系统。借助该系统,可进行单据打印、商品信息数据管理,对货品进行实时动态管理,为用户在制订生产和销售计划、及时调整市场策略等方面提供持续、综合的参考信息。

仓库管理系统的应用实例

意大利A公司精品鞋业区域配送中心(RDC)和配送中心(DC)的货物入库及出库一般是依据A公司的采购订单和销售订单进行的,由于鞋的款式、颜色、尺码众多,在手工条件下很难完全按照入库单及出库单的内容准确地进行收货、拣货和发货,经常发生大量的串色串码情况,导致仓库收发货出错、门店的单品库存数量不准确、门店断色断码,丧失了销售机会。有时公司不得不对断色断码商品进行削价甩卖,降低了公司的盈利率。为此,物流中心建立了先进的仓库管理系统,并且在收货及发货环节采用成熟的Barcode解决方案,通过采集收货及发货数据并与订单自动对照和匹配,准确记录货物入库、出库及订单执行情况,提高了订单执行的效率和准确性,保证了库存数据的准确性。

(4) 运输管理系统。运输管理系统(transportation management system,TMS)是指"在运输作业过程中,进行配载作业、调度分配、线路规划、行车管理等多项任务管理的系统"(GB/T 18354—2021)。TMS通常为运输管理软件,具有资源管理、客户委托、外包管理、运输调度、费用控制等功能,包括货物跟踪系统[51]、车辆运行管理系统、配车配载系统等子系统。该系统具有运输管理系统网络化(具有功能强大的跟踪服务平台)、能集成GPS/GIS系统等特点。借助该系统,可实现货运业务管理、基本信息查询、费用管理及数据统计等功能。

信息技术在车队管理中的应用

预防性维护、路线/燃料优化、车队跟踪和地理围栏等功能可以显著降低运输成本、缩短运输时间并提高运输资源的利用率。分析报告、分析指标和KPI衡量可以最大限度地提高利润和生产力,并提高流程效率。良好的车队管理软件利用分析指标、车队安全、维护报告和驾驶员详细信息来监控车队,确保驾驶安全。

(5) 配送管理系统。具有货物集中、分类、车辆调度、车辆配装、配送线路规划、配送跟踪管理等功能。

(6) 货代管理系统。通常为货代管理软件,属于执行层面的信息管理系统,具有客户委托、制单作业、集货作业、订舱、预报、客户接受确认(proof of delivery,POD)、运价[52]管理等主要功能。

(7) 财务管理系统。具有总账管理、应收账款管理、应付账款管理、财务预算管理、固定资产管理、财务分析管理、客户化财务报表等主要功能。

实训项目 6　物流信息采集设备操作

实训项目描述

智慧物流理念的提出与应用,正在不断改变物流企业的运营模式和物流人的思维方式。随着智能硬件、物联网、大数据等技术的应用,智慧物流正逐步实现。信息采集技术是智慧物流得以实现的必要条件之一。了解智慧物流背景下信息采集技术的发展及装备的更新趋势,进行相关信息采集设备的操作训练,有助于物流类专业学生更好地理解智慧物流的内涵,积极投身物流业转型升级的进程中。

实训目标

通过实训,应达到以下目标。

1. 能准确描述信息采集技术与智慧物流的关系。
2. 能从网络视频或文献中认识自动识别与数据采集技术。
3. 能按标准制作一维条码。
4. 能按标准制作二维码。
5. 能正确使用 RF 手持终端。
6. 能正确使用 RFID 设备。
7. 提升信息素养和创新意识。

实训内容

学生以小组为单位,完成以下实训内容。

1. 制作一维条码。
2. 制作二维码。
3. 认知 RF 的工作原理。
4. 认知 RFID 的工作原理。
5. 练习使用 RF 手持终端采集信息。

建议实训时间

2h。

注意事项

1. 严格执行物流条码标准。
2. 牢记采集设备使用规范。
3. 录制团队实训活动视频。

评价与反馈

1. 小组成果展示

(1) 小组的收获与体会见表 2-21。

表 2-21 小组的收获与体会

活动总结	内容描述
活动收获	
活动体会	

(2) 对其他小组的建议见表 2-22。

表 2-22 对其他小组的建议

反馈建议	内容描述
改进建议	

注:① 请依据标准和规范,分别对其他小组提出建议。

② 建议的内容应分条列出、清楚准确,注意保持和谐的氛围。

2. 评分

采用加权平均法对学生的实训成绩进行评定,包括学生自评(25%)、小组互评(25%)、教师评价(50%)三部分,见表 2-23。

表 2-23 学生实训成绩评定

考核项目	评分标准	分数	学生自评(25%)	小组互评(25%)	教师评价(50%)	小计
团队合作	是否默契:设备操作训练是否互相交流、共同提高	5				
活动参与	是否积极:是否人人参与操作训练,是否分享了操作方法	5				
任务方案	是否正确、合理:任务方案中操作方法是否符合标准和相关规范	5				
实训过程	(1) 任务准备 ① 熟悉实训所需的相关标准和规范 ② 选择实训环境和设备	20				
	(2) 任务实施 ① 一维条码制作符合标准 ② 二维码制作符合要求 ③ 信息采集设备使用正确 ④ 信息采集设备工作原理描述正确	30				
	(3) 任务结果 ① 实训操作视频三个 ② 总结汇报 PPT 一份	20				
任务完成情况	是否圆满完成	5				

续表

考核项目	评分标准	分数	学生自评 (25%)	小组互评 (25%)	教师评价 (50%)	小计
操作方法	是否规范、标准	5				
实训纪律	是否能严格遵守	5				
总　　分		100				
教师签名：		年　月　日			得分	

注：没有按照规范流程和要求操作，出现违规和违纪行为，本任务考核记 0 分。

实训项目 7　物流方案设计认知

实训项目描述

物流方案设计是执行物流任务的基础，包括仓储方案设计、配送方案设计、运输方案设计等类型，需要设计者具备丰富的物流专业知识，熟悉物流作业流程，熟知活动开展所涉及的新技术、新工艺、新规范、新要求，并具备在典型职场情境开展工作的核心技能与素养。正确认知物流方案设计，有助于物流类专业学生在专业能力和职业素养形成的初期，准确定位学习方向并正确树立职业理想。物流方案设计主要包括问题分析与处理、专业知识应用、软硬件设备操作，以及设计团队的职业素养、团队协作、组织管理、工作效率、工作质量等内容。因此，围绕现代物流基础课程的教学内容，梳理并形成专业知识框架，有助于学生加深对专业和产业的认识。

实训目标

通过实训，应达到以下目标。

1. 能组建课程学习团队并制订协同发展的学习成长计划。
2. 能收集和提取物流方案设计所需的知识、文献并明确所需的设备。
3. 能根据参考模板设计简单的物流作业方案。
4. 能根据要求制作汇报材料并清晰汇报。
5. 能在方案中体现用户至上的服务精神。
6. 能在方案论证时体现精益求精的精神。

实训内容

学生以小组为单位，完成以下实训内容。

1. 设计仓储作业方案，或配送作业方案，或运输作业方案。
2. 制作方案设计的汇报 PPT。
3. 录制汇报视频。

建议实训时间

4h，其中课内 2h，课余 2h。

注意事项

1. 方案设计时应注意物流活动的边界，避免无限扩大活动范围。
2. 学习团队应及时咨询教师，以便创新拓展设计视角。

评价与反馈

1. 小组成果展示

(1) 小组的收获与体会见表 2-24。

表 2-24 小组的收获与体会

活动总结	内容描述
活动收获	
活动体会	

(2) 对其他小组的建议见表 2-25。

表 2-25 对其他小组的建议

反馈建议	内容描述
改进建议	

注:① 请从专业知识、用语准确、方法正确和方案严谨可行等方面,分别对其他小组提出改进建议。

② 建议内容应分条列出、清楚准确,注意保持和谐的氛围。

2. 评分

采用加权平均法对学生的实训成绩进行评定,包括学生自评(25%)、小组互评(25%)、教师评价(50%)三部分,见表 2-26。

表 2-26 学生实训成绩评定

考核项目	评分标准	分数	学生自评(25%)	小组互评(25%)	教师评价(50%)	小计
团队合作	是否默契:分工是否明确、职责是否清晰、成效是否明显	5				
活动参与	是否积极:是否积极参与小组讨论,是否贡献智慧力量	5				
任务方案	是否正确、合理:结构是否正确、排版是否规范、内容是否完善	5				
实训过程	(1) 任务准备 ① 是否做好任务分工 ② 是否拟订工作计划 ③ 是否选择工作环境	20				
	(2) 任务实施 ① 知识理解的准确性 ② 方法应用的正确性 ③ 内容衔接的逻辑性 ④ 方案整体的可行性	30				
	(3) 任务结果 ① 物流方案一份 ② 汇报 PPT 一份 ③ 汇报视频一个	20				

续表

考核项目	评分标准	分数	学生自评（25%）	小组互评（25%）	教师评价（50%）	小计
任务完成情况	是否圆满完成	5				
实训方法	是否规范、标准	5				
实训纪律	是否能严格遵守	5				
总　分		100				
教师签名：		年　月　日			得分	

注：没有按照规范流程和要求实训，出现违规和违纪行为，本任务考核记 0 分。

小　结

物流基本功能活动主要包括包装、储存保管、运输、配送、装卸搬运、流通加工、信息处理等。包装是物流活动的基础，它位于生产的终点和社会物流的起点，贯穿整个流通过程，其目的是保护产品、方便储运、促进销售。运输与储存是现代物流系统的两大支柱。储存保管创造时间价值，运输创造空间价值。储存是"贮藏、保护、管理物品"，而仓储是"利用仓库及相关设施设备进行物品的入库、储存、出库的活动"。物流领域的运输是指物的载运及输送。五种基本运输方式各有优缺点，多式联运是运输的主要发展方向。在市场竞争日益激烈的今天，能否提供"门到门"运输服务很关键。配送是"配"和"送"的有机结合，配送能提供"门到门"服务。配送具有分拣、配货、配送加工、配装、配送运输、送达服务等特色功能要素。装卸搬运是物流系统的咽喉，是物流活动各环节的桥梁和纽带，尽管装卸搬运本身并不创造价值。流通加工是商品在流通过程中所从事的简单、辅助性的加工活动，是物流的增值功能，有别于生产加工。物流信息是物流系统的"神经"，对物流活动具有支持保障功能，具有连接整合整个供应链和使整个供应链活动效率化的功能。

同步测试

一、判断题

1. 仓库的货物吞吐量与货物装卸作业量是同一个数量指标。（　　）

2. 根据货物周转率安排货位时，周转率越高的货物应离出入口越远；反之越近。（　　）

3. 由于 JIT 配送可实现生产企业的"零库存"，因此今后的发展可以做到消灭库存。（　　）

4. 共同配送也称越库配送，是实现同城物流配送合理化的有效措施。（　　）

5. 运输的起点是"装"的作业，其终点是"卸"的作业，因此装卸搬运活动在物流中占有重要地位，它本身也具有明确的价值。（　　）

6. 商品条码化和包装标准化是实现分拣自动化的前提。（　　）

7. 由于装卸搬运的作业内容复杂多变，因此装卸搬运环节成为改变物流系统效率的关键所在。（　　）

8. 配送加工可以使配送各环节易于操作，如鲜鱼冷冻、过大设备解体、气体液化等。这种加工往往改变产品的物理状态，并不改变物理特性，并最终仍能恢复原物理状态。（　　）

9. 流通加工是生产加工在流通领域中的延伸,它在生产与消费之间起着承上启下的作用。 ( )

10. 物流信息不但对物流活动具有支持保障功能,而且具有连接整合整个供应链和使整个供应链活动效率化的功能。 ( )

二、单选题

1. 单个包装也称小包装,是物品送到使用者手中的最小单位。这种包装一般属于( )。

A. 工业包装 B. 运输包装 C. 商业包装 D. 内包装

2. 按照包装的功能,可将包装划分为( )两类。

A. 工业包装和商业包装 B. 内包装和外包装

C. 单个包装和整体包装 D. 轻薄包装和模块包装

3. 仓储的目的是克服产品生产与消费在( )上的差异,以实现产品的使用价值。

A. 供应量 B. 需求量 C. 时间 D. 空间

4. 拆垛、配货、贴标签、拴卡片等都属于( )作业。

A. 搬运装卸 B. 流通加工 C. 辅助 D. 仓储

5. 由于技术和经济原因,各种运输方式的运载工具都有其适当的容量范围,从而决定了运输线路的( )。

A. 运输距离 B. 运输能力 C. 送达速度 D. 运输成本

6. 在配货时,大多是根据入库日期,按照( )的原则进行的。

A. 先进先出 B. 先进后出 C. 后进先出 D. 顺其自然

7. 车辆配装时,应遵循( )原则。

A. 重不压轻,后送后装 B. 重不压轻,后送先装

C. 轻不压重,后送后装 D. 轻不压重,后送先装

8. 在货物放置时要有利于下次货物的搬运,同时还要创造易于搬运的环境和包装,这种要求称为( )。

A. 省力化原则 B. 消除无效搬运原则

C. 保持物流的均衡顺畅原则 D. 提高搬运活性原则

9. 配送加工是流通加工的一种,但配送加工有不同于一般流通加工的特点,它只取决于用户要求,其加工的目的( ),但可取得多种社会效果。

A. 单一 B. 多样 C. 繁多 D. 较少

10. 在流通过程中为方便销售、方便用户,增加附加价值而进行的加工活动,此种物流活动称为( )。

A. 流通加工 B. 运输 C. 配送 D. 装卸搬运

11. 根据我国近些年的实践,配送加工向流通企业提供的利润,其成效并不亚于从运输和储存中挖掘的利润,是物流中的( )利润源。

A. 第一 B. 第二 C. 第三 D. 重要

12. 在食品中心将猪肉进行肉、骨分离,其中肉送到零售店,骨头送往饲料加工厂的活动属于( )。

A. 流通加工 B. 配送 C. 物流 D. 输送

13. 物流信息管理的目的就是要在( )的支撑下,把各种与物流活动有关的具体活动

整合起来,增强整体的综合能力。

A. 物流系统　B. 信息系统　C. 物流网络　D. 物流技术

14. (　　)存在于货物的运输、储存、包装、流通加工等过程中并贯穿于物流作业始终。

A. 装卸搬运　B. 配送　C. 物流信息　D. 物流系统

15. 物流管理信息系统不包括以下(　　)功能模块。

A. 仓库管理系统　B. 运输管理系统　C. 生产计划系统　D. 采购管理系统

三、多选题

1. 运输的功能包括(　　)。

A. 产品转移　B. 使用价值实现　C. 增加就业

D. 产品储存　E. 运动

2. 以下运输活动中,属于不合理运输的是(　　)。

A. 迂回运输　B. 对流运输　C. 支线运输

D. 干线运输　E. 重复运输

3. 物流运输增值在于物流企业的(　　)导致了低成本,节省了物流运作成本,同时又提供了其他增值服务。

A. 一体化　B. 专业化　C. 个性化

D. 规模化　E. 社会化

4. 配送与运输是不同的,配送具有(　　)特点。

A. "二次运输"　B. 干线输送　C. "门到门"服务

D. 中转型送货　E. 直达送货

5. 下列活动中,属于装卸搬运作业的是(　　)。

A. 运输配送　B. 堆放拆垛　C. 分拣配货

D. 包装加工　E. 保管保养

四、情境问答题

小王是一家公司的仓库管理员,他在期末库存盘点时,发现部分货品的实际库存量与账面数量不符,即产生了"账实"差异。在实务中,产生盘点差异的原因有很多。小王应该从哪些方面去分析产生"账实"差异的原因。

五、案例分析题

顺丰公司打造核心竞争力的秘密武器

顺丰围绕物流生态圈,持续完善服务能力与产品体系,业务拓展至时效快递、经济快递、快运、冷运及医药、同城即时配送、国际快递、国际货运及代理、供应链等领域,能够为客户提供国内及国际端到端一站式供应链服务。同时,依托领先的科技研发能力,顺丰致力于构建数字化供应链生态,成为全球智慧供应链的领导者。人们普遍认为,正是对信息化建设的高度重视和科学推进,才成就了今天的顺丰公司,这是顺丰公司打造核心竞争力的秘密武器。

顺丰公司根据物流快递行业的特性,将快件全生命周期划分为客服、收派、仓储、运输、报关五大环节,开发出各个环节的信息技术手段并加以应用,开创了全新的信息化建设模式,提出了"快件全生命周期"的概念。

在客服环节,呼叫中心能够做到每一通呼叫都可以记录对应的通话原因,每个客户投诉都有完整的处理流程,从而提高客户服务质量,降低呼叫中心员工的工作压力,提高员工的工作绩效。

在收派环节,手持终端程序发挥其优势,减少了人工操作中的差错,提高了操作人员的工作效率。目前顺丰公司使用第四代手持终端系统,收派员的工作效率提高了20%以上。

顺丰快递智能终端

在仓储环节,顺丰公司的全自动分拣系统能够连续、大批量地分拣货物,而且不受气候、时间、人的体力等因素的限制。人工每小时只能分拣150件左右的货物,而自动分拣系统每小时则可以分拣7 000件包装物,大大提高了分拣效率。此外,自动分拣系统的分拣误差率极低。该系统的分拣误差主要取决于所输入分拣信息的准确性,而顺丰公司的全自动分拣系统的分拣信息采用的是条形码扫描输入方式,除非条形码的印刷出现质量问题或者条形码被损坏,否则信息采集不会出错。该系统的识别准确率高达99%。

在运输环节,通过车载GPS可以实现公司对车辆的动态控制,从而实现了对运输过程的可视化管理,这包括对运输方案及车辆配置的及时更新与优化。通过对运输过程的可视化管理,顺丰公司的综合运输成本降低了25%。

在报关环节,数据交换采用加密机制,从根本上保证了数据与信息的安全;同时,将报关单的录入、审核与清关流程集成、整合,增强了报关业务的时效性,提高了报关流程的效率,降低了物流通关风险。

顺丰公司主要定位于中高端市场。尽管近几年快递服务成本在不断增加,但顺丰公司的服务定价自公司成立以来近20年鲜有变化,客户满意度在逐年提高。顺丰公司先进的信息系统保证了快递时效的稳定性;信息技术手段的应用极大地提高了快递过程各个环节的效率,降低了各个环节的成本;同时,随着信息化水平的提高,公司的运营成本在显著降低,人均效能在显著提高。

在快递业务量呈几何级数快速增长的情况下,顺丰公司的信息系统不仅降低了公司的运营成本,还保证了每一票货在每一环节的安全,使客户对公司的服务和快件的安全充满信心;同时也为上下游企业的转型、升级提供了强有力的物流支持与技术支撑。先进的信息技术与高效的信息系统真正成为顺丰公司打造核心竞争力的秘密武器。

根据案例提供的信息,回答以下问题。

1. 顺丰公司的核心竞争力是什么?为什么?
2. 顺丰公司打造核心竞争力的关键是什么?为什么?
3. 顺丰公司使用了哪些先进的信息技术手段?
4. 结合案例材料谈一谈物流信息化对现代物流的发展有什么重要意义?

企业物流管理

项目 3 脚注

【素养目标】

1. 具有绿色、环保理念。
2. 树立系统观念。
3. 具有成本意识。
4. 具有服务意识。
5. 具有专业认同感。

【知识目标】

1. 理解物流系统。
2. 理解物流效益背反原理。
3. 理解企业物流的内涵与结构。
4. 掌握采购流程及其变革。
5. 理解生产物流控制原理。
6. 理解销售物流服务。
7. 理解“商物分流”环境下销售物流渠道的建设策略。
8. 掌握订单管理的过程要素。
9. 掌握流通企业物流运作的特点与管理策略。
10. 掌握物流中心、配送中心、物流园区的概念及特点。
11. 理解物流中心、配送中心、物流园区在商品流通中的重要作用。

【能力目标】

1. 能分析物流系统的模式。
2. 能分析物流系统的效益背反现象。
3. 能正确选择采购模式。
4. 能正确选择生产物流的组织形式。
5. 能正确区分物流中心、配送中心、物流园区。
6. 能正确进行物流中心网络布局。
7. 能正确选择配送中心的运营模式。

【引例】

北京某企业的JIT系统

工厂搬运与装配

北京某家制造企业最近在产品分销中引入了准时制(JIT)系统,减少了库存,提高了利润率。该企业还引入了一套先进的计划与排程系统(APS),实现了更精确的排产,并减少了生产延迟。这套新系统使该企业极大地缩短了计划时间,降低了安全库存,同时省去了许多生产过程中不必要的费用。该系统每日向管理人员提交有关仍然存在的生产延迟的报告,以便他们能够采取行动进一步减少生产延迟。管理人员还将得到有关生产进度预期变化的报告,以便企业能够满足波动的顾客需求。这些改进使该企业能以较低的成本向顾客提供更优质的服务,同时让员工感到参与更多活动、更加清楚公司的运作。目前,该企业的客户群、整体生产率和利润率都有了明显的好转,而员工的旷工次数也明显减少。

问题

1. 为什么准时制方法能帮助企业减少库存?
2. 为什么生产计划的编制被认为是提高效率的关键因素?
3. 何为企业物流?企业物流管理的核心是什么?

企业是向社会提供产品或服务的经济实体。企业物流是企业经营活动的重要组成部分,是具体的、微观物流活动的典型领域。企业物流(enterprise logistics)是指“生产和流通企业围绕其经营活动所发生的物流活动”(GB/T 18354—2021)。按照业务性质的不同,可以将企业物流划分为生产企业物流和流通企业物流两类。企业物流涉及的活动范围十分广泛,主要包括货物供应、分拨与配送、仓储与库存、物料搬运、工业包装、物料需求与预测、售后服务与返品回收等。企业物流管理的根本任务就是在企业物流活动中,适时、适地地采用先进的物流技术并通过有效的物流管理,实现与企业生产经营活动的最优结合,使企业获得最佳的经济效益。

3.1 生产企业物流管理

物流系统

3.1.1 物流系统

上汽通用的物流系统应用需求

上汽通用(SGM)是一家中美合资的汽车制造企业,它拥有世界上最先进的柔性生产线,能在一条流水线上同时生产不同型号、不同颜色的车辆,每小时可生产27辆汽车,在国内首创订单生产模式,即根据市场需求控制产量;同时生产供应采用JIT运作模式。为此,该公司需实行零库存管理,所有汽车零配件的库存在运输途中,不占用大型仓库,仅在生产线旁设立小型配送中心,维持最低的安全库存。这就要求公司在采购、包装、海运、港口报关、检疫、陆路运输等各环节的衔接非常紧密,不能有丝毫差错。换言之,公司必须构筑一个有效的物流系统,才能满足生产经营的需要。

1. 物流系统的概念

物流系统是指在一定的时间和空间里，由需要位移的物资、包装设备、装卸搬运机械、运输工具、仓储设施、人员和通信联系等若干相互制约的动态要素所构成的具有特定功能的有机整体。简言之，物流系统是为达成物流目标而按计划设计的要素统一体。物流系统的目的是实现物资的空间效益和时间效益，在保证社会再生产顺利进行的前提条件下，实现物流活动中各环节的合理衔接，并取得最佳的经济效益。

2. 物流系统的模式

从微观的角度来看，物流系统是企业经营系统的一个子系统，具有系统的一般规律。物流系统的模式如图3-1所示。

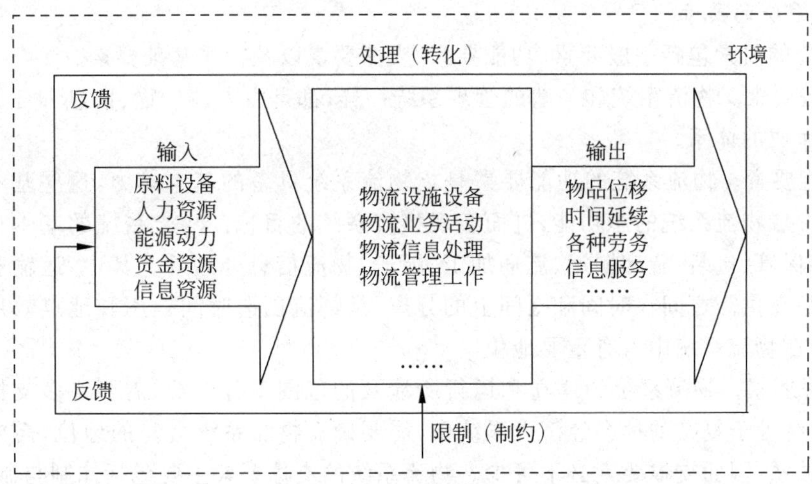

图3-1　物流系统的模式

物流系统是一个开放系统，具有输入、处理（转化）、输出、限制（制约）、反馈等功能。一般而言，物流系统的性质不同，这些功能的具体内容也有所不同。

(1) 输入。外部环境提供人、财、物（如能源、设备、劳动工具等）等资源，对物流系统产生作用，即为外部环境对物流系统的输入。

(2) 处理（转化）。处理（转化）是指物流系统本身的转化过程。即从输入到输出之间所进行的供应、生产、销售、服务等活动中所涉及的物流活动，其具体内容包括物流设施设备的建设，运输、仓储、包装、装卸搬运等物流业务活动，物流信息处理以及物流管理活动等。

(3) 输出。输出是指物流系统利用自身所具有的功能和手段，对外部环境输入的资源进行转化处理后，再向外部环境提供各种有价值的服务。具体包括物品的空间位移、货物的时间延续以及物流合同的履行、物流代理服务、物流信息服务等。

(4) 限制（制约）。外部环境对物流系统施加一定的约束称为外部环境对物流系统的限制（制约）和干扰。这些因素包括能源、资金、人力等资源的限制；需求的变化；物流服务价格的影响；政府政策的变化；等等。

(5) 反馈。在物流系统把各种输入的资源转化为输出物流服务的过程中，由于受系统内外各因素的影响，系统目标不一定能实现，为此，需要把输出结果的信息返回，以便及时评价并调整或修正物流系统活动，这一过程称为信息反馈。具体包括物流市场调查、物流活动分析、物流统计报告等。

3. 物流系统的目标

物流系统的目标可以用5R或7R来描述。

E.格罗斯范德·普洛蒙认为,物流系统的目标是5R,即在适当的时间(right time),以适当的条件(right condition)和适当的价格(right price),将适当的产品(right product)送到适当的地点(right place)。

美国密歇根大学的斯麦基教授则倡导物流系统的目标由7R组成,即优良的质量(right quality)、合适的数量(right quantity)、适当的时间(right time)、恰当的场所(right place)、良好的印象(right impression)、适宜的价格(right price)、适宜的商品(right commodity)。

上述7R实质上是在5R的基础上发展起来的。

4. 物流系统的要素

物流系统的要素包括一般要素、功能要素、支撑要素以及物质基础要素。

(1) 一般要素。物流系统和一般的管理系统一样,都是由人、财、物、信息和任务目标等要素有机结合而成的体系。

(2) 功能要素。物流系统的功能要素是指物流系统具备的基本能力,这些基本能力经过有效整合便形成物流系统的总功能,进而实现物流系统的目标。物流系统的基本功能要素包括运输、储存保管、包装、装卸搬运、流通加工、配送、物流信息处理等。其中,运输和储存保管主要解决物品在供需之间在时间和空间上的分离,是物流创造时间效用和地点效用的主要功能要素,因而在物流系统中占有重要地位。

(3) 支撑要素。物流系统的建立和运行所涉及的范围十分广泛,需要许多支撑要素。特别地,物流系统处于复杂的社会经济大系统中,需要确立物流系统自身的地位,需要协调与其他子系统的关系,因而支撑要素必不可少。物流系统的支撑要素主要包括体制与制度、法律与规章、行政命令、标准化系统。

(4) 物质基础要素。物流系统的建立和运行,需要大量的技术装备手段。这些手段及其有机联系对物流系统的运行具有决定意义,对实现物流功能也必不可少。物流系统的物质基础要素主要包括物流设施(如物流站、货场、物流中心、仓库、物流线路、公路、铁路、港口等)、物流装备(如仓库货架、进出库设备、加工设备、运输设备、装卸机械等)、物流工具(如包装工具、维护保养工具、办公设备等)、信息技术及网络(如通信设备及线路、传真设备、计算机及网络设备等)、组织及管理。其中,组织及管理是物流网络的"软件",起着运筹、连接、协调、指挥、调节各要素的作用,以保证物流系统目标的实现。

5. 物流系统的特点

物流系统除了具备一般系统所共有的特性,即目的性、整体性、相关性和环境适应性外,还具有规模庞大、结构复杂、目标多元等大系统所具有的特征。

(1) 物流系统是一个"人—机系统"。物流系统由人和形成劳动手段的设备、工具所组成,它表现为物流劳动者运用运输设备、装卸搬运机械、仓库、港口、车站等设施,作用于物资的一系列生产活动。在这一系列的物流活动中,人是系统的主体。因此,在研究物流系统时,应将人和物有机结合,将它们作为不可分割的整体加以分析和考察,而且始终把如何发挥人的主观能动性放在首位。

(2) 物流系统是一个大跨度系统。这反映在两个方面,一是地域跨度大,二是时间跨度大。在现代经济社会中,企业的物流活动常常会跨越不同地域,国际物流的地域跨度更大。此外,由于生产与消费在时间上并不完全一致,因此必须通过储存来解决生产与需求之间的时间差，这样时间跨度往往也很大。大跨度系统带来的问题主要是管理难度大，对信息的依赖程度高。

(3) 物流系统是一个动态系统。物流系统是一个满足社会需要、不断适应环境变化的动态系统。为适应环境的变化，有必要对物流系统及其组成部分进行优化。这就要求物流系统必须具有足够的灵活性与可改变性。在环境发生剧烈变化的情况下，物流系统甚至需要重新进行设计。

(4) 物流系统是一个可分的系统。一般而言，物流系统可以划分为更小的子系统。如物流系统可以分为物流信息系统和物流作业系统，物流作业系统又可分为物资包装子系统、装卸搬运子系统、运输子系统、仓储子系统、流通加工子系统、配送子系统等。

(5) 物流系统是一个复杂系统。物流系统的构成要素多、活动范围广、时空跨度大，横跨生产、流通、消费三大领域，因而是一个复杂的系统。要协调好物流系统各个环节的关系，必须合理组织和有效利用人力、物力和财力等资源，管理难度极大。

(6) 物流系统存在二律背反性。在物流系统中，二律背反现象普遍存在。所谓二律背反，是指物流系统的服务水平与物流成本之间、构成物流成本的各个环节费用之间、物流系统的各功能要素之间以及各个子系统的功能和所耗费用之间的制约关系。

① 物流服务和物流成本间的制约关系。一般而言，随着物流系统服务水平的提高，物流费用也要增加。例如，实施JIT配送，在服务水平提高的同时送货费用也增加了；要降低缺货率，必然要提高库存保有率，相应地，库存费用也会增加。物流服务和物流成本间的制约关系如图3-2所示。

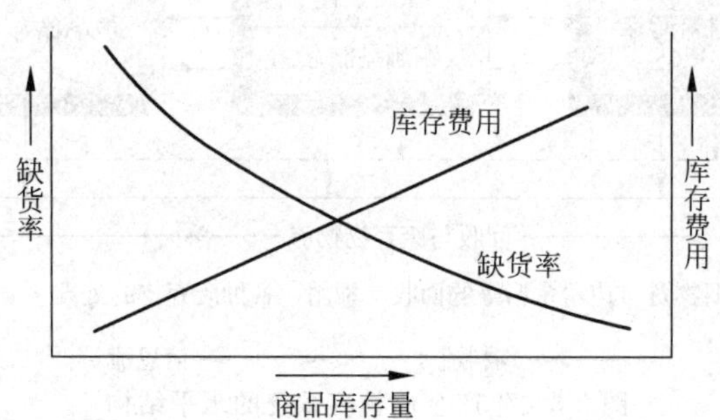

图3-2　物流服务和物流成本间的制约关系

② 物流系统的功能要素间的制约关系。例如，货物高层堆码可提高库房空间利用率，提高保管的效率，但货物拣选不方便，拣选效率下降。

③ 构成物流成本的各环节费用间的制约关系。例如，满载运输可降低单位产品的运费，但导致仓储费用上升。追求包装费用的节省，会影响其在运输、储存过程中的保护功能和方便功能，造成经济损失。

④ 各子系统的功能和所耗费用间的制约关系。例如，为了增强信息系统的功能，就必须购买硬件设备和开发计算机软件。为了增加仓库的容量和提高进出库的效率，也必须进行投资。

由此可见，物流系统的二律背反主要体现在“效益背反”或“交替损益”上。即追求局部最优往往会导致整体恶化。因此，需要协调好物流系统各要素间的关系，以实现整体最优。

6. 物流系统化

物流系统化也称物流一体化，是把物流各要素作为一个有机的整体进行设计和管理，以最佳的结构、最好的配合,充分发挥其系统功能和效率,实现物流系统的整体优化。包括企业物流一体化、供应链物流一体化和社会物流一体化三个层次。物流系统化要实现5S目标,即为用户提供优质服务(service)、按客户的要求将货物快速(speed)送达、物流系统的规模优化(scale optimization)、合理的库存控制(stock control)、节约用地和空间(space saving)。在推进物流系统化时应遵循计划化、大量化、共同化、短路化、自动化、标准化和信息化等原则。

3.1.2 生产企业物流系统的结构

生产企业物流是指工业企业在生产经营过程中,从原材料的采购供应开始,经过生产加工,一直到产成品销售,以及伴随着企业生产经营活动所产生的废旧物资回收、废弃物的处理等过程中发生的物流活动。从功能上看,生产企业物流包括工业企业在生产经营过程中所发生的加工、检验、搬运、储存、包装、装卸、配送等物流活动。

1. 生产企业物流系统的水平结构

根据物流活动发生的先后顺序,可将生产企业物流系统划分为供应物流、生产物流、销售物流、回收与废弃物物流四部分,如图3-3所示。

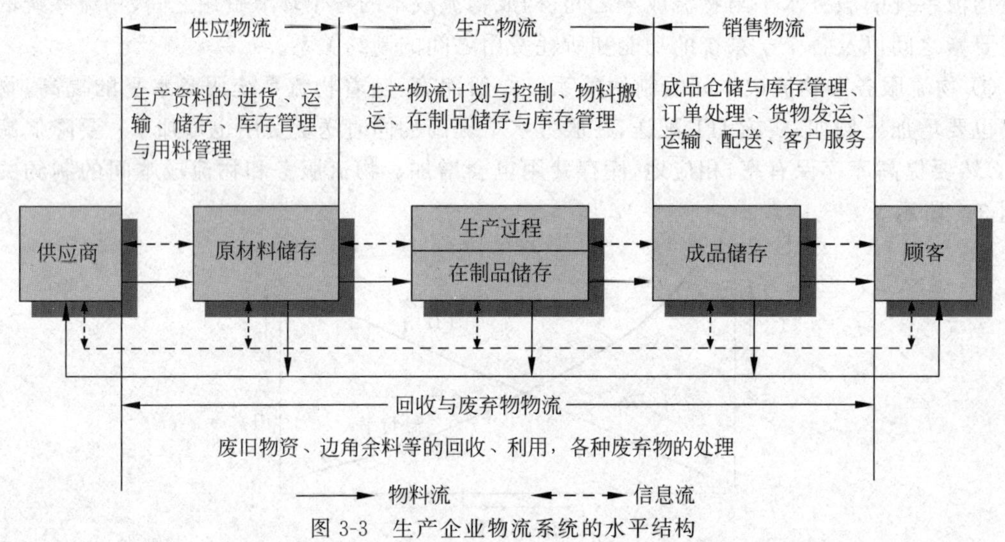

图3-3 生产企业物流系统的水平结构

(1) 供应物流。供应物流包括原材料等一切生产资料的进货、运输、储存、库存管理与用料管理等活动。

(2) 生产物流。生产物流包括生产物流计划与控制、物料搬运、在制品储存与库存管理等活动。

(3) 销售物流。销售物流包括成品仓储与库存管理、订单处理、货物发运、运输、配送、客户服务等活动。

(4) 回收与废弃物物流。回收与废弃物物流包括废旧物资、边角余料等的回收、利用,各种废弃物(废料、废气、废水等)的处理等活动。

2. 生产企业物流系统的垂直结构

在竖直方向,生产企业物流系统通过管理层、控制层和作业层三个层次的协调配合来实现其总功能。生产企业物流系统的垂直结构如图3-4所示。

(1) 管理层。其任务是对整个企业物流系统进行统一的计划和控制,以形成有效的反馈约束和激励机制,主要工作内容包括物流系统战略规划、物流系统控制与绩效评估。

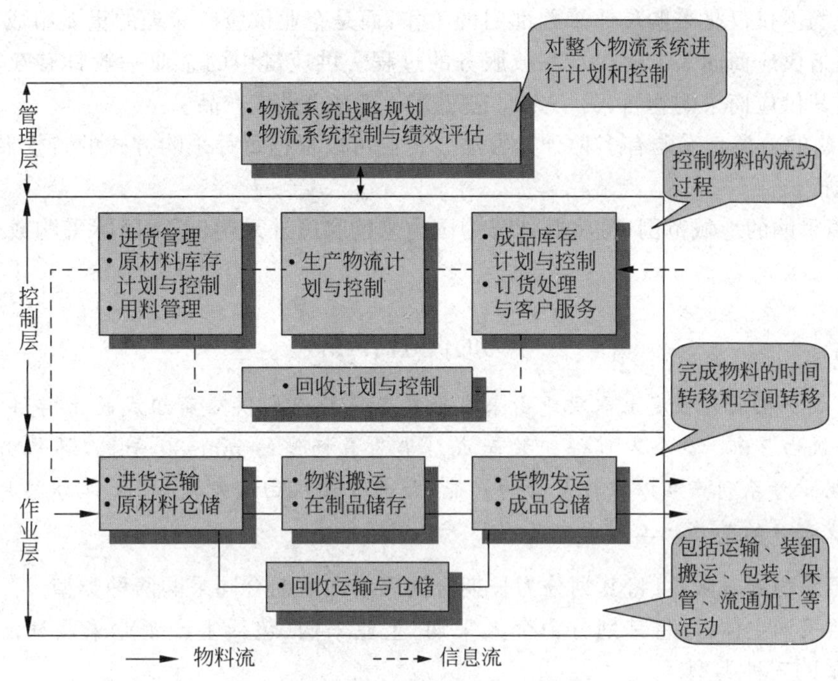

图 3-4 生产企业物流系统的垂直结构

(2) 控制层。其任务是控制物料的流动过程,主要工作内容包括订货处理与客户服务、成品库存计划与控制、生产物流计划与控制、用料管理以及进货管理等活动。

(3) 作业层。其任务是完成物料的时间转移和空间转移,主要工作内容包括进货运输、货物发运、装卸搬运、包装、保管以及流通加工等活动。

由此可见,企业物流活动几乎渗透到了企业的所有生产活动和管理活动中,对企业经营的影响不言而喻。

3.1.3 采购与供应物流

有形采购需要物流活动的支撑。在供应链管理时代,采购中的物流活动(有企业称为采购物流)与传统供应物流(如企业生产线的配送,属于生产企业厂内物流的一部分)有机融合,逐渐发展为现代供应物流,成为企业物流的重要组成部分。而企业的采购支出通常占企业销售收入 40%~60%的比重,这对供应物流乃至企业物流的影响不言而喻。具体来说,企业的采购需求高度影响供应物流服务需求的特性,如供应物流运作的时间、频次与物流作业批量。

1. 采购与供应

(1) 采购与供应的内涵。采购是指在市场经济条件下,在商品流通过程中,企业或个人为获得商品,对获取商品的渠道、方式、质量、价格和时间等进行预测、抉择,把货币资金转化为商品的交易过程。采购有明显的商业性,包括购买、储存、运输、接收、检验及废料处理等活动。采购涉及商流活动,在有形采购中也涉及物流活动。供应物流是有形采购的重要组成部分。

采购与供应的关系

狭义的采购是指购买物品,即通过商品交换和物流手段从资源市场获取资源的过程。对企业而言,即是根据需求提出采购计划,审核计划,选择供应商,通过谈判商定价格以及交货的时间、地点、方式等条件,双方签约并按合同条款收货付款的过程。广义的采购是指除了以购买方式占有物品之外,还可以通过租赁、借贷、交换等途径取得物品的使用权,以达到满足需求之目的。采购不仅仅是采购员或采购部门的工作,而是企业供应链管理的重要组成部分。

供应是指供应商向买方提供产品或服务的过程。供应链中的企业一般具有双重身份,一方面它要向其供应商采购物料,另一方面它又要向其客户供应产品。

(2) 采购的分类。采购有多种分类方法。企业可以根据每种采购方式的特点及本企业的需要合理选择。

① 按照采购的地域范围,可将其划分为国内采购和国外采购(也称国际采购或全球采购)两种类型。

华为的供应商网络

华为的成功在很大程度上取决于由来自世界各地的优秀供应商组成的上游供应商网络。一部智能手机由2 000多个零部件组装而成。华为最畅销的mate30手机,屏幕由京东方提供,三星提供少量系列产品以保证足够的产能,大部分相机由索尼定制,大部分芯片代工由台积电提供,少部分的芯片代工则由中芯国际等公司承担。

② 按照采购的时限,可将其划分为长期合同采购和短期合同采购两种类型。

③ 按照采购主体,可将其划分为个人采购、企业采购(包括生产企业采购和流通企业采购)和政府采购三种类型。

④ 按照采购输出的结果(即采购内容),可将其划分为有形采购和无形采购两种类型。

⑤ 按照采购对象与企业生产活动是否直接相关,可将其划分为生产性采购(如原材料、零部件等的采购)和非生产性采购(如办公用品、研发用品、MRO[1] 等的采购)两种类型。

⑥ 按照采购制度,可将其划分为集中采购、分散采购和混合采购三种类型。

统一企业集团的采购模式

我国台湾统一企业集团是以食品制造、销售为核心主业的企业集团,集团公司总部考虑到下辖的次集团、子公司所需要的原材料中有许多是相同的,为提高采购的议价能力,降低采购成本,获取优质的原材料,特以台湾作为平台进行了两岸共购尝试,并获得成功。具体而言,像香精、香料、调味粉、脱水蔬菜、食品添加剂、塑料包材(塑料包装物)等,总部将各分公司的需求集中起来在全球范围内统一采购。像香精、香料等,仅从全球最有名的三家公司——国际香精、芬美意、奇华顿采购。除了集团统购的原材料以外,其余的原材料需根据各公司的具体情况自行采购。对成都统一企业而言,一些具有地方特色的原料或调味品,像面粉、棕榈油、酱油、醋、黄油等必须尽量满足当地消费者的口味需求,因此,由公司管理部就近进行采购以降低成本。

想一想 统一企业集团的采购类型是哪一种?为什么?

2. 采购与供应管理

(1) 采购与供应管理的内涵。采购管理是指为了实现生产或销售计划,从适当的供应商那里,在确保质量的前提下,在适当的时间,以适当的价格,购入适当数量的商品所采取的一系列管理活动。

供应管理是指为了保质、保量、经济、及时地供应生产经营所需要的各种物品,对采购、储存、供料等一系列供应过程进行计划、组织、协调和控制,以保证企业经营目标实现的管理活动和过程。采购管理是以交易为导向的"战术职能",而供应管理则是以流程为导向的"战略职能"。随着供应管理的发展,企业对其

供应管理

战略职能越来越认同,事实上,许多企业正在用"供应管理"或"采购与供应管理"来替代"采购管理"的传统称谓,这充分反映了采购职能的变迁。

如何有效把握采购集分权的度

(2) 采购与供应管理的目标。采购与供应管理的总目标是以最低的总成本为企业提供满足其生产经营所需的物料和服务。为此,就要按照适时、适量、适质、适价、适地的原则做好采购与供应工作,要协调好这些常常相互冲突的分目标之间的关系,以实现采购与供应绩效的最大化。

采购与供应管理的具体目标包括:保证供应的连续性,确保企业正常运转;发展有竞争力的供应商;建立供应商伙伴关系;等等。通过加强供应商关系管理,促使供应商不断降低成本,提高产品质量。

(3) 采购与供应管理策略。要实现采购与供应管理的上述目标,就需要正确地运用以下采购与供应管理策略。

案例:宜家公司的采购与供应管理

① 通过选择可靠的供应商来确保供应质量;

② 实施AB角制[2],使企业采购与供应商保持适度的竞争与合作关系;

③ 科学确定订购批量与订购时间,降低采购成本;

④ 灵活运用ABC分类法,加强重点管理。具体而言,企业应加强对A类物品的管理,多频次小批量采购,提高其库存周转率,降低库存资金的占用。对于不同类型供应商,也应采取分类管理策略。企业应加强与重点(关键)供应商的合作,建立战略伙伴关系(供应商伙伴关系);对于普通供应商,宜保持一般的合作关系。对于制造企业而言,原材料和零部件的采购最为频繁,要加强对原材料供应商的日常管理;对于设备类物品采购,一次性投资大,在设备的维护保养、维修、技术升级等售后服务方面需要与供应商建立良好的沟通与合作,因此选择能提供优质服务的供应商十分重要;对于办公用品采购,一般尽可能选择少数供应商,保持长期的合作关系,以获得批量优惠。

传统采购流程

采购流程的重要性

基本采购流程

采购业务流程与采购管理流程的关系

采购订单的跟踪与跟催

对采购货物验收结果的处理

采购人员与仓储人员职责的划分与配合

采购相关单据的共性要素

采购中的货损由谁来承担

采购价格术语

3. 采购流程及其变革

(1) 传统采购流程。一般而言,传统采购包括以下基本流程。

① 确认需求,制订采购计划。首先由企业内部需求部门提出采购申请,计划部门审核通过后,授权采购部门采购。采购部门在此基础上制订采购计划。

② 供应源搜寻与分析。接下来,采购部门要了解供应市场以及供应商的情况。为此,需要开展供应源调查,包括调查了解资源市场的规模、容量、性质和环境。并在此基础上,根据需要有选择地进行供应商初步调查和深入调查。

③ 供应商评估与选择。采购部门从供应商的产品质量、供应价格、交货期(前置期)、技术水平、供应能力、地理位置、信誉、可靠性、交货准确率、售后服务、快速响应能力等方面对供应商进行综合评估,并在评估的基础上选择符合企业需要的供应商。

④ 谈判与签约。由采购部门负责与供应商进行谈判。要求能正确地运用谈判策略,在满足质量要求的前提下,尽量从供应商处获得优惠的价格和交付条件。在双方达成一致的基础上,与供应商签订采购合同。采购合同是一份经济文件,一旦生效后即具有法律效力,将会约束供购双方的行为,同时,它也是日后解决纠纷的依据。因此,议价、定价、谈判、签约这一环节非常重要。

⑤ 下达采购订单。若供购双方已在采购合同中明确规定了采购的频次与方式,则无须再向供应商签发采购订单。但在一般情况下,买方需要根据企业生产计划或销售计划动态地调整采购信息(如物料需要的时间与数量等),因此,这一环节一般也不能缺少。

⑥ 订单跟踪与跟催。为了确保货物符合买方要求并按时送达,采购部门应监督供应商按时送货,防止违约,保证订单的顺利执行。

⑦ 验货收货。由收货部门按照采购合同或订单的要求,对收到的货物进行验收,以确保货品的质量、数量与采购要求相符。

⑧ 核票付款。核对供应商支付的发票并划拨货款。收到供应商的发票时,须将采购订单、货物验收单、发票三个凭证进行核对。对于确认已履行的订单进行结算并划拨款项。

⑨ 记录维护。即由采购部门把与订单有关的文件副本进行汇集归档,并把需保存的信息转化为相关记录。

⑩ 绩效评估。定期或不定期地对采购绩效进行评估,目的是发现企业在采购及采购管理中存在的问题,以便进一步改善。同时,评估结果也是对采购部门及相关人员进行奖惩的依据。

传统采购流程如图 3-5 所示。

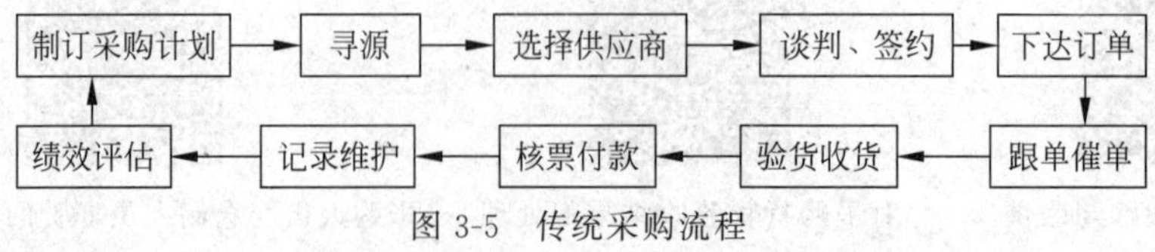

图 3-5 传统采购流程

在目前电子采购、准时采购(JIT 采购)、全球采购等新的采购方式不断出现,新型供应商伙伴关系初见端倪的情况下,企业的采购流程已悄然变革,流程环节减少,流程效率不断提高。

需要说明的是,一个完善的采购流程应满足所需物料在价格与质量、数量、区域之间的综合平衡。即能满足物料价格在供应商中的合理性,物料质量在制造所允许的极限范围内,物料数量能够保证满足生产的连续性,以及物料采购区域的经济性等要求。此外,采购流程通常会跨越企业内几个职能部门(生产、物流、质检、财务等),而一个有效的采购流程通常是这些部门协调一致的产物。

(2) 采购流程的变革如下。

案例

惠普公司的采购流程再造

惠普公司在采购方面一贯是放权给下面的,50 多个制造单位在采购上完全自主,因为他们最清楚自己需要什么,这种安排具有较强的能动性,对于变化着的市场需求有较快的反应速度。但是对于总公司来说,这样可能损失采购时的数量折扣与优惠。现在,惠普公司借助信息技术手段再造其采购流程,总公司与各制造单位使用一个共同的采购软件系统,各部门依然是订自己的货,但必须使用标准采购系统。总部据此掌握全公司的需求状况,并派出采购部与供应商谈判,签订总合同。在执行合同时,各单位根据数据库,向供应商发出各自的订单。这一流程再造的结果是惊人的,公司的发货及时率提高 150%,交货期缩短 50%,潜在顾客丢失率降低 75%,并且由于折扣,使所购产品的成本也大为降低。

微课:IBM公司的采购流程再造

① 传统采购模式的弊端。从效率和有效性来审视,传统采购模式存在诸多弊端。主要表现在:第一,信息私有化、不能共享。即供需双方都尽量隐瞒本企业的信息,不能实现信息共享。第二,缺乏有效合作。即供需双方是临时或短期的合作,这种关系造成了竞争多于合作,增大了采购中的不确定性,加大了采购的风险。第三,不能快速响应市场需求的变化。由于供需双方缺乏有效的信息沟通,在市场需求变化的情况下,采购企业不能改变与供应商签订的订货合同,导致在市场需求减少时库存增加,而在市场需求增加时又出现供不应求的局面。第四,传统采购质量控制难度大。对质量和交货期进行事后把关,使采购企业很难参与供应商的生产过程和有关质量控制活动。

传统采购的特点

② 采购流程变革的驱动因素。经济发展的三大趋势影响和推动着采购流程的变革。第一,全球经济一体化趋势日益明显,跨国公司的全球战略正逐步推行,全球采购已成为跨国公司全球战略的重要组成部分;第二,随着电子商务的发展,电子采购应运而生,B2B 和 B2C 正成为众多公司延伸其采购和营销业务的重要手段;第三,合作与竞争的思想促使大量的采购行为向供应链方向延伸、扩展。

采购流程变革的动因和方向

③ 采购流程变革的方向。同传统的采购流程相比,现在许多企业已经采取供应链管理策略改进其与供应商之间的关系,基于信息技术的协同采购正成为现代企业采购流程的核心,也称为基于供应链环境下的电子化协同采购流程。它包括企业内部协同、外部协同,强调协同采购的理念。其目标是要实现从"库存采购"向"订单采购"转变,从采购管理向外部资源管理转变,从一般买卖关系向战略伙伴关系转变。通过实施最佳的供应商组合,建立稳定的供应商伙伴关系,力求实现供应链价值的最大化。这一策略有助于供需双方加强合作,消除非增值环节,提高业务流程效率,降低运作成本;有助于缩短产品研发周期,从源头上改进产品质量,改善产品交付性能;有助于企业为客户提供更多的增值服务。

新兴技术在采购与采购管理中的应用

企业利用人工智能(AI)技术可以优化采购管理决策,简化/优化采购流程,进行基于知识图谱的智能寻源,优化采购谈判方案,对谈判对手进行预期管理(通过AI摸清谈判对手的底线和谈判逻辑),实现采购合同签订与管理及采购支出任务线上化/流程化/自动化,优化供应商关系管理(SRM)及识别新的供应商。

企业借助机器学习(ML)技术可以进行采购需求预测及采购货物的运输延迟预测,可以将供应商数据连接到供应商层次结构中以实现供应商匹配,以及进行采购支出分析等。

企业借助机器人流程自动化(RPA)技术可以实现以下流程:当库存量下降到订货点时系统自动向供应商下达采购订单;当采购货物的货损值达到某个标准值时系统自动将信息传递给有关人员;采购货物在系统入库后自动进入付款流程等。

区块链(BC)技术被称作第四次工业革命的发动机,其在政府采购中最重要的价值是提供海量数据共享的技术支撑手段,能够促进"互联网+政府采购"的发展,在大数据共享保障方面具有技术优势。此外,该技术还被应用于协同采购及战略采购风险管理等领域。

4. 典型的采购模式

德国大众汽车公司的采购模式

德国大众汽车公司把所需采购的零配件按使用频率分为高、中、低三个部分,把所需采购的零配件按其价值分为高、中、低三个部分,使用频率和价值都高的零配件为需要即时供应的零配件,这些零配件所占的比例目前为20%。某种需要即时供应的配件在12个月前,供方通过联网的计算机得到需方的需求量,这个需求量的准确性较差,误差为±30%;在三个月前供方又从计算机得到较准确的需求量,误差为±10%;在一个月前供方得到更近似的需求量,误差为±1%;在需要前一个星期获得精确的需求量,这批配件在供货的头两天开始生产,成品直接运到大众汽车公司的生产线上。借助计算机信息网络和高质量的生产,供应商不仅为用户即时供应所需的配件,而且供应商也得到相应的信息。通过有效的即时供应,能使生产企业库存下降4%,运输费用降低15%。

目前,企业流行的采购模式主要有电子采购(包括买方模式、卖方模式、第三方模式)、准时采购(JIT采购)、全球采购、绿色采购、招标采购(包括公开招标采购、邀请招标采购、两段式招标采购等方式)、询价采购、竞争性谈判采购以及单一来源采购等。

(1) 电子采购。电子采购(E-procurement)是指"利用计算机技术和网络技术与供应商建立联系,并完成获得某种特定产品或服务的商务活动"(GB/T 18354—2021)。换言之,电子采购是以计算机技术、网络技术为基础,以电子商务软件为依托、互联网为纽带、EDI电子商务支付工具及电子商务安全系统为保障的即时信息交换与在线交易的采购活动。

电子采购的特点及发展趋势

电子采购也称网上采购,是一种很有前途的采购模式。其基本原理是,采购人员通过在网上搜寻所需采购的商品、在网上寻找供应商、网上洽谈贸易、网上订货甚至网上支付货款,最终实现进货作业,完成全部采购活动。其特点可归纳为网上寻源、网上议价、网上订货、网上支付、电子物流。

与传统采购模式相比，电子采购主要具有以下优势：①能够优化采购与供应管理工作。通过电子采购，有利于企业实时了解资源市场信息，科学地制订采购计划；有利于加强供应商管理，优化供应网络。②通过减少业务环节，有利于优化采购与供应流程。③通过无纸化作业，有利于减少出错率。④借助电子采购平台，选择供应商的范围更广。⑤能跟踪了解采购业务是否符合公司的采购政策。⑥使招标采购流程简化并标准化。⑦为采购投标创建竞争环境，有利于获得价格优势。⑧有利于提高采购工作的规范性。⑨有利于提高采购效率，降低采购成本。⑩有利于改善客户服务水平，提高客户满意度。

(2) 准时采购。准时采购也称JIT(just in time)采购，是一种以满足用户需求为目的的采购模式。该采购模式以满足用户需求为根本出发点，通过变革采购方法并优化采购业务流程，使采购与供应业务既能灵敏地响应生产的变化，又使原材料、零部件等生产资源向零库存趋近。

准时(JIT)采购

准时采购的基本思想：在适当的时间、适当的地点，以适当的方式和适当的成本从上游供应商处采购并使之向企业提供适当数量和适当质量的产品。

与传统采购相比，JIT采购具有以下主要特点：①供应商的数量更少；②对供应商的选择标准更严；③对交货准时性的要求更高；④供需双方高度信息共享；⑤多频次小批量采购。

准时采购与传统意义上企业为补充库存而进行的采购有着本质上的区别，它是一种直接面向需求的采购模式，换言之，用户需要什么(what)、需要多少(quantity)、何时需要(when)、货品送到哪里(where)，完全取决于用户的需求。该采购模式要求供应商多频次小批量地供货，而且直接将货品送达需求点上，因而优化了采购与供应流程，降低了供需双方的库存，是一种科学、理想的采购模式。

(3) 全球采购。全球采购也称国际采购或国外采购，主要是指国内企业直接向国外供应商采购所需要物资的购买行为。

沃尔玛的全球采购

沃尔玛的全球采购是指某个国家的沃尔玛店铺通过全球采购网络从其他国家的供应商进口商品，而从该国供应商进货则由沃尔玛公司的采购部门负责采购。在这个全球采购总部里，除了四个直接领导采购业务的区域副总裁向总裁汇报以外，总裁还领导着支持性和参谋性的总部职能部门。全球采购总部是沃尔玛全球采购网络的核心，也是沃尔玛全球采购的最高机构。沃尔玛在深圳设立全球采购总部，不仅能在这里采购到质量、包装、价格等方面均具有竞争力的优质产品，更重要的是，深圳顺畅、便捷的物流系统及发达的海陆空立体运输网络，特别是华南地区连接全球市场的枢纽港地位，将为沃尔玛的全球采购赢得更多的时间，带来更多的便捷。

全球采购有如下一些优点。首先，对采购产品的质量有较高要求的企业，特别是一些大型跨国公司，通过国外采购可扩大供应商的选择范围，买方有可能获得高质量的产品。其次，买方都希望能降低采购成本，国外一些大公司往往能提供更具价格竞争力的产品。再次，全球采购能增强企业参与全球化国际竞争的能力，有利于企业的长远发展。最后，通过国际采购还可以获得在国内无法得到的商品，尤其是一些高科技产品，如计算机的芯片等。因此，虽然全球采购具有流程长、环节多、风险高等不足，但仍然不失为一种重要的采购途径。

(4) 绿色采购。绿色采购(green procurement)是指政府和企业利用庞大的采购力量，优先购买对环境负面影响小的环保产品,以促进政府和企业环境行为的改善。绿色采购有利于减轻对环境和人体的危害,有利于扶持绿色产业、促进国民经济的可持续发展,有利于引导消费、促进绿色市场的形成。

厦门大学的绿色采购需求管理

厦门大学加强对政府采购需求的管理,综合考虑节能、节水、环保、循环等因素,将绿色采购需求嵌入采购文件(如该校在采购文件中对包装材料的重金属含量等指标提出了明确要求),在采购评审标准和方法中体现绿色采购导向。该校深入推进绿色采购管理,通过多措并举,取得了显著成效。

5. 供应物流管理

(1) 供应物流的内涵。供应物流是指"为生产企业提供原材料、零部件或其他物料时所发生的物流活动"(GB/T 18354—2021)。传统意义上,供应商或需方将企业采购的物料运送到厂内仓库称为采购物流,而将从本企业内部仓库取货搬运到车间、工段、生产线,以满足各生产工艺阶段对原材料、零部件、燃料、辅料等生产资料的制造需求的物流活动称为供应物流。随着采购供应一体化、第三方物流分工专业化等趋势的产生和发展,采购物流前向延伸到了车间、工段和生产线,而供应物流则后向扩展到了传统的采购物流阶段,在很多情况下由供应商或第三方物流公司(TPLs)将企业生产所需的物料直接送上生产线,从而实现了采购物流与供应物流的一体化(即采购物流与供应物流合二为一),统称供应物流,如图 3-6 所示。

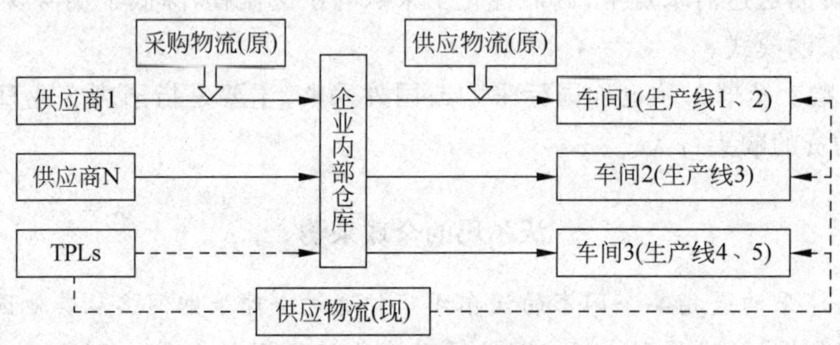

图 3-6 供应物流的演变

可见,采购与供应物流是企业生产经营活动的重要组成部分,它是企业生产得以正常进行的重要保障。不但供应商所供物料的数量、质量、时间直接影响到企业生产的连续性与稳定性,而且采购与供应成本直接影响到产品的生产成本。因此,供应物流对企业正常生产、高效运转起着重要作用。它不仅对生产能起到供应保证作用,还是一项以最低成本、最少消耗、最快的速度保证生产的企业重要物流活动。

(2) 进货管理。一般来说,进货是将采购订货成交的物资由供应商仓库运输转移到采购者仓库的过程,进货过程关系到采购成果价值的最终实现,关系到企业的经营成本和采购物资质量的好坏,因此,进货管理是采购与供应管理中非常重要的一环。

① 进货方式。通常,有三种可供企业选择的进货方式,即买方自提进货、供应商送货、供应物流外包。

a. 买方自提进货。自提进货,即在供应商的仓库里交货,交货以后的供应物流活动(如运输、搬运等)全部由采购一方承担。对于这种进货方式,主要应抓好以下五个环节的管理工作:

货物清点(包括品名、规格、数量、质量等);装车(包括包装、装卸、搬运等);运输(包括运输方式、中转方式、运输路线的选择以及运输时间和运输安全等);中转(包括不同运输方式之间的转接以及不同运输路段的转接);验收入库(对货品更严格的数量清点和质量检验,是进货的结束与保管的开始)。

b. 供应商送货。对采购方来说,这是一种比较简单的进货方式。它基本上省去了整个进货管理环节,把整个进货管理任务以及进货途中的风险都转移给了供应商,只参与最后一个环节的入库验收工作。而入库验收也主要是供应商和保管员之间的交接,进货员最多只提供一个简单的协助而已。

c. 供应物流外包。即将进货外包或委托第三方进货。采用这种方式,买方把进货管理的任务和进货途中的风险转移给了第三方物流公司。它有利于发挥第三方物流公司的自主处理、联合处理和系统化处理的作用,有利于降低采购方的供应物流运作成本。对于这种进货方式,主要应抓好"两次三方"的交接管理以及合同签订与合同履行的管理控制工作。所谓"两次三方"的交接,第一次是供应商与第三方物流公司之间的交接,第二次是第三方物流公司与采购方保管员之间的交接。交接工作主要涉及对货物数量与质量的检查验收。而合同签订则包括供应商、第三方物流公司和采购方三方相互之间的合同签订事宜。在具体签订合同时,力求条款清楚,各方的责任、权利、义务明确。通过合同治理,规范各方的行为,达到管理控制的目的。

② 进货管理的基本原则。进货是一项环节多、涉及面广、环境复杂、风险大的工作。因此,加强进货管理意义重大。其目标是要提高进货管理的效率和效果,既要减轻负担,又要降低风险。加强进货管理,一般应遵循以下基本原则。

a. 进货方式选择的原则。在选择进货方式时,要根据进货难度和风险大小进行选择。基本原则是要选择对企业有利的进货方式。

对于进货难度和风险大的进货任务,首选委托第三方物流公司进货的方式,次选供应商送货方式,一般不宜选择用户自提进货方式。委托第三方物流公司进货,可以充分利用其资源优势、技术优势和专业化优势,提高进货效率、提高供应物流质量,降低进货成本,又可以减轻供应商在企业进货环节的工作量及企业的进货风险,对参与各方都有利。

对于进货难度小和风险小的进货任务,首选供应商送货的进货方式。例如,同城进货、短距离进货,可以充分发挥这种方式环节少、效率高、节省采购业务工作量以及风险低的优势。次选买方自提货进货方式,虽然买方自提效率高、费用省,但风险就落到了采购商的身上。

b. 安全第一的原则。在进货管理中,要把安全问题贯穿始终。货物安全、运输安全和人身安全,是进货管理首要考虑的因素。要把安全工作具体落实到包装、装卸、搬运、运输、储存各个物流环节中,制定措施,严格管理,保证进货过程不出现安全事故。

c. 成本效益统一的原则。在进货管理中,也要遵循成本和效益相统一的原则。效益包括经济效益和社会效益,同时也要考虑运输安全。所谓社会效益,就是要有环保意识,要减少环境污染、维护生态平衡,要减轻社会交通紧张的压力,不能片面追求成本低而盲目超载,一味追求"短路化"而违反交通规则以及破坏城市公共交通秩序等。

d. 总成本最低的原则。在进货管理中,客观上存在多个环节、多个利益主体。因此,在进货各个环节都会发生相应的成本费用。若进货方案发生变化,可能会导致某个环节费用的节省,却有可能导致另一个环节费用的增加。因而考虑成本,不能孤立地考虑某一个环节、某一个利益主体,而是要综合考虑各个环节与各个利益主体的成本之和,也就是供应物流的总成本。所以,进货方案的优劣,进货管理效果的好坏,也应该用总成本最小作为评价的标准。

3.1.4 生产物流管理

1. 生产物流认知

(1) 生产物流的概念。生产物流是指“生产企业内部进行的涉及原材料、在制品、半成品、产成品等的物流活动”(GB/T 18354—2021)。它是按照工厂布局、产品生产过程和工艺流程的要求,实现原材料、配件、半成品等生产资料在工厂内部供应库与车间、车间与车间、工序与工序、车间与成品库之间的流转。换言之,生产物流是从生产企业原材料的购进入库起,经过加工转化得到产成品,一直到成品库止这一全过程的物流活动。生产物流是工业企业所特有的,它和生产流程同步。如果生产物流流程中断,生产过程也将随之停止。生产物流合理化对工业企业的生产秩序、生产成本有很大影响。生产物流均衡稳定,可以保证加工对象的顺畅流转,缩短工期。加强生产物流的管理和控制将有利于在制品库存的减少和设备负荷的均衡化。

工厂搬运与装配

(2) 生产系统中的物料流与信息流。在生产过程中,各种原材料、在制品、产成品在企业各生产部门之间流动,始终处于运输或储存的状态,该流动过程构成了生产系统的物料流;此外,企业接受客户的订单,将其转化为指导生产的各种生产计划,在生产计划的执行过程中,需要对各生产部门的实绩信息进行收集、整理,反过来对生产计划进行调整和对生产过程进行控制。在企业各部门之间流动的各种信息,构成了生产系统的信息流。生产系统中的物料流与信息流如图 3-7 所示。

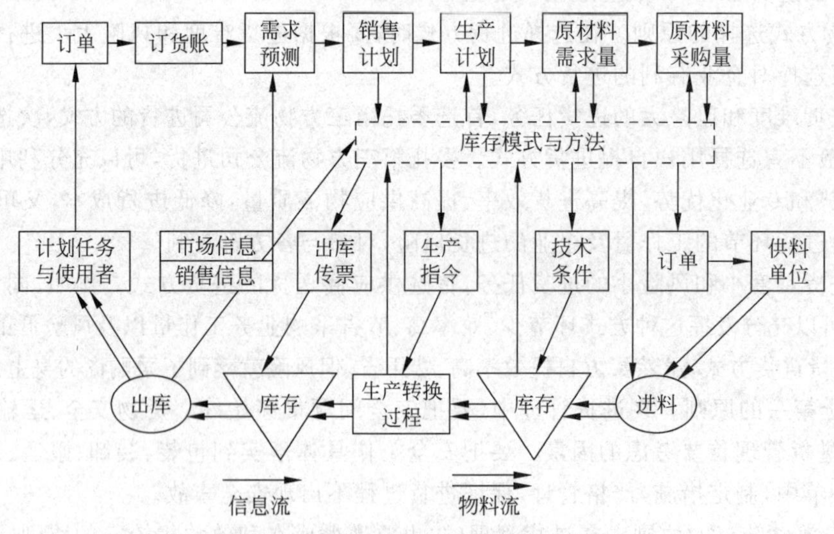

图 3-7 生产系统中的物料流与信息流

(3) 生产物流的基本特征。制造企业的生产过程实质上是每一个生产加工过程“串”起来时出现的物流活动,因此,一个合理的生产物流过程应该具有以下基本特征,才能保证生产过程始终处于最佳状态。

① 连续性、流畅性。它是指物料总是处于不停的流动状态,包括空间上的连续性和时间上的流畅性。空间上的连续性要求生产过程各个环节在空间布置上合理紧凑,使物料的流程尽可能短,没有迂回往返现象。时间上的流畅性要求物料在生产过程各个环节的运动,自始至

终处于连续流畅的状态，没有或很少有不必要的停滞与等待现象。

② 平行性。它是指物料在生产过程中应按照平行交叉方式流动。平行是指相同的在制品同时在数道相同的工作地(机床)上加工流动；交叉是指一批在制品在上道工序还未加工完时，将已加工完成的部分在制品转移到下道工序加工。平行交叉流动可以大大缩短产品的生产周期。

③ 比例性、协调性。它是指生产过程的各个工艺阶段之间、各工序之间在生产能力上要保持一定的比例以适应产品制造的要求。比例关系表现在各生产环节的工人数、设备数、生产面积、生产速率和开动班次等因素之间相互协调和适应，所以，比例是相对的、动态的。

④ 均衡性、节奏性。它是指产品从投料到最后完工都能按预定的计划(一定的节拍、批次)均衡地进行，能够在相同的时间间隔内(如月、旬、周、日)完成大体相等的工作量或稳定递增的生产工作量。很少有时松时紧、突击加班的现象出现。

⑤ 准时性。它是指生产的各阶段、各工序都按后续阶段和工序的需要生产，即在需要的时候，按需要的数量生产所需要的零部件。只有保证准时性，才有可能实现上述连续性、平行性、比例性和均衡性。

⑥ 柔性、适应性。它是指加工制造的灵活性、可变性和可调节性。即在短时间内以最少的资源从一种产品的生产转换为另一种产品的生产，从而适应市场的多样化、个性化需求。

(4) 生产物流的影响因素。一般而言，企业的生产类型、生产规模、专业化和协作化水平对生产物流有显著影响。

① 生产类型。不同生产类型的企业，其产品品种、结构的复杂程度、精度等级、工艺要求及设备不尽相同。这些特点影响着生产物流系统的构成及相互之间的比例关系。

② 生产规模。生产规模是指单位时间内生产的产品产量，通常以年产量来表示。生产规模越大，物流量越大；反之，生产规模越小，物流量也就越小。

③ 企业的专业化和协作化水平。随着企业专业化和协作化水平的提高，企业内部生产过程就趋于简化，物流流程就缩短。某些基本工艺阶段的半成品，如毛坯、零件、部件等，就可以由厂外其他企业提供。

2. 生产物流的类型

通常情况下，企业生产的产量越大，产品的种类就越少，生产的专业化程度就越高，而生产物流过程的稳定性和重复性也就越大。所以生产物流类型与生产类型之间有着密切的联系。在生产系统中，生产作业和物流作业紧密关联、相互交叉，物料按照工艺流程流动。生产类型决定了与之匹配的生产物流类型，而生产物流的组织、管理状况又直接影响到企业生产的正常进行。

(1) 从物料流向的角度分类。从物料流向的角度，可以根据物料在生产工艺过程中的特点，把生产物流划分为项目型生产物流、连续型生产物流和离散型生产物流三种类型。

① 项目型生产物流。它对应的生产类型是固定式生产。其特征是物流凝固，即当生产系统需要的物料流入生产场地后，几乎处于停止的“凝固”状态，或者说，在生产过程中物料的流动性并不强。从物料流动的特征来看，有两种情况：一种是物料流入生产场地后就被“凝固”在场地中，和生产场地一起形成最终产品，例如，住宅、厂房、公路、铁路、机场、大坝等；另一种是物料流入生产场地后，“滞留”很长一段时间，形成最终产品后再流出，例如，大型的水电设备、冶金设备、轮船、飞机等。对于项目型生产物流，管理的重点是按照项目的生命周期对每阶段所需的物料在质量、费用以及时间进度等方面进行严格的计划和控制。

② 连续型生产物流。它对应的生产类型是流程式生产(连续流程如炼油,批流程如日用化工)。其特征是物料均衡、连续地流动,不中断;生产的产品、使用的设备以及工艺流程都是固定且标准化的;工序之间几乎没有在制品储存。对于连续型生产物流,管理的重点是保证连续供料,确保每一生产环节的正常进行。由于工艺相对稳定,有条件采用自动化装置实现对生产过程的实时监控。

③ 离散型生产物流。它对应的生产类型是加工装配式生产(如汽车制造)。其特征是生产的产品由许多零部件组成,各个零部件的加工过程相对独立;零部件通过装配和总装配成为最终产品;整个产品的生产过程是离散的,各生产环节之间要求有一定的在制品储备。离散型生产物流管理的重点是,在保证及时供料以及零部件加工质量的基础上,准确控制零部件的生产进度,缩短工期;既要减少在制品积压,又要保证生产的成套性。

(2) 从物料流经的区域和功能角度分类。从物料流经的区域和功能角度,可以把生产物流划分为工厂间物流和工序间物流(车间物流)两类。

① 工厂间物流。它是指大型企业各专业厂间的运输物流或独立工厂与材料、配件供应厂之间的物流。

② 工序间物流。也称工位间物流或车间物流,是指生产过程中车间内部的物流活动,包括各工序、工位上的物流活动,例如,接受原材料、零部件后的储存活动;加工过程中的在制品储存;成品出厂前的储存;从仓库向车间运送原材料、零部件的搬运;各种物料在车间、工艺之间的搬运等活动。

3. 企业生产物流的计划与控制

企业要高效率、低成本地组织生产,减少生产混乱,就必须对生产进行严格的计划与控制,其中也包括生产物流的计划与控制。

(1) 生产物流计划认知。

① 生产物流计划的含义。生产物流计划是根据计划期内确定的出产产品的品种、数量、期限,以及发展变化的客观实际,对物料在各工艺阶段的生产进度和生产任务所做的安排。生产物流计划的核心是生产作业计划的编制工作。

② 生产物流计划的任务。生产物流计划的任务包括以下三方面的内容。

a. 保证生产计划的顺利完成。为了保证按计划规定的时间和数量出产各种产品,必须研究物料在生产过程中的运动规律以及在各工艺阶段的生产周期,以此来安排物料经过各工艺阶段的时间和数量,并使系统内各生产环节的在制品的结构、数量和时间相协调。

b. 为均衡生产创造条件。均衡生产是指企业及企业内部的车间、工段、工作地等生产环节,在相等的时段内,完成等量或均衡数量的产品。均衡生产的要求包括:每个生产环节都要均衡地完成所承担的生产任务;不但要在数量上均衡生产和产出,而且各阶段的物流要保持一定的比例性;要尽可能缩短物料流动周期,同时要保持一定的节奏性。

c. 加强在制品管理,缩短生产周期。保持在制品、半成品的合理储备是保证生产物流连续进行的必要条件。在制品过少,会使物流中断而影响生产;反之,又会造成物流不畅,延长生产周期。因此,对在制品的合理控制,既可减少在制品占用量,又能使各生产环节衔接、协调,按物流作业计划有节奏、均衡地组织物流活动。

③ 期量标准。期量标准是生产物流计划工作的重要根据,也称作业计划标准。它是根据加工对象在生产过程中的运动,经过科学的分析和计算,所确定的时间和数量标准。"期"表示时间,如生产周期、前置期等;"量"表示数量,如一次同时生产的在制品数量、仓库的最大存储

量等。期和量是构成生产作业计划的两个方面。为了合理地组织生产活动,有必要科学地规定生产过程中各个环节之间在生产时间和生产数量上的内在联系。合理的期量标准,为编制生产计划和生产作业计划提供了科学依据,有利于提高计划编制的质量,使它真正能起到指导生产的作用。同时,按期量标准组织生产,有利于建立正常的生产秩序、实现均衡生产。

(2) 生产物流控制的内容和程序。在实际的生产物流系统中,由于受内外部各种因素的影响,计划与实际之间会产生偏差。为了保证计划的顺利完成,必须对生产物流活动进行有效控制。

① 生产物流控制包括以下内容。

a. 进度控制。生产物流控制的核心是进度控制,即物料在生产过程中的流入时间、流出时间以及物流量的控制。

b. 在制品管理。在生产过程中对在制品进行静态、动态控制与占有量控制。在制品控制包括实物控制和信息控制。有效控制在制品,对及时完成作业计划和减少在制品积压均有重要意义。

c. 偏差的测定和处理。在生产过程中,按预定时间及顺序检测计划执行的结果,掌握实际量与计划量的差距,根据偏差的原因、内容及其严重程度,采取相应的处理方法。首先,要预测偏差的产生,事先制定消除偏差的措施,如动用库存、组织外协等,防患于未然;其次,在偏差产生后,为了及时调整生产计划,要及时将偏差信息向生产部门反馈(传统的做法);最后,为了使本期计划不做或少做修改,要将偏差信息向计划部门反馈,作为下期计划调整的依据。而最有效的做法是充分授权于员工,实施目标管理(MBO),让员工动态地"调适"。在这方面,日本丰田汽车公司取得了极大的成功。

② 生产物流控制系统的要素。对生产物流进行控制的系统可以采取不同的结构和形式,但都具有一些共同的要素。这些要素包括以下三项。

a. 强制控制和弹性控制。即通过有关期量标准、严密监督等手段所进行的强制控制或自觉控制。

b. 目标控制和程序控制。目标控制通过核查生产实际结果与计划的差异实施控制;程序控制则通过对生产程序、生产方式进行核查实施控制。

c. 管理控制和作业控制。管理控制的对象是全局,是指为使系统整体达到最佳效益而按照总体计划调节各个环节、各个部门的生产活动。作业控制是对某项作业进行控制,是局部的,其目的是保证其具体任务或目标的实现。有时,不同作业控制的具体目标之间可能会出现脱节或矛盾的情况,为此,需要通过管理控制进行协调,以使系统达到整体最优。

③ 生产物流的控制程序。对不同类型的生产方式而言,生产物流控制的程序基本相同。与控制的内容相适应,生产物流控制的程序一般包括以下几个步骤。

a. 制定期量标准。物流控制从制定期量标准开始,所制定的标准要保持先进与合理的水平,随着生产条件的变化,标准要定期和不定期地进行修订。

b. 制订计划。依据生产计划制订相应的物流计划,并保证生产系统能够正常运转。

c. 信息反馈。物流信息的收集、处理、传输要及时。

d. 短期调试。为了保证生产的正常进行,要及时调整偏差,确保计划顺利完成。

e. 长期调整。对生产物流系统的有效性进行评估,根据生产的需要从长期的角度进行调整。

(3) 生产物流控制原理。在生产物流系统中,实现物流协调和减少各个环节生产和库存水平的变化幅度是很重要的。在这样的系统中,系统的稳定与所采用的控制原理有关。下面介绍两种典型的控制原理。

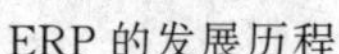
ERP 的发展历程

时段式 MRP 的逻辑结构

闭环式 MRP 的逻辑结构

① 推进式物流控制原理如下。

a. 基本原理。推进式物流控制的基本原理是,根据最终产品的需求量和需求结构,计算出各生产工序的物料需求量,在考虑各生产工序的生产提前期后,向各工序发布生产(计划)指令。企业对生产物流实行集中控制,每个阶段的物流活动均服从集中控制的指令。各生产阶段没有考虑本阶段的局部库存因素,因此,不能使各阶段的库存水平都保持在期望水平。广泛应用的物料需求计划[3] 系统控制实质上就是推进式控制,如图 3-8 所示。

MRP Ⅱ的逻辑结构

粗能力计划(RCCP)与细能力计划(CRP)的区别

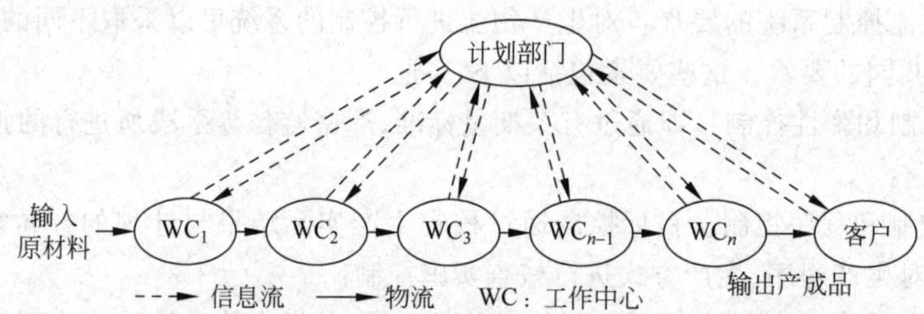

图 3-8 推进式物流控制模式下的信息流与物流流向

推进式物流控制模式是基于美国计算机信息技术的快速发展和美国制造业大批量生产的生产物流控制模式,该模式以制造资源计划[4] 为核心。但从实践结果来看,该模式的长处却在多品种小批量生产类型的加工装配企业得到了最有效的发挥。其具体做法是,在计算机、通信技术控制下提出并调节产品需求预测、主生产计划、物料需求计划、能力需求计划、物料采购计划、生产成本核算等。生产物流严格按照反工艺顺序确定的物料需求数量和时间(物料清单所反映的前置期),从前道工序"推进"到后道工序或下游车间,而不管后道工序或下游车间当时是否需要。在整个控制过程中,信息流往返于每道工序、车间,并与生产物流完全分离。其目的是要保证各工序按照生产作业计划的要求按时完成物料加工任务。

b. 推进式物流控制模式具有以下特点。

第一,在生产物流组织方式上,以零件为中心,强调严格执行计划,维持一定量的在制品库存。

第二,在管理手段上,大量运用计算机进行管理。

第三，在生产物流计划编制和控制上，以零件需求为依据，计算机编制主生产计划、物料需求计划、生产作业计划。在执行中以计划为中心，工作的重点在管理部门，着重处理突发事件。

第四，在对待在制品库存的态度上，管理者认为“风险”是不可避免的，因此必要的库存是合理的。换言之，为了防止实际执行中由计划的偏差所带来的库存短缺，企业在编制物料需求计划时，往往采用较大的安全库存量和留有余地的固定前置期。而实际生产时间又往往短于前置期，于是不可避免地产生在制品库存。从有利的方面看，这些安全库存量可以调节生产和需求之间、不同工序之间的平衡；而弊端则是，过高的在制品库存量会降低物料在生产系统中的流动速度，使生产周期延长。此外，库存占用资金，并且会加大生产管理的难度，导致成本上升。

② 拉动式物流控制原理如下。

a. 基本原理。拉动式物流控制的基本原理是，企业从订单出发，根据最终产品的需求量和需求结构，计算出最后工序的物料需求量，然后向前一工序提出物料供应需求。以此类推，各生产工序都应满足后一工序的物料需求，如图3-9所示。

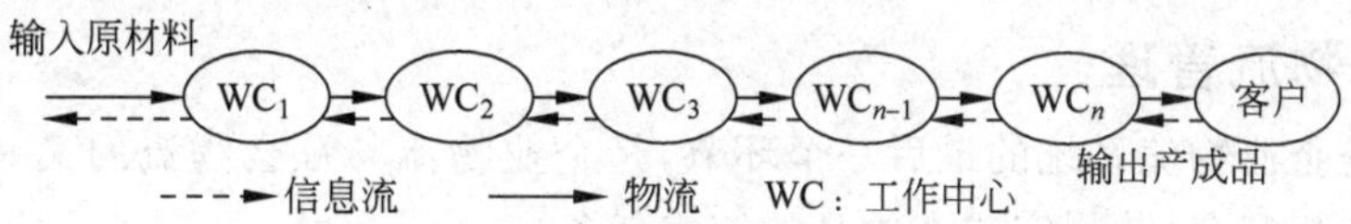

图3-9　拉动式物流控制模式下的信息流与物流流向

该模式是以日本制造业提出的准时制(JIT)为核心的生产物流管理模式，被称为基于JIT的精益物流运营模式。其具体表现为，物流始终处于不停滞、不堆积、不超越、按节拍地贯穿于从原材料、毛坯的投入到成品出产的全过程，企业采用从后一工序向前一工序拉动控制的方法，在拉动控制中，信息流与物流完全结合在一起，但信息流(生产指令)与生产物流方向相反。信息流控制的目的是要保证各工序按照后道工序的要求准时完成物料加工任务。

该模式强调物流同步管理，要求在恰当的时间将恰当数量的物料送到恰当的地点；该模式对生产物流实行分散控制，每个阶段的物流控制目标都是满足局部需求，通过这种控制，使局部生产达到最优。但各阶段的物流控制目标难以考虑系统总的控制目标，因此，该控制原理不能使总费用水平和库存水平保持在期望水平。

b. 拉动式物流控制模式具有以下特点。

第一，在生产物流组织方式上，以零件为中心，要求前一道工序加工完成的零件立即进入后一道工序，强调物流均衡而没有在制品库存，从而保证物流与市场需求同步。

第二，在管理手段上，把计算机管理与看板管理相结合。看板是前后工序间联系的桥梁和纽带，其功能主要表现在以下七个方面：传递领料和物料搬运信息、传递生产指令、防止过量生产和搬运、防止不良品的产生、揭示存在的问题、目标管理的工具、库存管理的工具。为了保证看板功能的实现，须遵循以下规则：严格按照看板指示信息取料和搬运；严格按照看板指示信息进行生产作业活动；在没有看板的情况下，不生产也不搬运；看板必须与所指示的物料在一起；绝不把不良品向下一道工序移送；尽可能减少看板的枚数及物料批量。

丰田公司目标管理法(MBO)的实施

JIT管理采用拉动的理念，强调生产的均衡化和交货的准时化。目标管理就是生产现场所有工作人员具有及时发现生产过程中出现的问题,查明原因并加以改善的责任和能力。丰田公司的具体做法是,在生产线的每道工序上安装了红、黄、绿三色指示灯,亮绿灯表示生产线作业正常;亮黄灯表示该工序的作业进度落后,需要支援(亮黄灯后就会有其他员工来支援,以改善作业瓶颈);亮红灯表示该工序已出现异常情况,需要停止生产线作业,查明原因并加以改善。当红灯出现后,整个生产线就自动停下来(生产线上安装有不良品自动检测装置),这样就不会因其他工序继续作业而出现大量在制品(库存)等待的现象。同时,生产线上的员工协同改善瓶颈作业,这样能赋予员工高度责任心,有利于发扬团队精神。

第三,在生产物流计划编制和控制上,以零件为中心,采用计算机编制生产物流计划,并运用看板系统执行和控制,工作的重点在制造现场。

第四,在对待库存的态度上,认为整个生产系统的"风险"不仅来自企业外部,更重要的是来自内部(在制品库存)。正是库存掩盖了生产系统中的各种缺陷,应将生产系统中的一切库存视为"浪费"予以消灭。其库存管理思想表现在,既要强调供应对生产的保障作用,又要积极追求"零库存"终极目标,即要不断降低库存,暴露问题,加以改进,最终消灭库存。

3.1.5 销售物流管理

销售物流是企业物流系统的最后一个环节,是企业物流与社会物流的又一个衔接点。它与企业销售系统相配合,共同完成产成品的销售任务。

1. 销售物流的概念与意义

销售物流(distribution logistics)是指"企业在销售商品过程中所发生的物流活动"(GB/T 18354—2021)。具体包括订单处理、包装、装卸搬运、运输、配送、流通加工以及送达服务等功能活动。

销售物流是伴随销售活动,将产品实体转移给用户的物流活动。在买方市场环境下,产品销售已成为企业能否实现可持续发展的关键。客户向企业发出订单或企业与客户签订了销售合同,还需要通过销售物流活动将产品送达用户并经过售后服务才算完结。因此,销售物流的组织及其合理化对企业市场营销活动的成功开展起着十分重要的作用。它不仅是企业盈利的关键环节(第三利润源),而且关系到客户对企业的满意度与忠诚度,关系到企业的竞争力。特别是在产品同质化的今天,优质的销售物流服务成了提升企业竞争力的关键。

2. 销售物流渠道

在传统销售渠道中,商品所有权转移(商流)与商品实体流经的环节(物流)在很大程度上是一致的。在网络经济时代,电子商务发展迅猛,对电子物流的需求强劲,按照"商物分流"的原则来处理商流活动与物流活动,必然使商品所有权转移与商品实体流经的途径或环节发生分离。在线下单,网上支付,货物集中配送,商流活动与物流活动的效率极大地提高。销售物流系统的构筑与优化成为提升企业竞争力的关键。

在供应链下游,制造商一般根据销售需要设立成品库,对下线产品实行集中储存。根据目标客户群体的地域分布,本着客户相对集中的原则,充分考虑交通运输条件,建立区域配送中心[5]或配送中心(DC),在客户订单或需求信息的驱动下,由成品库向 RDC,进而由 RDC 向 DC 实施补货,最后通过 DC 向零售商或用户进行配送。成品库、RDC、DC、门店等物流节点以及运输路线共同构成销售物流实体网络,而仓库管理系统(WMS)、运输管理系统(TMS)、销售时点系统(POS)等信息系统集成为销售物流信息系统,销售物流实体网络与销售物流信息系统共同构成销售物流系统,如图 3-10 所示。

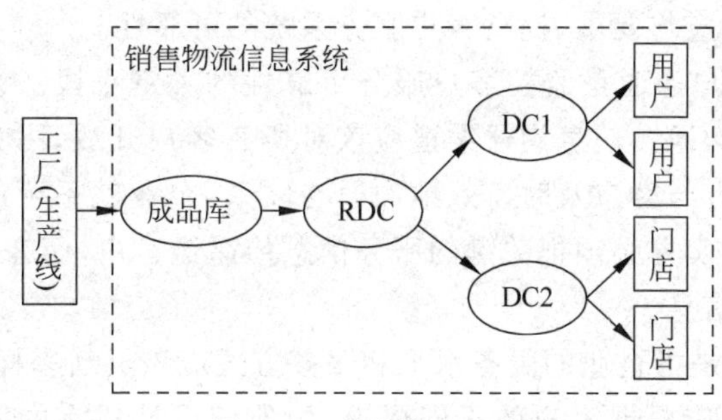

图 3-10　销售物流系统

A 公司的销售物流系统

A 精品鞋业公司(以下简称 A 公司)于 2014 年进入市场,经过数年的精心布局后,业务遍及全国。在产品销售过程中,客户服务需求不断增长,对公司的供应链管理提出了更高的要求。A 公司加大了新产品研发的力度,不断创新。服装鞋帽类企业有其特殊的行业特性,其产品的款式、颜色、尺码组合的特点决定了其单品数量随着款式的增加而呈几何级增长,品种变化很快。为此,过季的品类要很快被清出柜台,并及时换上新的品类。存货不能积压,否则会给公司带来很大的资金压力。为了更加有效地解决存货积压问题,加快库存周转,快速响应市场需求,高效地管理其日益庞大的经销商队伍及客户,优化公司的物流配送网络,A 公司在其经销商集中的华南和华东地区分别设立了一个区域配送中心(RDC),用于向北京、沈阳、成都三个配送中心(DC)供货并向客户直接配送。其广州的 RDC 坐落于白云区物流中心,是一座面积约 4 000m^2 的现代化仓库。库内分为仓储好货区、仓储坏货区、仓储搁置区、入库缓冲区、出库缓冲区等储存区,仓储区布置了四层的立体货架,每个货位按照排列层规则编号并贴有相应的条形码,共有 13 000 多个货位。RDC 和 DC 的设立,既优化了公司的库存,又快速响应了市场需求,为企业经营提供了有效支撑。

3. 销售物流服务

(1) 销售物流服务及其要素。销售物流服务即销售物流中的客户服务。它包括时间、可靠性、信息沟通和方便性四个要素。这些要素无论对卖方或买方的成本都会有影响。

① 时间。时间要素通常指订货提前期。订货提前期(order lead-time)是指"客户从发出订货单到收到货物的时间间隔"(GB/T 18354—2021)。时间要素主要受订单传输时间、订单处理时间、备货配货时间以及订货装运时间等几个变量的影响。客户订货提前期的缩短标志着企业销售物流管理水平的提高。而企业只有有效地管理和控制这些活动,才能保证客户订货提前期的合理性和可靠性,提高客户服务水平。

② 可靠性。可靠性是指根据客户订单的要求,按照预定的提前期,安全地将货物送达客户指定的地点。它包括提前期的可靠性、安全交货的可靠性、正确供货的可靠性等内容。可靠的提前期可降低客户供应的不确定性,能使客户的库存、缺货、订单处理和生产计划的总成本最小化。安全准时交货可以降低客户的库存量,减少缺货损失,降低库存成本。正确供货则可以避免给客户造成脱销或停工待料的损失。在销售物流领域,订货信息的传送和货物拣选会影响正确供货的可靠性。在订单传输时,使用 EDI 可以大大降低出错率,产品标识及条码的标准化可以降低货物拣选的差错率,EDI 与条码相结合,可以提高库存周转率,降低成本,提高销售物流系统的服务水平。管理者必须连续监控上述三方面的可靠性,这包括认真做好信息

反馈工作,了解客户的反应与要求,提高客户服务系统的可靠性。

③ 信息沟通。与客户沟通是监控客户服务可靠性的关键手段。设计客户服务水平指标必须包括与客户的信息沟通。信息沟通渠道应该对所有客户开放,因为这是销售物流外部约束的信息来源。如果没有与客户及时有效地沟通与联系,企业就不可能向客户提供满意的服务。而且沟通是双向的,卖方必须把关键的服务信息传递给客户,而客户也需要了解与销售物流服务有关的跟踪装运信息。

④ 方便性。方便性是指企业的服务水平和服务方式应该灵活多样,应能满足不同客户的不同需求。换言之,企业应根据客户的不同要求,为他们设计适宜的服务水平指标。只有这样,企业才能以最经济的方式满足客户多元化、个性化的需求。为此,管理者必须重视销售物流服务的方便性,但销售物流功能可能会由于过多的服务水平政策而难以实现最优化,因而,服务水平政策也应该具有灵活性,但必须以客户群为基础,因为政策的制定与实施也必须考虑服务与成本之间的平衡。

(2) 提升销售物流服务水平的意义如下。

① 增加企业销售收入。销售物流服务是企业物流的重要组成部分,它直接关系到企业市场营销的成败。服务还是形成产品差异化的重要手段,搞好销售物流服务可以“区别”在客户印象里本没有区别的产品。一般而言,提高客户服务水平可以增加企业的销售收入,提高企业的市场占有率。

② 提高客户满意度。客户服务是企业向购买其产品或服务的组织或个人提供的一系列服务活动。对消费者而言,他关心的是所购买的全部产品,即不仅仅是产品的实体本身,还包括产品的附加价值。而销售物流服务就是提供产品附加价值的活动,它能增加购买者所获得的效用。良好的销售物流服务可以提高产品的价值和客户满意度,因此,许多企业都将销售物流服务作为企业物流的一项重要功能加以重视。

③ 留住客户。研究表明,同开发新客户相比,留住现有客户的成本更低。一般来说,对企业忠诚度较高的客户会提供中介服务(即介绍新客户)并且愿意支付溢价(即愿意支付更高的价格)。相反,一个对服务提供者感到不满的客户往往会转向竞争对手。留住客户目前已成为许多企业战略管理关注的焦点。在物流领域,高水平的客户服务是吸引并留住客户的重要手段。

总之,提高销售物流服务水平是增强企业竞争优势的重要手段,企业销售物流服务与企业产品的质量具有同等重要性,需要引起企业管理者的高度重视。

4. 订单管理

在许多行业,与订单管理有关的各项活动占据了整个订货提前期 50%~70%的时间。如果要通过短暂而稳定的订货提前期来实现高水平的物流服务,关键是要认真管理订单处理过程中的各项活动。

订单管理过程是指包含于客户订货提前期中的诸多活动。具体包括订单准备、订单传输、订单录入、订单履行、订单状况报告等要素,如图 3-11 所示。通常,完成每项活动需要的时间取决于所选择的订货方式。

(1) 订单准备。订单准备是指客户收集所需产品或服务的必要信息,正式提出购买要求的各项活动。包括确定供应商、由客户或销售人员填制订单、决定库存的可得性、与销售人员打电话通报订单信息或在计算机菜单中进行选择等。物流信息技术的使用,使订单准备的效率大大提高。利用 POS 系统,客户搜寻商品信息的过程变得无纸化、快速化;计算机技术和

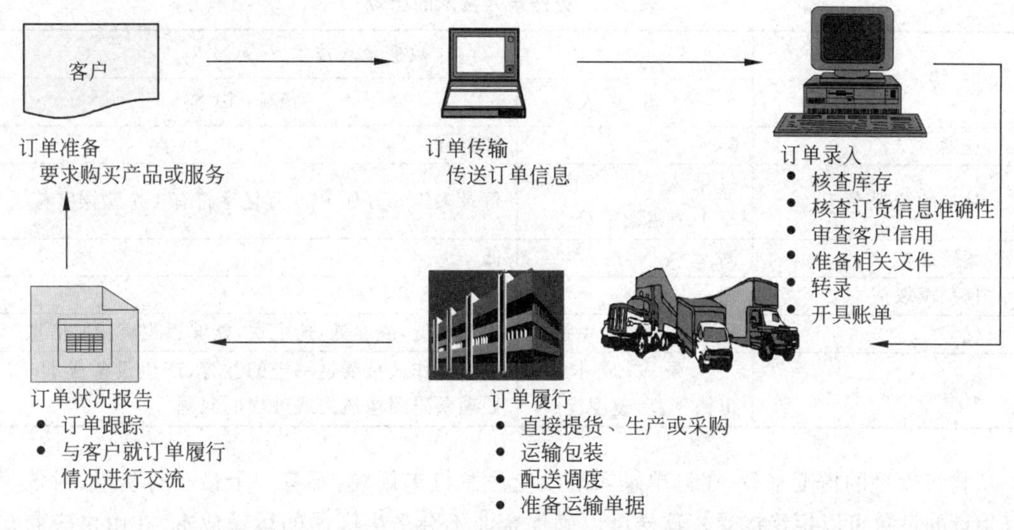

图 3-11　订单管理的一般过程要素

因特网技术使电子采购成为现实；借助 ERP 系统，一些工业企业的采购订单常常是根据库存消耗情况直接由计算机生成；语音感应性计算机和 RFID 等新技术缩短了订单准备时间；利用 EDI 技术，无纸贸易成为可能，订单准备成本降低，补货次数减少。

(2) 订单传输。订单传输是指订货请求从发出地点到订单录入地点的传输过程。分人工传输和电子传输两种方式，前者可以是邮寄订单或由销售人员亲自将订单送到录入地点，后者则包括电话/传真传输和网络传输两种方式。上述三种方式各有优劣，见表 3-1。

表 3-1　订单传输方式比较

传输方式	速度	费　用	可靠性	准确性
人工传输	慢	低	差	低
电话/传真传输	中	中	一般	一般
网络传输	快	投资高，运行费用低	好	高

(3) 订单录入。订单录入是指在订单实际履行前所进行的各项工作，包括：①核对订货信息（如商品名称与编号、数量、价格等）的准确性；②检查所需商品是否可得；③如有必要，准备相关文件（补交货订单或取消订单的文件）；④审查客户信用；⑤必要时，转录订单信息；⑥开具账单。

进行上述工作很有必要，因为客户的订货信息往往与要求的格式不完全吻合（如表述不够准确），因此在交给订单履行部门执行之前还需做一些处理工作，这样就会延误订单的传递时间。

订单录入可以由人工完成，也可进行全自动处理。条码、光学扫描仪以及计算机的使用极大地提高了该项活动的效率。其中，条码和扫描技术对于准确、快速、低成本地录入订单信息尤为重要。与利用计算机键盘录入数据相比，条码扫描技术有录入速度快、出错率低、信息读取成本低等显著的优越性（见表 3-2），已经在零售、制造和服务行业广泛应用。

表 3-2 数据录入技术的比较

特　点	数据录入技术	
	键盘录入	条码扫描
速度	6s	0.3～2s
替换的错误率	每录入 300 个字符有 1 个错误字符	每录入 1.5 万亿～36 万亿字符有 1 个错误字符
编码成本	高	低
信息读取成本	低	低
优势	简单,易行,上手快	出错率低,成本低,速度快,能够远距离读取信息
劣势	人工录入,成本高,出错率高,速度慢	要求操作人员受过一定的教育,产生设备成本,需要处理条码图像遗失或破损的问题

从物流管理的角度来看,在订单录入阶段应注意订单规模,要有一个最小订货量,对低于最小订货量的订单可以拒绝接受。这样可以确保企业不会产生高昂的运输成本,在由供应商支付运费的情况下更是如此。通过整合订单可以使运输调度更加有效;使拣货与装运模式更加优化。

(4) 订单履行。订单履行是由与实物有关的活动组成的,包括:①通过提取存货(或生产、采购)获取所订购的货物;②对货物进行运输包装;③安排送货;④准备运输单证。其中,有些活动可能会与订单录入同时进行,目的是缩短订单处理周期。

订单处理的先后顺序及相关程序可能会影响所有订单的处理速度,也可能会影响较重要订单的处理周期。例如,一些企业的订单处理人员在忙得不可开交时,就可能会先处理那些不太复杂的订单,但这样就可能导致公司重要客户的订单履行时间拖延过久。在实务中,很多企业并未就订单履行(即订单录入和处理)的方法做出正式规定。

以下是一些可供选择的优先权法则:①先收到,先处理;②使处理时间最短;③预先确定顺序号;④优先处理订货量较小、相对简单的订单;⑤优先处理承诺交货日期最早的订单;⑥优先处理距约定交货日期最近的订单。

在实际运作中,有些企业在接到订单后并不立即履行,而是压后一段时间,以集中货物的运量再发运,目的是提高车辆的实载率,降低单位货物的运输成本,这种决策确实需要制定更为周详的订单处理程序。这样做增加了问题的复杂性,因为这些程序必须与送货计划妥善协调,才能全面提高订单处理、交货作业的效率。

案例:某造纸厂的订单处理

(5) 订单状况报告。订单管理的最后一个环节是不断向客户报告订单处理或货物交付过程中的任何延迟,以确保优质的客户服务水平。具体包括:①订单跟踪,即在整个订单处理过程中跟踪订单;②信息沟通,即与客户交换订单处理进度、订货交付时间等方面的信息。

订单状况报告是一种监控活动,并不影响订单处理的一般时间。

技术在订单状况报告中的作用

技术在订单状况报告中扮演着重要角色。联邦快递(FedEx)和联合包裹(UPS)等公司在这方面走在了前列,他们都能够随时告诉客户他们的货物在起运地与目的地之间的具体位置。推动其跟踪系统发展的关键技术有条码技术、计算机网络以及专门设计的软件等。这些公司的系统相当先进，能够报告何人、何时、何地收到了货物。托运人只需知道货物装运的批号，就能通过因特网随时跟踪其在国内外货物的状况。

5. 配送需求计划

(1) 基本概念。配送需求计划(distribution requirements planning，DRP)是指“依据市场需求、库存、生产计划信息来配置物流配送资源的一套技术方法”(GB/T 18354—2021)。它是一种既保证有效满足市场需求，又使物流配送资源配置费用最省的计划方法，是物料需求计划(MRP)原理与方法在配送领域的运用。具体而言，DRP 是应用 MRP 原理，在配送环境下从数量和提前期等方面确定物料配送需求的一种动态方法。它可用于规划原材料的进货补货安排，也可用于企业产成品的分销计划。例如，运载工具的选择，运输线路的规划等。

从逻辑上看，DRP 是 MRP 的扩展，但两者之间存在根本的差异：MRP 通常是在相关需求环境下运作的，由企业制订和控制的生产计划所确定；而 DRP 则是在独立需求环境下运作的，由不确定的顾客需求直接确定存货需求。例如，协调同一供应商提供的多项物料的补货需求与安排；选择更有效的运输方式以及运载工具的容量规模；预先做好运输和接货、卸货人员及设备的安排工作；从最终的顾客需求出发，利用分销需求条件影响物料需求计划等。

(2) DRP 的结构原理。DRP 的结构原理如图 3-12 所示，它有三个输入文件，有两个输出计划。输入文件包括以下三个。

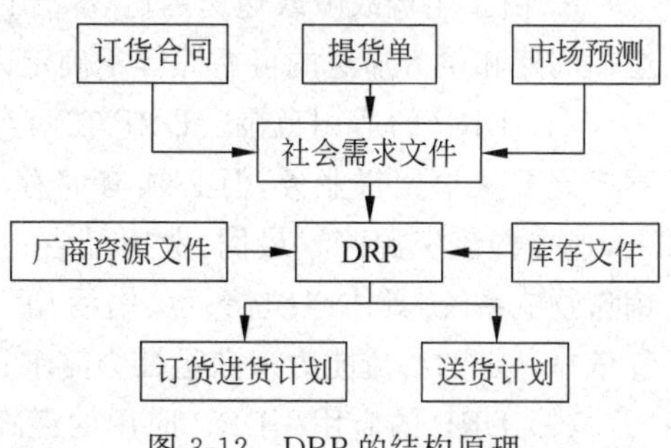

图 3-12　DRP 的结构原理

① 社会需求文件。它包括所有用户的订货单、提货单和供货合同及公司下属分支机构(如子公司)的订货单、提货单和供货合同。此外，还包括在市场调查基础上预测的社会需求量。所有需求信息要按货物品种和需求时间进行统计，最终整理成社会需求文件。

② 库存文件。它是指企业目前拥有的库存信息，需要对库存数据进行统计列表，以便针对社会需求量确定必要的进货量。

③ 厂商资源文件。它包括供应(厂)商的地理位置及其可以供应的产品品种等信息，其中地理位置影响到订货提前期的长短。

输出计划包括以下两个。

① 送货计划。它是指用户的送货计划。为了保证货物能按时送达，需要考虑作业时间及运程远近，应合理设置前置期。对于大批量需求可以直送，而对于数量众多的小批量需求则可以进行配送。

② 订货进货计划。它是指向供应(厂)商订货进货的计划。对于有需求的货物，若库存不足，也需要向供应商订货。当然，这也要考虑适宜的订货提前期。

这两个计划是 DRP 的输出结果，是组织物流的指导文件。

(3) DRP 的优点与局限性如下。

① DRP 的优点。DRP 系统能够为管理部门提供一系列的好处，涉及营销和物流两个方面。在营销方面，DRP 的优点主要体现在以下几点。

a. 改善服务水平，保证准时递送，减少客户抱怨；

b. 更有效地改善促销计划和新产品导入计划；

c. 提高预计短缺的能力，使营销努力不花费在低储备的产品上；

d. 改善与其他企业的协调功能,因为DRP有助于企业共用一套数字化的计划;

e. 提高企业向顾客提供存货管理服务的能力。

在物流方面,DRP的优点主要体现在以下几点。

a. 由于实行协调装运,能降低配送中心的配送运输费用;

b. 能准确确定何时需要何种货品,可降低存货水平及仓库空间需求;

c. 能减少延迟供货现象,降低客户的运输费用;

d. 能改善物流与制造之间的存货可视性与协调性;

e. 能有效地模拟存货和运输需求,提高企业的预算能力。

② DRP的局限性。尽管DRP有许多优点,但还是会受到一些因素的制约,在实际应用时要加以注意。

a. DRP系统需要每一个配送中心具有精确的、经过协调的预测数,但在实际运作中,预测的误差是不可避免的。

b. DRP系统要求配送设施之间的运输具有固定而又可靠的完成周期,虽然完成周期可以通过各种安全的前置时间加以调整,但完成周期的不确定因素则会降低DRP系统的效率。

c. 由于生产故障或递送延迟,综合计划经常会受系统故障或频繁改动的影响,尤其是补货运输周期和供方递送的可靠性等不确定因素可能会使DRP系统在实际应用中有一定的局限性。

(4) DRP的适用范围。DRP在两类企业中得到了应用。一类是流通企业,其基本特征是不一定要从事销售业务,但必须有储存和运输等物流业务,其目标是在满足用户需求的前提下,追求物流资源配置最优、费用最省;另一类是大型生产企业,它们拥有自己的销售网络和销售物流系统,具体组织储、运、销活动。这两类企业的共同之处:①以满足社会需求为宗旨;②依靠一定的物流能力来满足社会需求;③从制造企业或资源市场组织商品资源。

(5) DRP的应用。DRP应用的潜在经济效益很大,一些企业实施DRP以后,客户服务水平从85%提高到97%,物流系统库存量减少25%,物流成本降低15%,库存积压物资减少80%。更为重要的是,实施DRP还能为企业带来难以量化的、更为广泛的潜在效益。

在实际运作中,通常将DRP与MRP结合起来,形成DRP/MRP联合系统,从而综合了原材料、在制品和产成品的计划安排,总体协调库存水平,计划存货运输。综合的DRP/MRP系统功能模型如图3-13所示。

(6) DRP的发展——DRPⅡ。DRP和MRP一样,只提出了需求,而没有考虑执行计划的能力问题。因此,在DRP的基础上,又产生了DRPⅡ。

① DRPⅡ的概念与原理。配送资源计划(distribution resource planning,DRPⅡ)是指“在配送需求计划(DRP)的基础上提高配送各环节的物流能力,达到系统优化运行目的的企业内物品配送计划管理方法”(GB/T 18354—2021)。

较之于DRP,DRPⅡ增加了物流能力计划,形成了一个集成、闭环的物流资源配置系统,其结构原理如图3-14所示。

② DRPⅡ的特点。DRPⅡ具有以下主要特点。

a. 在功能方面,DRPⅡ除了对进货、供货以及库存进行管理外,还具有物流资源的配置利用功能、成本利润的核算功能以及物流优化与管理决策等功能;

b. 在具体内容上,DRPⅡ增加了车辆管理、仓库管理、物流能力计划、物流优化辅助决策系统以及成本核算系统等功能模块;

c. 具有闭环性,DRPⅡ是一个自我适应、自我发展的闭环系统。

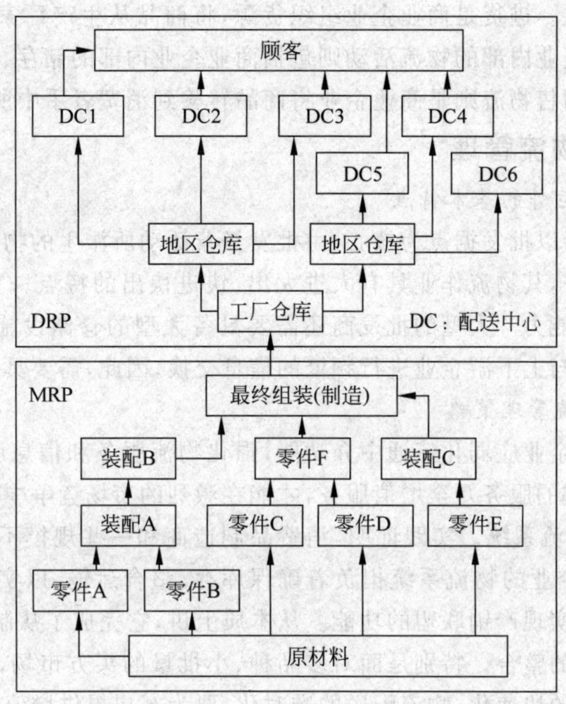

图 3-13　综合的 DRP/MRP 系统功能模型

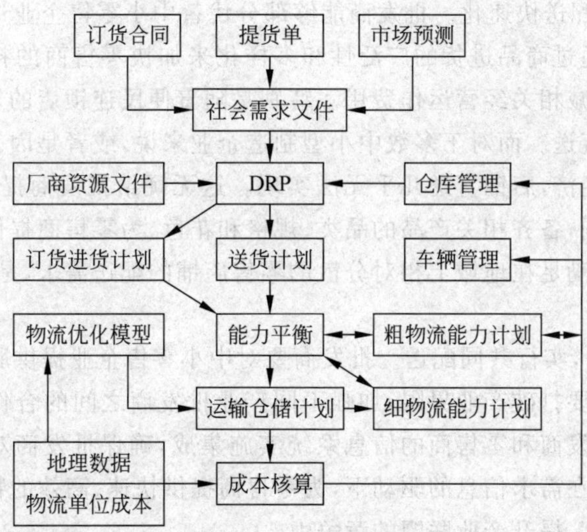

图 3-14　DRPⅡ的结构原理

3.2　流通企业物流管理

企业物流包括生产企业物流和流通企业物流两类。流通企业物流是指从事商品流通的企业在其经营范围内所发生的物流活动。商品流通企业包括商业企业和物流企业两类。前者参与商品流通中的商流活动，在物流自营的情况下也参与商品流通中的物流活动。而后者则主要从事实物流通，即商品流通中的物流活动。商业企业的物流活动主要包括进货、企业内部物流和销售物流三种形式。进货是商业企业组织货源,将商品从生产厂家集中到商业企业所发生的物流活动。商业企业内部的物流活动则包括商业企业内部的储存、保管、装卸、运送、加工等各项物流活动。而销售物流则是商业企业将商品转移到消费者手中所发生的物流活动。

3.2.1 批发企业物流管理

1. 批发企业物流运作的基本特点

批发企业物流是指以批发据点为核心,由批发经营活动所派生的物流活动。一般而言,批发商从事专业批发业务,其物流作业具有大进大出、快进快出的特点。它强调的是批量采购、大量储存、大量运输的能力。大型的批发商还需要具备大型的仓储设施、运输设备。另外,分销商属于中间商,需要与上下游企业进行频繁的信息交换,因此,需要具备高效的信息网络。

2. 批发企业的物流管理策略

在新形势下,批发企业应弱化流通中介功能,强化物流服务和信息服务功能,为零售企业或产业用户提供更优质的服务乃至增值服务,才能在激烈的市场竞争中求得生存和发展。

(1) 构筑完善的物流系统。实践证明,消费品制造商和一些规模不大的零售终端仍然比较依赖批发商。批发企业的物流系统担负着确保库存、整合运输,以实现商品流通的快进快出,并在一吞一吐之间实现产销联盟的功能。从本质上讲,它完成了从制造商到零售商的物流控制,实现了分销渠道的整合。特别是面对多品种、小批量的买方市场,批发商要实现订单处理的及时化、商品包装的快速化、物流配送的准时化,要为客户提供增值物流服务,而这些离不开完善的物流系统作为保障。

(2) 备货多样化,配送快速化。批发商能够部分代替中小零售企业进行物流作业,承担备货、分拣等物流职能,通过商品进货的广泛性和多样化来加快零售商的补货速度,满足其多样化的产品需求,同时缩减相关经营运作费用。特别是随着便民连锁店的发展,零售商往往要求供应商能够实现店铺直送。而对于多数中小型制造企业来说,或者是因为物流能力不足,或者是因为难以实现规模经济,店铺直送几乎无法实现。这无疑给批发商提供了契机。批发商可以通过扩大备货的范围,备齐相关产品的品类、规格和花色,为零售商提供多频次、小批量的准时配送服务。特别地,满足在地域上相对分散的零售店铺的配送需求,是批发商未来发展的一个方向。

(3) 构筑物流联盟,实行共同配送。批发商要对中小零售企业提供服务支持,成为零售支持型服务提供商,就需要打破产业界限,加强不同产业批发商之间的合作,实行共同配送。为此,需要将不同产业批发商和零售商的信息系统实施集成,确保批发商对零售商的 POS 数据和库存信息实时共享,在需求信息的驱动下,为零售商提供快速、高效的物流配送服务,最大限度地提高客户的满意度,提升产业联盟的竞争力。

3.2.2 零售企业物流管理

零售企业物流是以零售商业据点为核心组织的物流活动,具有订货频率高、商品需拆零、退换货频繁、对商品保质期的管理严格等特点。零售企业物流管理策略如下。

对于一般的零售企业,其进货所派生的物流活动多由供应商(制造商或批发商)承担,抑或从批发市场组织货源,委托第三方承运人(或闲散社会运力)完成。其对所销售的大件商品多提供送货及其他售后服务,小件商品的物流活动则由用户自己来完成。

对于连锁零售企业,需要建立配送中心支持企业的经营活动,需要配送中心提供订单处理、集货、分拣、配送、包装、加工、退货等全方位服务,要求配送中心具有健全的配送功能。

直销企业的物流活动主要集中于销售物流领域，目前这类企业经营的品种还比较少。对于大型制造商(如海尔)，其直销业务可借助公司先进、完善的物流系统来完成，公司可提供及时、优质的配送服务。对未构筑完善销售物流系统的生产企业，其直销业务一般借助物流企业来完成。

近年来，电子商务发展迅猛，电商企业对电子物流的需求越来越强劲。物流业务是电子商务企业的核心业务与关键成功要素(KSF/CSF)，物流服务水平和物流成本关系到“电商”企业的兴衰。实力雄厚的电子商务企业(如亚马逊公司、京东商城等)一般会构筑先进的企业物流系统，为客户提供高效率、低成本的物流服务，并以此为企业创造核心竞争优势。而中小型电子商务企业，由于实力所限，无法构筑完善的企业物流系统，一般借助快递公司完成货物递送。但目前国内第三方物流发育还不成熟，配送成本高、效率低、服务水平远达不到消费者的期望、消费者体验不佳等因素制约着这些中小型电子商务企业的发展。因此，加快物流产业的发展，尽快提升第三方物流企业的服务能力是解决这些问题的关键。

亚马逊公司的配送仓库建设

亚马逊公司总部位于美国西雅图，原本只在当地设有一座仓库，用于商品的储存与配送。随着公司业务向全美各地高速拓展，仓储设施匮乏成为公司发展的瓶颈，于是亚马逊公司在全美各主要市场新建了一系列配送仓库，并且每当新建一座仓库，公司都要对全部设施重新做需求供给分析。

想一想 亚马逊公司为什么要这样做？

3.3 物流中心、物流园区与配送中心运营管理

物流中心是随着生产的发展和社会分工的细化而产生的，是主要面向社会提供服务的物流活动场所。物流中心作为重要的物流节点，在物流的综合管理中发挥着重要作用。

3.3.1 物流中心

京东的“亚洲一号”智能物流中心

物流中心周转箱分拣、自动识别与信息处理

2014年，京东物流第一座高度自动化、系统化的超大型智能物流中心——上海“亚洲一号”正式投入运营。这是京东物流智能化建设道路上的第一个里程碑。“亚洲一号”物流中心的仓库管理系统、库存控制系统、货物分拣系统以及配送信息系统等子系统均由京东物流自主开发、系统集成并拥有知识产权。经过几年的发展，“亚洲一号”物流中心从最初的上海逐步扩展到昆山、杭州、广州、北京等全国23个城市。“亚洲一号”物流中心不仅解决了当地的物流瓶颈问题，还带动了当地物流产业的发展，同时带动了消费、技术和基础设施的全面升级，形成了独特的“亚洲一号生态圈”。例如，京东依托杭州的“亚洲一号”物流中心，使江苏、浙江、上海等地用户的快递服务水平大幅度提升。如今，亚洲最大的智能物流中心群向全国乃至全球展示了中国物流黑科技的巨大能量。

想一想 该案例带给我们什么启示？

1. 物流中心的概念

物流中心(logistics center)是指“具有完善的物流设施及信息网络,可便捷地连接外部交通运输网络,物流功能健全,集聚辐射范围大,存储、吞吐能力强,为客户提供专业化公共物流服务的场所”(GB/T 18354—2021)。

中外运集团的物流中心

物流中心是为客户提供货物中转服务和物流增值服务[6]的基地。中外运集团在全国各地设立了160座仓库,仓储总面积达550万平方米。很多仓库与铁路专用线连接并与集装箱场站结合在一起,俨然天然的物流流转中心。为了能为客户提供更好的服务,中外运在全国重点省市设立了12个大型物流中心,并加快了仓储信息化建设,同时在物流中心设立了海关、商检等部门的办事处,使商品可以现场报关和查验,提高了通关速度,加快了商品流转。

由此可见,物流中心是大规模集结、吞吐货物的物流节点,具备运输、储存、保管、分拣、配送、装卸、搬运、包装、加工、单证处理、信息传递、结算等主要功能,以及贸易、展示、货运代理、报关、商检、物流方案设计等一系列延伸功能。

物流中心与仓库既有区别又有联系。传统仓库是“储存和保管物品的场所”,是静态的。现代物流中心由传统仓库演变而来,对仓库的管理是动态的。无论是仓储设施设备、仓库内部结构、仓储作业流程,还是物流功能等,均发生了变化,传统仓库逐渐发展、演变为现代物流中心。

物流中心、配送中心、分拨中心、分销中心的关系

想一想 物流中心与物流枢纽[7]是什么关系?

2. 物流中心的作用

物流中心具有以下作用。

(1) 有利于节约商品流通时间,提高生产企业的经济效益。物流中心以自身优势承担了生产企业的某些流通活动,有利于生产企业减少商品流通时间,节约成本,加快资金周转,提高经济效益。

(2) 集中储备,提高物流调节水平。由于物流中心有一定的储存能力,由物流中心集中储备,既可提高储存设施的利用率,降低储存成本,又便于进行产、供、销调节,从而提高物流的经济效益和社会效益。

(3) 实现有效衔接,加快物流速度。一是衔接不同的运输方式。通过散装整车转运、集装箱运输等方式,减少装卸次数、缩短暂存时间,既可加快物流速度,又可降低货物破损率。二是衔接不同的包装。物流中心根据运输和销售的需要变换包装重量、方式,可以免除用户大量接货增加库存和反复倒装之苦。三是衔接产、需数量差异。生产者和需求者之间不仅有时间和空间的差异,而且有数量的差异。物流中心既可以通过集货,积少成多,大批量供货,又可以分货,以大分小,分散供应。通过解决产需数量上的矛盾,有利于资源开发利用,活跃市场,满足各种形式的生产和需求。

(4) 有利于物流信息的收集、处理和反馈。物流中心不但是实物的集聚中心,而且是信息的汇集中心。由于物流中心连接产、供、销各方,辐射面广,具有很强的信息汇集功能,因此通过大量信息的收集、整理、快速反馈,不但能为商品流通提供决策依据,而且还能对物流活动起到指挥协调作用。

(5) 有利于提高物流现代化水平。物流中心是人、财、物的聚集实体,资金雄厚,有利于进

一步改善物流设施，提高物流技术与管理水平，加快物流现代化建设的进程。

3. 物流中心的分类

京东的无人物流中心

2017 年 10 月 9 日，京东物流集团首个全流程无人物流中心正式在中国上海亮相。这是全球首个落成并规模化投入运营的全流程无人物流中心，也是全球首个大型绿色无人物流中心。物流中心的顶部全部是太阳能电池板，白天充电，以供库房晚上使用。该无人物流中心实现了从入库、存储、包装、分拣全流程、全系统的智能化和无人化，这对全球物流的发展具有重要的里程碑意义。

京东的无人物流中心正式投入运营后，每日的订单处理量超过 20 万单，而传统仓库的日订单处理量只有 3 万至 4 万单，其订单处理效率是人工仓库的 4 倍至 5 倍。

无人物流中心的运营成本非常便宜。因为其节省了 90%以上的人工费用，也不需要额外的管理费用、财务费用和行政费用。物流中心的运营只需支付仓库租金、水电费用与每月的机器检测与维修费用。更重要的是，机器可以 24 小时工作，无须休息；而其一天的工作量是人工的 4 倍以上。

想一想 京东的无人物流中心属于哪种类型的物流中心？

物流中心有多种分类方法。一般来说，可以按照物流中心的功能、处理货物的种类、服务范围与服务对象等标准进行划分。

(1) 按照物流中心的功能分类。物流中心主要有集散、周转、保管、分拣、配送和流通加工等功能，按照物流中心功能侧重点的不同，可以将其划分为以下几种类型。

① 储存型物流中心拥有较大规模的仓储设施，具有很强的储存功能，能够把下游批发商、零售商的商品储存时间和空间降至最低限度，从而实现有效的库存调节。储存型物流中心多起源于传统的仓库。如瑞士 GIBA—GEIGY 公司的物流中心，以及美国弗莱明公司的仪器配送中心，就是储存型物流中心的典型。而中国物资储运总公司天津储运公司唐家口仓库即是储存型物流中心的雏形。

② 流通型物流中心主要以随进随出的方式实现货物的分拣、组配和递送。其典型方式是整进零出，商品在物流中心停留的时间较短。近年来，在我国一些大中城市建立或正在建立的商品流通中心多属于这种类型的物流中心。

③ 加工型物流中心的主要功能是对产品进行再生产或再加工，如食品或农副产品的深加工，木材或平板玻璃的再加工，混凝土及预制件的加工等。其目的是强化服务，为用户提供更多的便利。我国上海地区六家造船厂共同组建的钢板配送中心就属于这种类型的物流中心。

④ 配送中心是物流中心的典型形态，是专门从事配送业务的组织或场所，是物流中心中数量较多的一类。

⑤ 转运中心也称转运站或转运终端，主要从事货物转运业务，可以承担载货汽车到载货汽车、载货汽车到火车、载货汽车到轮船、载货汽车到飞机、火车到轮船等不同运输方式之间的转运任务。转运中心可以是两种运输方式之间的转运点，也可以是多种运输方式的终点。

(2) 按照物流中心处理货物的种类分类。按照物流中心处理货物的种类，可将其划分为综合性物流中心和专业性物流中心两种类型。

① 综合性物流中心是指储存、加工、分拣、配送多种商品的物流中心。这类物流中心加

工、配送的品种多、规模大,能适应不同用户的服务要求,应变能力较强。

② 专业性物流中心是指专门服务于某些特定用户或专门从事某大类商品(如煤炭、钢材、建材等)服务(如食品冷藏)的物流中心。

丹麦电信物流中心运作

(3) 按照物流中心的服务范围与服务对象分类。按照物流中心的服务范围与服务对象,可将其划分为区域性物流中心和城市性物流中心两种类型。

① 区域性物流中心是物流网络的主要节点。这类物流中心的辐射能力较强,可以在省际、全国乃至国际范围内向用户提供物流服务。其物流设施设备齐全,储存规模较大,用户较多,物流业务量较大。区域性物流中心通常为下一级城市的配送中心提供供货服务,也可以为批发商或产业用户提供供货服务。区域性物流中心在国外十分普遍,如荷兰 Nedlloyd 集团所属的“国际配送中心”就是这种类型的物流组织。

② 城市性物流中心是以所在城市区域为配送范围的物流中心。由于城市区域一般处于公路运输的经济里程范围之内,因此这类物流中心一般采用机动灵活的汽车进行货物运输,并直接配送到最终用户,提供“门到门”配送服务。如北京食品配送中心、无锡物资配送中心等就属于城市性物流中心。

4. 物流中心网络布局

单独的物流中心只能在局部范围内起作用,其作用范围是有限的,对大范围甚至全国的经济区域来讲,多个物流中心进行合理布局才能满足组织物流的需要,这种多个物流中心的合理布局及合理分工、合理衔接,就是物流中心网络,简称物流网络(logistics network)。

(1) 建立物流中心网络的原则。物流网络设计需要根据其地理位置,原材料和零部件来源、销售渠道、物流对象等确定承担某地区、某范围物流工作所需的各类节点的数量和地点,进而确定每一类节点的作业性质及服务内容。物流网络基于物流业务的结构,输入信息和运输能力,包括与订货处理、维持存货以及材料搬运等有关的具体工作。典型的物流节点是仓库、码头、航空港、物流中心、配送中心等。

物流效率直接依赖和受制于物流系统的网络结构。在动态的、竞争性的环境中,产品的分类、客户的供应量以及生产制造需求等都在不停地变化,所以必须不断地调整物流网络以适应供求基本结构的变化。随着时间的推移,还应该对所有的设施重新进行评估。所以,物流网络设计的定位决策是一个相当复杂的问题。

建立物流中心网络,就是要确定各个物流中心的宏观布局以及据以确定的具体物流中心的任务规模。

建立物流中心网络,必须遵循以下原则。

① 按经济区域建立物流中心。经济区域是在经济上有较密切联系的地区,在我国尤其是指交通联系便利的区域,这种区域往往是跨行政区域的。按经济区域建立物流中心,能借助物流中心将区域内的企业密切联系起来,物流中心的工作可以和区域发展相结合,同时,在具体组织物流活动时可以避免不合理运输,实现物流活动的优化。

② 以城市为中心组织物流。一方面,城市是货物的集中生产地与集中消费地,因此,物流中心的设置,必须首先满足城市生产及消费的需要,要以城市为中心考虑其布局问题。另一方面,城市的周围地区,尤其是中心城市的周围地区,即受城市经济影响和辐射的区域,其交通网络也是以城市为中心的,所以,从一个区域来看,城市也必然是该区域的物流中心。在建立物流中心网络时,应当充分考虑到物流中心和城市的结合。

③ 物流中心网络应在商物分离的基础上形成。商物分离是物流合理化的一个核心问题，商业交易中心和物流中心在性质上、作用上和功能上有很大区别，但又有密切联系。商业交易中心往往需要处于市区繁华地带，以利于联系客户及谈判交易；而物流中心应主要考虑物流过程本身的合理化，物流中心源源不断地为商业提供货源，但与商业交易中心不是合一的，而是分离的。不能将物流中心（场址）和贸易中心混设在一起。物流中心的设置原则：宜建在城市范围内，但不宜建在繁华商业区；宜建在交通枢纽处，但不宜建在繁华市区的交通要道；应有足够容量的停车和装卸场地。

④ 物流中心网络同时应是高效的信息网络。现代物流水平在很大程度上取决于信息管理水平，在建立物流网络时，必须同时或首先考虑信息网络的建设问题。每一个物流中心，都应是信息网络的一个分支或终端。

⑤ 用比较分析方法分析物流中心的建立。建立物流中心是一项投资比较大的经济行为，建立前要进行科学的分析论证，判断其投资效益。物流中心作为服务企业，判断其投资的合理性，一般运用比较分析方法，即把建立物流中心的投资费用与提供满足用户需求的经常性物流费用之和同各个用户采用物流自给服务成本之和进行比较，只有前者小于后者时才算是经济合理的。

（2）物流中心的布局类型。物流中心是某一专业范畴的综合性大型物流节点或其物流设施，可以与干线运输相衔接，也可以从物流基地转运。按物流中心所发挥作用的范围与模式可以分为以下几种布局方式。

① 辐射型物流中心。如图 3-15 所示，该类物流中心位于许多用户的一个居中位置，产品从此中心向各方向用户运送，形成辐射。如果用户较为固定，则此物流中心所处位置与各用户距离之和应为各待选位置与各用户距离之和中的最低值。辐射型物流中心适合在以下两个条件下采用。

a. 物流中心附近是用户相对集中的经济区域，而辐射所达用户只起吸收作用。这种形式对于所辐射的产品来讲，形成单向物流。

b. 物流中心是主干输送线路的一个转运站，通过干线输送的货物到达物流中心后，从物流中心开始，采取终端输送或配送形式将货物分送至各个用户。

② 吸收型物流中心。如图 3-16 所示，该类物流中心位于许多货主的某一居中位置，货物从各个产点向此中心运送，形成吸收。同样，此物流中心所处位置与各货主位置通行距离之和，也应为各待选位置中的最低者。这种物流中心大多属于集货中心。

③ 聚集型物流中心。如图 3-17 所示，该类物流中心的布局形式类似吸收型，但处于中心位置的不是物流中心，而是一个生产企业密集的经济区域，四周分散的是物流中心而不是货主或用户。

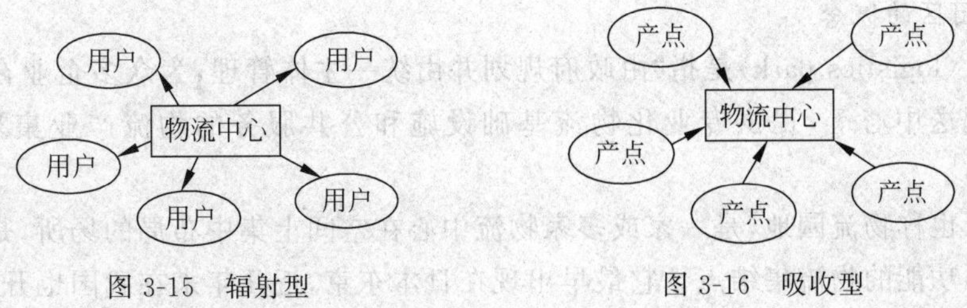

图 3-15 辐射型　　图 3-16 吸收型

这种形式的布局，往往是因为经济区域内生产企业十分密集，不可能设置若干物流中心，或是交通条件所限,无法在生产企业密集区域内再设物流中心,这样,在周围地区,尽可能靠近生产企业集中的地区设置若干个物流中心。如果这一经济区域所辐射的范围较广,则可考虑各物流中心的最优供应区域,实行合理的专业分工。

④ 扇形物流中心。如图 3-18 所示,产品从物流中心向一定方向运送,这种单向辐射称为扇形结构。这种布局形成的特点是产品有一定的流向,物流中心可能位于干线中途或终端,物流中心的辐射方向,与产品在干线上的运动方向一致。

在运输主干线上,物流中心距离较近,下一物流中心的上风向区域,恰好是上一物流中心合理运送区域时,适合采取这种布局形式。

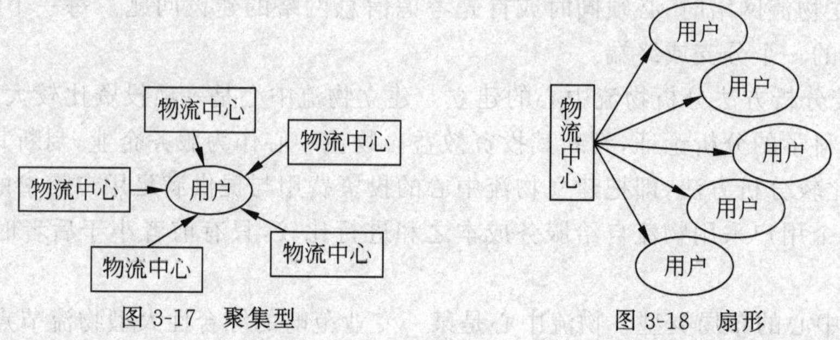

图 3-17 聚集型　　图 3-18 扇形

3.3.2 物流园区

青岛六大物流园区

青岛在推进"企业物流"向"物流企业"转化、推动物流社会化进程、争取在全国率先培育出一批第三方物流企业的同时,不失时机地提出,要建设六个各具特色的物流园区,最终形成多层次、社会化、专业化、国际化的现代物流服务网络体系。青岛物流园区的规划和建设引起了业内人士的广泛关注。这六大物流园区是:一是依托前湾港的集装箱、矿石、煤炭、原油四大货种及铁路、公路集疏运网络,建设前湾港物流园区;二是依托海尔、海信、澳柯玛等大企业集团千口开发区的优势,建设开发区综合物流园区;三是依托粮食、化肥、纯碱等货种建设老港物流园区;四是依托青岛航站,建设为航空物流提供各种服务的航空物流园区;五是按照公路主枢纽规划,建设为公路运输提供仓储、配载、信息等服务的综合物流园区;六是在高科技园建设为城市服务的货物配送物流园区。

物流园区是中国物流发展中的一个重要组成部分,物流园区及其配套设施建设是物流领域最重要的投资,因此,是物流热衷的热点。

1. 物流园区的概念

物流园区(logistics park)是指"由政府规划并由统一主体管理,为众多企业在此设立配送中心或区域配送中心等,提供专业化物流基础设施和公共服务的物流产业集聚区"(GB/T 18354—2021)。

物流园区也称物流园地,是一家或多家物流中心在空间上集中布局的场所,是具有一定规模和综合服务功能的物流集结点。它最早出现在日本东京,近几年来在我国也开始出现,它是政府从城市整体利益出发,为解决城市功能紊乱,缓解城市交通拥挤,减轻环境压力,顺应物流业发展趋势,实现"货畅其流",在郊区或城乡接合部主要交通干道附近专辟用地,通过逐步配套完善各项基础设施、服务设施，提供各种优惠政策，吸引大型物流(配送)中心在此聚集，使其获得规模效益，降低物流成本，同时减轻大型配送中心在市中心分布所带来的种种不利影响。简言之，物流园区是对物流组织管理节点进行相对集中建设与发展的，具有经济开发性质的城市物流功能区域；同时，也是依托相关物流服务设施降低物流成本，提高物流运作效率，改善企业服务有关的流通加工、原材料采购、便于与消费地直接联系的生产等活动，具有产业发展性质的经济功能区。

物流园区本身主要是一个空间概念，与工业园区、科技园区等概念一样，是具有产业一致性或相关性，且集中连片的物流用地空间。物流园区与物流中心这两个概念既有区别又有联系。物流园区是物流中心的空间载体，与从空间角度所指的物流中心往往是一致的。但是，它不是物流的管理和经营实体，而是数个物流管理和经营企业的集中地。

2. 物流园区的作用

作为城市物流功能区，物流园区包括物流中心、配送中心、运输枢纽设施、运输组织及管理中心和物流信息中心，以及适应城市物流管理与运作需要的物流基础设施；作为经济功能区，其主要作用是开展满足城市居民消费、就近生产、区域生产组织所需要的企业生产和经营活动。

物流园区有以下主要作用。

(1) 集约作用。一是量的集约，即将过去许多个货站、货场集约在一处；二是货物处理的集约，主要表现在将过去多处分散进行的货物处理活动集约在一处；三是技术的集约，表现为物流园区中采用类似生产方式的流程和大规模货物处理设备；四是管理的集约，即可以利用现代化手段进行有效的组织和管理。

(2) 有效衔接作用。主要表现在实现了公路、铁路、航空、水路等不同运输方式的有效衔接。

(3) 对联合运输的支撑作用。主要表现在对已经应用的集装、散装等联合运输形式，通过物流园区使这种联合运输形式获得更大的发展。

(4) 对联合运输的扩展作用。过去由于受条件的限制，联合运输仅仅只在集装系统等领域才获得稳固的发展，其他散杂和分散接运的货物很难进入联合运输的领域。采用物流园区之后，可以通过物流园区之间的干线运输和与之衔接的配送、集货运输使联合运输的对象大为扩展。

(5) 对提高物流水平的作用。主要表现在缩短了物流时间，提高了物流速度，减少了多次搬运、装卸、储存环节，提高了准时服务水平，减少了物流损失，降低了物流费用。

(6) 对改善城市环境的作用。主要表现在减少了线路、货站、货场、相关设施在城市内的占地，减少了车辆出行次数，集中进行车辆出行前的清洁处理，从而起到了减少噪声、尾气、货物对城市环境的污染作用。

(7) 对促进城市经济发展的作用。主要表现在，由于降低物流成本，导致降低企业生产经营成本，从而促进经济发展的作用，以及完善物流系统在保证供给、降低库存，从而解决企业后顾之忧等方面的作用。

3. 国内外物流园区的发展

由于物流园区在经济规模、地理分布、建设运作方式和政府发挥作用等方面具有明显的发展物流的开发效应和宣传效应，我国政府及企业在近2～3年中不约而同地将其作为推动地区、区域和城市物流发展的重点工程，给予大力支持。目前，基本上形成了全国从南到北、从东到西的物流园区建设发展局面，特别是以深圳为代表的珠江三角洲地区以及上海、北京等经济发达地区,城市的物流园区建设步伐更快。

物流园区的发展历史要比物流发展历史短许多,在西方物流较为发达的国家,物流园区也属于近十余年发展起来的新事物,因此,物流园区作为现代物流业发展的一个新趋势,目前仍处于迅速发展的过程中,其建设与经营经验并不多且不是很成熟。

在经济发达的国家中,日本建设物流园区的历史稍长,建设较早的日本东京物流园区是以缓解城市交通压力为主要目的而兴建的,在建设中积累了一定的经验,表现在重视规划、优惠的土地使用和政府投资政策、良好的市政设施配套及投资环境等方面。

德国政府在物流园区的规划和建设上与日本存在一定区别,也是近几年国内较为推崇的物流园区发展经验。德国一般采取联邦政府统筹规划,州政府、市政府扶持建设,公司化经营管理,入驻企业自主经营的发展模式。

3.3.3 配送中心

1. 配送中心的概念

现代配送中心

配送中心(distribution center,DC)是指"具有完善的配送基础设施和信息网络,可便捷地连接对外交通运输网络,并向末端客户提供短距离、小批量、多批次配送服务的专业化配送场所"(GB/T 18354—2021)。换言之,配送中心是集多种流通功能(商品分拣、加工、配装、运送等)于一体的物流场所,是利用先进的物流技术和物流设施开展业务活动的大型物流基地。配送中心实际上是集货中心、分货中心、加工中心功能的综合,应具备集货、储存、分拣配货、配载、配送运输、送达服务、流通加工和信息处理等综合物流服务功能。建立配送中心的主要目的在于加快货物流通速度并避免不必要的配送成本,以满足客户的需求,为企业赢得市场。其主要特点表现为管理系统、作业自动化和信息网络化。配送中心是销售物流系统的重要组成部分,是目前连锁经营得到迅速发展的一个重要前提条件。

2. 配送中心的分类

沃尔玛公司配送中心的种类

沃尔玛公司共有六种形式的配送中心。第一种是普通配送中心,也称干货配送中心,目前这种配送中心的数量最多。第二种是食品配送中心,可以配送的商品包括不易变质的饮料等食品,以及易变质的生鲜食品等,需要有专门的冷藏仓库和运输设备,直接送货到店。第三种是山姆会员店配送中心,这种业态批零结合,有1/3的会员是小零售商,配送商品的内容和方式同其他业态不同,使用独立的配送中心。由于这种商店1983年才开始建立,数量不多,有些商店使用第三方配送中心的服务。考虑到第三方配送中心的服务费用较高,沃尔玛公司已决定在合作期满后,用自行建立的山姆会员店配送中心取代。第四种是服装配送中心,不直接送货到店,而是分送到其他配送中心。第五种是进口商品配送中心,为整个公司服务,主要作用是大量进口以降低进价,再根据要货情况送往其他配送中心。第六种是退货配送中心,接收因各种原因退回的商品,其中一部分退还给供应商,一部分送往折扣商店,一部分就地处理,其收益主要来自出售包装箱的收入和供应商支付的手续费。

一般来说,可以按照配送中心的经济功能、权属性质、辐射范围、运营主体等标准进行分类。

(1) 按照配送中心的经济功能分类。按照配送中心的经济功能,可将其划分为供应型、销售型、储存型和流通加工型四种类型。

① 供应型配送中心。供应型配送中心是专门向某个或某些用户供应货物,充当供应商角色的配送中心。供应型配送中心对用户起后勤保障作用。服务对象主要是生产企业和大型商业组织(超市或联营商店),所配送的货物有原料、元器件、半成品和其他商品。例如,为大型连锁超市供货的配送中心;代替零件加工厂为零件装配厂送货的零件配送中心。又如,上海六家造船厂共同组建的钢板配送中心,也属于供应型配送中心。

配送中心(DC)的功能与类型

7-11 便利店的配送体系

在日本,最活跃的零售商是 7-11 便利店。据统计,一个日本人在其下班的路上,平均可以看到三家 7-11 便利店,充分说明了 7-11 便利店的“便利性”。7-11 便利店的特点:门店小——平均只有 100 平方米左右;品种多——有 3 000 种左右的商品;每种商品的货架存放量少,送货频繁,商品无存储场地。7-11 便利店采取了一种全新的配送模式,即自己不建配送中心,而由批发商共同建设。批发商是配送中心的管理者,7-11 便利店每天的销售数据传送到配送中心,由配送中心进行处理,通过对其库存情况进行分析,产生需要补货的品种及数量,安排卡车及配送路线。商品的配送单位可能是 2 瓶洗发水或 30 瓶可乐等。由于简化了进货流程,7-11 便利店只专注于选择合理的地点开店以及创造更加方便顾客的环境即可,这就是 7-11 便利店在日本发展得好的原因之一。在互联网时代,大批电子商务企业由于看好 7-11 便利店的发展,纷纷与其建立合作关系,原因也在于此。

② 销售型配送中心。销售型配送中心是以销售商品为主要目的,以开展配送为手段而组建的配送中心。销售型配送中心完全是围绕着市场营销(销售商品)而开展配送业务的。商品生产者和商品经营者通过采取降低流通成本和完善其服务的办法和措施来提高商品的市场占有率。销售型配送中心在国内外普遍存在,如我国近年来由商业和物资部门改组重建的生产资料和生活资料配送中心均为这种类型的配送中心。总体而言,无论是国内还是国外,销售型配送中心都是未来的发展方向。

③ 储存型配送中心。储存型配送中心是充分强化商品的储备和储存功能,在充分发挥储存作用的基础上开展配送活动的配送中心。实践证明,储存一定数量的物质乃是生产和流通得以正常进行的基本保障。例如,美国弗莱明公司的食品配送中心,是典型的储存型配送中心。该配送中心有 7 万多平方米的储备仓库,经营商品达 8 万多种,具有较大规模的仓库和储存场地。在我国,储存型配送中心多起源于传统的仓储企业,如中国物资储运总公司天津储运公司唐家口仓库即是国内储存型配送中心的雏形。这种配送中心在物资紧缺的条件下,能形成丰富的货源优势。

④ 流通加工型配送中心。该类配送中心的主要功能是对商品进行清洗、下料、分解、集装等加工活动,以流通加工为核心开展配送活动。在对生产资料和生活资料进行配送的配送中心中,有许多属于流通加工型配送中心。例如,深圳市菜篮子配送中心,就是以肉类加工为核心开展配送业务的流通加工型配送中心。再如,以水泥等建筑材料以及煤炭等商品的加工配送为主的配送中心也属于这类配送中心。

联华生鲜食品加工配送中心

联华生鲜食品加工配送中心是我国国内目前设备最先进、规模最大的生鲜食品加工配送中心,总投资6000万元,建筑面积3.5万平方米,年生产能力20000t。其中,肉制品1.5万吨,生鲜盆菜、调理半成品3000t,西式熟食制品2000t,产品结构分为15大类约1200种生鲜食品。在生产加工的同时,配送中心还从事水果、冷冻品以及南北货的配送任务。

(2) 按照配送中心的权属性质分类。按照配送中心的权属性质,可将其划分为自有型、公共型和合作型三种类型。

① 自有型配送中心。这类配送中心是指隶属于某一个企业或企业集团,通常只为本企业服务,不对本企业或企业集团以外的客户开展配送业务的配送中心。配送中心内的各种物流设施和设备归一家企业或企业集团所有,是企业或企业集团的一个有机组成部分。例如,美国沃尔玛公司的配送中心,即为该公司独资建立,专门为本公司所属的零售门店配送商品。随着经济的发展,大多数自有型配送中心均可转化为公共型配送中心。

② 公共型配送中心。这类配送中心是以营利为目的的,面向社会提供服务的配送组织,其主要特点是服务范围不局限于某一企业或企业集团内部。只要支付服务费,任何用户都可以使用这种配送中心。

随着物流业的发展,物流服务将逐步分化独立出来,向社会化方向发展,公共型配送中心作为社会化物流的一种组织形式在国内外迅速普及。

③ 合作型配送中心。这类配送中心是由几家企业合作兴建、共同管理的物流设施,多为区域性配送中心,可以是系统内企业之间的合作(如北京粮食局系统的八百佳物流中心),也可以是区域内的联合(如上海市政府、流通主管部门所规划发展的百货、粮食、副食品等配送中心)。

(3) 按照配送中心的辐射范围分类。按照配送中心的辐射范围,可将其划分为城市性配送中心和区域性配送中心两种类型。

① 城市性配送中心。城市性配送中心的配送范围以城市为中心,其配送运输距离通常在汽车运输的经济里程之内,可以采用汽车作为运输工具,将商品直接配送到最终用户,运输距离较短,反应能力强,其服务对象多为连锁零售商业的门店或最终消费者。城市性配送中心适于多品种、小批量、多用户的配送。我国一些城市(如上海、北京等)所建立的配送中心绝大多数属于城市性配送中心。

② 区域性配送中心。区域性配送中心的库存商品储备量大,辐射能力强,因而其配送范围广,可以跨省市,甚至跨国开展配送业务,经营规模较大,配送批量也较大,其服务对象往往是配送给下一级城市的配送中心、零售商或生产企业用户。虽然也从事零星的配送,但不是主体形式。这种类型的配送中心在国外十分普遍。例如,美国沃尔玛公司的配送中心,每天可为分布在6个州的100家连锁店配送商品;荷兰的"国际配送中心"业务活动范围更广,该中心在接到订(货)单之后,24h之内即可将货物装好,仅用3～4天的时间就可以把货物运到欧洲共同体成员国的客户手中。

(4) 按照配送中心的运营主体分类。按照配送中心的运营主体,可将其划分为以下四种类型。

① 以制造商为主体的配送中心。这种配送中心处理的商品100%是制造商自己生产的,这样可以降低流通费用,提高售后服务质量,及时将预先配齐的成组元器件运送到指定的加工和装配工位。从产品制造到条码印制以及包装组合等都比较容易控制,所以按照现代化、自动化的配送中心设计比较容易,但不具备社会化的要求。

② 以批发商为主体的配送中心。这种配送中心一般是按部门或商品种类的不同,把每个制造厂的商品集中起来,然后以单一品种或搭配形式向消费地的零售商进行配送。因其商品

来自各个制造商，所以配送中心进行的一项重要活动是对商品进行汇总和再分拨，而其全部进货和出货都是社会配送的，所以社会化程度高。

③ 以零售商为主体的配送中心。零售商发展到一定规模后，就可以考虑建立自己的配送中心，为专业商品零售店、超级市场、百货商店、建材商场、粮油食品商店、宾馆饭店等服务，其社会化程度介于前两者之间。

④ 以物流商为主体的配送中心。这种配送中心最强的是运输配送能力，而且地理位置优越（如港口、铁路和公路枢纽），可迅速将到达的货物配送给用户。它提供仓储货位给制造商或供应商，而配送中心的货物仍属于制造商或供应商所有，配送中心只是提供仓储管理和运输配送服务。这种配送中心的现代化程度往往较高。

3. 配送中心的运营模式

配送中心由于产权不同，货物所有权不同，经营方式不同，其运营模式也不尽相同。尽管如此，作为一种特殊的经济实体，其基本要素及其运作规律却有着共同特征，由此构成了配送中心的运营模式。

(1) 基于销售的配送中心模式。这是一种集商流和物流为一体的配送中心模式。其行为主体是生产企业或销售企业，配送仅作为一种促销手段而与商流融合在一起。事实上，无论在国内还是国外，往往从事某种货物配送活动的配送中心，恰恰就是这种货物的生产者或经销者，甚至有的配送中心本身就是某个企业或企业集团附属的一个机构。

海尔集团的物流配送

海尔物流储运事业部通过整合海尔集团的仓储资源和运输资源，可调配车量达 10 000 辆以上，在全国建立了 42 个配送中心，每天能够将上百个品种的 30 000 余台产品配送到全国 1 330 个专卖店和 9 000 余个营销网点。通过条形码和 GPS 技术的运用，可随时监控所有车辆的状况，运输效率大大提高。原来配送到全国平均 7 天的时间，目前中心城市实现 8 小时配送到位，区域内 24 小时配送到位，全国 4 天内配送到位。

上述这种模式的配送中心，从表象上看是在独立地从事货物的大批量进货、存储、保管、分拣和小批量、多批次的运送活动，但这些活动只是产品销售活动的延伸。其实质是企业的一种营销手段或营销策略。就这类配送中心的运作而言，在流通实践中，它们既参与商品交易活动，向用户让渡其产品的所有权；同时又向用户提供诸如货物分拣、加工、配货和送达等一系列的物流服务。在这里，商品的销售和配送是合二为一的。不难看出，这种商流物流合二为一的配送，主要是围绕着企业的产品销售，增加市场份额的根本目的而展开的。

(2) 基于供应的配送中心模式。采用该运营模式的行为主体是拥有一定规模的库房、站场、车辆等物流设施和设备以及具备专业管理经验和操作技能的物流企业。其本身并不直接参与商品交易活动，而是专门为用户提供诸如货物的保管、分拣、加工、运送等系列化服务。这类配送中心的职能通常是从工厂或转运站接收所有权属于用户的货物，然后代客户存储，并按客户的要求分拣货物，即时或定时，小批量、多批次地将货物分拣配送至指定的地点。

中国物资储运总公司唐家口配送中心

中国物资储运总公司唐家口配送中心的用户天津通讯广播器材公司把从日本进口的电视机元器件直接送到唐家口配送中心保管。配送中心负责按用户的要求进行分类、配货、装车并直接送到生产厂的生产流水线上。每天配送20车次。在配送元器件的同时,又将成品电视机运回,由配送中心负责保管并代理发运。

很明显,这类配送中心所从事的配送活动是一种纯粹的物流活动,其业务属于交货代理服务。从运作形式来看,其活动是与商流活动相分离的,只不过是物流企业服务项目的增加和服务内容的拓展而已。

(3) 基于资源集成的配送中心模式。这是一种以资源集成为基础,集商流、物流、信息流和资金流四流合一的配送中心模式。这类配送中心的行为主体是虚拟物流企业,其服务对象是大中型生产企业或企业集团,其运作形式是由虚拟物流企业和供应链上游的生产、加工企业(供方)建立广泛的代理或买断关系,并和下游的大中型生产企业(需方或用户)形成较稳定的契约关系。虚拟物流企业的配送中心依据供方的交货通知完成运输、报关和检验、检疫并入库,而后按照需方的要求,经过拣选、加工、配料、装车、运输并送达需方,完成配送作业。

上述从供应商到用户的所有信息都是由企业的物流信息系统来管理的,而作业活动都是由其组织、调度和控制的。高效及时的信息交换和处理,为配送中心作业的顺利完成提供了保证。信息技术的支撑是这类配送中心的突出特点。作业完毕之后,依照物流状况和配送中心与供需双方的合同,各种费用就会在计算机中自动生成,并各流其向。

小　结

物流系统是为达成物流目标而按计划设计的要素统一体。物流系统具有二律背反性。企业物流是生产和流通企业围绕其经营活动所发生的物流活动。目前,企业流行的采购模式包括电子采购、准时采购、全球采购、绿色采购等。基于供应链环境下的电子化协同采购是采购流程的主要变革方向。典型的生产物流控制原理有推式(计划驱动)和拉式(需求拉动)两种。销售物流服务包括时间、可靠性、沟通和方便性四个要素,缩短订货提前期对提高顾客满意度具有重要意义。DRP可用于规划原材料的进货补货安排,也可用于企业产成品的分销计划。流通企业物流是以商业据点为核心组织的物流活动,具有订货频率高、商品需拆零、退换货频繁、对商品保质期的管理严格等特点。物流中心是具有完善的物流设施及信息网络,可便捷地连接外部交通运输网络,物流功能健全,集聚辐射范围大,存储、吞吐能力强,为客户提供专业化公共物流服务的场所。配送中心是具有完善的配送基础设施和信息网络,可便捷地连接对外交通运输网络,并向末端客户提供短距离、小批量、多批次配送服务的专业化配送场所。物流园区是由政府规划并由统一主体管理,为众多企业在此设立配送中心或区域配送中心等,提供专业化物流基础设施和公共服务的物流产业集聚区。

同步测试

一、判断题

1. 物流节点是物流中心的一种形式,它具体包括港湾、铁路车站、中转仓库等。　(　　)
2. 物流成本效益背反的根本原因是因为物流系统具有整体性。　(　　)
3. 对于进货难度和风险大的进货任务,首选供应商送货的进货方式。　(　　)
4. 总成本最低的原则是进货管理中贯穿始终的原则。　(　　)
5. 由于市场是千变万化的,商品的需求量也在不断地变化,配送中心只有将商品储存量

无限放大，才能以不变应万变，极大地满足顾客的需求。（　）

二、单选题

1. 企业采购一般应包括（　　）。

A. 制造商采购和供应商采购　　B. 原材料采购和零部件采购

C. 原材料采购和最终产品采购　　D. 生产企业采购和流通企业采购

2. 海尔配送中心已实现中心城市6～8h配送到位，区域销售24h配送到位，全国主干线分拨配送平均3.5天到位。这种配送方式属于（　　）的配送中心模式。

A. 基于供应　B. 基于资源集成　C. 基于销售　D. 基于生产

3. 配送中心的选址首先要能保证在一定的物流服务水平下满足顾客的订货要求，必须在充分考虑配送距离、配送时间和配送成本的基础上，确定（　　）。

A. 配送圈　B. 配送路线　C. 配送对象　D. 配送数量

4. 配送中心在供应链上所处的位置，主要是针对（　　）而言的。配送中心在供应链上的位置不同，其服务的内容也截然不同。

A. 制造商　B. 批发商　C. 零售商　D. 消费者

5. 由专业物流公司根据用户的要求进行货物的分类、配货、装车，并定时将货物送到生产厂的生产流水线上。这种配送方式属于（　　）的配送中心模式。

A. 基于供应　B. 基于销售　C. 基于资源集成　D. 基于生产

三、多选题

1. 物流中心是具有完善的物流设施及信息网络的场所，应基本符合（　　）的要求。

A. 可便捷地连接外部交通运输网络

B. 为客户提供专业化公共物流服务

C. 物流功能健全

D. 集聚辐射范围大

E. 存储、吞吐能力强

2. 物流园区的作用包括（　　）。

A. 集约　B. 有效衔接　C. 对联运的支撑和扩展

D. 改善城市环境　E. 促进城市经济发展

3. 配送中心是为客户提供专业化配送服务的场所，应基本符合（　　）的要求。

A. 具有完善的配送基础设施　　B. 具有完善的信息网络

C. 可便捷地连接对外交通运输网络　　D. 向末端客户提供配送服务

E. 提供短距离、小批量、多批次配送服务

4. 海尔的配送中心属于（　　）配送中心。

A. 批发商主导型　B. 零售商主导型　C. 厂商主导型

D. 公共　E. 个别企业

5. 按照配送中心的功能，可将其划分为（　　）等类型。

A. 共同型　B. 批发型　C. 通过型

D. 集中库存型　E. 流通加工型

四、计算题

某企业在计划期需要采购某种钢材500t，有A、B两家供应商的货物质量均符合企业的要求，信誉也较好。A供应商相距企业2.5km，其报价为4100元/t，运费是3.6元/(t·km)，订购

费用支出为 180 元；B 供应商相距企业 12km，其报价为 3 500 元/t，运费是 1.5 元/(t·km)，订购费用支出为 360 元。通过计算确定应该选择哪家供应商。

五、情境问答题

1. 在一次企业物流经理的座谈会上，来自不同企业的物流经理们相互交流工作经验和体会。某生产企业的物流经理说，他们日常工作中很重要的一项就是与供应商打交道，并管理供应商，包括采购订单的下达、产品的接收与检验以及负责审核货款的支付等。与会的很多物流经理都觉得很惊讶：这难道不是企业采购部门的事情吗？怎么会是物流部门的工作呢？物流部门应该只管理运输、仓储及生产线配送等业务就可以了。怎么会管理供应商呢？对这些疑问给予合理的解释。

2. 上海某连锁超市投资 6 000 万元建立了一个生鲜食品加工配送中心。对此，有人认为，这些加工作业完全可以在产地进行，投资建立加工配送中心是浪费，没有必要，你是否同意该观点？请阐述理由。

3. 某钢材加工贸易企业拟在全国设立一级配送中心。起初为了靠近市场，公司选择了在接近北京、上海、广州三大城市中心城区的仓库为一级配送中心，然而并未达到预想的快速配送效果，而且物流成本飙升。物流部研究人员经过讨论，决定将一级配送中心重新设置在三大城市边缘，并在成都新增一个一级配送中心。物流部研究人员做出的选址修改方案是否合理？为什么？

4. M 公司是山东省一家著名的连锁超市集团。近年来，M 公司开始开展特许连锁经营，公司的业务迅速扩张，目前已在山东省 17 个地市建立了 40 余家店铺。在公司规模迅速扩大的同时，许多问题也开始出现。其中一个突出的问题就是配送成本居高不下。如果你是该公司的物流部经理，你将采取哪些措施来解决该问题？

六、实训题

1. 学生以小组为单位，课余寻找一家大型生产企业或连锁商业企业，对其物流系统进行调研，并完成一篇不低于 1 000 字的调查报告。

2. 学生以小组为单位，课余寻找一家大型生产企业，对其生产物流的运行情况进行调研，分析生产物流与生产的关系，并完成一篇不低于 1 000 字的调查报告。

3. 学生以小组为单位，课余对学校所在地的物流园区规划、建设及发展现状进行调研，并分析其对城市经济发展的影响，撰写一份不低于 1 000 字的调查报告。

七、案例分析题

海尔集团的物流之路

海尔集团是国内知名的家电制造企业。为适应市场发展的需要，集团对供应链和物流系统进行了业务流程再造。在同步管理模式下，海尔集团的物流系统以订单信息流为中心，成为企业核心竞争力的有力支撑。海尔集团物流系统的发展经历了以下三个阶段。

第一阶段：物流资源优化重组，建立新型合作伙伴关系

整合内外部资源，成立隶属于物流部门的采购事业部、配送事业部和储运事业部。在这一阶段，海尔集团通过统一采购实现每年节约资金上亿元，环比降低材料成本 6%；通过统一仓储，不仅减少 20 万平方米仓库，而且呆滞物资降低 90%，库存资金占用减少 63%；通过统一配送，在全国可调拨车辆 16 000 辆，运输成本大大降低。内部资源整合的同时也优化了外部资源。一方面，2 000 多家供应商优化到了不到 1 000 家；另一方面，通过将对外买卖关系转变为战略合作伙伴关系，海尔集团实现了从采购管理向资源管理的转变，与供应商形成了公平、互动、双赢的合作关系。

通过建设内部 ERP 信息系统和 B2B 电子商务平台大大加快信息的反馈，并带动物流快速流动。经销商、客户通过访问海尔集团网站，下达订单，订单数据直接进入后台的 ERP 系统，并通过采购平台将采购订单下达给供应商。供应商在网上接受订单并通过网上查询计划与库存，及时补货，实现了 JIT 供货。通过与银行的合作对供应商实现了网上货款支付，日付款制度的实施保证了对供应商付款及时率 100%，加快了物流与资金流速度。这使得原来半个月才能处理完毕的工作可以在几小时内完成，大幅加快了订单和整条供应链的响应速度。

第二阶段：运用信息技术和物流技术，建立柔性化生产系统

物流技术的创新和广泛应用保证了同步柔性制造系统的运行。标准容器、标准包装、条形码和无线扫描等技术的广泛应用实现了单元化、标准化储存和机械化高速搬运，提高了劳动效率，改变了原来收货、搬运、分拣和发货使用手工操作的状况，保证了及时配送上工位，降低了库存成本。立体仓库的建成改变了企业原有仓储的观念，成为柔性生产配置的中转库，提前的分装与拣选则保证了大规模定制生产的需要。

由于信息的准确及时，库存量大大降低。货物入库后，物流部门可根据次日的生产计划利用 ERP 系统进行配料，同时根据看板管理 4h 配送至工位。海尔集团与供应商双赢的战略合作伙伴关系也推动了寄售模式的广泛应用。寄售模式一方面减少了供应商租赁、装卸与运输的费用，降低了物流成本；另一方面避免了自身由于原材料不足而停产，使库存管理节约了大量的人力、物力和时间。

第三阶段：延伸服务领域，物流产业化发展

海尔物流储运事业部通过整合海尔集团的仓储资源和运输资源，可调配车量达 10 000 辆以上，在全国建立了 42 个配送中心，每天能够将上百个品种的 30 000 余台产品配送到全国 1 330 个专卖店和 9 000 余个营销网点。通过条形码和 GPS 技术的运用，可随时监控所有车辆的状况，运输效率大大提高。原来配送到全国平均 7 天的时间，目前中心城市实现 8 小时配送到位，区域内 24h 配送到位，全国 4 天内配送到位。而且由于是按单生产，成品库只是中转库，在减少仓储面积 10 余万平方米的情况下实现了零库存。

参照集团的服务标准和规范，海尔物流规范运作，业务开展的同时也保证了服务质量。通过积极开展第三方配送，海尔物流已经在为多家知名企业提供第三方物流服务，并通过强强联合不断完善配送网络。物流已成为海尔集团新的核心竞争力。

根据案例提供的信息，回答以下问题。

1. 海尔集团的生产物流和销售物流是如何衔接的？
2. 海尔集团与供应商的战略合作伙伴关系形成的基础是什么？
3. 海尔物流的核心竞争力是什么？为什么？
4. 对海尔物流向第三方物流发展的方向提出建议。

项目4

物流外包与第三方物流运营管理

项目 4 脚注

【素养目标】

1. 具有家国情怀。
2. 具有良好的职业道德及社会责任感。
3. 具有合作精神。
4. 具有诚实守信的品格。
5. 具有创新精神。
6. 具有成本意识。
7. 具有服务意识。
8. 具有专业认同感。

【知识目标】

1. 理解第三方物流的概念。
2. 掌握第三方物流的特征。
3. 理解第三方物流的优势。
4. 了解第三方物流的产生与发展。
5. 了解物流企业分类与评估指标体系。
6. 理解物流外包的发展趋势。

【能力目标】

1. 能正确进行物流自营与外包决策。
2. 能辨识物流外包风险的种类。
3. 能分析物流外包风险的成因。
4. 能采取有效措施弱化物流外包风险。
5. 能制订企业物流外包方案。
6. 能对第三方物流服务商进行评估与选择。
7. 能正确选择第三方物流的运作模式。

【引例】

京东商城物流自营引争议

2012 年，电子商务企业的价格战一波胜于一波，直至 8 月 15 日，京东 CEO 刘强东将新一轮价格战推向高潮。有人说，京东发起的这场“战争”，意味着中国商业正式进入“电商时代”。

热闹的价格战背后，反映的是网上购物市场的火爆。2010 年，中国电子商务市场交易额达 4.5 万亿元，同比增长 22%；2011 年，中国电子商务市场交易额达 6 万亿元，同比增长 33%。2012 年仅第二季度，中国网上购物市场规模达 2 683.7 亿元，较上一季度增长 17.6%，较上一年同期增长 51.6%。未来两年，中国网上零售交易规模有望突破 1 万亿元（占全年社会商品零售总额的 5%以上）。作为国内一家知名的电子商务企业，京东当然也是生意火爆。然而，在生意变得火爆、订单急速增长的同时，成长的脚步却被物流环节所拖累。网上购物从产生的那一天起，就依靠国内大大小小的快递企业来完成货物的配送。配送成本高、效率低，服务水平远不能达到消费者期望，消费者体验不佳等困扰着电子商务企业。京东的一位高管表示："2009 年前京东收到的投诉，70%都来自第三方配送环节。"

面对物流环节的困扰，京东组织国内专家对物流体系如何建设进行了讨论，学院派人士几乎都认为电子商务企业应借助第三方物流，而实战派则多数认同自建。京东在争议中确定要投入巨资自建物流体系。刘强东称："无论过去还是现在，物流都是我们最大的挑战。公司能不能继续平稳地发展，就在于物流体系建设的成功与否。"因而，自 2009 年起，京东便在物流方面做出了一系列的计划和举动。除了宣布多达百亿元的物流投资计划外，还根据业务发展情况，陆续在北京、广州、武汉、成都等地自建物流中心。如今，京东商城 70%以上的业务可以实现自主配送，"京东商城在信息、技术、网络方面的大规模投入已经使其物流配送水平领先于多数快递企业"。

问题

1. 为什么学院派人士主张物流外包？
2. 为什么实战派人士主张物流自营？
3. 什么是物流外包？企业应如何正确地进行物流自营与外包决策？
4. 什么是第三方物流？典型的第三方物流的运作模式有哪些？

4.1　第三方物流认知

物流产业的发展水平是衡量一个国家或地区的产业结构是否合理以及经济发展水平高低的重要指标之一。而第三方物流的发展水平又是衡量一个国家物流产业发展水平的重要标志。

中国远洋海运集团入围世界物流巨头 50 强

2016 年 2 月，中国航运业两大巨头中国远洋与中国海运重组成立中国远洋海运集团，被誉为"中国神运"。重组后的中国远洋海运集团拥有全球最大的干散货运输自有船队、全球最大的油运船队、全球吞吐量第二大的码头运营商、全球第三大的集装箱租赁企业，以及全球第四大的集装箱班轮公司。合并前的中远和中海两家公司在国际竞争中不具备规模优势，业务资源同质化严重，在国际国内细分市场竞争中缺乏优势。经过公司重组与资源深度整合、重新架构全球航运物流产业链的业务分工、价值创造和分配格局，将实现规模经营，将规模效应转化为竞争能力，并实现商业模式联盟化，将协同效应转化为协同效益。这两家公司的合并，有利于遏制恶性竞争，减少无序竞争；新公司的成立有助于增强我国航运企业在国际上的话语权；同时还有利于精简机构，降低人力成本，增强公司的竞争力。

几年以后，中国远洋海运集团的综合竞争优势显现。2022 年 10 月，JOC 发布了全球物流企业50强榜单,中国远洋海运集团位列全球第8。2023年7月,美国Transport Topics联合SJ Consulting Group Inc.发布了最新的全球物流企业50强榜单,中国远洋海运集团位列全球第7。

想一想 中国远洋海运集团的崛起对我们有什么启示?

4.1.1 第三方物流的概念

第三方物流(third party logistics,TPL或3PL)是指"由独立于物流服务供需双方之外且以物流服务为主营业务的组织提供物流服务的模式"(GB/T 18354—2021)。

第三方物流是相对于第一方发货人(consigner)和第二方收货人(consignee)而言的第三方专业物流公司承担企业物流活动的一种物流形态。物流服务商通过与第一方和第二方的合作来提供其专业化的物流服务,它不拥有商品,不参与商品买卖,而是为顾客提供以合同为约束、以结盟为基础的、系列化、个性化、信息化的物流代理服务,包括设计物流系统、提供EDI服务、报表管理、货物集疏运[1]、选择承运人、货运代理、海关代理、信息管理、仓储、咨询、运费支付与谈判等物流综合服务。因此,有人将第三方物流称为综合物流(integrated logistics)。

由于物流服务商一般是通过与货主企业签订一定期限的合同来提供物流服务的,所以有人将第三方物流称为合同物流[2]。

需要指出的是,第三方物流是一种物流服务模式,它与第三方物流企业或者说第三方物流服务商(third party logistics service provider)是两个相关但不相同的概念,不能混淆。

4.1.2 第三方物流的特征

从欧美以及日本等发达国家或地区的物流业发展状况来分析,第三方物流已在发展中形成了功能专业化,服务个性化、综合化,关系契约化,合作联盟化,信息网络化等特征。

1. 功能专业化

第三方物流公司是专业化的物流企业,它除了具有运输、仓储、包装、装卸搬运、配送、流通加工以及物流信息处理等基本功能以外,还具有诸如物流系统规划与设计等增值功能。第三方物流公司无论是物流系统的规划与设计,还是物流业务的运作,抑或物流技术工具、物流设施设备,乃至物流管理,都必须体现专业化特点,这既是客户的要求,同时也是第三方物流企业自身发展的需要。

2. 服务个性化、综合化

一方面,不同的客户存在不同的物流服务需求,第三方物流企业应根据客户的不同需求而在企业形象、业务流程、产品包装、配送频率、服务的及时性等方面满足客户的个性化需求。另一方面,经济全球化进程加快,特别是从2004年12月以来,随着我国物流行业逐步对外开放,越来越多的外资物流企业已进入我国,物流企业之间的竞争日益激烈。为此,第三方物流企业急需实施差异化战略,建立独特的物流资源和能力,构筑核心业务,打造核心能力,向客户提供特色鲜明、针对性强的个性化服务,甚至是多功能、全方位、一体化的综合物流服务。唯有如此,才能赢得客户的青睐,并持久领先。

京东集团的物流服务

京东物流集团可以向客户提供仓储与配送、快递快运、大件物流、冷链物流及跨境物流等多种服务。仓储与配送即面向企业客户的综合性、可定制的仓配一体化服务。快递快运即向企业及个人客户提供安全可靠、时效领先、专业贴心的快递及快运服务,以及在此基础上的多种增值服务。大件物流即面向企业及个人客户的一站式大件仓储、运输、配送及安装服务。京东物流帮助中国制造通向全球，全球商品进入中国。同时，为商家提供一站式跨境供应链服务。

京东早在 2014 年就开始打造冷链物流体系，2018 年京东物流集团正式推出京东冷链。京东冷链专注于生鲜食品、医药物流，依托冷链仓储网、冷链运输网、冷链配送网“三位一体”的综合冷链服务能力，以产品为基础，以科技为核心，通过构建社会化冷链协同网络，打造全流程、全场景的 F2B2C 一站式冷链服务平台，实现对商家及消费终端的安心交付。2020 年 8 月，京东物流集团位列 2019 年中国冷链物流企业百强榜第二名。

一般而言，第三方物流企业除了能提供仓储、运输、包装、流通加工、配送等基本服务外，还能提供货物的分装、集运、订单分拣、存货控制、货物跟踪、车辆维护、托盘化、质量控制、物流系统设计、市场调查与预测、采购及订单处理、代收货款及结算、教育培训、物流咨询、报表管理、货运代理、海关代理、谈判等增值服务。

3. 关系契约化

第三方物流企业与客户之间是现代经济关系，需要以合同这一调整和约束双方行为的法律手段来进行治理。合同明确规定了双方的责、权、利关系，可规范物流服务活动与过程。有了合同约束，可确保合作关系的顺利开展，并为冲突的解决提供依据。

4. 合作联盟化

国际上，很多第三方物流企业与其客户之间建立了长期的合作关系，甚至战略联盟。双方实时信息共享，打破传统业务束缚，将买卖关系转变为战略伙伴关系。双方的长期合作，可在服务供需方面达成默契；可有效降低搜寻交易对象、讨价还价、达成协议、监督履约的交易费用；可有效规避双方的短视行为，并有利于双方或多方建立长期合作伙伴关系。

5. 信息网络化

信息技术是第三方物流发展的基础，具体表现为物流信息的商品化、物流信息收集的数据化和代码化、物流信息处理的电子化和自动化、物流信息传递的标准化和实时化、物流信息储存的数字化等。信息网络化能更好地协调生产与销售、运输、仓储等环节的联系。常用的信息技术主要有 EDI 技术、EFT（电子转账）、条码技术、电子商务技术以及 GPS 等。信息技术在物流服务与活动中的应用，实现了实时信息共享，极大地提高了物流流程的效率，提高了物流管理的效率和效益。

案例：USCO 的信息网络化

云计算给物流服务商带来的益处

物流服务商借助于云计算系统，可以获得更便宜的实时数据存储和增强的计算能力。他们可以存储和分析大量数据，从而缩短紧急情况发生时的响应时间。

4.1.3　第三方物流的优势

与企业自营物流相比，第三方物流可以在作业利益、经济利益和管理利益三方面带来优势。

1. 作业利益

作业利益是指物流作业改善而产生的利益。在工商企业自营物流的条件下，一般而言，由于物流业务并非工商企业的核心主业,其物流资源并不丰富,物流设施设备并不先进,物流能力也不够强大,物流人才比较匮乏,因而物流作业效率低下,难以满足客户的需求。例如,在买方市场环境下,零售商往往要求厂商多频次、小批量地供货,以降低其库存成本,厂商或是由于自身物流能力及条件所限,或是因为JIT配送成本太高,一般很难做到。于是,商机转瞬即逝。第三方物流公司是专业物流企业,拥有人才、技术、工具、设施设备、从业经验等多方面的优势,因而,可改善物流作业,提供专业物流服务,从而为客户带来利益。

2. 经济利益

经济利益是指可直接用货币衡量的利益。

(1) 第三方物流公司是专门为货主提供物流服务的专业企业,可通过向多个客户提供服务,实现物流经营的规模经济性,从而降低物流作业成本。例如,整合运输、集中配送、大量仓储、流通加工中的批量处理以及集中客户需求而进行的大量采购等,均可发挥第三方物流服务供应商在物流运作中的规模优势,进而降低物流成本,获取经济利益。在供应链管理的背景下,第三方物流企业还可整合供应链各节点的物流业务,统一科学管理,消除库存的重复设置,降低供应链总成本,从而为所有的成员企业以及终端的消费者带来经济利益,实现多边共赢。

(2) 实施第三方物流,可降低工商企业自营物流的机会成本。货主企业可将物流资源占用的资金释放,并转投资于核心业务,必将获得更大的产出,在所擅长的业务领域内实现规模经营,降低经营成本,提高经营效率,获取更大的利润。

(3) 工商企业与第三方物流公司合作,不必再进行物流设施设备的投资,而只需按照外包物流业务量的大小支付相应的费用,于是,物流费用从"固定成本"变为"可变成本",货主将从中受益。

(4) 实施第三方物流,工商企业的物流费用将变得更加明晰,从"隐性成本"变为"显性成本"。一般而言,在一个企业内部,某一环节的成本费用往往很难与其他环节区分开来,因而物流费用实质上难以计量。但物流外包第三方后,由于物流费用变得明晰,实质上将一个企业的"隐性成本"变成了"显性成本",增加了"会计成本",产生"税盾",使公司受益。

3. 管理利益

物流外包第三方后,工商企业的物流部门虚化,组织结构扁平化,可降低管理费用。随着物流业务的外包,工商企业的物流管理部门将进一步弱化,实现虚拟经营。这必然降低公司的物流管理费用,且使组织结构呈现扁平化特征,使组织更具有柔性、更灵活、更能适应经营环境的变化。与此同时,一方面,工商企业可将人力资源集中于核心业务,进一步提高本公司业务的管理效益。另一方面,工商企业与第三方物流公司合作,可获得其专业物流能力,实现资源的外向配置。

总之,第三方物流企业凭借先进的物流设施设备、完善的物流信息系统和成熟的物流管理技术为客户提供跟踪装运、货物配送、海关报关、代收货款等基本服务和增值服务;通过导入多客户运作,实现规模经营;通过整合供应链各环节的物流业务,减少非必要的库存,降低非必要的成本,为消费者创造更多的价值,增强供应链竞争力。因而,工商企业实施物流外包,可以享受到第三方物流企业带来的作业利益、经济利益和管理利益。

4.1.4 第三方物流的产生

全球经济一体化、国内竞争国际化、信息网络化、经营虚拟化等新经济时代的重大变化促进了物流服务的社会化趋势。物流供需双方的推动,促使第三方物流应运而生。

第三方物流的产生,首先源于工商企业对物流服务有需求。早期,许多工商企业既从事核心业务(生产制造和分销),又自营物流,拥有自己的车队、仓库等储运设施,自行从事运输、仓储、包装等物流作业。随着市场竞争的日益激烈,以及社会分工的进一步细化,许多企业经营管理者逐渐意识到自营物流成本太高,效率太低,且服务质量低下,顾客不满意,企业缺乏竞争优势。为了提升企业竞争力,许多企业实施归核化战略,将资源和能力集中于核心业务,而将本企业不擅长的业务,诸如运输、仓储等物流业务外包给专业运输企业和仓储企业来运营。在社会需求的驱动下,物流产业崛起。

同时,WTO倡导贸易自由,促进了资源在全球范围内流动,加速了全球经济一体化的进程。为了抢占更大的市场份额,获取更大的利润,许多企业国内成熟,国外拓展,多国公司、国际公司、跨国公司、全球公司越来越多。跨国经营,面临的是全球用户、全球供应商、全球分销商、全球化的市场,原材料采购、产成品运输、配送乃至整个物流活动在地域上跨度极大,因而导致管理复杂,协调难,费用高。一般而言,工商企业并非专业物流公司,物流资源和能力相当有限,物流系统规划与设计、线路规划等能力比较薄弱,物流信息系统尚不完善,不能提供跟踪装运服务,货损货差难免,导致物流作业与管理成本上升。工商企业对高水平物流服务的需求,进一步促进了提供专业化物流服务的第三方物流企业的产生。

此外,随着物流产业的崛起,物流企业间的竞争也日趋激烈。还在 20 世纪 90 年代,我国传统物流企业(储运企业)的经营者就已经意识到,仅靠单一的仓储、运输服务,获利较低。它们逐渐明白,只有实施差异化战略,为客户提供增值服务,才能获取更多的利润。于是,很多传统储运企业在原来经营业务的基础上逐渐拓展服务的范围,增加特色功能,强化增值服务,逐渐改造成现代意义上的第三方物流企业。

综上所述,第三方物流的产生是经济社会发展的必然趋势,更是物流供需双方推动的必然结果。归根结底,市场需求是其产生的根本原因。

4.1.5　第三方物流的发展阶段

百世物流科技(中国)有限公司

百世物流科技(中国)有限公司是中国领先的智慧供应链解决方案和物流服务提供商,公司集快运、国际物流和供应链服务等业务于一体,能够为客户提供“门到门”服务。公司自成立以来,始终致力于科技创新,以人工智能等高新技术打造综合的线上线下物流与供应链服务能力,不断创新商业模式,注重信息化、智能化和绿色化发展,并凭借强大的自主研发能力,有效提升公司的运营效率和客户服务水平,助力企业降本增效,为客户提供优质高效的物流与供应链服务。百世物流科技(中国)有限公司 2022 年入选中国物流企业 50 强、中国民营物流企业 50 强。

物流发展的核心是为供应链企业群体提供最优的物流服务,具备实现产品链或产业链整体优化的物流能力。在这一能力的实现过程中,第三方物流的发展包括简单物流、综合物流、综合集成、全面扩大、全面优化等阶段,如表 4-1 所示。

表 4-1　第三方物流的发展阶段

阶　段	描　述	标志	能　力	特　征
简单物流阶段	简单的基于客户的运输、仓储等功能运作	2PL	资源能力(车队、仓库、其他物流工具)	物流运作主体众多,但方数(物流业务中涉及的业务各方数量)单一,管理关系简单

续表

阶段	描述	标志	能力	特征
综合物流阶段	基于合同的物流优化和运作	3PL	资源能力、管理能力、信息能力	物流运作主体减少,方数增加,管理关系简单
综合集成阶段	基于供应链的整合与优化	4PL	集成优化能力、统筹能力	运作主体减少,方数增加,管理关系复杂
全面扩大阶段	基于供应链的网络化运作	5PL	扩大的价值支持能力,如信息平台、培训平台等	运作主体减少,方数增加,管理关系复杂
全面优化阶段	基于产品链或产业链的集约化物流再造与运作	6PL	技术能力、高度集约的整合与运作能力	运作主体减少,方数减少,管理关系简单

2PL 到 6PL 的运作方式都是为了实现物流的最优运作和实现产品链或产业链整体优化的物流能力所使用的重要手段,最终还是要归结到如何充分利用各种方式和手段,实现物流的最优运作(包括 1PL 在内)。因此,第三方物流发展的最高阶段是所谓的 6PL 阶段。在这一阶段,物流运作的基础信息平台和物流专业培训等服务平台均已建立并完善,物流企业具备先进的物流技术能力、高度集约的整合与运作能力。大型和超大型物流企业(或联盟)出现,它们真正具备物流运作能力、物流系统优化能力、物流信息服务能力以及人才培训等能力,可以为供应链企业群体提供真正的一体化物流服务[3]。

中国外运长航集团与招商局集团的合并成效斐然

2015 年年底,中国外运长航集团(以下简称中外运长航)整体并入招商局集团,成为其全资子公司。合并后新公司的资产超过 7 000 亿元,超过中远与中海合并后新成立的中国远洋海运集团 5 000 亿元的资产。这两家公司的战略重组,目的是实现双方在物流、航运、港口等方面资源的有效整合,进一步提升公司在综合物流、交通运输、物流园区开发以及港航联运等领域的综合服务能力与竞争优势,加速打造具有国际竞争力的世界一流物流企业。

两家公司的合并,有利于实现物流业务的整合。其中特殊物流,如冷链物流、重大件货物运输等业务可实现优势互补。目前,中外运长航旗下拥有与 DHL 合资的中外运敦豪运营快递业务,另包括中外运股份旗下的重大件工程物流业务。物流为网络密集型业务,双方在网络上的合作会显著提高其整体的物流效益。

通过重组,可以结合双方在海运、空运、陆运、仓储及客户等方面的资源,给客户提供全程供应链解决方案和“一站式”服务,并提高全球性的综合物流服务能力,同时打造“海、陆、空”供应链一体化的综合物流企业。

在能源运输方面,双方通过远洋及内河能源运输的无缝衔接,保证国家的能源运输安全,同时通过充分发挥两大集团在干散货运输领域的资源优势,实现规模及效益的提升,建设国际领先的干散货运输船队。

此外,结合双方在枢纽港、支线码头和驳运网络的资源优势,可以搭建覆盖长江经济带、珠江三角洲的江海联运港航体系,并经过完善海外布局,搭建连接东南亚、欧洲等区域的港航网络体系和“21 世纪海上丝绸之路”的供应链管理平台。

两家公司的合并是在政府的主导下完成的。几年后资源整合的成效开始显现。2019 年 4 月,国际物流知名咨询机构 SJ Consulting Group Inc. 发布了最新的全球物流企业 50 强榜

单,中外运名列 14 位,俨然成为世界级的物流巨头。2021 年 4 月,在 JOC 发布的全球物流企业 50 强榜单中,中外运名列 13 位。中外运 2022 年和 2023 年在全球物流企业 50 强榜单中的排位分别是 21 和 19。

4.2　我国物流企业的分类

一般来说,可以按照物流企业所提供的服务功能主要特征、物流企业的来源构成、物流企业的权属性质以及物流企业是否拥有物流资产等标准对物流企业进行分类。

根据我国国家标准《物流企业分类与评估指标》(GB/T 19680—2013)[4],物流企业可以划分为运输型、仓储型及综合型三种类型[5]。这主要是按照物流企业所提供的服务功能主要特征进行分类。

4.2.1　运输型物流企业

运输型物流企业是指以从事货物运输服务为主,包含其他物流服务活动,具备一定规模的实体企业。运输型物流企业应同时符合以下要求:①以从事运输业务为主,具备一定规模;②可为客户提供运输服务及其他增值服务;③自有一定数量的运输工具和设备;④具备信息服务功能,应用信息系统可对运输货物进行状态查询、监控。运输型物流企业评估指标(GB/T 19680—2013)如表 4-2 所示。

表 4-2　运输型物流企业评估指标

评估指标		级别				
		AAAAA 级	AAAA 级	AAA 级	AA 级	A 级
经营状况	1. 年物流营业收入/元*	16.5 亿以上	3 亿以上	6 000 万以上	1 000 万以上	300 万以上
	2. 营业时间*	5 年以上	3 年以上		2 年以上	
资产	3. 资产总额/元*	11 亿以上	2 亿以上	4 000 万以上	800 万以上	300 万以上
	4. 资产负债率*	不高于 70%				
设施设备	5. 自有货运车辆/辆*(或总载重量/t)*	1 500 以上(7 500 以上)	400 以上(2 000 以上)	150 以上(750 以上)	80 以上(400 以上)	30 以上(150 以上)
	6. 运营网点/个	50 以上	30 以上	15 以上	10 以上	5 以上
管理及服务	7. 管理制度*	有健全的经营、作业、财务、统计、安全、技术等机构和相应的管理制度				
	8. 质量管理	通过国家或行业相关认证			具有规范的质量管理体系	
	9. 业务辐射面*	跨省区以上			—	
	10. 物流服务方案与实施	提供物流系统规划、资源整合、方案设计、业务流程重组、供应链优化、物流信息化等方面服务			提供整合物流资源、方案设计等方面的咨询服务	
	11. 客户投诉率(或客户满意度)	≤0.05%(≥98%)	≤0.1%(≥95%)		≤0.5%(≥90%)	
人员管理	12. 中高层管理人员*	80%以上具有大专及以上学历,或全国性行业组织物流师认证	60%以上具有大专及以上学历,或全国性行业组织物流师认证		30%以上具有大专及以上学历,或全国性行业组织物流师认证	

续表

评估指标		级别				
		AAAAA 级	AAAA 级	AAA 级	AA 级	A 级
人员管理	13. 基层物流业务人员	60%以上具有中等及以上学历或物流职业资格	50%以上具有中等及以上学历或物流职业资格		30%以上具有中等及以上学历或物流职业资格	
信息化水平	14. 信息系统*	物流经营业务全部信息化管理			物流经营业务部分信息化管理	
	15. 电子单证管理	90%以上	70%以上		50%以上	
	16. 货物物流状态跟踪*	90%以上	70%以上		50%以上	
	17. 客户查询*	建立自动查询和人工查询系统			建立人工查询系统	

注:标注*的指标为企业达到评估等级的必备指标项目,其他为参考指标项目。

物流营业收入是指企业通过物流业务活动所取得的收入总额,包括提供运输、仓储、装卸、搬运、包装、流通加工、配送、信息等基本服务及其他相关增值服务所取得的业务收入。

运营网点是指在企业市场覆盖范围内,可以承接并完成企业基本业务的分支机构和联盟伙伴。

客户投诉率是指在年度周期内客户对不满意业务的投诉总量与企业业务总量的比率。

客户满意度是指在年度周期内企业对客户满意情况的调查统计。

基层物流业务人员是指从事物流业务执行活动的企业成员。

4.2.2 仓储型物流企业

仓储型物流企业是指以从事仓储服务为主,包含其他物流服务活动,具备一定规模的实体企业。仓储型物流企业应同时符合以下要求:①以从事仓储业务为主,具备一定规模;②可为客户提供分拨、配送、流通加工等服务,以及其他增值服务;③自有一定规模的仓储设施、设备,自有或租用必要的货物运输工具;④具备信息服务功能,应用信息系统可对仓储货物进行状态查询、监控。仓储型物流企业评估指标(GB/T 19680—2013)如表4-3所示。

表4-3 仓储型物流企业评估指标

评估指标		级别				
		AAAAA 级	AAAA 级	AAA 级	AA 级	A 级
经营状况	1. 年物流营业收入/元*	7.2亿以上	1.2亿以上	2 500万以上	500万以上	200万以上
	2. 营业时间*	5年以上	3年以上		2年以上	
资产	3. 资产总额/元*	11亿以上	2亿以上	4 000万以上	800万以上	200万以上
	4. 资产负债率*	不高于70%				
设施设备	5. 自有仓储面积/m^2*	20万以上	8万以上	3万以上	1万以上	4 000以上
	6. 自有/租用货运车辆/辆(或总载重量/t)*	500以上(2 500以上)	200以上(1 000以上)	100以上(500以上)	50以上(250以上)	30以上(150以上)
	7. 配送客户点/个	200以上	150以上	100以上	50以上	30以上
管理及服务	8. 管理制度*	有健全的经营、作业、财务、统计、安全、技术等机构和相应的管理制度				
	9. 质量管理	通过国家或行业相关认证			具有规范的质量管理体系	
	10. 物流服务方案与实施	提供物流系统规划、资源整合、方案设计、业务流程重组、供应链优化、物流信息化等方面服务			提供整合物流资源、方案设计等方面的咨询服务	
	11. 客户投诉率(或客户满意度)	≤0.05%(≥98%)	≤0.1%(≥95%)		≤0.5%(≥90%)	

续表

<table>
<tr><th colspan="2" rowspan="2">评估指标</th><th colspan="5">级　别</th></tr>
<tr><th>AAAAA 级</th><th>AAAA 级</th><th>AAA 级</th><th>AA 级</th><th>A 级</th></tr>
<tr><td rowspan="2">人员管理</td><td>12. 中高层管理人员*</td><td>80%以上具有大专及以上学历或全国性行业组织物流师认证</td><td colspan="2">60%以上具有大专及以上学历或全国性行业组织物流师认证</td><td colspan="2">30%以上具有大专及以上学历或全国性行业组织物流师认证</td></tr>
<tr><td>13. 基层物流业务人员</td><td>60%以上具有中等及以上学历或物流职业资格</td><td colspan="2">50%以上具有中等及以上学历或物流职业资格</td><td colspan="2">30%以上具有中等及以上学历或物流职业资格</td></tr>
<tr><td rowspan="4">信息化水平</td><td>14. 信息系统*</td><td colspan="3">物流经营业务全部信息化管理</td><td colspan="2">物流经营业务部分信息化管理</td></tr>
<tr><td>15. 电子单证管理*</td><td>100%以上</td><td colspan="2">70%以上</td><td colspan="2">50%以上</td></tr>
<tr><td>16. 货物物流状态跟踪</td><td>90%以上</td><td colspan="2">70%以上</td><td colspan="2">50%以上</td></tr>
<tr><td>17. 客户查询*</td><td colspan="3">建立自动查询和人工查询系统</td><td colspan="2">建立人工查询系统</td></tr>
</table>

注：标注 * 的指标为企业达到评估等级的必备指标项目，其他为参考指标项目。

物流营业收入是指企业通过物流业务活动所取得的收入总额，包括提供运输、仓储、装卸、搬运、包装、流通加工、配送、信息等基本服务及其他相关增值服务所取得的业务收入。

客户投诉率是指在年度周期内客户对不满意业务的投诉总量与企业业务总量的比率。

客户满意度是指在年度周期内企业对客户满意情况的调查统计。

配送客户点是指企业当前的、提供一定时期内配送服务的、具有一定业务规模的、客户所属的固定网点。

租用货运车辆是指企业通过合同等方式可进行调配、利用的货运车辆。

基层物流业务人员是指从事物流业务执行活动的企业成员。

4.2.3　综合型物流企业

综合型物流企业是指从事多种物流服务活动，能根据客户的要求提供物流一体化服务，具备一定规模的实体企业。综合型物流企业应同时符合以下要求：①从事多种物流服务业务，可以为客户提供运输、仓储、货运代理、配送、流通加工、信息服务等多种物流服务，具备一定规模；②可为客户制订系统化的物流解决方案，可为客户提供综合物流服务及其他增值服务；③自有或租用必要的运输工具、仓储设施及相关设备；④具有一定市场覆盖面的货物集散、分拨、配送网络；⑤具备信息服务功能，应用信息系统可对物流服务全过程进行状态查询、监控。综合型物流企业评估指标(GB/T 19680—2013)如表 4-4 所示。

表 4-4　综合型物流企业评估指标

<table>
<tr><th colspan="2" rowspan="2">评估指标</th><th colspan="5">级　别</th></tr>
<tr><th>AAAAA 级</th><th>AAAA 级</th><th>AAA 级</th><th>AA 级</th><th>A 级</th></tr>
<tr><td rowspan="2">经营状况</td><td>1. 年物流营业收入/元*</td><td>16.5 亿以上</td><td>2 亿以上</td><td>4 000 万以上</td><td>800 万以上</td><td>300 万以上</td></tr>
<tr><td>2. 营业时间*</td><td>5 年以上</td><td colspan="2">3 年以上</td><td colspan="2">2 年以上</td></tr>
<tr><td rowspan="2">资产</td><td>3. 资产总额/元*</td><td>5.5 亿以上</td><td>1 亿以上</td><td>2 000 万以上</td><td>600 万以上</td><td>200 万以上</td></tr>
<tr><td>4. 资产负债率*</td><td colspan="5">不高于 75%</td></tr>
</table>

续表

<table>
<tr><th colspan="2" rowspan="2">评估指标</th><th colspan="5">级　别</th></tr>
<tr><th>AAAAA 级</th><th>AAAA 级</th><th>AAA 级</th><th>AA 级</th><th>A 级</th></tr>
<tr><td rowspan="3">设施设备</td><td>5. 自有/租用仓储面积/m²</td><td>10 万以上</td><td>3 万以上</td><td>1 万以上</td><td>3 000 以上</td><td>1 000 以上</td></tr>
<tr><td>6. 自有/租用货运车辆/辆(或总载重量/t)*</td><td>1 500 以上
(7 500 以上)</td><td>500 以上
(2 500 以上)</td><td>300 以上
(1 500 以上)</td><td>200 以上
(1 000 以上)</td><td>100 以上
(500 以上)</td></tr>
<tr><td>7. 运营网点/个*</td><td>50 以上</td><td>30 以上</td><td>20 以上</td><td>10 以上</td><td>5 以上</td></tr>
<tr><td rowspan="5">管理及服务</td><td>8. 管理制度*</td><td colspan="5">有健全的经营、作业、财务、统计、安全、技术等机构和相应的管理制度</td></tr>
<tr><td>9. 质量管理</td><td colspan="3">通过国家或行业相关认证</td><td colspan="2">具有规范的质量管理体系</td></tr>
<tr><td>10. 业务辐射面*</td><td colspan="3">跨省区以上</td><td colspan="2">—</td></tr>
<tr><td>11. 物流服务方案与实施*</td><td colspan="3">提供物流系统规划、资源整合、方案设计、业务流程重组、供应链优化、物流信息化等方面服务</td><td colspan="2">提供整合物流资源、方案设计等方面的咨询服务</td></tr>
<tr><td>12. 客户投诉率(或客户满意度)</td><td>≤0.05%
(≥98%)</td><td colspan="2">≤0.1%
(≥95%)</td><td colspan="2">≤0.5%
(≥90%)</td></tr>
<tr><td rowspan="2">人员素质</td><td>13. 中高层管理人员*</td><td>80%以上具有大专及以上学历或全国性行业组织物流师认证</td><td colspan="2">70%以上具有大专及以上学历或全国性行业组织物流师认证</td><td colspan="2">50%以上具有大专及以上学历或全国性行业组织物流师认证</td></tr>
<tr><td>14. 基层物流业务人员</td><td>60%以上具有中等及以上学历或物流职业资格</td><td colspan="2">50%以上具有中等及以上学历或物流职业资格</td><td colspan="2">40%以上具有中等及以上学历或物流职业资格</td></tr>
<tr><td rowspan="4">信息化水平</td><td>15. 信息系统*</td><td colspan="3">物流经营业务全部信息化管理</td><td colspan="2">物流经营业务部分信息化管理</td></tr>
<tr><td>16. 电子单证管理*</td><td>100%以上</td><td colspan="2">80%以上</td><td colspan="2">60%以上</td></tr>
<tr><td>17. 货物物流状态跟踪*</td><td>100%以上</td><td colspan="2">80%以上</td><td colspan="2">60%以上</td></tr>
<tr><td>18. 客户查询*</td><td colspan="3">建立自动查询和人工查询系统</td><td colspan="2">建立人工查询系统</td></tr>
</table>

注：标注 * 的指标为企业达到评估等级的必备指标项目，其他为参考指标项目。

物流营业收入是指企业通过物流业务活动所取得的收入总额，包括提供运输、仓储、装卸、搬运、包装、流通加工、配送、信息等基本服务及其他相关增值服务所取得的业务收入。

运营网点是指在企业市场覆盖范围内，可以承接并完成企业基本业务的分支机构和联盟伙伴。

客户投诉率是指在年度周期内客户对不满意业务的投诉总量与企业业务总量的比率。

客户满意度是指在年度周期内企业对客户满意情况的调查统计。

租用货运车辆是指企业通过合同等方式可进行调配、利用的货运车辆。

租用仓储面积是指企业通过合同等方式可进行调配、利用的仓储总面积。

基层物流业务人员是指从事物流业务执行活动的企业成员。

除上述分类外，如果按照物流企业的来源构成，可将其划分为由传统储运及货代等类型的企业经改造或转型而来的物流企业、由工商企业的物流部门发展起来的物流企业以及新创建的物流企业等几种类型；如果按照物流企业的所有权权属，可将其划分为国有或国家控股的物流企业、外资和港资物流企业以及民营物流企业等几种类型；如果按照物流企业是否拥有物流资产，可将其划分为资产型物流企业和非资产型物流企业两种类型。

4.3　物流外包管理

近年来，随着纵向一体化战略弊端的日益显露，国际上许多大公司纷纷实施“归核化”战略，将资源和能力集中于核心业务，而将非核心业务外包，与上下游企业建立战略伙伴关系。相应地，企业间的竞争逐渐演变为供应链与供应链的竞争。对多数工商企业而言，物流是辅助性的活动，为使企业有限资源发挥最大效力，自然将其外包。

4.3.1　物流外包认知

1. 物流外包的含义

物流外包（logistics outsourcing）是指“企业将其部分或全部物流的业务交由合作企业完成的物流运作模式”（GB/T 18354—2021）。换言之，物流外包是一个业务实体将原来由本企业完成的物流业务，转移到企业外部由其他业务实体来完成。物流外包是企业业务外包的一种典型形态，主要包括物流功能外包和物流管理外包等类型，以及物流业务委托和物流战略外包等形式。

典型企业的物流外包

随着供应链时代的来临，企业将其有限的资源集中在核心业务，而将非核心业务外包已经成为常态。例如，戴尔将其物流业务外包给新加坡叶水福物流集团，海信将其物流业务外包给中远海运集团，TCL 将其物流业务外包给深圳神彩物流有限公司，联想将其物流业务外包给传化物流集团有限公司。

2. 物流外包的驱动因素

企业或是没有能力在物流方面进行投资，或是不能够建立起高效的物流配送机制，抑或自营物流缺乏竞争力，因而实施物流外包。

亚马逊公司的“最后一公里”配送外包

自 2011 年起，全球最大的电子商务企业亚马逊公司已连续 10 余年蝉联全球供应链大师的桂冠，彰显了其 10 余年来在供应链管理领域的持续卓越表现。亚马逊公司是自营物流的典范，公司建立了高效的配送系统。截至 2023 年 10 月，公司拥有超过 10 万台服役的物流机器人[6]，这成为亚马逊公司的一大亮点。虽然亚马逊公司拥有完善的物流设施，但对于“门到门”的配送业务，公司始终坚持外包，因为这种“最后一公里”配送不但烦琐，而且成本高，自营不如外包。

2002 年，美智管理咨询公司和中国物流与采购联合会对我国第三方物流市场进行了为期 3 个月的调查，发布了《中国第三方物流市场——2002 年中国第三方物流市场调查的主要发现》报告。调查结果显示，工商企业实施物流外包首先是为了降低物流费用；其次是为了强化核心业务；最后是为了改善和提高物流服务水平与质量。企业通过资源的外向配置来提升核心能力是市场经济发展的必然趋势,物流外包是企业提高自我适应能力的必然选择。

4.3.2 物流外包的发展趋势

随着企业管理者对一体化物流管理模式认识的不断深化,物流外包呈现以下发展趋势。

1. 物流外包的模式从物流功能外包向一体化物流外包方向演变

随着越来越多的企业构建一体化物流管理模式,企业物流外包正在从运输、仓储等物流功能外包向一体化物流外包方向转变。工商企业要选择合适的物流服务商并对物流外包进行有效管理,首先要认识清楚一体化物流服务与功能性物流服务在服务性质、服务目标以及客户关系上的区别,树立全新的物流外包观念;同时,物流服务商要进行服务创新,尽量满足工商企业对一体化物流服务的要求。

(1) 一体化物流服务不是物流服务功能的简单组合,而是提供综合管理多项物流服务功能的解决方案。一体化物流管理是运用系统的管理思想和方法,对从原材料供应到产成品配送的整个物流过程和物流功能进行统一管理。因此,一体化物流服务不是仓储、运输、配送等物流功能服务的简单组合,而是要对多项物流功能进行有机整合,对客户的物流服务方案进行总体设计,并对物流运作过程进行综合管理,扮演物流责任人的角色。

(2) 一体化物流服务的目标,不仅是降低企业物流成本,而且要全面提升企业价值。

物流外包的益处

从20世纪80年代起,美国供应链管理专业协会(CSCMP)就一直致力于组织对企业物流绩效评估和对第三方物流服务商的价值研究。调查结果显示,企业通过实施一体化物流外包,物流成本下降11.8%,物流资产下降24.6%,订货周期从7.1天下降到3.9天,库存总量下降8.2%。

企业管理者对一体化物流外包的理解各不相同。运营总监(COO)看重的是一体化物流服务商物流运作的高效率与低成本;营销总监(CMO)看重一体化物流服务商的优质物流服务有助于扩大市场份额并提高产品销量,同时能更好地进行客户关系的维系与管理;财务总监(CFO)看重一体化物流外包能够减少物流资产,并将释放的资金投放到核心业务,有利于提高投资回报率;首席信息官(CIO)看重物流外包能够共享一体化物流服务商的信息系统与技术资源,避免自建物流信息系统及系统升级带来不必要的成本和麻烦;物流总监(CLO)则看重通过一体化物流外包,企业不必拥有物流资源就能控制物流运作,并能得到一体化物流服务。

(3) 物流外包关系不是此消彼长的价格博弈关系,而是双赢的合作伙伴关系。既然第三方物流服务商给客户提供的是一体化物流管理服务,目标是全面提升企业的价值,工商企业就应该允许其分享物流合理化所产生的收益。事实上,由于物流功能之间存在效益背反关系,而企业主要的物流成本降低通常来自对库存的有效控制(特别是供应链库存的全局优化),因此,第三方物流服务商与供应链其他成员应该建立以物流外包为纽带的合作伙伴关系,实现互利共赢。

2. 物流外包的领域从非核心业务领域逐渐向核心业务领域方向拓展

工商企业要充分发挥物流外包的作用,就需要在仓储、运输等物流功能外包的基础上不断扩大外包的范围,以期获取一体化物流服务商差异化、个性化的物流服务,从而获得竞争优势;而物流商也要不断挖掘客户的物流服务需求,不断创新服务模式和服务内容。

工商企业在确定物流外包领域时，首先选择运输、仓储、配送等非核心业务；其次逐步延伸到订单处理、货物组配、商品采购等介于核心与非核心之间的业务；最后可能涉及售后服务支持等核心业务。随着物流外包关系的深化，工商企业会不断扩大物流外包的范围，最终只专注产品研究开发、生产、销售等最核心的业务环节。

相应地，物流商提供的物流服务从基本服务向增值服务方向延伸。提供仓储、运输、配送等功能性服务是许多物流商能够提供的基本服务，难以体现物流商的服务差异，也体现不出一体化物流服务商的价值。为此，一体化物流服务商要根据客户企业生产经营的需要，在基本服务的基础上延伸出增值服务，以个性化的服务创造物流服务的差异化。

想一想 物流企业提供的增值服务有哪些？

物流的增值服务

通常，运输的增值服务主要有运输方式与承运人选择、运输线路优化与计划安排、货物配载、货运招标等；仓储的增值服务主要有集货、包装、货物组配、条码生成、贴标签、退货处理等；配送的增值服务主要有生产线 JIT 配送，以及配送货物的安装、调试、维修与销售服务支持等。

3. 物流外包的类型从物流功能外包向物流管理外包方向延伸

工商企业实施一体化物流外包，不是希望第三方物流服务商在货主企业的管理下完成多项物流功能，而是要求其参与企业的物流管理，将各个物流功能有机衔接起来，实现高效的一体化物流运作。近年来，一些大型企业要求第三方物流服务商对其全部物流外包活动承担更大的责任和实施更好的控制，提供领导型物流商(leading logistics provider, LLP)服务。领导型物流商相当于替工商企业管理承运人、仓储服务商、报关行和其他物流企业的“物流总监”，通过基于互联网的强大的信息系统，管理供应链上的每一个物流参与体，控制库存及货物流动，最大限度地降低供应链的物流运作成本。

物流外包成本节省取决于一体化外包的程度

有研究表明，企业物流外包成本节省取决于物流一体化外包的程度。如果企业只是实施物流功能外包，借助第三方物流服务商的规模效应和运作专长，可以获得 0～5%的成本节省；如果企业利用第三方物流服务商的网络优势进行资源整合，部分改进原来的物流流程，有望获得 5%～10%的成本节省；如果企业通过第三方物流服务商进行物流流程再造，将第三方物流企业的物流服务延伸到整个供应链，可预期获得 10%～20%的成本节省。

叶水福为家乐福提供仓储与配送运营管理服务

新加坡叶水福物流集团是新加坡规模最大、知名度最高的第三方物流企业，其物流网络覆盖东南亚、中国和澳大利亚等 11 个国家。叶水福物流(成都)公司是叶水福物流集团在中国西部设立的分公司。该公司承担了家乐福西区物流中心的仓储与配送运营管理业务，为云南、贵州、四川和重庆等地的家乐福门店提供货物的仓储与配送服务。其中，承运人由家乐福指定，物流中心由家乐福在成都新津普洛斯物流园区租赁，叶水福物流(成都)公司则主要为家乐福提供仓储与配送运营管理服务。

4. 物流外包的方式从业务委托向战略协同方向发展

与物流功能外包相比,一体化物流外包更加具有长期性、交互性和灵活性。为此,工商企业在实施一体化物流外包时,应根据企业自身的需要,结合第三方物流服务商的优势,寻求最佳的外包方式。

(1) 从短期业务外包到长期合同外包。物流功能外包通常采用"一单一结"的交易方式,工商企业与物流商之间是短期的买卖关系;而实施一体化物流外包,工商企业与物流商之间是长期合作关系,双方需要签订一定期限的服务合同。物流合同是双方合作的基础,合同中的一些关键问题,如 KPI 基准、服务费率、责任与保险、问题解决机制等,要有明确的约定;否则容易产生纠纷,甚至断送双方的合作前程。通常,双方的合作要经历从战术配合到战略交互的过程。

小贴士:美国企业与第三方物流服务商的合作方式

中国远洋海运集团与海信集团签署战略合作协议

2017 年 4 月 18 日,中国远洋海运集团与海信集团在沪签署战略合作协议,建立全面战略合作伙伴关系。双方本着"着眼长远、互惠互利、市场主导、实现双赢"的原则,一致同意在物流领域开展全面、长期合作,发挥各自优势,不断促进自身业务发展,增强双方在各自领域的核心竞争力。这是中远与海信结束长达十余年的战略合作、在中远与中海合并成立中国远洋海运集团后的再一次合作。

(2) 从业务委托到协同运作。作业层面的物流功能外包,通常只需物流商按照货主的指令完成服务;而一体化物流外包则要求物流商参与企业的物流管理,双方共同实施物流运作方案。为此,双方应建立有效的沟通机制,按照项目管理模式协同完成物流运作。调查显示,工商企业对第三方物流服务商不满意的主要原因是,物流商不能兑现其服务与技术承诺,不能实现成本降低的目标以及缺少战略改进。人们一般将这些不足归结于工商企业对物流商的选择过程出现失误,但更多的情形是货主没有对物流外包项目进行有效管理。因此,工商企业与物流商签订了物流外包合同后,与之协同完成项目的实施至关重要。双方要各自设立项目经理,并配备相应的人员;物流商要深入了解工商企业的采购、生产、销售、售后服务、财务、人力资源、信息等各部门的需求,并与之共同制订详细的实施方案;双方应共同制订绩效评价标准和奖惩办法,商讨项目运作细节,特别是对例外情况的处理方案。在项目正式运行前,还应进行试运行,以便发现和解决潜在的问题。为保证项目的顺利实施,双方的运作团队应建立联合办公制度,以便及时处理日常运作中发现的问题。为保证物流服务质量,双方应共同商定绩效监测与评估制度,使合作关系透明化。双方应保持运作层每天的沟通,管理层每月的绩效评估,以及不定期的检查与季度、年度回顾。

(3) 从物流外包到开展物流合作。对于物流功能外包,工商企业主要寻求物流商基于自己的仓储设施、运输设备等物流资产提供物流功能服务;而一体化物流外包,工商企业寻求的是第三方物流服务商基于自己的物流专业技能和物流信息技术等物流资源提供一体化物流服务。因此,除常规的物流外包方式外,双方还可以根据彼此的战略意图,共同商讨在物流资产、资金和技术等方面的合作,谋求双赢的结果。具体包括以下几种方式。

① 工商企业物流系统剥离,物流商系统接管。若工商企业在某地区有自己的仓储设施、

运输设备和员工等物流资源，希望通过物流外包把固定成本变成可变成本。而物流商在该地区又恰好需要建立物流系统，则可以全盘买进工商企业的物流资产，接管并拥有工商企业的物流系统甚至接纳其员工。接管后，物流系统可以在为原来的企业服务的同时为其他客户服务，通过资源共享提高物流资产的利用率并分摊管理费用。

② 工商企业与第三方物流企业签订物流管理合同。一些工商企业希望拥有物流资产，同时希望获得专业的物流管理服务，这样的企业可以与第三方物流服务商签订物流管理合同。一方面，物流商在为工商企业服务的同时，可以利用其物流系统为其他客户服务，以提高物流资源的利用率并分摊管理费用；另一方面，工商企业在获得专业、优质的物流管理服务的同时，也减轻了固定资产及管理成本的压力。这种合作方式比较适合经营快消品等拥有物流重资产的企业。

③ 工商企业与第三方物流企业合资成立物流公司。如果工商企业希望实施一体化物流外包但又不希望失去对物流的控制力，而该企业又正好处于对第三方物流企业具有战略意义的目标行业，双方可以合资组建物流公司。合资成立的物流公司在为工商企业提供一体化物流服务的同时，还可以为同行业的其他企业提供服务。这样的合作方式，既让工商企业保留部分物流产权，并在物流作业中保持参与，以加强对物流过程的控制，又注入了第三方物流企业的资本和专业技能，使第三方物流企业在目标行业的物流市场竞争中处于有利地位。

上海安吉汽车零部件物流有限公司

上海安吉汽车零部件物流有限公司是上海汽车集团与基华(CEVA)物流合资组建的第三方物流公司。公司主要从事与汽车零部件相关的物流业务、与汽车相关的国内货运代理服务、整车仓储、物流技术咨询、物流规划、物流管理、物流培训、国际货运代理、汽车零部件批发与进出口及相关配套服务，是一家技术领先，物流运作网络化、专业化，能为客户提供个性化物流解决方案并提供一体化物流服务的第三方物流企业。

4.3.3 物流外包的风险与规避

近年来，随着物流产业的快速发展，第三方物流企业的实力显著提升，工商企业实施物流外包的力度进一步加大。然而，物流业务外包在给企业带来利益的同时，也隐含着巨大的潜在风险，需要企业管理者理性分析，并采取有效措施加以规避。

1. 物流外包风险的类型

物流外包风险是指企业物流外包过程及其结果的不确定性。其包括决策、运作等风险，具有随机性(偶然性)、突发性、隐含性和关联性等特征。一般而言，实施物流业务外包，有利于工商企业强化核心业务，培育核心能力，获取竞争优势。但物流外包也可能产生负面效应，给企业带来风险。

(1) 决策风险。决策阶段的风险主要涉及物流自营与外包决策、部分外包与完全外包决策、抑或物流系统剥离等决策的风险。甚至涉及企业在确定物流业务外包后，如何正确选择物流服务商、业务流程是否再造、组织结构是否变革、企业文化是否重塑、人力资源是否调整等问题，一旦决策失误，极有可能导致物流外包失败。

(2) 运作风险。在物流外包实施阶段，主要存在以下风险。

① 物流服务商的违约风险。在工商企业实施物流外包后，或者是因为物流服务商的能力有限，或者是由于交通运输状况的限制，抑或其他的一些因素，都有可能导致物流服务商违约，

例如,货物损坏或灭失、延迟交货、错运错发等。此外,由于企业资源有限,为使有限资源发挥最大效力,获取最大化的利润,物流服务商往往会对客户实施 ABC 分类,进行重点管理(分级分层管理)。对于非 A 类客户,一般不会实施准时配送(JIT 配送),这样,从物流服务商的服务策略来看,本身就隐含着巨大的潜在风险。具体而言,对于 B 类客户,物流服务商的服务策略一般是实施货物批量正常配送,允许有一定的延迟交货期;对于 C 类客户,则允许更长的延迟交货期,在提供配送服务时,往往将客户委托运送的货物作临时配车之用(目的是提高车辆实载率以降低配送成本)或再度外包,从而给货主企业(委托方)带来巨大的潜在风险。而在实际运作中,为了有效降低成本,物流服务商往往会实施整合运输,即将多个客户的货物搭配装载,按照最优的运输路线进行配送,这往往会导致 A 类客户的货物误点交货,造成违约。

② 物流失控风险。工商企业实施物流外包后,物流服务商必然会介入委托企业的供应物流、销售物流、逆向物流(包括退货物流与回收物流)以及废弃物物流等若干环节,成为委托企业的物流运营管理者,相应地,货主企业对物流业务的控制力大大减弱。从某种意义上讲,委托方可能会因此而受制于物流服务商,这即是许多工商企业不愿意将物流业务外包的主要原因之一。特别地,当委托方与代理方在信息沟通、业务协调出现障碍时,货主企业必然会面临着物流失控的风险。换言之,物流服务商可能因未能完全理解委托方的意愿而无法按照其要求去运作,从而可能会影响货主企业生产经营活动的正常开展。例如,由于物流服务商未按时将原材料、零配件等生产资料供应到位,企业可能会因此而停工待料,为规避这一风险,企业必然会增大安全库存量,而这又必然以高成本为代价。而当物流服务商未按时将产成品送达客户,抑或出现较高的货损率或货差率时,必然会大大降低顾客满意度。在市场转型、竞争激烈的今天,这意味着客户流失、市场份额萎缩,长此以往,企业将无法生存,更谈不上发展。

③ 客户关系管理风险。工商企业实施物流外包后,由物流企业代其完成产品的递送,开展售后服务,倾听客户的意见。由于物流服务商直接与客户打交道,必然会减少工商企业与客户直接接触的机会,这在一定程度上会弱化委托方与客户之间的关系,从而带来客户关系管理风险。换言之,由于在第一方(卖方)与第二方(买方)之间增加了第三方(物流企业),客户的要求、意见、建议等反馈信息可能无法及时、直接传递给委托方。因为根据外包协议,可能事先约定由物流服务商代为收集客户反馈意见和信息,或者客户理所当然地将物流服务商视为委托方的代理者,从而直接向其反馈。但物流服务商往往会有意识地将对自己不利的客户信息过滤,或者是因为其他的原因未能向委托方反馈或全部反馈客户的意见和信息,这极有可能会导致委托方的客户信息系统不能完全发挥作用(不能完全捕捉到客户的反馈信息)。而一些比较重视企业形象、品牌声誉的第三方物流企业,则往往会通过公司形象识别系统(CIS),采用统一的标志与着装等,强化其在客户心中的地位。久而久之,委托方在客户心中的地位就有可能被物流服务商所取代。

④ 商业秘密泄露风险。工商企业实施物流外包后,由于货主企业与第三方物流企业的信息系统要实现对接,因此,物流服务商将会拥有甚至掌握工商企业经营运作的相关信息。例如,实施准时生产(JIT 生产)的企业,需要借助第三方物流服务商高效的物流配送来实现生产资料的准时供应(JIT 供应),第三方物流企业必然会掌握制造商的采购与供应计划以及生产计划等信息(如需要什么、需要多少、何时供应等)。此外,多数工商企业需要借助第三方物流服务商高效的物流配送来实现产成品的分拨与配送,因此,物流服务商必然会掌握企业的产品种类、客户分布、产品销售等相关信息。由于第三方物流企业是提供社会化物流服务的经济组织,一般会同时与多家互为竞争对手的同类型货主企业合作(特别是那些专业化程度高的行

业，如危险化学品等特殊物流行业），在运作中，可能会有意（如在客户的“公关”下，利益驱使）或在无意中将客户的商业秘密泄露给竞争对手，从而可能会给委托方带来无法挽回的损失。

⑤ 连带经营风险。工商企业物流外包第三方后，物流企业成为货主企业的合法物流代理者。在物流运作中，一旦物流服务商违约，对“买方”造成损失，“卖方”必然要承担直接的经济责任。虽然“卖方”在完成对其客户“买方”的赔偿之后，也会对物流企业进行追偿，但由于买卖双方签订的合同与货主企业和物流服务商签订的合同是两个完全不同的合同，其诉讼时效、赔偿限额、责任豁免等条款也存在差异，因此，这极有可能会导致“卖方”得不到足额经济赔偿。即使是“卖方”得到了足额经济赔偿，但物流服务商因违约给货主企业（“卖方”）带来的企业形象受损、商誉下滑等无形资产损失是无法用货币来衡量的。特别地，物流业务外包一般基于长期的合同，如果物流服务商在经营运作中出现重大问题，必然会给货主企业的生产经营活动带来不良影响。若重新评估、选择新的物流服务商，必然会带来供应商的转换成本，而与之解除合同关系，货主企业往往也会付出沉重的代价。

除了上述风险外，物流外包还可能给企业带来其他风险，如人力资源管理风险。因为随着物流业务外包的不断深入，物流部门的员工必然会担心自己的工作被物流服务商所取代，相应地，员工对企业的忠诚度会下降，工作绩效会下滑。此外，由于物流市场价格波动、遇到不可抗力、企业未有效控制物流外包成本抑或过分打压物流服务商的利润空间等，都可能引起相应的风险（市场、财务、管理等风险）。

2. 物流外包风险的成因

工商企业在物流外包中之所以会面临风险，原因是多方面的。有决策的有限理性，有信息非对称的原因，也有代理者的败德行为。

(1) 决策的有限理性。这主要体现在物流自营与外包决策以及物流服务商的选择阶段。一般而言，由于受到主客观条件的限制，工商企业在物流外包时，所能获取的物流服务商的信息是有限的，既不可能找出所有的物流服务商，也不可能获取每个物流服务商完全的信息。有限的信息，对信息的有限利用能力，双重有限性决定了工商企业在选择物流服务商时的决策方案数量有限。在对物流外包结果判定不明确的情况下，工商企业极有可能会做出错误的决策，即选错合作伙伴，从而给企业带来风险。

(2) 信息非对称。无论在物流外包协议签订前，还是签订后，签约双方均存在严重的信息非对称。总体而言，物流服务商拥有信息优势，而货主企业处于信息劣势。这无疑给委托方带来了潜在的信息风险。

① 签约前，由于信息非对称导致逆向选择。在签约前，为了获取订单，成功地与客户签约，物流服务商往往会隐瞒自身的一些信息（私有信息），而过分夸大物流能力与服务水平，甚至会做出一些未必能实现的承诺（如随时提供优质的物流服务、提供 JIT 配送等）。而委托方在不了解物流服务商的服务水平与物流能力的情况下，很难能够明辨真伪。即使是货主对物流服务商进行了实地考察与调研，也未必能做到明察秋毫，完全、准确、全面地掌握物流服务商真实的物流能力与服务水平。特别是当委托方的物流服务需求比较迫切而又找不到合适的物流服务商时，极有可能会轻信物流服务商的承诺，从而做出“逆向选择”（即选错合作伙伴），这无疑给货主企业埋下了风险隐患。

② 签约后，由于信息非对称引发道德风险。在签约后，根据双方的协定，货主企业的物流业务自然交给物流服务商去运营。在物流运作中，委托方仍然处于信息劣势，这将使其面临着物流服务商的道德风险。因为委托方很难能对物流服务商的运作情况进行实时监控，包括货

物的集配载、装卸搬运、运输线路的规划与选择、货物的运送及送达服务等。这一方面是因为实时监控成本太高；另一方面是一些业务根本无法监控。因此,货主企业一般倾向于选择事后控制,即根据准时交货率、货损率、发运错误率等关键绩效指标(KPI)对物流服务商的服务绩效进行事后评估。然而,这只能是"亡羊补牢",因为损失已经铸成,只能采取措施进行弥补。而对物流服务商来说,股东或公司所有者与经理层乃至作业人员之间也存在委托—代理关系,这无疑会进一步加剧货主与物流服务商之间的委托—代理风险。因为在通常情况下,物流公司所有者会要求经理层与物流作业人员提高服务质量,但因为委托—代理关系的存在,经理层可能会放松对物流作业人员的监管,从而可能会使物流运作处于失控状态,于是野蛮装卸、偷盗或调换货主货物等现象自然就会出现(甚至一些物流公司的管理者连货损或货物灭失发生在哪个环节都不知道),而一旦货主事后发现并要求索赔时,很多物流服务商往往会采取"大事化小,小事化了"的手段来应对。在目前信用体系尚未健全、法治环境尚需完善的情况下,货主往往会权衡利弊,在考虑到高昂的诉讼成本(包括货币成本、时间与精力等非货币成本,以及因诉讼而导致的机会成本等损失)后,一些理性的货主会放弃诉讼而选择协商,但由于双方的利益不一致,最终货主可能会蒙受巨大的损失。

而之所以代理人会产生败德行为,归根结底是因为委托方和代理方是两个完全不同的企业,在合作中有着不同的利益,双方都为追求利润最大化的企业经营目标,难免一方会产生短期行为。特别是当物流外包合同存在不完全性时,这在一定程度上给物流服务商带来了可乘之机。委托—代理风险可以通过建立代理人激励机制和企业间的信任机制加以解决,以减弱其对供应链绩效的影响。

3. 物流外包风险的对策

针对企业在物流外包中存在的风险,可以采取以下应对策略与举措。

(1) 正确进行物流自营与外包决策。一般可以采用"综合评价法"或"二维决策矩阵法"等方法科学地进行物流自营与外包决策,详见 4.3.4 小节"物流外包决策"。

(2) 科学选择物流服务商。选择优秀的物流服务商并与之合作,可以起到防患于未然,事前规避风险的作用。按照现行物流企业评价指标体系,可以从经营状况、资产、设备设施、管理及服务、人员素质、信息化水平(包括网络系统、电子单证、货物跟踪、客户查询)六个方面对物流企业进行评级(A 级~AAAAA 级)。因此,通过行业主管部门的认证、评级,获得相应称号的物流企业,一般具备相应的物流能力与服务水平。从业已通过行业认证、评级的物流企业中选择合作伙伴,货主企业的选择成本与风险相对较低。此外,在选择物流服务商时,还应考虑其服务区域(包括物流网络与辐射范围)、商誉、行业服务经验、业务集中控制的能力、核心业务是否与货主企业的物流需求相一致,能否促进货主企业改善经营管理,以及双方的企业文化、组织结构、管理风格等是否兼容。特别地,对于潜在(有签约意向)的物流服务商,还需要对其进行实地考察、论证；同时,通过走访物流服务商的客户,倾听客户的评价,均有助于降低风险并成功地选择物流服务商。而在具体选择时,可综合、灵活地运用招标法、协商法、层次分析法等多种方法。

(3) 审慎签订物流外包合同。物流外包合同是货主企业与物流服务商协商一致的产物,是约束双方行为的经济文件,是指导双方后续合作并处理纠纷的重要依据,因此,必须审慎签订。为此,可咨询物流纠纷处理经验丰富的律师,加强对签约人员的培训,建立相应的制度,完善物流服务商的信用审查、会签、审批、登记、备案等程序。加强合同文本管理,明确双方的责、权、利。完善合同条款,避免疏漏,以免留下风险隐患。特别地,为有效防止物流服务商泄露企业的商业秘密,合同中应有相应的保密条款(或另外签订保密协议)。此外,为避免物

流市场价格波动给委托方带来损失，物流外包合同中的价格条款应有弹性，与当期市场价格一致。为此，可由合作双方定期或不定期对服务价格进行评估并做出调整。

（4）加强对物流服务商的评估与管理。在实施物流外包合同时，委托—代理双方应加强沟通，促进信息共享，避免因沟通不良而导致物流服务商错误地理解委托方的意愿，出现业务协调障碍乃至业务失控的情况。同时，委托方还应加强对物流服务商合同执行情况的考核，对发现的问题及时处理（如赔偿、限期整改等），以免留下后患。具体而言，委托方应定期或不定期地对物流服务商的服务绩效进行评估，以确保合约的严格执行，从而有效控制物流外包成本，同时提高物流服务质量。为此，委托方需建立一整套绩效评价指标体系，客观、公正地对物流服务商的绩效进行评估。评价指标应科学、合理，既要充分考虑到本企业的物流服务需求，同时又要参考行业平均水平。指标的设置不能脱离实际，要体现"跳一跳，摸得着"的原则。换言之，物流服务商经努力后能够达到，目的是使其潜能得到充分发挥。此外，绩效评价指标还应具有可操作性。通常，应包括以下主要指标：准时交货率（或误点交货率/延迟交货率）、货损率（或商品完好率）、货差率、配送率、发运错误率、客户投诉率、物流成本率、物流效用增长率等。鉴于事后评估的弊端（亡羊补牢），工商企业可以派员常驻重要物流服务商的公司所在地，既充当合作双方沟通的桥梁和纽带，同时又可对物流服务商实施有效的监督与控制，实现事前、事中、事后控制的有机结合。

（5）把握好竞争与合作的度，切实激励物流服务商。工商企业与物流服务商之间本质上是一种"竞合"关系，把握好竞争与合作的"度"非常重要。一方面，既要"借力"，实现物流资源的外向配置，提升本企业的物流客户服务能力（由代理者执行）；另一方面，又不能完全依赖、受制于某个物流服务商，这样会增大委托—代理风险。因此，采用AB角制，与少数几家（2～3家）主要的物流服务商保持适度的竞争与合作关系（当然，也可以以某一家主要的物流服务商为主，其余一两家为辅），加强对物流服务商的动态评估，及时反馈信息，根据服务质量，调整委托物流业务量，在物流服务商之间建立起有效的竞争机制，切实激励物流服务商提高服务质量，降低委托—代理风险。

除了上述策略外，委托方及时办理物流货物保险，将风险转嫁；设置物流外包风险管理经理取信，加强风险管理专项工作；合作双方建立战略联盟，以预期的长远利益来规避物流服务商的短期行为；给物流服务商足够的利润空间；建立"双赢"合作机制等，均可有效降低物流外包风险。

4.3.4　物流外包决策

工商企业物流自营还是外包，首先，应考虑能否给企业带来战略业绩，换言之，是否支持企业的竞争战略，对企业核心能力的形成或提升有无影响；其次，应考虑能否给企业带来财务业绩，换言之，能否降低企业经营成本，同时提高服务水平。总的原则是，应该在成本与服务之间寻求平衡。通常，企业物流自营与外包决策主要应综合权衡以下两个因素：物流对企业经营成功的重要性程度，以及企业自营物流的能力，如图4-1所示。

由图4-1可知，若物流对企业很重要，例如，物流是企业核心能力的关键构成要素；而企业自营物流的能力也很强，比如，企业已经拥有了相当数量的、先进的物流设施设备，且已经拥有高素质的物流管理人员和作业人员，物流运作效率高，成本低，且服务水平高，则企业就应该自营物流，而不应当将其外包。像美国零售巨头沃尔玛、我国著名企业海尔集团等，都是自营物流的典范。

若物流对企业不太重要，而企业自营物流的能力也较弱，则企业就应该将物流业务外包，

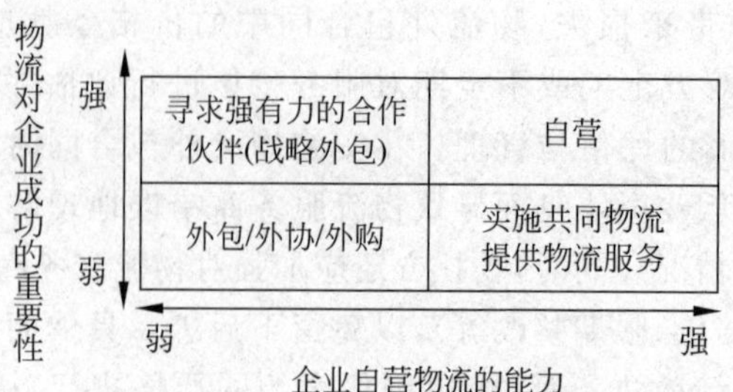

图 4-1 企业自营物流与外包决策矩阵

而不应当将其自营。例如,软件企业的外购物流服务。

若物流对企业的重要性相对较低,而企业自营物流的能力又很强,则企业不但应该自营物流,而且应积极拓展物流市场,实施共同物流,为其他工商企业提供物流服务。

花王公司的自营物流

花王公司是日本一流的日用品企业,一直致力于组织以花王公司为核心的综合流通和物流体系,长期以来在物流体系上进行投资,因而其物流能力较强,后为此专门成立了"花王系统物流"分公司,在自营物流的基础上,实施共同物流,为其他企业提供物流服务。

若物流对企业很重要,而企业自营物流的能力又比较弱,则企业也应该将物流业务外包。因考虑到物流对本企业极为重要,故企业在实施物流外包时,应非常谨慎,尽量选择满意的第三方物流公司,并与之建立战略合作伙伴关系,进行长期合作。例如,戴尔(Dell)公司,物流并非其核心业务,戴尔(Dell)运作、管理物流的能力也比较弱,但计算机零配件及成品的配送对其非常重要,因此,该公司倾向于战略性外包。

综上所述,工商企业在物流自营与外包决策时,应充分考虑顾客的需求、本公司发展战略的需要、本公司的核心业务及核心能力、本公司的物流能力以及物流自营与外包成本的高低,综合权衡,在总成本(包括显性成本、隐性成本)与总服务水平之间寻求平衡。

4.3.5 第三方物流服务商的评估与选择

意大利A公司精品鞋业的物流服务商选择

意大利A公司精品鞋业在选择物流合作伙伴时特别注重服务商的综合服务能力,除了要求物流商拥有最完善的物流服务网络、最先进的物流管理手段和最丰富的物流管理经验外,还针对其产品的特点,对物流服务商的仓库管理系统提出了严格的要求:①物流服务商的WMS同A公司ERP间的信息流全程EDI交换;②强大成熟的Barcode解决方案;③对系统的执行效率、灵活性、可靠性、稳定性要求极高;④具有管理多点多仓的能力;⑤灵活的上架及拣货策略;⑥可以追踪货品的多种属性和状态;⑦灵活的报表及报告系统;⑧灵活的第三方物流费用结算系统;⑨方便快捷的配送系统;⑩强大的网上查询系统。

物流服务商T公司有着同跨国公司多次合作的经历,有着丰富的中国当地物流市场经验,有着强大的仓储和运输网络,更因其采用的国内领先的Power WMS TM仓库管理系统(上海科箭软件科技有限公司产品),完全符合A公司对物流服务商仓库管理系统的严格要求而一举赢得了客户的青睐,成为管理A公司精品鞋业两个RDC和三个DC的第三方物流公司。

工商企业在决定实施物流外包以后，接下来就要搜寻第三方物流服务商的信息，对其进行评估，并做出选择。

1. 制订企业物流外包方案

工商企业在实施物流外包之前，首先应制订可行的物流外包方案，这是选择满意的物流服务商的前提。一般来说，物流外包方案应包含以下内容。

(1) 对本企业的物流服务需求及第三方物流企业的物流服务水平进行准确的界定；

(2) 界定物流外包应解决的主要问题；

(3) 描述物流外包预期应达成的目标；

(4) 描述本企业所需要的第三方物流企业的类型。

2. 第三方物流服务商的评估

一般而言，工商企业可从以下几方面对第三方物流服务商进行评估。

(1) 第三方物流服务商的物流系统规划与设计能力；

(2) 第三方物流服务商的物流网络是否完善，分布是否合理；

案例　全网覆盖——京东拥有全球唯一高效协同的六大物流网络

京东物流集团建立了包含仓储网络、综合运输网络、"最后一公里"配送网络、大件物流网络、冷链物流网络和跨境物流网络在内的高效协同的六大网络。截至 2022 年 3 月 31 日，京东物流集团运营约 1 400 个仓库，加上京东物流集团管理的云仓面积，京东物流集团的仓储总面积约 2 500 万平方米。

(3) 第三方物流服务商的关键物流活动（如仓储、运输）的运营能力，包括能否提供多式联运服务，以及仓储作业能力及其增值服务等；

(4) 第三方物流服务商的信息服务能力，例如，是否拥有完善的物流信息系统、能否提供跟踪装运及货物状态查询等服务；

(5) 第三方物流服务商的管理水平，例如，管理人员的管理能力、业务流程是否标准、是否通过了 ISO 质量管理认证体系认证、是否健全了绩效评价体系等；

(6) 第三方物流服务商的总体物流服务水平的高低，例如，目标客户群的多少及其分布、客户对第三方物流服务商的历史性评估等。

需要强调的是，物流外包的重点在于物流服务整体价值的实现上，即除了第三方物流服务商能保证物流作业的实现之外，还应侧重于对其在物流时间、速度、效率、服务水平、延伸能力等方面的综合测评。具体包括：有效的物流时间是多少；与自营物流相比，物流流速提高了多少；同等货物量下的装卸搬运频次、时间和人力消耗量；储存空间的负荷量及仓库的有效利用率；准时服务的质量及保障；货损及货差等。

3. 第三方物流服务商的选择

工商企业对第三方物流服务商进行考察与评估之后，可根据服务商的物流能力、战略导向、双方企业文化及组织结构的兼容性等对物流商进行选择。具体而言，应遵循以下十条原则。

(1) 第三方物流服务商应能最大限度地支持货主企业的竞争战略；

(2) 第三方物流服务商应具有业务集中控制的能力；

(3) 第三方物流服务商应具有行业服务经验；

(4) 第三方物流服务商应具有适应货主企业发展的物流技术能力;

(5) 第三方物流服务商的核心业务应与货主企业的物流需求相一致;

(6) 第三方物流服务商应具有为货主企业服务的实力;

(7) 双方应能相互信任;

(8) 双方的企业文化、组织结构兼容;

(9) 第三方物流服务商要能够促进货主企业改善经营管理;

(10) 不能过分强调低成本。

美智(Mercer)管理咨询公司同中国物流与采购联合会联合发布的《中国第三方物流市场——2002年中国第三方物流市场调查的主要发现》报告指出,客户在选择第三方物流企业时,看重的首先是其物流服务能力(包含行业运营经验);其次是品牌声誉;再次是物流网络覆盖率;最后才是较低的价格。

4.4 第三方物流运营模式的选择

第三方物流运营模式可以分为基于单个第三方物流企业的运营模式和基于合作关系的第三方物流运营模式,后者主要有垂直一体化物流、第三方物流企业战略联盟以及物流企业连锁经营等几种情形。

4.4.1 基于单个第三方物流企业的运营模式

该模式主要是从单个第三方物流企业的角度出发进行物流业务运营。如图4-2所示,第三方物流企业的业务运营首先源于用户的物流需求。在明确了客户的需求之后,首先应进行物流(系统)方案的规划与设计,为客户提供完整的物流解决方案,在此基础上开展物流业务活动,并进行相关的运营管理,包括仓储、运输、包装、装卸搬运、订单分拣、流通加工等活动的运营管理。为更好地满足客户的需求,并提高物流运营的效率,还必须开展相应的信息服务与管理活动,包括物流信息系统的规划与设计、信息技术的开发与信息系统的维护及具体的物流信息管理等活动。尤其是随着信息时代的来临,竞争日益激烈,顾客越来越挑剔,第三方物流企业应能提供跟踪装运服务,尽量满足客户的个性化需求;同时,有了完善的物流信息系统,可以深化物流信息管理,及时获取物流运营的信息,根据反馈信息及时调整物流活动,确保向客户提供满意的物流服务。

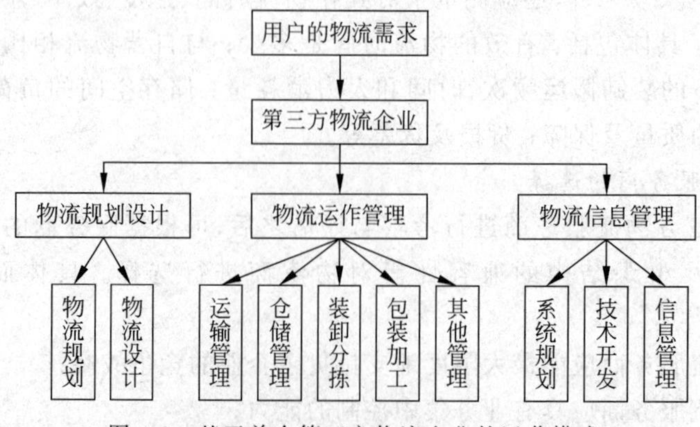

图4-2 基于单个第三方物流企业的运营模式

4.4.2　基于合作关系的第三方物流运营模式

京东物流集团的全球仓储网络

京东物流集团构建了协同共生的供应链网络，中国及全球各行业合作伙伴参与其中。2017 年，京东物流集团创新推出云仓模式，将自身的管理系统、规划能力、运营标准、行业经验等应用于第三方仓库，通过优化本地仓储资源，有效提高闲置仓库的利用率，让中小物流企业能够充分利用京东物流的技术、标准和品牌，提升自身的服务能力。截至 2021 年年底，云仓生态平台合作云仓的数量已经超过 1 700 个。京东物流集团通过与国际及当地合作伙伴的合作，建立了覆盖超过 220 个国家及地区的国际线路，拥有近 80 个保税仓库及海外仓库。

信息技术的飞速发展推动了管理理念和管理手段的创新，促使物流管理向专业化合作经营方向发展。在此背景下，物流一体化应运而生，而垂直一体化则是其典型形态。

1. 垂直一体化物流

物流一体化是物流产业最有影响力的发展趋势之一，但它必须以第三方物流的充分发育和完善为基础。物流一体化有三种形式：垂直一体化、水平一体化和物流网络。其中，研究最多、应用最广的是垂直一体化物流。

所谓垂直一体化物流（vertical integrated logistics），就是指为了更好地满足顾客的价值需求，核心企业加强与上下游企业及第三方物流企业的合作，由第三方物流企业整合供应链物流业务，实现从原材料的供应、生产、分销，一直到消费者的整个物流活动的一体化、系统化和整合化。它通过对分散的、跨越企业和部门的物流活动进行集成，整合物流活动各环节的业务活动，形成服务客户的综合能力，提高流通的效率和效益，为工商企业及其客户降低物流成本，创造第三利润源。简言之，垂直一体化物流是第三方物流企业与上下游企业进行合作的一种物流运营模式。

垂直一体化物流要求企业将产品或物流服务的供应商和用户纳入管理范畴，并作为物流管理的一项中心内容。具体而言，要求企业从原材料的供应到产品送达用户实现全程物流管理，要求企业建立和发展与供应商和用户的合作关系，建立战略联盟，获取竞争优势。垂直一体化物流为解决复杂的物流问题提供了方便，而先进的管理思想、方法和手段，物流技术及信息技术则为其提供强大的支持。垂直一体化物流是供应链管理的一个重要组成部分。

2. 第三方物流企业战略联盟

第三方物流企业战略联盟是第三方物流企业加强合作，组建战略联盟，建立基于合作关系的一种物流运营模式，它属于物流联盟的一种情形。具体而言，它是指两个或多个第三方物流企业为了实现特定的目标，取得单独从事物流运营所不能达到的绩效，而形成的相互信任、互惠互利并以结盟为基础的物流战略合作伙伴关系。从本质上讲，这是一种“双赢”。

西部地区物流联盟

中电物流公司在西北地区与新疆铁路物质总公司仓储中心、青海百立储运有限责任公司、甘肃省供销合作储运总公司、宁夏回族自治区商业储运总公司、银川市腾利达物质运输有限公司通过横向联合，自发成立了西部物流联盟组织，构建了西北地区物流网络平台。

按照联盟内各企业的业务构成，可将第三方物流企业战略联盟分为纵向合作经营、横向合作经营和网络化合作经营三种类型。纵向合作经营最典型的形态是运输型物流企业与仓储型物流企业的合作。该模式通过整合社会物流资源，使第三方物流企业的分工更加专业化。而横向合作经营是指从事相同物流业务的第三方物流企业的合作。网络化合作经营则兼具以上两种模式的特点,是最常见的合作经营模式。一般来说,不完全资产型第三方物流企业往往采用这种合作模式。

京东物流集团的横向一体化战略

近年来,京东物流集团实施横向一体化战略,与多家物流公司开展战略合作。2022 年 7 月,京东物流集团收购德邦物流股份有限公司 66.49%的股份,对其实施绝对控股,双方将在快递快运、跨境物流、仓储与配送以及供应链等领域开展深度合作。2020 年 8 月,京东物流集团收购知名现代化综合运输企业跨越速运集团有限公司的控股权益,收购对价为 30 亿元。2018 年 10 月,京东物流集团与新宁物流签署战略合作协议,双方将在一体化供应链解决方案、物流科技、城市智能物流、跨境电商等多个领域展开全方位深度合作,谋求智能物流产业链和服务链更高水平的共赢发展。2018 年 6 月,京东物流集团与华贸国际物流股份有限公司签署战略合作协议,双方将重点聚焦跨境物流,并在仓储、运输、物流科技、电商等领域展开全方位合作。

想一想 京东物流集团为什么要实施横向一体化战略?

3. 物流企业连锁经营

连锁经营是现代工业化大生产原理在流通领域的运用。连锁经营有三种形式:直营连锁经营、自由连锁经营和特许连锁经营。在物流管理中引入后两种模式,可以实现第三方物流企业经营的社会化和网络化,这比较适合我国国情,也是第三方物流运营的一大创新。利用特许连锁经营理论,在核心企业的主导下,把组织化程度较低的、分散的物流企业连接起来,以总部的名义统一组织拓展市场,由加盟企业分散运营,以达到物流集约化经营的目的。

(1) 物流连锁网络。物流连锁网络是指物流加盟企业相互合作,共同管理、控制和改进从供应商到用户的物流和信息流,所形成的相互依赖的经济利益共同体网络。这个网络作为一个整体与其他物流企业或物流网络展开市场竞争。

建立物流连锁网络的核心是合作与信任,通过合作来降低风险,提高物流流程的效率,消除空驶浪费和重复努力。同时,合作能带来更多的机会,能改善经营业绩,能为网络成员和货主带来更多的利益。采取连锁形式开展物流经营活动,需要注意连锁经营的地域范围、经营实力、服务水平及连锁经营的规模效益等问题。

(2) 物流连锁网络的共赢机制。以供应链管理理论和特许连锁经营理论作为指导物流连锁网络建设的理论基础,以行业核心企业(主要投资者、集约管理者)为主导,以资本为纽带,与各主要经营区域(或城市)的骨干公路运输企业(微量投资者)合作,按照现代企业制度联合组建具有共同战略目标的物流连锁企业实体(集团公司即连锁总部),并在各地成立集团公司的子公司,子公司由当地的加盟企业运营;集团公司负责提供统一的物流服务商标、商号、标志,统一的运营模式和服务规范,特别是负责提供统一的基于因特网的物流信息平台,总部、子公司和货主都在一个统一的信息平台上进行物流运营。建立物流连锁网络共赢机制的目标是通过合作促进双赢,乃至多边共赢。

物流连锁网络的共赢机制的核心要旨有以下三点。

① 利用社会零散物流资源,通过物流连锁经营以提高物流整体运营能力及效率,这也是物流连锁网络的驱动力。

② 建立总部、加盟企业、货主共同受益的利益分配机制,使多方都有动力维护合作,共同

建立紧密型战略合作伙伴关系。例如，各子公司以集团公司的名义揽货，并将至少 1/3 的所揽货源优先分配给加盟企业的返程车辆，总部提取返程车辆 30% 的运费，总部、加盟企业、货主企业共同受益。

③ 建立新的事故处理机制和责任追究制度，由总部统一对货主承担事故责任，而本质上仍然是事故车辆所属加盟企业承担责任。这既没有增加也没有减少加盟企业的现有责任，但总部的对外承诺是提高信誉和揽货的基础，没有这一承诺，网络就没有可信度。

物流连锁经营能够适应社会化大生产和现代物流发展对物流集约化程度的客观要求，通过规模化经营、科学化管理和标准化服务，兼顾物流供需各方的利益，实现效益最大化。物流连锁网络为货主提供更高质量、更高水平、更低成本的物流服务，使货主能够获取“第三利润源”，达到增加利润的目的。

锦程国际的物流连锁经营模式

锦程国际物流集团股份有限公司是国内领先的第三方物流企业。公司连续多年被评为“中国民营物流企业第一名”和“中国国际货代民营物流企业第一名”。同时，公司也是 5A 级综合服务型物流企业和 3A 级信用资质货代企业。公司是国内第一家把商业领域的连锁经营模式引入国际物流行业的物流企业。网络规模是实现全程国际物流服务的前提。通过开展物流连锁经营，公司重组了分布在全球的中小型物流企业的资源，快速健全了全球化的物流网络，加快了锦程国际物流集团全球化的进程。

(3) 第三方物流连锁网络建设原则。第三方物流连锁网络的建设按照“有统有分，统分结合”的原则，统一规划、统一章程、统一名称、统一徽标、统一编码、统一软件、统一格式、统一广告；分段实施，分片建站，分户经营，分点扩网，分区竞争，分月结算，分级培训，分批投入。在全国总规划及布局完成以后，选择条件比较成熟的地区，优先进行建设，即一次规划，分级实施。

(4) 第三方物流连锁网络的发展步骤。物流连锁网络的初期以运输为基础，以降低运输成本为竞争手段，以回程配载为切入点，通过利益机制巩固网络，并与货主形成战略合作伙伴关系，在此基础上寻求机会，进一步为货主提供综合物流服务。具体而言，物流连锁网络的发展可以分为以下三个阶段。

① 初级阶段。初期以构造公路运输网络为主，在现有的物流资源基础上，以“软件”起步，通过核心企业先进的物流信息平台，整合各地骨干公路运输企业，建立分布在全国主要经济区域的运输网络。初期要注意控制规模，逐步发展，防止失控，一旦失控就会失去信誉，毁掉网络。若当地“物流诸侯企业”不愿意加盟，总部可以采用直营连锁模式，在当地建立直营子公司，通过向货主提供更高的回程运费折扣率来争取货源，通过与当地物流企业合作来满足货主的及时运输需求，最大限度地将货源提供给回程运输的车辆。

② 发展阶段。该阶段以连锁物流企业为核心，在全国主要经济区域建立(或整合)大型的、信息化的区域物流中心(或配送中心)，提高物流作业的标准化程度，采用国际标准的托盘、货车、货架、集装箱，使用 GPS 或北斗系统、物流条码和存货管理系统，为企业提供货物运输、仓储、装卸、加工、库存控制、共同配送、信息处理等一体化的综合物流服务。

③ 成熟阶段。该阶段采用先进的运输方式，开展国内普通货物的集装化运输，实施多式联运，为厂商的 JIT 生产提供 JIT 物料配送，为商业企业提供最后一公里 JIT 销售配送。开展国际物流，进一步拓展物流业务，为其他工商企业提供全方位、一体化的综合物流服务，最终形

成覆盖全国、辐射全球的现代物流网络。

综上所述,加强第三方物流企业的合作,以及第三方物流企业与工商企业的合作,构筑基于合作关系的第三方物流运营模式,是第三方物流的一个发展方向。

小　结

第三方物流是由独立于物流服务供需双方之外且以物流服务为主营业务的组织提供物流服务的模式。第三方物流具有功能专业化,服务个性化、综合化,关系契约化,合作联盟化,信息网络化等特征。第三方物流可以在作业利益、经济利益和管理利益等几方面带来优势。第三方物流的发展包括 2PL 到 6PL 等阶段。物流外包是企业将其部分或全部物流业务交由合作企业完成的物流运作模式。物流外包不断从物流功能外包向物流管理外包、一体化物流外包方向转变,从非核心业务领域逐渐向核心业务领域方向延伸,从业务委托向战略协同方向发展。物流外包有利于工商企业强化核心业务,培育核心能力,获取竞争优势,但也面临着决策和运作等风险,具有随机性、突发性、隐含性和关联性等特征。物流外包决策方法主要有综合评价法和二维决策矩阵法。第三方物流的运营模式包括基于单个第三方物流企业的运营模式和基于合作关系的第三方物流运营模式,后者主要有垂直一体化物流、第三方物流企业战略联盟,以及物流企业连锁经营等几种形式。按照物流企业所提供的服务功能主要特征分类,我国物流企业包括运输型、仓储型及综合型三种类型。

同步测试

一、判断题

1. 虽然第三方物流企业不参与商品的买卖活动,但它拥有商品。（　）

2. 货主企业的运营成本和费用是物流企业物流成本的转移。（　）

3. 制造业物流是物流业发展的原动力,而流通业是连接制造业和最终客户的纽带。（　）

4. 第三方物流企业在经营运作中可实现规模经济和范围经济。（　）

5. 第三方物流是提供第三方物流服务的企业,其前身一般是运输业、仓储业等从事物流活动及相关的行业。（　）

6. 第三方物流的发展水平是衡量一个国家物流产业发展水平的重要标志。（　）

7. 第三方物流就是合同物流。（　）

8. 合同物流即物流合同。（　）

9. 第一方物流即自营物流。（　）

10. 第二方物流是指物流企业为客户提供功能型物流服务的模式。（　）

二、单选题

1. 第三方物流企业如果要实现优质、高效的物流服务并取得丰厚的利润,必须具备物流目标系统化、物流信息电子化、物流作业规范化、物流业务市场化、(　　)等基本条件。

A. 物流组织网络化　　B. 物流经营全球化

C. 物流企业规模化　　D. 物流服务一体化

2. 具有经营管理机构,能独立签发物流服务单证,具有与经营能力相适应的自有资金和具有承担物流服务合同义务的能力,是(　　)应具备的条件。

A. 流通经营企业　B. 物流委托企业　C. 物流服务商　D. 传统物流业

3. 物流企业通过(　　)的物流服务,降低货主企业物流运营成本,从中获得利润。

A. 网络化　B. 智能化　C. 专业化　D. 系统化

4. 不属于物流业务外包风险的是(　　)。

A. 物流失控风险　B. 财务风险　C. CRM 风险　D. 连带经营风险

5. 不属于第三方物流特征的是(　　)。

A. 市场买方化　B. 服务个性化、综合化

C. 合作联盟化　D. 信息网络化

6. 我国(　　)入围全球物流企业 50 强榜单。

A. 京东物流　B. 中通　C. 德邦物流　D. 中外运

7. 我国(　　)入围全球物流企业 50 强榜单。

A. 申通　B. 圆通　C. EMS　D. 嘉里物流

8. 我国物流企业包括运输型、仓储型、综合型三种类型,这是按照物流企业(　　)来划分的。

A. 来源构成　B. 服务功能主要特征

C. 权属性质　D. 是否拥有物流资产

9. 按照业务要求,(　　)物流企业应自有或租用必要的运输工具、仓储设施及相关设备。

A. 运输型　B. 仓储型　C. 综合型　D. 货运代理型

10. 按照业务要求,(　　)物流企业必须自有一定数量的运输设备。

A. 运输型　B. 仓储型　C. 综合型　D. 货运代理型

三、计算题

目前,许多货主企业已纷纷实施物流业务外包。下表是 CC 公司 M5 厂成品库到 SC2 营业所的产品调拨吨位及第三方运输成本数据。假如你是该公司的物流经理,请以 1 月的运量为例,通过计算说明如何确定第三方物流公司的报价是否合理。

CC 公司 M5 厂成品库到 SC2 营业所的产品调拨吨位及第三方运输成本数据

月份	运量/t
1	837.38
2	504.10
3	736.57
4	784.95
5	723.11
6	987.98
7	735.45
8	658.04
9	1 086.05
10	436.98
11	219.83
12	412.93
合计	8 123.37

M5 到 SC2 的里程/km	100
一般运输车辆吨位/t	15
运营规费/[元/(t·月)](全年只缴 10 个月)	47
保险费/元(含交通强制险和第三者责任险)	12 000
二级维护与年审/(元/年)(含排污、车船使用税等)	1 500
车辆购置费/元	200 000
车辆折旧期/年(按直线折旧法[7] 计算)	8
车辆油耗/(L/100km)	30
目前平均油价/(元/L)	7.88
司机工资/(元/月)(正副驾驶)	1 800
车辆平均维修费/(元/km)	0.25
高速公路收费/(元/辆)(此吨位车辆)	190
普通公路收费/(元/辆)(此吨位车辆)	80

注:货运车辆的通行费按载重吨位计收,这里为简化计算,往返都按上表所列费用计算。

四、情境问答题

华运物流公司为鹿牌和雨露牌两大知名品牌啤酒在武汉地区的销售物流服务商,承担两

大品牌多个品种啤酒产品在武汉地区的仓储及配送业务。期初,华运物流公司腾出了一栋 5 000m^2 的普通平面仓库,除了基本的照明和消防设备外,并无其他设备。在人员方面,配备了 2 名保管员和 8 名工人,负责仓储保管、入库出库、装卸搬运等具体业务。运作一段时间后,公司发现货损率高,差错率高,效率低,工人劳动强度也很大。尤其在夏季啤酒销售旺季,这些问题就更加突出。客户满意度低也就理所当然了。

你认为应该采取哪些措施才能改变公司目前的状况?

五、实训题

学生以小组为单位,对学校所在地的第三方物流的发展现状进行调研,并撰写一份不低于 1 000 字的调查报告。

六、案例分析题

大众包餐公司的困惑

"大众包餐"是一家提供全方位包餐服务的公司,大众包餐的服务分为两类:递送盒饭和套餐服务。盒饭主要由荤菜、素菜、卤菜、大众汤和普通水果组成。可供顾客选择的菜单有荤菜六种、素菜十种、卤菜四种、大众汤三种和普通水果三种,还可以定做饮料佐餐。尽管菜单的变化不大,但从年度报表上来看,这项服务的总体需求水平相当稳定,老顾客通常每天都会打电话来订购。但由于设施设备的缘故,"大众包餐"会要求顾客们在上午十点前电话预订,以便确保当天递送到位。在套餐服务方面,该公司的核心能力是为企事业单位提供冷餐会、大型聚会,以及一般家庭的家宴和喜庆宴会。客户所需的各种菜肴和服务可以事先预约,但由于这项服务的季节性很强,又与各种社会节日和法定假日相关,需求量忽高忽低,有旺季和淡季之分,因此要求顾客提前几周甚至一个月订餐。大众包餐公司内的设施布局类似于一个加工车间。主要有五个工作区域:热制食品工作区、冷菜工作区、卤菜准备区、汤类与水果准备区,以及一个配餐工作区,专为装盒饭和预订的套菜装盒共享。此外,还有三间小冷库供储存冷冻食品,一间大型干货间供储藏不易变质的物料。由于设施设备的限制以及食品变质的风险制约了大众包餐公司的发展规模。虽然饮料和水果可以外购,有些店家愿意送货上门,但总体上限制了大众包餐公司提供柔性化服务。李杨夫妇聘用了十名员工:两名厨师和八名食品准备工,旺季时另外雇用一些兼职服务员。

包餐行业的竞争是十分激烈的,高质量的食品、可靠的递送、灵活的服务,以及低成本的运营等都是这一行求生存谋发展的根本。近来,大众包餐公司已经开始感觉到来自越来越挑剔的顾客和几位新来的专业包餐商的竞争压力。顾客们越来越需要菜单的多样化、服务的柔性化,以及响应的及时化。李杨夫妇最近参加了现代物流知识培训班,对准时化运作和第三方物流服务的概念印象很深,这些理念正是大众包餐公司保持其竞争能力所需要的东西。但是他们感到疑惑,大众包餐公司能否借助于第三方的物流服务。

根据案例提供的信息,回答以下问题。

1. 大众包餐公司的经营活动可否引入第三方物流服务,说明理由。
2. 大众包餐公司实施准时化服务有无困难,加以解释。
3. 如果要引入第三方物流服务,你对此有何建议?

物流组织与管理

项目5脚注

【素养目标】

1. 具有团队精神。
2. 具有创新精神。
3. 具有务实精神。
4. 具有成本意识。
5. 具有服务意识。
6. 具有质量意识。
7. 具有诚实守信的品格。
8. 具备良好的职业素养。
9. 能遵纪守法。
10. 具有专业认同感。

【知识目标】

1. 掌握物流组织的设计原则。
2. 理解物流服务对企业经营的重要意义。
3. 掌握物流服务的关键绩效指标。
4. 掌握物流质量管理方法。
5. 理解库存的作用与弊端。
6. 理解库存管理的目标。
7. 理解“零库存”的内涵与意义。
8. 了解物流标准化。

【能力目标】

1. 能正确选择物流组织结构形式。
2. 能确定物流服务水平。
3. 能设计物流服务水平调查问卷。
4. 能评价库存管理绩效。
5. 能进行库存ABC分析。
6. 能合理进行库存控制。
7. 能计算物流成本。

【引例】

某物流企业鲜花配送竞标项目的提案

某物流企业拟竞标世博会鲜花物流项目,由于该公司的主营业务并不是生鲜产品配送,在鲜花运输方面也没有经验,因此公司组建了一个项目组专门负责该竞标项目的策划与实施。为了提高竞标的成功率,项目经理提出以下方案:购买10台特种车辆,专门负责鲜花的配送;同时设置固定岗位、配备人员负责项目的运行与实施。

问题

1. 如果你是公司的总经理,你是否同意该项目经理的提案?为什么?

2. 如果不同意该提案,请提出一个可行的方案。

物流管理是对物流活动进行计划、组织、协调与控制。实施有效的物流管理可以降低物流成本,提高客户服务水平,提高顾客满意度,提升企业竞争力。

5.1 物流组织机构设计

组织是进行有效管理的手段,建立健全合理的物流组织是实现物流合理化的基础和保证。

5.1.1 物流组织机构设计的原则

物流组织形成的基本条件在于如何明确业务范围、如何进行业务分工及如何实施物流管理的统一化。基于这一条件,设计物流组织首先要有系统观念。物流系统有五个必不可少的组织要素:人员、职位、职责、关系和信息。物流组织的系统观念就是要立足于物流任务的整体,综合考虑各要素、各部门的关系,围绕共同的目的建立组织机构,对组织机构中的全体成员指定职位,明确职责,交流信息,并协调其工作,达到物流组织的合理化,使该组织在实现既定目标过程中获得最大效率。具体来说,建立与健全物流组织必须遵循下述基本原则。

1. 有效性原则

有效性原则要求物流组织必须是有效率的。这里所讲的效率,包括管理的效率、工作的效率和信息传递的效率。物流组织的效率表现为组织内各部门均有明确的职责范围,节约人力,节约时间,有利于发挥管理人员和业务人员的积极性,使物流企业能够以最少的费用支出实现目标,使每个物流工作者都能在实现目标过程中作出贡献。

有效性原则要贯穿在物流组织的动态过程中。在物流组织的运行中,组织机构要反映物流管理的目标和规划,要能适应企业内部条件和外部环境的变化,并随之选择最有利的目标,保证目标实现。物流组织的结构形式、机构的设置及其改善,都要以是否有利于推进物流合理化这一目标的实现为衡量标准。

2. 统一指挥原则

统一指挥原则是建立物流管理指挥系统的原则,其实质在于建立物流组织的合理纵向分工,设计合理的垂直机构。

物流组织机构是企业、公司以及社会的物流管理部门,是负责不同范围的物流合理化使命的部门。为了使物流部门内部协调一致,更好地完成物流管理任务,必须遵循统一指挥的原则,实现“头脑与手脚的一体化”、责任和权限的体系化,使物流组织成为有指挥命令权的组织。

3. 管理层次扁平化原则

在统一指挥原则下，一般形成三级物流管理层次，即最高决策层、执行监督层和物流作业层。高层管理者的主要任务是根据企业或社会经济的总体发展战略，制定长期物流规划，决定物流组织机构的设置及变更，进行财务监督，决定物流管理人员的调配等；中层管理者的主要任务是组织和保证实现最高决策的目标，包括制订各项物流业务计划、预测物流量、分析设计和改善物流体系、检查服务水平、编制物流预算草案、分析物流费用、实施活动管理、进行物流思想宣传等；基层管理者的主要任务是合理组织物流作业，对物流从业者进行鼓励和奖励，协调人员的矛盾和业务联系的矛盾，做好思想工作。

4. 职责与职权对等原则

无论是管理组织的纵向环节还是横向环节，都必须贯彻职责与职权对等原则。职责即职位的责任。职位是组织中的位置，是组织中纵向分工与横向分工的结合点。职位的工作责任是职务。在组织中，职责是单位之间的连接环，把组织机构的职责连接起来，就是组织的责任体系。如果一个组织没有明确的职责，这个组织就不牢固。

职权是指在一定职位上，在其职务范围内为完成其责任所应具有的权力。职责与职权应是相应的。高层领导担负决策责任，就必须有较大的物流决策权；中层管理者承担执行任务的监督责任，就要有监督和执行的权力。职责与职权的相适应叫权限，即权力限定在责任范围内，权力的授予要受职务和职责的限制。不能有职无权，或有权无职，这两种情况都不利于调动积极性，会影响工作责任心，降低工作效率。要贯彻权责对等原则，就应在分配任务的同时，授予相应的职权，以便有效率、有效益地实现目标。

5. 协调原则

物流管理的协调原则是指对管理组织中的一定职位的职责与具体任务要协调，不同职位的职能要协调，不同职位的任务要协调。具体地讲，就是物流管理各层次之间的纵向协调、物流系统各职能要素的横向协调和部门之间的横向协调。在这里，横向协调更为重要。改善物流组织的横向协调关系可以采取下述措施：建立职能管理横向工作流程，使业务管理工作标准化；将职能相近的部门组织成系统，如供、运、需一体化；建立横向综合管理机构。

5.1.2　物流组织机构的基本形式

组织机构要体现组织各部分之间的关系，它是由组织的目标和任务及环境因素决定的。合理的组织机构是实现组织目标、提高组织效率的保证。经过长期的实践和发展，组织机构已经形成了多种形式。结合物流运营的特点，物流运营组织机构的规划主要可以参考以下几种基本形式。

1. 直线职能制物流组织结构形式

直线职能制物流组织结构形式的主要特点是设置两套系统，一套是直接参与和负责组织物流经营业务的业务执行机构，它包括从事物流活动的各个业务经营机构，担负着整个物流活动过程的作业实现。例如，直接从事商品及有关物资的采购与供应、仓储、运输、流通加工、品质检验、配送等部门。另一套是按照专业管理的职责和权限设置的职能管理机构，它是专门为物流经营业务活动服务的管理工作机构，直接担负着物流活动的计划、指导、信息服务、监督调节及其他配套管理服务，如计划统计、财务会计、劳动工资、信息支持、市场开发、行政管理、客户关系管理等部门。

物流运营的业务执行机构是物流组织机构的主体，它们的主要任务、职责和职权是直接从事物流业务的运营，其机构的规模和分工程度直接影响着其他部门的设置以及职能的划分。

而物流运营的职能管理机构则可以不直接参与物流作业,而作为物流运营的参谋和保障机构。典型的直线职能制物流组织结构形式如图 5-1 所示。

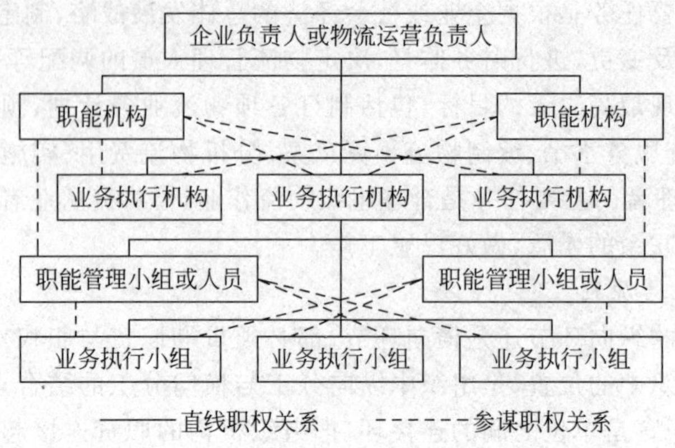

图 5-1 直线职能制物流组织结构形式

直线职能制物流组织机构设置既能保证集中统一指挥管理,又能充分发挥专业人员的才能、智慧和积极性,比较适应现代企业生产经营管理的特点和要求,所以,国内外许多企业都采用这种类型的组织结构形式。基于物流运营的特点和物流管理发展的现状,我国大中型物流企业的运营组织机构设置也主要采用这种形式。

直线职能制物流组织结构形式的缺点是过于正规化,权力集中于高层,机构不够灵活,横向协调性较差,特别是物流运营的业务执行部门缺乏自主性,很难有效地调动业务执行部门的主观能动性。因此,这种形式在企业规模不是很大,物流服务业务范围相对稳定,以及市场不确定性相对较小的情况下,更能显示出其优点。随着企业规模的扩大,市场的不确定性逐渐增加,这种组织形式有时不能完全适应环境的变化。近年来,有些企业,其中也包括一些物流企业,为了充分发挥职能管理机构的作用以及业务执行部门的主观能动性,已经适当地进行了一定的集权和分权模式的调整,特别是对独立经营权、调度、质量检查等权力进行了一定的分权化处理。但是,直线职能制物流组织机构仍然是我国企业(包括物流企业)的主要组织结构形式。

2. 事业部制物流组织结构形式

事业部制物流组织结构又称分权制或部门化结构。其特点是"集中政策,分散经营"。一般是按产品类别、地区或者经营部门分别成立若干个事业部。这些事业部具有相对独立的市场,相对独立的利益和相对独立的自主权。各事业部在公司的统一领导下实行独立经营、单独核算、自负盈亏。各事业部具有相对独立的充分自主权,高层管理部门则实行有限的控制,以便其摆脱行政管理事务,集中力量研究和制定经营方针,并通过规定的经营方针,控制绩效并统一调度资金,对各事业部进行协调管理。

事业部制物流组织机构是国内外许多大型企业采用的组织结构形式。国内一些大型的分销企业和物流企业也采用这种组织结构形式。其主要特点在于,在公司内部按地域或产品类别(对于物流企业来说,就是指物流服务类别)设立相对独立的事业部或分公司,各事业部或分公司拥有相对较大的自主权,有利于事业部或分公司及时根据市场变化和业务环境进行经营业务的调整。事业部制物流组织结构形式如图 5-2 所示。

事业部制物流组织机构的设置是直线职能制物流组织机构中分权趋势的一种体现。实际上,随着企业规模的扩大,直线职能制物流组织机构过分集权的劣势就会体现出来。事业部制

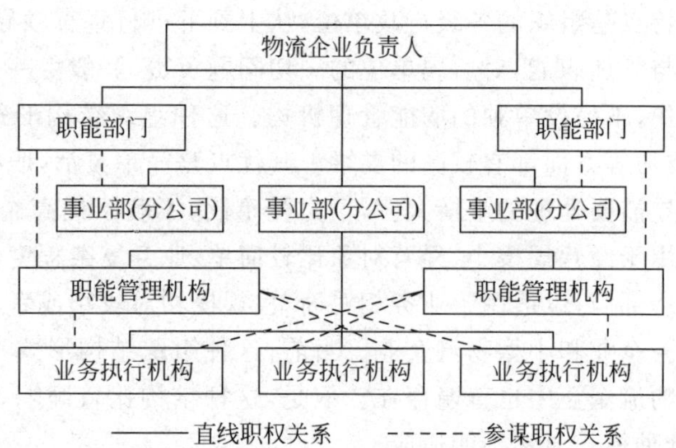

图5-2 事业部制物流组织结构形式

物流组织机构显然可以弥补这种缺陷，同时又有利于提高各个事业部(分公司)的主观能动性。因此，事业部制物流组织结构形式正被越来越多的大中型企业所采用。更进一步看，事业部制物流组织结构形式与直线职能制物流组织结构形式并不矛盾。实际上，事业部制物流组织模式是对直线职能制物流组织模式适当分权要求的具体体现，而这种要求随着企业运营规模的扩大必然会产生。从图5-2中也可以看到，在事业部制物流组织机构的每一个事业部中，往往实施的也是直线职能制物流组织管理模式。

事业部制物流组织结构形式的主要优点在于，各事业部或分公司职权明确，拥有相当的自主权，有权及时调整策略应对市场或内部环境的变化，积极灵活地开展物流经营业务活动。而公司总部也可以摆脱事务性的行政管理，专心致力于公司重大的经营方针和重大决策的制定。但是，这种方式也存在一定的缺点，主要体现在当各个事业部或分公司是一个利润中心时，往往会只考虑到自己的利益而影响相互协作，同时，由于各事业部或分公司权力的加大，如果经理不适当地运用权力，就有可能导致整个公司职能机构的作用有所削弱，不利于公司的统一决策和领导。在物流企业和分销企业中，结合物流业务和物流一体化运行的特点，在实施事业部制物流运营模式时，会有更多的基础工作需要完成，包括内部结算、业务交接、货损货差责任由谁承担等。也就是说，对于需要一体化物流运作的物流企业或分销企业，由于产品的特殊性，事业部的设立自身也具有一定的特点，必须在明确各事业部之间的业务合作、业务结算、业务责任等的前提下，才能很好地贯彻实施事业部制物流组织管理模式。

3. 其他组织结构形式

除了直线职能制和事业部制物流组织结构形式以外，企业的组织机构形式还有很多种。例如，直线制物流组织结构形式和矩阵制物流组织结构形式。这些组织结构形式在物流业务的运营管理中，也可以借鉴和使用。

(1) 直线制物流组织结构形式。直线制物流组织结构形式又称单线制或军队式结构，这是一种早期的组织结构形式。直线制物流组织结构形式如图5-3所示。

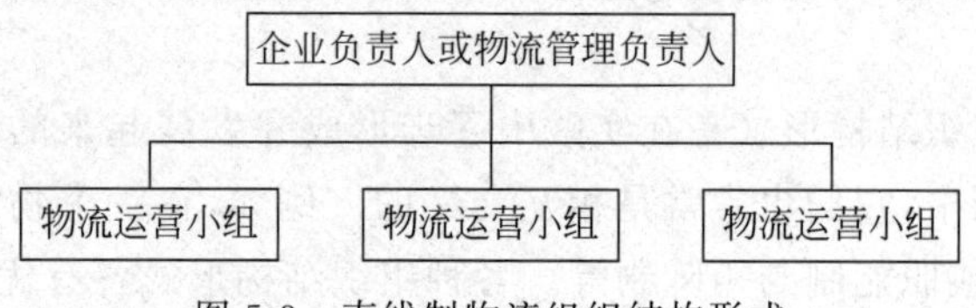

图5-3 直线制物流组织结构形式

这种组织机构的特点是组织的各级行政单位,从上到下进行垂直领导,各级领导者直接行使对下级的统一指挥与管理职能,对所属单位的一切问题负责,一般由一人承担或者配备若干职能管理人员协助工作,不另设单独的职能管理机构。这种组织结构形式对各级管理者在管理知识、能力及专业技巧等方面都有较高的要求。其优点是简单灵活,职权明确,决策迅速,指挥统一。其缺点是领导需要处理的事情太多,精力受牵制,不利于提高企业的经营管理水平。这种组织结构形式适用于经营规模小、经营对象比较简单、业务复杂程度低的生产或流通企业的供应和销售物流管理部门,也适用于业务相对简单、规模相对较小或者新创建的小型货代企业、货运企业、仓储服务企业和小型物流企业。当前,这种组织结构形式在许多企业的物流管理部门以及许多小型物流企业中也普遍存在。但是,这种结构比较脆弱,如果组织规模扩大,管理任务繁重复杂,这种模式显然不能适应。

(2) 矩阵制物流组织结构形式。矩阵制结构又称规划目标结构,它是在纵向职能系统的基础上,增加一种横向的目标系统,构成管理网络。矩阵制物流组织结构形式如图 5-4 所示。

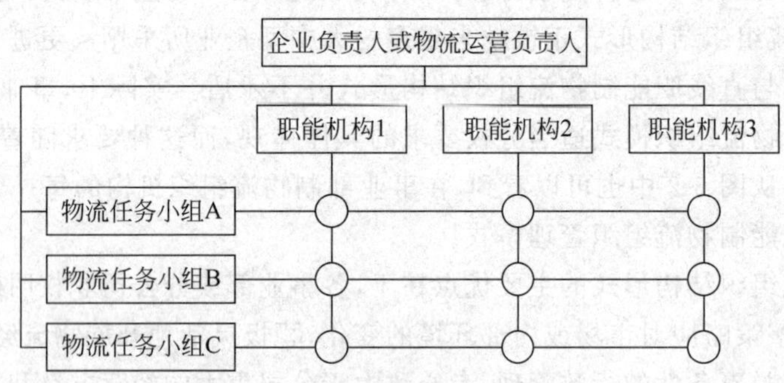

图 5-4 矩阵制物流组织结构形式

这种结构一般是为了达到一定的目标或完成一个项目,在已有的直线职能物流组织结构中,从各个职能部门抽调专业人员,组成临时的专门机构,这种专门机构的领导者(项目经理)有权指挥项目组织的成员,并同有关部门进行横向联系和协调。参与专门机构的成员同自己原来的部门保持隶属关系,即各部门既同垂直的指挥系统保持联系,又与按产品或服务项目划分的小组保持横向联系,形成一个矩阵形式,借用数学上的术语,称为矩阵制组织结构。这种结构的优点在于,把不同部门、不同专业背景的人员汇集在一起,密切协作,互相配合,有利于解决问题。同时,集权和分权的有机结合,增强了组织的机动性和适用性,使之能适应竞争所带来的产品或服务市场的不稳定性,以及组织规模庞大、产品或服务复杂、技术要求高的物流服务业务。其缺点是如果纵向和横向的关系处理不当,就会造成意见分歧,工作扯皮,工作上出现问题也难以分清责任,而且人员的不断流动使管理工作出现困难。

在物流运营中,矩阵制物流组织机构形式往往适用于货代企业承接大型货代服务业务,物流企业承接临时性重要物流业务的运营组织,以及工商企业物流部门组织临时性的重大采购供应或销售物流业务。如果物流企业的业务受市场变化的影响而很不确定,也可以采用这种组织结构形式。

以上介绍的几种组织结构形式是在实践中逐步形成并发展起来的,也是比较典型的组织结构形式。在实际应用中,它们也常常是相互交叉的。例如,在一个物流系统中,可能同时存在事业部制和职能制,或职能制与矩阵制等。各种组织结构形式各有优劣,不存在适应一切环境条件的最佳组织形式。为了适应复杂多变的企业内外部环境,应根据需要组织自身的物流运营组织体系，也可以在这些基本形式的基础上，创造出更好的适合自身需要的组织结构形式。当然，物流组织结构形式一旦确定，也不是一成不变的，随着市场环境的变化及组织内部运营的发展，要对已有的组织机构进行适时的调整，这对于物流的运营管理来说，也是非常重要的。

案例　上海某民营物流企业的区域性物流公司点式经营组织机构设计

对于区域性物流公司来说，物流的运营一般集中在某一个区域内进行。在物流网络化、全球化运作的今天，这种区域性点式经营的物流公司大量存在。在我国，由于第三方物流的发展尚处在初级阶段，很多企业尚未形成网络化经营的能力。因此，这些企业目前都致力于区域范围内的物流服务业务，积累经验，再逐渐扩展自己的业务覆盖范围。

上海某民营物流企业的区域性物流公司点式经营组织机构如图5-5所示。

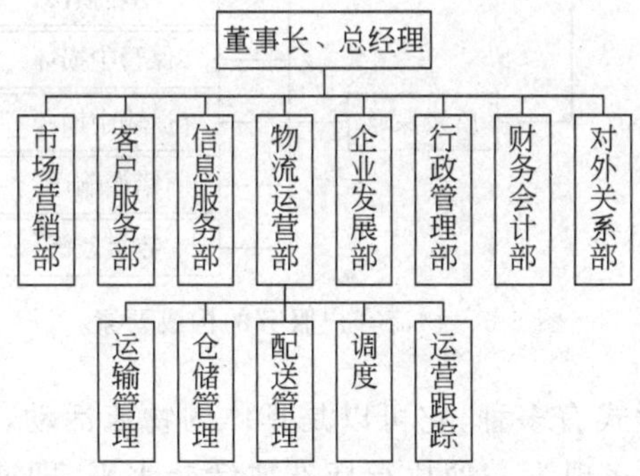

图5-5　区域性物流公司点式经营组织机构

5.2　物流服务管理

面对日益激烈的国际、国内竞争及消费者价值取向的多元化，很多企业管理者已经发现，加强物流管理、提高物流服务水平是企业创造持久竞争优势的有效手段。

案例：美国物流企业的服务范围

5.2.1　物流服务的概念与内涵

物流服务(logistics service)是指“为满足客户物流需求所实施的一系列物流活动过程及其产生的结果”(GB/T 18354—2021)。站在不同经营实体的角度，物流服务有着不同的内涵和要求。

1. 物流客户服务

从货主企业(工商企业)的角度出发，物流服务属于企业客户服务的范畴，即物流客户服务。所谓客户服务，是指为支持企业的核心产品(或服务)而提供的服务。顾客在购买商品时，不仅仅是购买实体产品本身，而是购买由有形产品、无形的服务、信息及其他要素所组成的“产品服务组合”。其中，物流服务是这个“产品服务组合”的重要组成部分。因此，工商企业的物流服务是用来支持其产品营销活动而向客户提供的一种服务，是顾客对“商品利用可能性”[1]的物流保障，它包含以下三个要素：

(1) 备货保障，即拥有客户所期望的商品；

(2) 输送保障,即在客户期望的时间内递送商品;

(3) 质量保障,即符合客户所期望的质量,包括商品质量与服务质量。

物流客户服务就是围绕上述三个要素展开的。物流客户服务的构成要素如图5-6所示。

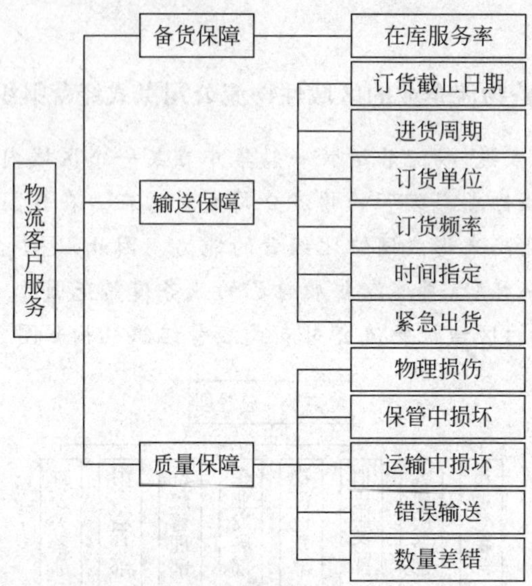

图5-6 物流客户服务的构成要素

物流客户服务的表现形式有多种,它可以是具体的物流活动,如订单处理、拣选、分类理货、配送、流通加工等;也可表现为一种执行标准或绩效水平,即通过供应提前期、库存保有率、缺货率、商品完好率[2]、货损率、配送率、订单满足率[3] 等指标来衡量;还可表现为一种经营理念,即通过物流服务水平与成本的平衡,找到企业经营效益与顾客需求的最佳结合点,使之成为"顾客导向"的企业营销理念。

2. 物流商品

从物流企业的角度出发,物流服务是一种特殊的商品——"物流商品"。当工商企业将物流业务外包给物流企业去运作时,物流企业提供的物流服务就构成了工商企业物流服务的一部分。为此,物流企业必须紧紧围绕货主企业的物流需求开展经营活动,必须把握货主企业的物流需求特点,将物流服务融入货主企业的物流系统中,根据需求分析,开发新的服务项目(产品),做好物流服务(产品)的市场营销和客户服务工作。同时,物流企业要充分发挥其技术优势、成本优势和网络优势,不但能为客户提供运输、储存、包装、装卸搬运等基本物流服务,而且还要能提供海关代理、跟踪装运(全程可视化)、物流系统设计,以及一体化物流服务等增值物流服务。

5.2.2 物流服务的特征

1. 物流客户服务的基本特点

从货主企业(工商企业)的角度来看,物流客户服务具有以下基本特点。

(1) 产品的可得性。产品的可得性是指当客户需要产品时,企业具有可以向客户提供足够产品的库存能力。企业传统的做法是,通过预测需求来储存产品,即在预测的基础上,根据产品消费的流行性,产品的盈利能力,产品的价值、特点,以及产品在整个产品序列中的重要性,采取不同的储存策略。事实上,要实现高水平的产品可得性,关键是要在尽量降低对库存及其设施的总体投入的同时,有选择地对重要客户提供高水平的产品可得性。产品可得性可通过缺货率或缺货频率、订单满足率以及反映订单完成情况的指标(如货损率或商品完好率、准时交货率等)来衡量。

(2) 运作绩效。运作绩效反映企业提供物流客户服务的能力与效果。可以通过对供应前置期(与客户订货周期相对应)、准时交货率、柔性服务能力、应急服务能力的考核来衡量。

物流客户服务的应急功能

某著名的办公复印设备制造商位于某地的仓库在某个星期五的下午付之一炬。该仓库存有办公复印机替换部件和一般办公用品,供应该地绝大部分的客户。由于业务的竞争性,大火可能带来的不良后果是销售损失,企业的一部分分拨系统也因此瘫痪。

幸运的是,企业的分拨管理人员已经预见到这种可能性,并制订了针对此类事件的应急方案。到星期一,该公司就已空运了足量的存货到某个准备就绪的公共仓库。客户服务与以前的水平几无二致,竟使客户对失火事件毫不知晓。

(3) 服务的可靠性。服务的可靠性体现了物流的综合特征,反映了企业是否具备提供物流客户服务的能力。它不仅表现在产品的可得性和运作绩效上,还表现在货物发运准确、准时送达、商品完好、结算准确、数量符合订单要求,以及与客户及时有效沟通等方面。

2. 物流服务的主要特性

从物流企业的角度来看,物流服务具有以下主要特性。

(1) 从属性。由于货主企业的物流需求是以商流为基础的,它伴随着商流的变化而变化,因此,物流服务必须从属于货主企业的物流系统。这表现在递送的货物品种、送货的时间、方式等都由货主决定,物流企业只是按照货主的要求,提供相应的物流服务。

(2) 即时性。物流服务属于非物质形态的劳动,它不是有形的商品,而是一种伴随销售和消费同时发生的即时性服务。因而,物流服务与其他类型的服务都具有非储存性、生产与消费同时进行的特点。

(3) 移动性和分散性。物流服务以分布广泛且多数不固定的客户为对象,因而具有移动性和分散性的特点。这一特点容易导致物流需求在局部上的供需不平衡,给经营管理带来一定的难度。

(4) 需求波动性。由于物流服务以数量众多且不固定的客户为对象,他们的需求方式及运送或保管的货物数量往往多变,因而具有较强的波动性。就是那些有固定客户群体的物流企业,由于客户所在行业的季节性波动,也会导致物流需求随之波动。因此,国际航运中的"十年一山""冬高夏低"等规律就不难理解了。

(5) 可替代性。物流服务的可替代性主要表现在两方面:其一,若物流企业的服务水平达不到客户的要求,就很有可能被货主企业的自营物流所替代,特别是自营物流的普遍存在,使物流经营者从数量和质量上调整物流服务的供给变得相当困难;其二,物流行业内不同运输方式之间存在着替代竞争,这无疑加大了物流企业尤其是运输型物流企业经营的难度。

5.2.3 物流服务对企业经营的重要意义

无论是货主企业还是物流企业,优质的物流服务能使企业脱颖而出,获取强大竞争优势。特别是随着网络技术的发展,企业间的竞争已突破了地域限制,竞争的焦点将是物流服务的竞争。物流服务对企业经营的重要性主要表现在以下几方面。

1. 物流服务已成为企业经营差异化的重要手段

随着市场转型,竞争日益激烈,顾客需求越来越呈现出多元化的特点。面对不同层次、不同类型的市场需求,企业只有快速、有效地满足,才能在激烈的市场竞争中求得生存和发展。为此,企业需实施差异化战略,为客户提供与竞争对手不同的产品或服务。而在竞争日益激烈的今天,企业产品的同质化越来越严重,通过物流服务创造差异化就成了提升企业竞争力的关键。

2. 物流服务水平的确立对经营绩效具有重大影响

制定适宜的物流服务水平是构筑物流系统的前提,在物流逐渐成为企业经营战略的重要组成部分的过程中,物流服务越来越具有经济性的特征,即物流服务有随市场机制和价格机制变化的倾向,或者说,市场机制和价格机制通过供求关系既确定了物流服务的价值,又决定了在一定服务水平下的物流成本。因此,物流服务的供给不可能是无限制的,过高的服务水平必然会导致高成本,从而影响企业的经营业绩。

3. 物流服务方式的选择对降低流通成本具有重要影响

合理的物流服务方式不仅能够满足企业和客户的物流服务需求,降低物流运营成本,而且能够从本源上推动企业的发展,成为企业的第三利润源。特别是随着第三方物流、JIT 供应、共同配送、越库配送等新的物流服务方式的产生和发展,商品流通环节减少,流通成本降低,最终实现企业和顾客的双赢。

4. 物流服务起着连接供应链各节点的纽带作用

物流服务是在合理分工的前提下,紧密联系供应商、制造商、批发商、零售商和消费者的桥梁与纽带。随着经济全球化、信息网络化的发展,企业的竞争逐渐演变为供应链与供应链的竞争。物流服务成为构造企业经营网络的重要内容之一。一方面,通过商品的实体流动,将上下游企业和消费者连成一体;另一方面,借助物流信息技术手段,不断将商品销售、在库保管、货物运输等重要信息反馈给供应链中的所有企业,并通过知识、诀窍等经营资源的积累,使企业经营涉及的各个环节不断地协调以适应市场的变化,进而创造出超越单个企业价值的供应链价值。

5.2.4 物流服务水平的确定

确定物流服务水平的一种比较流行的方法,是将竞争对手的服务水平作为标杆。但仅仅参照竞争对手的水平是不够的,因为这很难断定竞争对手是否很好地把握了顾客的需求并集中力量于正确的物流服务要素。这方面的不足可以通过结合详尽的顾客调查来弥补,后者能够揭示各种物流服务要素的重要性,有助于消除顾客需求与企业运营状况之间的差距。

有多种方法可用于确定物流服务水平,相对而言,以下四种方法比较实用。

1. 根据顾客对缺货的反应来确定物流服务水平

制造商的顾客包括中间商和产品的最终用户,而产品通常是从零售商处转销到顾客手中的。因此,制造商往往难以判断缺货对最终顾客的影响有多大。例如,制造商的成品仓库里有某种产品缺货,这并不一定意味着零售商也同时缺货。通常,零售环节的物流服务水平对销售有很大影响,为此,必须明确最终顾客对缺货的反应模式。一般来说,当某种产品缺货时,顾客可能购买同种品牌但不同规格的产品,也可能购买另一品牌的同类产品,或者换一家商店看看。在产品同质化倾向日益明显的今天,顾客"非买它不可"的现象已经越来越罕见,除非顾客坚定地认为该种产品在质量或价格上明显优于替代品。

对于制造商而言,其物流服务战略很重要的一点是,保证最终顾客能方便及时地了解和购买到所需要的商品。制造商对零售环节的关注使其考虑如何调整订货周期、订单满足率和运输方式等策略，尽量避免零售环节缺货现象的发生。

此外，顾客对不同产品的购买在时间要求上也有所不同。对绝大多数产品，顾客希望在做出购买决策时就能够拿到，但也有特殊的情况，例如，选购大型家具，顾客在展示厅选中样品并订购以后，往往愿意等待一段时间在家中收货。

在采用该法确定物流服务水平时要注意以下几点：

案例：物流服务水平的确定

(1) 不应当站在供方的角度考虑物流服务水平，而应当把握顾客的需求，视角应由卖方转向买方；

(2) 针对不同的顾客，物流服务的内容应有所不同，重要的客户应得到优先照顾，因此首先应确定核心服务；

(3) 物流服务应与顾客的特点、层次相符；

(4) 在确定物流服务水平时，应考虑如何创造自己的特色，以便超过竞争对手，换言之，要采纳"相对"的物流服务的观点；

(5) 运作一段时间后，要对企业的物流服务水平进行评估并改进。

2. 通过权衡成本与收益来确定物流服务水平

物流总成本，包括库存持有成本、运输费用、订单处理费用等，可以视为企业在物流服务上的支出。实施集成的物流管理时的成本权衡，其目标是在市场组合要素之间合理分配资源以获得最大的长期收益，也就是以最低的物流总成本实现既定的物流服务水平。

物流服务水平的效益背反规律

某百货连锁集团希望将零售供货率提高到98%的水平，需要获取每个商店及每种商品的实时销售数据(POS)。为此，需在各分店配置条码扫描器及其他软硬件设施；同时，为尽可能地利用这些数据，集团还希望投资建设EDI系统，以便与供应商进行快速的双向信息交流。估计平均每家分店需投入20万元。于是，管理层面临着成本与收益的权衡，对信息技术的投入能提高物流服务水平，但同时也会增加成本。假设该公司的销售毛利率是20%，每家分店为收回20万元的新增投资，至少要增加100万元的销售额。如果实际的销售增长超过了100万元，则企业在提高物流服务水平的同时也增加了净收益。对这一决策的评估还需考虑各分店当前的销售额水平。若各分店当前的年销售额是1 000万元，则收回这笔投资比年销售额只有400万元要快得多。

尽管存在成本与收益的权衡和费用的预算分配问题，但这种权衡只是针对短期。若是长期，仍有可能在多个环节上同时得到改善，企业在降低总成本的同时也能提高物流服务水平。

3. 借助ABC分析与帕累托定律来确定物流服务水平

帕累托定律指出，样本总体中的大多数事件的发生源于为数不多的几个关键因素。例如，80%的物流系统中的瓶颈现象可能仅仅是由一辆送货卡车的不良运作造成的。

ABC分析是帕累托定律在物流管理中的应用，它是物流管理中的常用工具之一。通过ABC分析，可将各种产品和顾客按其对企业的重要性程度进行分类。那些对企业的重要度较高的顾客和产品，应受到企业管理者的特别关注。因此，那些对企业最重要的"顾客—产品组合"应配以最高的物流服务水平。该法的具体步骤如下。

(1) 绘制顾客—产品贡献矩阵。首先绘制顾客—产品贡献矩阵，如表5-1所示。借助该矩阵，我们将不同顾客的重要性与不同产品的重要性联系起来考虑，以便确定能给企业带来最大收益的物流服务水平。在这里,我们将盈利能力(以利润率反映)作为度量顾客和产品重要性的指标(指标的选择应视企业的具体情况而定)。

表 5-1 顾客—产品贡献矩阵(示例)

顾客分类	产品分类			
	A	B	C	D
Ⅰ	1	3	5	10
Ⅱ	2	4	7	13
Ⅲ	6	9	12	16
Ⅳ	8	14	15	19
Ⅴ	11	17	18	20

表 5-1 中的产品是按照利润率来分类的,A 类产品利润率最高,B 类、C 类、D 类产品的利润率依次递减。在整个产品线中,A 类产品通常只占很小的比例,而 D 类产品所占的比例则可能达到 80%。而顾客也是按照对企业的重要度来分类的,Ⅰ～Ⅴ重要度依次递减。Ⅰ类顾客对企业最重要,他们能产生比较稳定的需求,对价格不太敏感,在交易中发生的费用也比较少,但这类顾客通常很少,可能只占 5%～10%;Ⅴ类顾客为企业创造的利润最少,但其数量却占了企业顾客的绝大部分。

(2) 确定物流服务水平。由表 5-1 可知,对企业最有价值的"顾客—产品组合"是Ⅰ—A,即Ⅰ类顾客购买 A 类产品,再往下是Ⅱ—A 或Ⅰ—B,以此类推。管理人员可以使用一些方法对"顾客—产品组合"进行打分并进一步排序,以此来确定服务的优先等级,并在此基础上制定相应的物流服务水平标准,如表 5-2 所示。

表 5-2 物流服务水平标准的确定(示例)

优先等级	服务水平标准		
	存货可供率/%	订货周期/小时	订单满足率/%
1～5	100	48	99
6～10	95	72	97
11～15	90	96	95
16～20	85	120	93

在该例中,对排序在 1～5 的"顾客—产品组合"应给予 100%的存货可供率,低于 48h 的订货周期,以及 99%的订单满足率。

值得注意的是,较低的服务水平并不意味着所提供的服务缺乏稳定性。企业无论提供什么水平的服务,都要尽可能保持 100%的稳定性,这是顾客所期望的;而且,企业以高稳定性提供较低水平的物流服务(如送货时间),其费用通常低于以低稳定性提供高水平的物流服务。例如,高度稳定的 72h 订货周期比不稳定的 48h 订货周期更节省费用,也更令顾客满意。编制能良好反映顾客与企业真实情况的顾客—产品贡献矩阵的关键,在于切实了解顾客对服务的要求,并从中识别出最为重要的服务要素,确定要提供多高的服务水平。上述信息可通过物流服务审计获取。

4. 通过物流服务审计来确定或评估物流服务水平

物流服务审计是评估企业物流服务水平的一种方法,也是企业对其物流服务策略进行调整时所产生影响的评价标尺。物流服务审计的目标：识别关键的物流服务要素；识别这些要素的控制机制；评估内部信息系统的质量和能力。物流服务审计包括四个阶段：外部物流服务审计、内部物流服务审计、识别潜在的改进方法和机会、确定物流服务水平，如图 5-7 所示。

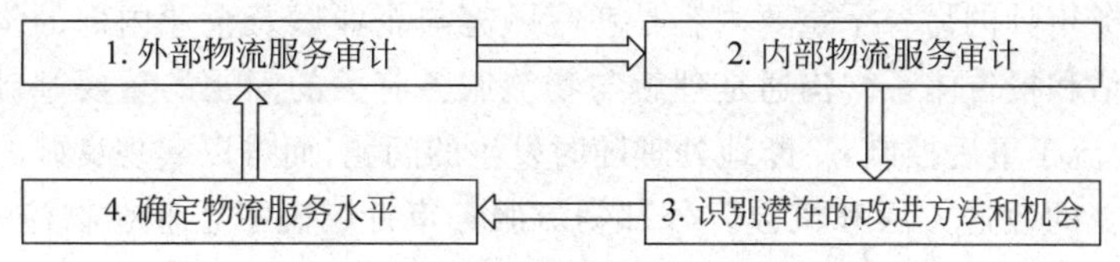

图 5-7 物流服务审计的四个阶段

(1) 外部物流服务审计。外部物流服务审计是整个物流服务审计的起点，其主要目标：识别顾客在做购买决策时认为重要的物流服务要素；确定本企业与主要竞争对手为顾客提供服务的市场比例。

① 确定顾客认同的物流服务要素。即确定哪些物流服务要素是顾客真正重视的。其主要工作是对顾客进行调查与访谈。例如，某种普通消费品的零售商在衡量其供应商的服务水平时主要考虑了以下物流服务要素：订货周期的稳定性，订货周期的绝对时间，是否使用 EDI，订单满足率，延期订货策略，单据处理程序，回收政策等。

在外部物流服务审计阶段，有必要邀请市场部门的人员参与这项工作，这样做的好处有三点：其一，物流服务从属于整个市场组合，而市场部门在市场组合的费用预算决策中是最有权威和最有发言权的部门；其二，市场营销部门的研究人员是调查问卷设计和分析的专家，而这些工作是外部物流服务审计的重要一环；其三，这样做可以提高调查结果的可信度，从而有利于物流服务战略的成功实施。

② 对企业有代表性的和统计有效的顾客群体进行问卷调查。在确定了重要的物流服务因素之后，下一步就是对企业有代表性的和统计有效的顾客群体进行问卷调查(表 5-3 是×××企业物流服务水平调查表)。通过问卷调查，可以确定物流服务要素及其他市场组合要素的相对重要性，可以评估顾客对本企业及主要竞争对手各方面服务绩效的满意度及顾客的购买倾向。依据调查的结果，企业应加强对顾客认同的服务要素的重视。

表 5-3 ×××企业物流服务水平调查表

调 查 项 目	好 (90～100 分)	较好 (75～89 分)	一般 (55～74 分)	差 (40～54 分)	很差 (0～39 分)
总体物流管理水平					
订单处理速度					
临时订单和紧急发货服务					
货损货差					
库存管理服务					
物流信息提供及时、准确					
能提供足够的物流信息服务					
员工服务态度					

借助于问卷，企业还能了解竞争对手的强势和不足，并在此基础上发展相应的顾客分类策略。此外，问卷还能反映出顾客对关键服务要素的服务水平的期望值。

(2) 内部物流服务审计。内部物流服务审计是审查企业当前的物流服务状况，为评估物流服务水平发生变化时所产生的影响确立一个衡量标尺。内部物流服务审计的主要目的是检查企业的服务现状与顾客需求之间的差距。顾客实际接收到的企业物流服务水平也有必要测定,因为顾客的评价有时会偏离企业的实际运作状况。如果企业确实已经做得很出色,则应当注意通过引导和促销来改变顾客的看法,而不是进一步调整企业的服务水平。

内部物流服务审计的另一个重要内容是考察顾客与企业以及企业内部的沟通渠道,甚至包括服务业绩的评估和报告体系。沟通是理解与物流服务有关的问题的重要基础,缺乏良好的沟通,物流服务就会流于事后控制,不断地处理随时发生的问题,而难以实现良好的事前控制。

(3) 识别潜在的改进方法和机会。外部物流服务审计明确了企业在物流服务和市场营销战略方面的问题,结合内部审计,可以帮助管理层针对各个服务要素和细分市场调整上述战略,提高企业的盈利能力。管理层在借助内外部物流服务审计提供的信息制定新的物流服务和市场营销战略时,需针对竞争对手进行详细的对比分析。当顾客对本企业和各主要竞争对手的服务业绩进行比较、评价并相互交流时,竞争性的标尺就显得更为重要了。

(4) 确定物流服务水平。物流服务审计的最后一步是制定服务业绩标准和考核方法。管理层必须为各个细分领域(如不同的顾客类型、不同的地理区域、不同的分销渠道以及产品)详细制定目标服务水平,并将之切实传达到所有的相关部门及员工,同时辅之以必要的激励政策,激励员工努力实现企业的物流服务目标。此外,还要有一套正式的业务报告文本格式。

管理层必须定期地按上述步骤进行物流服务审计,以确保企业的物流服务政策与运作满足当前顾客的需求。

5.2.5 物流服务的关键绩效指标

物流服务水平可以通过一些关键绩效指标(key performance indicators,KPI)来描述。但企业及其客户的类型不同,要求的物流服务内容、形式及水平也有所不同。表 5-4 所列的是一些常见的物流服务水平关键绩效指标。

表 5-4 常见的物流服务水平关键绩效指标(KPI)

指标名称	计 算 方 法	说 明
缺货率	缺货次数÷客户订货次数	衡量缺货程度及其影响的指标
商品完好率	交货时完好的物品量÷应交付的物品总量	衡量商品完好程度的指标
货损率	交货时损失的物品量÷应交付的物品总量	衡量货物损失程度及其影响的指标
订单满足率	实际交货数量÷订单需求数量	衡量订货实现程度及其影响的指标
准时交货率	准时交货次数÷总交货次数	衡量准时交货程度的指标
误点交货率(延迟交货率)	误点交货次数÷总交货次数(延迟交货次数÷总交货次数)	衡量误点(延迟)交货程度及其影响的指标
配送率	实际配送次数÷客户要求配送次数	衡量满足客户配送需求(次数)程度及其影响的指标
发运错误率	错误发运次数÷货物发运总次数	衡量货物错误发运程度及其影响的指标
订单准确率	准确履行订单次数÷订单履行总次数	衡量订单履行准确程度的指标
客户投诉率	客户投诉次数÷服务总次数	衡量客户不满意程度及其影响的指标

5.3 物流质量管理

随着多品种、小批量消费需求时代的来临,物流质量管理变得越来越重要。这是因为物流系统的复杂程度在不断提高,顾客对物流服务的期望也越来越高。企业要充分发挥物流在促

进生产、销售与提升企业竞争力的作用,必须做好物流质量管理工作。

5.3.1　物流质量管理的概念与内涵

质量管理一般包括质量保证和质量控制两个方面的内容。前者是指企业对用户的质量保证,即为了维护用户的利益,使用户满意,取得用户信誉的一系列有计划、有组织的活动。质量保证是企业质量管理的核心。而质量控制是针对企业内部而言的,是为了保证工作过程或服务质量所采取的作业技术标准及有关活动。质量控制的过程是将质量评估结果与质量标准进行对比,发现偏差并对偏差采取矫正措施的调节管理过程。质量控制是质量保证的基础。

物流质量是一个整体概念。一方面,物流活动过程需要的各种资源和技术是完全可以控制的,很容易确定其质量规格和操作标准;另一方面,物流是为客户提供时间效用和空间效用的服务活动,需要根据顾客的不同需求提供个性化的服务(物流服务质量是由顾客根据其期望来评价的)。因此,物流质量是企业根据物流运动规律所确定的物流工作量化标准与顾客期望满足程度的有机结合。

物流质量管理(logistics quality management)是指"对物流全过程的物品质量及服务质量进行的计划、组织、协调与控制"(GB/T 18354—2021)。换言之,物流质量管理是为了满足客户的物流服务需求,根据物流系统运动的客观规律,制定科学合理的质量标准,运用经济手段对物流质量及有关工作进行计划、组织、协调和控制的过程。特别的,企业物流质量管理必须满足两方面的要求:一是满足生产者的要求,即必须保证生产者的产品能保质保量地转移给用户;二是满足用户的要求,即必须按照用户的要求将其所需的商品按时并完整无缺地递交给用户。

5.3.2　物流质量管理的内容

物流质量管理是企业全面质量管理(TQM)的重要一环,其核心是物流服务质量管理。物流服务是物流系统的输出,物流服务水平的高低取决于物流系统的结构与功能。但是,一定服务水平下的物流服务质量与物流系统运行过程中每一项物流工作的质量,以及物流工程的质量密切相关;物流质量不仅体现在服务保障上,还体现在物流对象——货物在物流过程中的质量保证和改善等方面。因此,物流质量涵盖了以下四方面的内容。

1. 货物的质量保证及改善

物流的对象是具有一定质量的实体,具有合乎要求的等级、尺寸、规格、性质与外观。这些质量是在生产过程中形成的,物流过程在于转移和保护这些质量,最后实现对用户的质量保证。因此,对用户的质量保证既依赖于生产,又依赖于流通。现代物流过程不单是消极地保护和转移物流对象,还可以采用流通加工等手段改善和提高货物的质量,因此,物流过程在一定程度上也是货物质量的"形成过程"。

2. 物流服务质量[4]

物流活动具有服务的本质特性,可以说,物流管理的质量目标就是要提供顾客满意的物流服务,该服务质量要能符合并超越顾客的期望。服务质量因不同用户的要求而异,因此要了解并把握用户的需求,包括:商品狭义质量的保持程度;流通加工对商品质量的提高程度;批量及数量的满足程度;配送额度、间隔期及交货期的保证程度;配送、运输方式的满足程度;成本水平及物流费用的满足程度;相关服务(如信息提供、索赔及纠纷处理)的满足程度等。

3. 物流工作质量

物流工作质量是指物流活动各环节、各工种、各岗位的具体工作质量。工作质量和物流服务质量是两个相关但又不相同的概念,物流服务质量水平取决于物流活动各环节工作质量的总和。所以,工作质量是物流服务质量的基础和保证。重点抓好工作质量,物流服务质量也就有了一定程度的保证。同时,需要强化物流管理,建立科学合理的管理制度,充分调动员工的工作积极性,不断提高物流工作质量。

由于物流系统非常庞杂,不同环节的物流活动其工作质量的侧重点也有所不同。以仓库工作质量为例,可以归纳为商品损坏、变质、挥发等影响商品质量因素的控制及管理;商品丢失、错发、破损等影响商品数量因素的控制及管理;商品维护、保养,商品入库、出库检查及验收,商品入库、出库计划管理;商品标签、标示、货位、账目管理等。

4. 物流工程质量

物流质量不但取决于工作质量,还取决于工程质量。在物流过程中,将对产品质量产生影响的各因素统称为"工程",这些因素包括人的因素、体制的因素、设备的因素、工艺方法的因素、计量与测试的因素、环境的因素等。显然,提高工程质量是进行物流质量管理的基础工作,提高工程质量,就能起到"预防为主"的作用,有利于实施前馈控制,提高质量管理的效能。

综上所述,加强物流质量管理,就要从以上几方面入手,抓好服务质量、工作质量、工程质量,并做好商品质量的保障及改善工作。否则,物流质量管理就只是一句空话。

5.3.3 物流质量管理的特点

物流活动具有其内在的客观规律性,在质量管理方面也同样如此。归纳起来,物流质量管理具有以下基本特点。

1. 全员参与

要保证物流质量,就涉及物流活动的相关环节、相关部门和相关人员,需要依靠各个环节、各部门和广大员工的共同努力。物流管理的全员性,正是由物流的综合性、物流质量问题的重要性和复杂性所决定的,它反映了企业质量管理的客观要求。

2. 全程控制

现代企业物流质量管理对商品的包装、储存、运输、配送、流通加工等功能活动进行全过程的质量管理,同时,物流质量管理也是对产品在社会再生产过程中进行全面质量管理的重要一环。

3. 全面管理

影响物流质量的因素具有综合性、复杂性和多变性,因此加强物流质量管理就必须全面分析各种有关的因素,把握其内在规律性。加强物流质量管理,不仅需要对物流对象本身进行管理,还需要对物流工作质量和工程质量进行管理,最终要对物流成本及物流服务水平进行控制。

4. 整体发展

物流是一个系统,任何一个环节的问题都会影响到物流服务的质量。因此,加强物流质量管理就必须从系统的各个环节、各种资源,以及整个物流活动的相互协调和配合做起,通过强化整个物流系统的质量素质来促进物流质量的整体发展。唯有如此,才能实现现代企业物流管理的目标。

5.3.4 物流质量管理的方法

物流质量管理的方法包括质量目标管理、PDCA 循环、质量控制(QC)等。

1. 质量目标管理

目标管理(management by objectives,MBO)也称成果管理,俗称责任制,它是以目标为导向，以人为中心，以成果为标准，使组织和个人取得最佳业绩的现代管理方法。换言之，质量目标管理是在企业员工的积极参与下，自上而下地确定工作目标，并在工作中实行“自我控制”，自下而上地保证目标实现的一种管理办法。

实施质量目标管理的一般程序有以下四个步骤。

(1) 制定企业的质量总目标。该目标应定性与定量相结合，并尽量具体化、量化，且目标在一定时期(多数企业以一年为目标周期)内经过全员努力能够达成。

(2) 将总目标层层分解落实。自上而下将质量总目标展开，落实到每个部门和员工，做到“千斤重担大家挑，人人肩上有指标”。部门和个人的分目标就是企业对他们的要求，同时，也是部门和个人对单位应尽的责任与预期的贡献。这样做，有利于贯彻质量责任制与经济责任制。在制定各级分目标时，应制订相应的实施计划并明确管理重点，以便检查和考核。

(3) 实现企业质量总目标措施。根据企业质量方针和分目标，建立质量目标管理体系，充分运用各种质量管理的方法和工具，加大实施力度，确保企业质量目标的实现。

(4) 评价企业质量总目标。通过定期检查、诊断，考评、奖惩，不断改进，必要时对目标进行调整、优化。定期或不定期对质量总目标的实施效果进行评价，将不足之处与遗留问题置于下一个新的质量目标的循环系统中，加以改进和完善。

2. PDCA 循环

PDCA 循环的概念最早是由美国质量管理专家戴明博士提出来的，所以又称戴明循环，简称戴明环。它是全面质量管理应遵循的科学程序。全面质量管理活动的全部过程，就是质量计划的制订和组织实现的过程，该过程是按照 PDCA 循环，不停顿地、周而复始地运转的。

(1) PDCA 循环的含义。PDCA 循环反映了以下四个阶段的基本工作内容，如图 5-8 所示。

① 计划(plan)阶段。即为了满足顾客需求，研究、设计质量目标，制定技术经济指标，并确定相应的实施办法和举措的阶段。

② 执行(do)阶段。按照已制订的计划实施，以实现预定的质量目标的过程。

③ 检查(check)阶段。对照计划和目标，检查实施的情况与结果，以便及时发现问题。

④ 处理(act)阶段。对检查的结果进行处理，对成功的经验加以肯定并积极推广，使之标准化；对失败的教训加以总结，避免日后再犯同样的错误，将遗留问题放到下一个 PDCA 循环解决。

(2) PDCA 循环的步骤。PDCA 循环的四个阶段又可进一步细分为以下八个步骤，如图 5-9 所示。

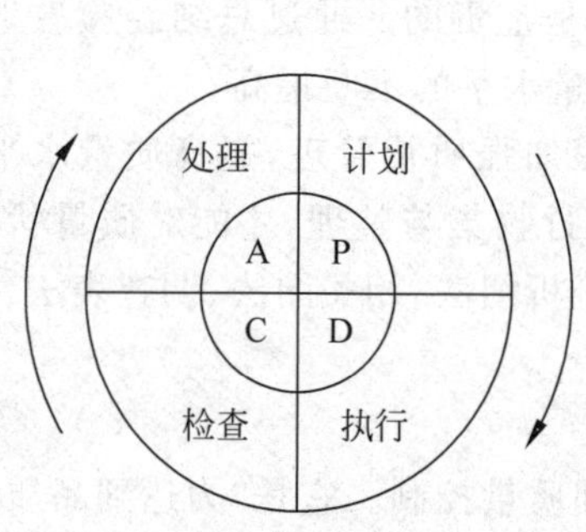

图 5-8　PDCA 循环的四个阶段

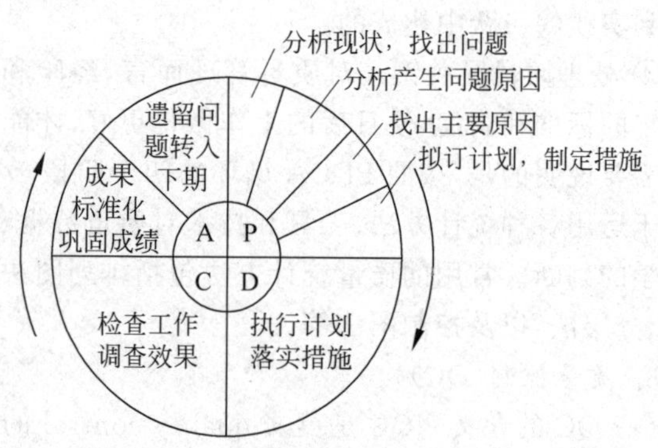

图 5-9　PDCA 循环的八个步骤

① 分析现状,找出存在的主要问题;

② 分析主要问题产生的原因;

③ 找出主要原因;

④ 拟订计划,制定措施;

⑤ 执行计划,落实措施;

⑥ 检查工作,调查效果;

⑦ 总结经验,巩固成绩,将工作成果标准化;

⑧ 将遗留问题放到下一个 PDCA 循环来解决。

(3) PDCA 循环的特点。PDCA 循环具有以下几个特点。

① 大环套小环。企业的各级质量管理都有一个 PDCA 循环,形成大环套小环,一环扣一环,相互制约,相互补充,相互促进的有机整体,如图 5-10 所示。

在 PDCA 循环中,上一级的循环是下一级循环的依据,下一级循环是上一级循环的落实和具体化。通过 PDCA 循环,使企业各个环节的质量管理工作形成一个统一的质量体系,进而实现总的质量目标。

② 螺旋式上升。PDCA 循环是螺旋式上升的,因此有人形象地称其为"爬楼梯",如图 5-11 所示。

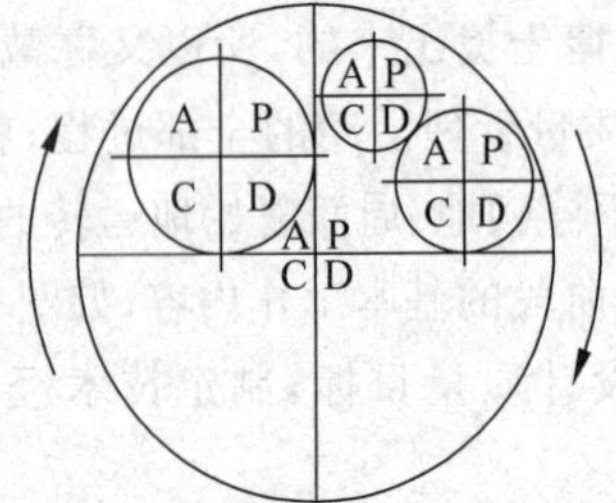

图 5-10 多层次的 PDCA 循环

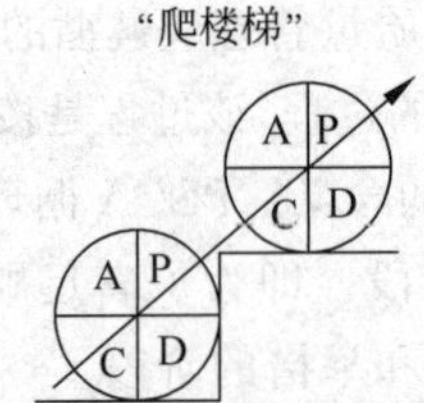

图 5-11 螺旋式上升的 PDCA 循环("爬楼梯")

PDCA 四个阶段周而复始地循环,每次循环都有新的内容和目标,都解决了一些质量问题。每循环一次,质量水平就上升一个台阶。

③ PDCA 循环是综合性循环。PDCA 循环四个阶段的划分是相对的,各阶段之间并不是截然分开的,而是紧密衔接而成的有机整体。有时甚至是边计划边执行,边执行边检查总结,边总结边改进,交叉进行的。质量管理的目标就是在这样的循环往复中,从实践到认识,再从认识到实践的飞跃中达成的。

④ 处理阶段是关键。对质量管理而言,经验和教训都是宝贵的。通过总结经验教训,形成一定的标准和制度,使日后的工作做得更好,才能促进质量水平的不断提高。

需要说明的是,按照 PDCA 循环的四个阶段、八个步骤加强质量管理,提高质量水平,还要善于运用各种统计方法、工具和技术对质量数据、资料进行收集与整理,才能对质量状况做出科学的判断。常用的质量统计方法包括排列图法、因果分析图法、相关图法、调查表法、直方图法、分层法,以及控制图法等。

3. 质量控制(QC)

(1) QC 的含义。QC 是英文 quality control 的简称,即质量控制。它是"为达到品质要求所采取的作业技术和活动"(ISO 8402:1994)。"作业技术"是控制方法和手段的总称,"活动"则是人们对这些作业技术有计划、有组织地系统运用。前者偏重于方法、工具,后者偏重于活

动过程。质量控制的目的是预防为主，管因素保结果，确保达到规定的质量要求，从而实现企业的经济效益。QC 是一种科学的质量管理方法。

QC 的主要功能是通过一系列作业技术和活动将各种质量变异和波动减小到最低限度。它贯穿于质量产生、形成和实现的全过程中。质量控制部门除了控制产品或服务质量的差异外，还要参与企业管理决策活动以确定质量水平。

在国际上，根据质量控制对象的重要程度和监督控制的不同要求，可以设置"见证点"或"停止点"。"见证点"和"停止点"都是质量控制点，由于它们的重要性或质量后果的影响程度不同，其运作程序和监督要求也不同。

(2) QC 小组。QC 小组是指企业的员工围绕企业的质量方针和目标，运用质量管理的理论和方法，以改进质量、改进管理、提高企业经济效益和人员素质为目的，自觉组织起来开展质量管理活动的小组。QC 小组是企业群众性质量管理活动的一种有效组织形式，是员工参与民主管理的经验同现代科学的管理方法相结合的产物。它具有明显的自主性、广泛的群众性、高度的民主性和严密的科学性等特点。QC 小组的宗旨：提高员工素质，激发员工的积极性、主动性和创造性；改进质量、降低消耗，提高企业的经济效益；构建员工心情舒畅、文明的生产、服务工作现场。QC 小组的建立，有利于开发智力资源，发挥员工的潜能，提高员工的素质；有利于预防质量问题并改进质量；有利于实现全员参加民主管理；有利于改善员工之间的人际关系，增强团结协作精神；有利于改善和加强管理，提高管理水平；有利于提高员工的科学思维能力、组织协调能力，以及分析问题与解决问题的能力；有利于提高顾客的满意度。

开展 QC 小组活动，是一种有效的物流质量管理的措施和手段。只有加强管理，才能使 QC 小组活动取得满意的成效。通常应从以下六个方面着手加强管理：组建 QC 小组、QC 小组的登记注册、QC 小组活动的开展、QC 小组活动成果的发表、QC 小组活动成果的评价、优秀 QC 小组的评选和奖励。

QC 人员

在一些推行 ISO 9000 的组织中，会设置负责 ISO 9000 标准所要求的有关品质控制的职能部门或岗位，担任这类工作的人员称为 QC 人员，相当于一般企业中的产品检验员，包括进货检验员(IQC)、制程检验员(IPQC)和最终检验员(FQC)。

5.3.5 提升物流质量管理水平的策略与举措

1. 建立协作型领导体制

就国内物流的运作来看，多数物流过程是被分割的。当前，国内只有极少数企业的物流过程实现了全过程由单一的领导机构来领导，大部分仍处于分割状态。而就国外物流的情况来看，由于物流过程长、环节多、涉及的范围大，导致许多物流过程不可能实现由单一的机构来领导，而必须是多部门、多企业、多环节的协作。因此，有必要建立有效的协作型领导体制。协作型物流领导体制主要有以下两种形式。

(1) 建立物流企业参与的联合领导机构。某一物流过程所涉及的各个部门，可以委派专人共同组建对物流全过程起领导作用的联合领导机构，同时，由其中的主要责任承担单位担任该机构的主席。联合领导机构是一种临时性机构，当某项物流工作完成后即可解散。这种联合领导机构所承担的任务是，全权处理所指派的某项物流过程的领导工作。该机构对所有协作单位负责,对各协作单位所承担的义务,则可通过事先拟订有关协议来确定。该机构的参加者具有双重身份,既是该机构的领导者之一,又是原单位委派的代表,要代表原单位的利益并起着物流过程中与本单位管理的那些(个)物流环节之间的协调作用。

(2) 采用委托、承(转)包方式,建立以货主为中心的协作领导体制。这里所说的货主,是指物流对象在物流过程中的归属者。在送货制的流通体制中,货主是进行销售送货的生产厂商或批发商等企业;在取货制的流通体制中,货主则是购买货物的使用者。总之,货主是指拥有该货物权属的企业或个体。以货主为中心,采用责任委托方式,由某些物流企业根据委托协议具体组织物流,或由其中主要物流业者实行承包,具体工作再采用转包方式,实行再委托,使物流过程的全部工作都以委托、承包或转包方式落实到具体执行企业,这些企业共同协作,实现全面物流质量管理。采用这种方式的关键,是在委托、承包或转包时,订立严格的合同,明确各方的责任、权利和义务,明确经济收益的分配,规定物流的质量标准和成本等。所以,无须建立新的协作组织。参与物流的各部门只依照合同行事即可。

很明显,这种方式在执行过程中不如前一种方式易于协调,但可避免联合领导机构决策缓慢、意见分歧的弊端。无论是建立联合领导机构,还是采取委托形式,合作者的质量管理基础和水平是其他合作者事前必须了解的,并要对其质量管理水平进行分析和判断,确认能满足物流质量要求,才能实施这种联合。真正的质量管理水平固然和领导机制有关,但更重要的还是取决于各基础领域的素质。

2. 增强质量意识,加强质量管理,做好信息管理工作

增强物流质量意识,加强物流质量管理,做好物流信息管理工作的策略与举措具体包括以下两种。

(1) 增强全员的质量意识,加强质量管理。与质量管理的全面性和全员性相对应,必须加强对全体员工的教育培训,使全体人员增强质量意识,进而提高企业的质量管理水平。为此,在进行全员培训时,需要将质量意识与技术、技能并重,因为仅有意识但无能力或仅有能力但无责任心都是搞不好质量管理的。此外,还应建立必要的质量管理组织,通过组织来保证质量管理制度的实施。质量管理组织包括领导机构与群众组织两个方面。物流过程的质量管理必须要有相应的领导机构,同时还应进行分工管理。领导机构的职责是进行宣传、教育、培训,以及计划、实施和检查。为了体现全面及全员性,要求每个环节、每个岗位都要落实责任人,一定要严把质量关,为此,建立质量管理小组是很有必要的。该小组既是群众性质量研究和学习的组织,同时也是各个岗位、各个业务环节的质量管理执行机构,对强化物流质量管理有着十分重要的作用。

(2) 做好物流质量管理的信息工作。物流质量管理与一般产品生产过程质量管理的一个区别是,物流质量管理涉及的范围更广,产生质量信息的源点之间的距离更远,因此,信息的收集存在难度大、滞后性明显等特点,信息反馈的及时性也较差。为了解决这些问题,需要建立有效的质量信息系统,据此对物流过程实施动态监控与管理。同时,为了提高质量保障程度,还应借助物流管理信息系统加强物流科技等信息的收集,以及同用户、生产厂商的信息沟通等工作,以及时掌握制造商、用户的质量动态,用以指导物流质量管理工作。

5.4 库存管理

库存控制是物流管理的重要一环。合理确定库存的最佳数量,用最少的人力、物力、财力把库存管理好,提供最大的供给保障支持是物流管理的目标之一,也是企业赢得竞争优势的重

要手段。

案例：沃尔玛的低成本库存管理

5.4.1　库存的概念与分类

1. 库存的概念

库存(inventory)是指“储存作为今后按预定的目的使用而处于备用或非生产状态的物品”(GB/T 18354—2021)。广义的库存还包括处于制造加工状态和运输状态的物品。通俗地说,库存是企业在生产经营过程中为现在和将来的耗用或销售而储备的资源。

库存的定义

库存常见的分类方法

2. 库存的分类

库存有多种分类方法,可以从不同的角度对库存进行分类。

(1) 按照库存的目的或作用分类。按照库存的目的或作用,可将其划分为周转库存、安全库存和季节性库存三类。

周转库存产生的原因

企业持有周转库存的原因

企业持有安全库存的原因

① 周转库存(cycle inventory),也称经常库存或循环库存,是在前后两批货物正常到达期间,企业为满足正常的生产经营需要而持有的库存。从深层次上讲,周转库存是企业的采购量(或生产量)大于实际需求量而累积起来的库存。周转库存是企业为了获取采购进货(或生产制造)的规模经济性的必然产物。

② 安全库存(safety stock)是指“用于应对不确定性因素而准备的缓冲库存”(GB/T 18354—2021)。换言之,安全库存是在给定的时期内,企业为满足客户需求而持有的超过预测数量的库存。企业持有安全库存是为了应对需求和供给的不确定性。安全库存的大小与库存安全系数及库存服务水平等因素有关。

③ 季节性库存(seasonal inventory)是企业为满足可预知的需求而持有的库存。例如,重大节假日来临时,需求急增,零售商提前备货以应对这期间需求的变化,这种库存即为季节性库存。

(2) 按照库存在企业中的用途分类。按照库存在企业中的用途,可将其划分为原材料库存、在制品库存、产成品库存、维护/维修/运行用品库存、包装物和低值易耗品库存五类。

① 原材料库存(raw material inventory)是指企业通过采购或其他方式取得的用于制造产品并构成产品实体的物品(如原料或配件等),以及供生产耗用但不构成产品实体的辅料、燃料等,是用于支持企业内部制造或装配过程的库存。

② 在制品库存(WIP inventory)是指经过部分加工,但尚未完成的半成品存货。WIP 是

work in process 的缩写,WIP 之所以存在,是因为生产一件产品需要一定的循环时间。

③ 产成品库存(product inventory)是指已经制造完成并等待装运,可以对外销售的制成品库存。产成品需要以库存的形式存在的原因是,用户在某一特定时期的需求是未知的。

④ 维护/维修/运行用品库存(MRO inventory)是非生产原料性质的工业用品,通常是指在实际的生产过程中不直接构成产品,只是用于维护、维修、运行设备的物料(如配件、零件、材料等)。MRO 是英文 maintenance, repair & operations 的缩写,MRO 的存在是因为维护和维修某些设备的需求及其所花费的时间往往具有不确定性,对 MRO 存货的需求常常是维护计划的内容之一。

⑤ 包装物和低值易耗品库存是指企业为了包装本企业产品而储备的各种包装容器,以及由于价值低、易损耗等原因而不能作为固定资产的各种劳动资料的储备。

(3) 按照用户对库存的需求特性分类。按照用户对库存的需求特性或者说库存需求的相关性,可将其划分为独立需求库存和相关需求库存两类。

① 独立需求库存(independent inventory)是指用户对某一物品的库存需求与对其他物品的库存需求没有直接关系,表现出对该物品库存需求的独立性特征。例如,用户对汽车的需求与对冰箱的需求无直接关系。独立需求一般是随机的、企业不能控制而由市场决定的需求。

② 相关需求库存(dependent inventory)也称非独立需求库存,是指对某种物品的库存需求与对某些物品的库存需求存在内在相关性(即存在量与时间的对应关系),根据这种关系,企业可以精确地计算出它的需求量和需求时间。例如,对汽车的需求与对轮胎的需求就存在对应关系。一旦独立需求确定,相关需求也随之而定。

此外,按照库存在再生产过程中所处的领域,可将其划分为生产库存和流通库存;根据库存物品的价值等标准,可对其进行 ABC 分类,等等。

5.4.2 库存的作用与弊端

库存的作用与弊端

自从有了生产,就有了库存物品的存在。库存对市场的发展、企业的正常运作能起到非常重要的作用。

1. 库存的作用

库存具有以下几方面的作用。

(1) 维持产品销售的稳定。对销售预测型企业(按照 MTS,即备货方式生产的企业)而言,必须保持一定数量的产成品库存,其目的是成功地应对市场需求的变化(如市场需求旺盛,销量不可预见地增长)。在这种运营方式下,企业事先并不知道市场真正需要什么,而只能根据对市场需求的预测进行生产,因而产生一定数量的库存是必要的。但随着供应链管理模式的形成,这种库存也在减少甚至消失。从另一个角度来说,企业持有一定数量的库存,以适当的库存保有率来维持甚至提高库存服务水平,这对扩大产品销售,应对激烈的竞争也是很有必要的。

(2) 维持生产的稳定。企业根据客户订单及销售预测安排生产计划,并制订采购计划,进而向供应商下达采购订单。由于物料采购需要一定的提前期,该提前期是根据统计数据或根据供应商在稳定生产的前提下制订的,因而存在一定的风险性,供应商可能会延迟交货,最终影响企业的正常生产,造成生产的不稳定。为了降低这种供应风险,企业就必然会增加原材料的库存量。

(3) 平衡企业物流。在采购原料、生产用料、在制品搬运及销售产品的各物流环节中,库存起着重要的平衡作用。在采购原材料时,一般会根据库存能力(资金占用等)协调来料收货入库。同时，对于生产部门的领料也应考虑库存能力、生产线物流情况（场地、人力等）平衡物料发放，并协调在制品的库存管理。另外，在销售产品时也要视情况对产成品库存进行协调（各个分支仓库的调度及进出货速度等）。

(4) 平衡企业流动资金的占用。库存的原材料、半成品、在制品及产成品等是企业流动资金的主要占用部分，因而库存量的控制实际上也是进行流动资金的平衡。例如，加大订货批量会降低企业的订货费用，保持一定的在制品库存与生产物料会减少生产交换次数，提高工作效率，但这都要寻找最佳控制点才能实现。

2. 库存的弊端

库存的作用是相对的。从主观上讲，任何企业的管理者都不希望存在任何形式的库存，无论是原材料、在制品还是产成品，企业都会想方设法降低库存。这是因为库存是有弊端的，库存的弊端主要体现在以下几个方面。

(1) 库存占用企业大量流动资金。通常情况下，库存占企业总资产的比重为20%～40%，而库存持有成本一般占库存物品价值的20%～50%。库存管理不当会形成大量的资金沉淀。

(2) 库存使企业的产品成本与管理成本上升。原材料、在制品、产成品的库存成本直接导致企业产品成本上升，而与库存有关的设施设备及管理人员的增加也会加大企业的管理成本。

(3) 库存还会掩盖众多企业管理的问题。例如，计划不周、采购不力、生产不均衡、产品质量不稳定及市场销售不力等。打个形象的比喻，企业好比一艘航船，漆黑的夜里在海洋上航行。海洋里有许多暗礁，但都被海水淹没，这是非常危险的，因为不经意就可能触礁船沉。这些海水就好比库存。如果要解决企业管理中存在的问题，只有不断减少库存，暴露问题，才能消除弊端，优化管理。库存掩盖的企业管理的问题如图5-12所示。

正是因为库存存在诸多弊端，有企业老总称其为“万恶之源”。

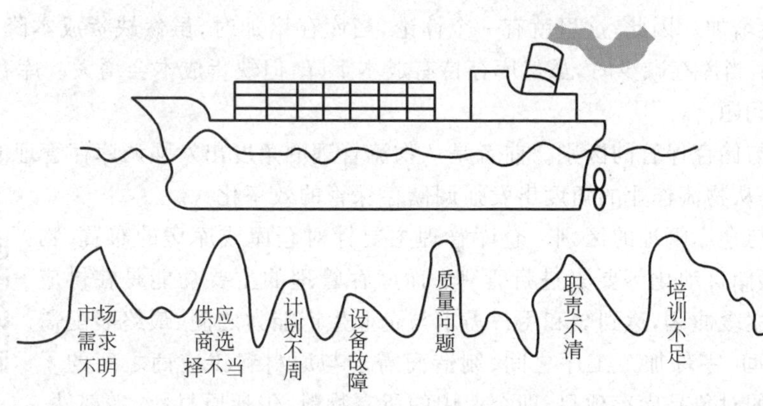

图5-12　库存掩盖的企业管理问题

5.4.3　库存成本

采购成本、库存成本、储存成本三者的关系

企业持有库存，就必然要占用资金。一般而言，企业年度库存总成本包含购入成本、订货成本、储存成本和缺货成本四项。

1. 购入成本

购入成本也称购置成本或购买成本，是企业为获得采购物品的全部支出。包括买方支付给供应商的货款、运输费用（含装卸搬运费用及运输保险费用）以及在物流过程中发生的货物损耗等。

2. 订货成本

订货成本一般是指订购一次货物所发生的费用,主要包括差旅费、通信费及订单跟踪费用。企业年度库存成本核算中的订货成本指全年的订货费用。在年度总需求量一定的情况下,企业的订货次数越多,总的订货成本越高。

3. 储存成本

储存成本是指企业为存储保管货物所发生的费用,包括存货的资金占用成本[包括融资成本(即利息费用)和机会成本(存货占用资金由此减少的投资收益)]、仓储设施设备的资金占用成本(或仓库的租赁费)、仓库的运营成本(如货物保管费、管理费、商品养护费、保险费、设施设备的维护费及损耗等)。储存成本随着库存量的增加而增大。

4. 缺货成本

缺货成本是指企业因缺货而产生的损失,包括停工待料的损失(如缺少原材料时,生产线机器设备的折旧费用依然存在)、紧急采购产生的额外费用、不能履行客户订单而导致的违约金、减少的预期销售收益、商誉损失等。虽然我国现行会计体系没有缺货成本一说,但该项成本是客观存在的。企业可以按照不缺货的收益去衡量缺货成本。

5.4.4 库存管理

1. 库存管理的概念与内涵

库存管理(inventory management)是指为了满足企业生产经营的需要而对计划存储、流通的有关物料进行管理的活动。其主要内容包括库存信息管理及在此基础上所进行的决策与分析工作。库存管理是物流管理的重要内容之一,其核心问题是如何保证在满足用户或企业对库存物品需要的前提下,保持合理的库存水平,即在防止缺货的情况下,控制合理的库存总成本。

企业设置库存的主要目的是降低缺货成本及风险。一般而言,企业在降低缺货成本的同时,储存成本会增加。因此,这里就有一个悖论,当库存增加时,虽然缺货成本降低,但库存持有成本会增加;当库存减少时,虽然库存持有成本下降,但缺货成本会增大。库存管理就是要解决这个悖论问题。

库存管理与储存保管的区别。前者是从物流管理的角度出发强调库存管理的经济性和合理化,后者则是从物流作业的角度出发强调储存保管的效率化。

库存管理与仓库管理的区别。仓库管理主要针对仓库或库房的布置、物料搬运,以及存储自动化等要素进行管理;而库存管理的主要功能是在供应与需求之间建立缓冲区,达到缓和用户需求与企业生产能力之间、最终装配需求与零配件之间、零件加工工序之间、制造商需求与原材料供应商之间的矛盾。库存管理的对象是库存项目,即企业中的所有物料,包括原材料、零部件、在制品、半成品、产成品,以及辅助物料。

库存管理的目标

2. 库存管理的目标

库存好比一把"双刃剑",库存水平过高会增加企业的库存持有成本,库存水平过低又会使缺货成本上升。因此,库存管理的目的是,在保证满足顾客需求的前提下,通过对企业的库存水平进行合理控制,达到降低库存总成本,提高服务水平,增强企业竞争力的目的。

库存管理的总目标是"通过适量的库存达到合理的供应,使总成本最低"。具体包括以下分目标:

(1) 合理控制库存,有效运用资金;

(2) 以最低的库存量保证企业生产经营活动的正常进行;

(3) 及时把握库存状况,维持适当的库存水平;

(4) 减少不良库存,节约库存费用。

总之,有效的库存管理,应使物流均衡顺畅,既能保障生产经营活动的正常进行,又能合理压缩库存资金,取得良好的经济效益。

3. 库存管理的评价指标

宏盛公司的库存管理

库存管理的评价指标

宏盛公司是广州一家用电器制造商,公司拥有多种类型的产品,产品销往全国各地。宏盛公司对各种型号的产品实行统一的库存管理。前段时间,宏盛公司的物流部发现某些型号的产品库存量不足,而另外一些产品又出现了大量库存积压。为此,物流部采取了一系列措施进行集中整改。如果你是宏盛公司物流部经理,你将从哪些方面评估整改的效果?

想一想　如何评价库存管理的绩效?

库存管理的评价指标主要有平均库存值、可供应时间、库存周转率及库存周转天数等。

(1) 平均库存值。平均库存值是指某时段范围内全部库存物品价值之和的平均值。一般以期初和期末库存物品价值之和的算术平均值来表示。通过该指标,企业管理者能够了解企业资产的库存资金占用状况。计算公式如下:

$$\text{平均库存值}=\frac{\text{期初库存金额}+\text{期末库存金额}}{2}$$

(2) 可供应时间。可供应时间是指现有库存可维持供给的时间范围(天数),即反映现有库存能够满足多长时间的需求。计算公式如下:

$$\text{可供应时间}=\frac{\text{平均库存值}}{\text{需求率}}$$

式中,需求率指单位时间内的需求量。

(3) 库存周转率/库存周转次数。库存周转率是指一定期间库存周转的次数。该指标反映库存周转的快慢。计算公式如下:

$$\text{库存周转率}=\frac{\text{一定期间的出库总金额}}{\text{该期间的平均库存金额}}=\frac{\text{一定期间的出库总金额}\times 2}{\text{期初库存金额}+\text{期末库存金额}}$$

库存周转率没有绝对的评价标准,通常是通过与行业内其他企业的比较,或者是通过与企业内部其他期间的比较来反映库存周转的快慢。

(4) 库存周转期/库存周转天数。与库存周转率相对应的另外一个指标是库存周转天数。它是指存货从入库起至出库止所经历的时间(天数)。库存周转期越短,说明库存周转越快,相应地,存货变现的速度也越快。计算公式如下:

$$\text{库存周转天数}=\frac{\text{一定期间(天数)}}{\text{库存周转次数}}$$

例如,年库存周转天数=360/年库存周转次数,月库存周转天数=30/月库存周转次数。

提高库存周转率对加快资金周转,提高资金利用率和存货的变现能力具有积极的作用。企业可以通过重点控制耗用金额高的物品、及时处理过剩物料、合理确定进货批量和削减滞销存货等方式来提高库存周转率。但是库存周转率过高将可能发生缺货现象,并且由于采购次数增加会使采购费用上升。

4. 库存管理方法

要对库存进行有效的管理和控制,首先要对库存进行分类。常见的库存分类方法有 ABC 分类法和 CVA 管理法。

(1) ABC 分类法。ABC 分类法(ABC classification)是指“将库存物品按照设定的分类标准和要求分为特别重要的库存(A 类)、一般重要的库存(B 类)和不重要的库存(C 类)三个等级,然后针对不同等级分别进行控制的管理方法”(GB/T 18354—2021)。ABC 分类法一般也称 ABC 分类管理法、ABC 分析方法或重点管理法,其核心思想是“抓住重点,分清主次”,以收到事半功倍的效果。

80/20 原则的由来

1879 年,意大利经济学家帕累托提出,80%的社会财富掌握在 20%的人手中,而其余 80%的人只拥有 20%的社会财富。这种“关键的少数和次要的多数”的理论逐渐被广泛应用到社会学和经济学中,并被称为帕累托原则,即 80/20 原则。

ABC 分类法的由来

1951 年,美国通用电气公司的迪克在对公司的库存产品进行分类时,首次提出根据产品销量、现金流量、前置时间或缺货成本将产品分为 A、B、C 三类:A 类库存为重要的产品、B 类库存为次重要的产品、C 类库存为不重要的产品。

① 库存分类与管理策略。ABC 分类管理法实际上是 80/20 原则在物流管理中的运用。一般来说,库存与资金占用之间存在这种规律:即少数库存物品价值昂贵,占用大部分的库存资金;相反,大多数库存物品价格便宜,仅占用很小部分的库存资金。因此,可根据库存种类数量及所占用资金比重之间的关系,将库存分为 A、B、C 三类,并根据其特点分别采取不同的管理方法。

通常,企业将库存物品按照年度货币占用量分为三类,如表 5-5 所示。

表 5-5 库存 ABC 分类

库存类别	分类标准	
	库存物品价值占企业年度库存总金额的百分比/%	库存品种数占库存品种总数的百分比/%
A	70～80	＜20
B	15～20	20～30
C	5～10	＞50

一般来说,A 类物品的库存品种数不超过库存品种总数的 20%,而其价值占企业年度库存总金额的百分比高达 70%以上;B 类物品的库存品种数不超过库存品种总数的 30%,其库存金额所占的百分比一般也不超过 20%;而 C 类物品的库存品种数占比通常超过 50%,而其库存价值占比一般不超过 10%。

对上述不同类别的货物应采取不同的管理策略,如表 5-6 所示。

其中,A 类物品属重点库存控制对象,要求库存记录准确,严格按照物品的盘点周期进行盘点,检查其数量与质量状况,并要制定不定期检查制度,密切监控该类物品的使用与保管情况。另外,A 类物品还应尽量降低库存量,采取合理的订货周期与订货量,杜绝浪费与呆滞库存。C 类物品无须进行太多的管理投入,库存记录可以允许适当的偏差,盘点周期也可以适当地延长。B 类物品介于 A 类与 B 类物品之间,使用、保管与控制的程度也介于其间。

表 5-6　不同类别库存物品的管理策略

管理策略	库存类别		
	A	B	C
控制程度	严格控制	一般控制	简单控制
库存量计算	依库存模型详细计算	一般计算	简单计算或不计算
进出记录	详细记录	一般记录	简单记录
存货检查频度	密集	一般	很低
安全库存量	较低	较高	高

关于 ABC 分类的使用有两点需要说明。

关于分类标准。除了可以按照库存物品价值来划分外，在实务中，企业还可以按照销量、销售额、订货提前期、缺货成本等指标进行分类，其实质是按照对企业的重要度来分类。

关于类别数量。ABC 分类法并不局限于将库存物品分为三类，类别数量可以增加。但实践经验表明，一般最多不要超过五类，否则，过多的类别反而会增加控制成本。

② ABC 分类法的实施步骤如下。

a. 收集数据。首先要收集有关库存物品的年度总需求量、单价及重要度的信息。

b. 处理数据。计算出各种库存物品的年度耗用总金额（年度耗用总金额＝年度总需求量×单价）。

c. 编制 ABC 分析表。根据已计算出的各种库存物品的年度耗用总金额，把库存物品按照年度耗用总金额从大到小进行排列，并计算累计百分比。

d. 确定分类。根据已计算出的年度耗用总金额的累计百分比，按照 ABC 分类法的基本原理，对库存物品进行分类。

e. 绘制 ABC 分析图。把上述的分类结果，在曲线图上表现出来。

【例 5-1】　某企业全部库存商品按照 SKU[5] 统计共计 3 424 种。库存管理人员按照每个品项年度销售额从大到小的顺序将其排列成七个档次，并统计了每个档次的品种数量和销售额（见表 5-7）。请运用 ABC 分析法确定库存商品的分类并绘制 ABC 分析图。

解：库存商品的 ABC 分析一般包括收集数据、统计汇总、编制 ABC 分析表、确定 ABC 分类、绘制 ABC 分析图等几个步骤。

第一步：收集数据并进行统计。按照每个品项年度销售额从大到小的顺序将其排列成七个档次，如表 5-7 所示。

表 5-7　根据年度销售额统计的品种数量和销售额

每档商品的年度销售额 X/万元	品种数	销售额/万元
$X>6$	260	5 800
$5<X\leqslant 6$	68	500
$4<X\leqslant 5$	55	250
$3<X\leqslant 4$	95	340
$2<X\leqslant 3$	170	420
$1<X\leqslant 2$	352	410
$X\leqslant 1$	2 424	670

第二步:统计汇总。根据表5-7的数据计算并编制库存商品分类汇总表,见表5-8。

表5-8 库存商品分类汇总表

每档商品的年度销售额X/万元(1)	品种数(2)	占全部品种数的百分比/%(3)	品种数累计(4)	占全部品种数的累计百分比/%(5)	销售额/万元(6)	占年度销售总额的百分比/%(7)	销售额累计/万元(8)	占销售总额的累计百分比/%(9)
X>6	260	7.59	260	7.59	5 800	69.13	5 800	69.13
5<X≤6	68	1.99	328	9.58	500	5.96	6 300	75.09
4<X≤5	55	1.61	383	11.19	250	2.98	6 550	78.07
3<X≤4	95	2.78	478	13.97	340	4.05	6 890	82.12
2<X≤3	170	4.96	648	18.93	420	5.01	7 310	87.13
1<X≤2	352	10.28	1 000	29.21	410	4.89	7 720	92.02
X≤1	2 424	70.79	3 424	100.00	670	7.99	8 390	100.00
合计	3 424	100			8 390	100		

第三步:根据ABC分类标准(年度销售额及品种数)绘制ABC分析表,见表5-9。

表5-9 库存商品的ABC分析表

分类	品种数	占全部品种数的百分比/%	占全部品种数的累计百分比/%	销售额/万元	占销售总额的百分比/%	占销售总额的累计百分比/%
A	260	7.6	7.6	5 800	69.1	69.1
B	740	21.6	29.2	1 920	22.9	92.0
C	2 424	70.8	100.0	670	8.0	100.0

分类结果如下:X>6为A类;1<X≤6为B类,X≤1为C类。

第四步:根据ABC分析表绘制ABC分析图,如图5-13所示。

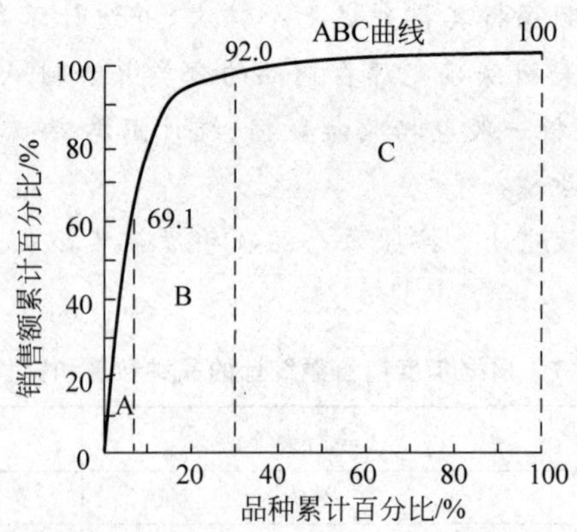

图5-13 库存商品的ABC分析图

(2) CVA管理法。尽管ABC分类法在库存管理实践中取得了一定的成效,例如,使企业库存总量降低,库存资金占用减少,库存结构得以优化,管理资源得到节约等,但ABC分类管理法也有不足,通常表现为C类物质得不到应有的重视,而C类物质往往也会导致整个装配线的停工。为此,人们开发出了关键因素分析法(critical value analysis,CVA),并在一些企业中成功应用。

该法把库存物品按照关键性分为3～5类,分别给予不同的优先级,并采取不同的管理策略,如表5-10所示。

表5-10 CVA管理法库存种类及管理策略

库存类型	特点	管理策略
最高优先级	经营管理中的关键物品,或A类客户的存货	不允许缺货
较高优先级	生产经营中的基础性物品,或B类客户的存货	允许偶尔缺货
中等优先级	生产经营中较重要的物品,或C类客户的存货	允许在合理范围内缺货
较低优先级	生产经营中需要但可替代的物品	允许缺货

CVA管理法比ABC分类管理法有更强的目的性。但在使用时要注意,人们往往倾向于制定较高的优先级,结果高优先级的物资种类很多,最终哪种物资也得不到应有的重视。在实务中,将上述两种方法结合使用,可以达到分清主次、抓住关键环节的目的。在对成千上万种物质进行优先级分类时,也不得不借助ABC分类法进行归类。

5. "零库存"管理

(1) 基本概念。"零库存"是一种特殊的库存概念,"零库存"并不是不要储备和没有储备。所谓的"零库存",是指物料(包括原材料、半成品和产成品等)在采购、生产、销售、配送等一个或几个经营环节中,不以仓库存储的形式存在,而均处于周转的状态。换言之,"零库存"并非指以仓库储存形式的某种或某些物品的储存数量真正为零,而是通过实施特定的库存控制策略,实现库存量的最小化。所以"零库存"管理的内涵是以仓库储存形式的某些物品数量为"零",即不保存经常性库存,它是在物资有充分社会储备保证的前提下,所采取的一种特殊供给方式。

(2) "零库存"管理的意义。实现"零库存"管理的目的是减少库存资金占用量,减少仓储设施设备的资金占用量,减少劳动消耗量,提高物流运营的经济效益。如果把"零库存"仅仅看成仓库中存储物的数量减少而忽视其他物质要素的变化,上述目的就很难实现。因为在库存结构、库存布局不尽合理的状况下,即使某些企业的库存货物数量趋于零或等于零,但是,从全社会来看,由于仓储设施的重复设置,用于仓库投资和维护的资金占用量并没有减少。因此,从物流运营合理化的角度来说,"零库存"管理应当包含以下两层意义:一是库存货物的数量趋于零或等于零;二是库存设施、设备的数量及库存劳动耗费同时趋于零或等于零。后者实际上是社会库存结构的合理调整和库存集中化的表现。

(3) "零库存"管理的实现方式。"零库存"管理可以通过实施准时制库存、供应商管理库存以及寄销库存等方式来实现。

VMI的概念与内涵

VMI的运作模式

VMI成功实施的条件

摩托罗拉公司的库存管理模式

① 准时制(just in time,JIT)库存。即维持系统完整运行所需的最小库存。有了准时制库存,所需的商品就能按时按量到位,分秒不差。

② 供应商管理库存(vendor managed inventory,VMI)。它是指"按照双方达成的协议,

由供应链的上游企业根据下游企业的需求计划、销售信息和库存量,主动对下游企业的库存进行管理和控制的库存管理方式”(GB/T 18354—2021)。

摩托罗拉公司的库存管理模式

摩托罗拉公司位于天津港保税区的原料库采用全球先进的供应商 HUB 系统管理模式,大约有 30 家零部件供应商在摩托罗拉公司天津工厂周边地区设有工厂或仓库。摩托罗拉公司每天将原材料、零部件的需求计划提供给这些供应商,供应商根据摩托罗拉公司的需求计划管理库存,并且每天安排 4 次送货,使摩托罗拉公司真正实现了 JIT 生产。

③ 寄销库存。这是企业实现“零库存资金占用”的一种有效方式,即供应商将产品直接存放在用户的仓库里,并拥有对库存商品的所有权,用户只在领用这些产品后才与供应商进行货款结算。显然,采用这种方式,供需双方可实现“双赢”。

5.4.5 库存控制技术

库存控制即存货控制(inventory control),是指“使库存物品的种类、数量、时间、地点等合理化所进行的管理活动”(GB/T 18354—2021)。

下面分独立需求库存控制与相关需求库存控制两种情况来讨论。

1. 独立需求库存控制

独立需求是来自企业外部市场的需求。人们对独立需求物品的需求量之间没有直接的联系,也就是说没有量的传递关系。对于这类库存物品的控制,主要是确定订货点、订货量以及订货周期等参数。常见的订货方式有定量订货制[6] 和定期订货制[7]。一般采用订货点法确定何时订货,采用经济订货批量法确定每次订货的最佳批量,然后向供应商发出订货单。

独立需求物品的库存控制模型一般分定量库存控制模型和定期库存控制模型两种。

库存控制模型

定量订货法的要旨

某零售企业的库存管理模式

(1) 定量库存控制模型。定量库存控制也称订货点控制,这种订货方法也称定量订货法。该模型是在下述前提条件下建立的:①订货批量固定;②订货提前期固定;③采购物品的价格稳定;④采购物品的需求稳定。

定量库存控制方法具有两个基本特点,一是“双定”,即订货点和订货批量都是固定的;二是“定量不定期”。由于存货的消耗是不均衡的,因此,若每次订购的货物批量都相同,则订货间隔期往往不同。按照该模型进行库存控制,就需要连续不断地检查库存量,当库存下降到订货点时,按照固定的订货数量向供应商订货(见图 5-14)。因此,该模型也称连续检查库存控制模型。

显然,按该模型进行库存控制必须确定两个参数:补充库存的订货点(有时也称报警点)和订货批量。

① 订货点的确定。订货点即订购点,也称再订货点或再订购点,是指当库存物品的数量下降到必须再次订货的时点时,仓库所拥有的库存量。

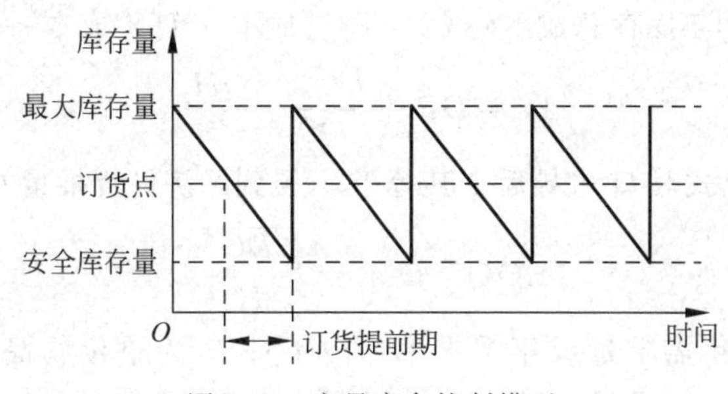

图 5-14　定量库存控制模型

订货点的计算公式为

$$订货点=日平均消耗量\times订货提前期+安全库存量$$

订货点的计算方法

即

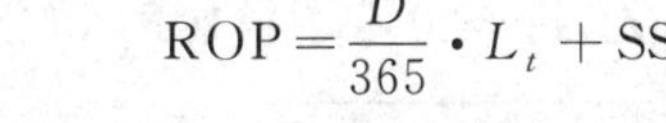

$$\mathrm{ROP}=\frac{D}{365}\cdot L_t+\mathrm{SS}$$

式中，ROP 为(再)订货点；D 为库存物品的年需求量或年需求率(件/年)；L_t 为订货提前期(天)；SS 为安全库存量(件)。

需要说明的是，安全库存量(SS)的设定，要考虑库存物品的需求特性及订货提前期等因素。可根据客户的重要程度、产品特性手工设置安全系数(安全系数与库存服务水平有关)。

对于定量订货法，安全库存量可以根据需求量变化、提前期固定，提前期变化、需求量固定，或者需求量和提前期同时变化三种情况，分别通过计算来确定。

安全库存的设置应考虑的因素

定量库存控制法中安全库存量的计算方法

② 订货批量的确定。定量库存控制模型中的订货批量是指经济订货批量。经济订货批量(economic order quantity，EOQ)是指“通过平衡采购进货成本和保管仓储成本核算，以实现总库存成本最低的最佳订货量”(GB/T 18354—2021)，如图 5-15 所示。

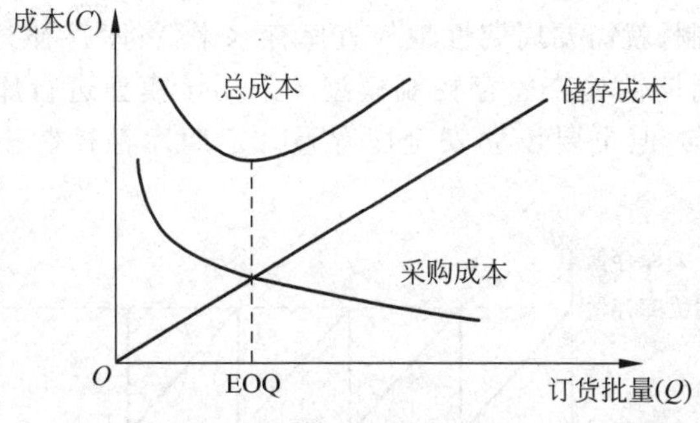

图 5-15　经济订货批量模型

理想的经济订货批量是指不考虑缺货，也不考虑数量折扣及其他问题的经济订货批量。在不允许缺货，也没有数量折扣等因素影响的情况下，

库存物品的年库存总成本(TC)＝购进成本＋订购成本＋储存成本

即
$$\mathrm{TC}=DP+\frac{DC_r}{Q}+\frac{QH}{2}$$

若使 TC 最小,将上式对 Q 求导后令其等于 0,得到经济订货批量 Q^* 的计算公式:

$$\mathrm{EOQ}=Q^*=\sqrt{\frac{2DC_r}{H}}$$

式中,D 为库存物品的年需求量或年需求率(件/年); P 为单位物品的购进成本(元/件); C_r 为一次订购费用(元/次); H 为存储单元(SKU)的储存费率(元/件·年)。

【例 5-2】 A 公司对 B 物品的年需求量为 1 200 单位,单价为 10 元/单位,单位物品年平均储存成本为单位物品单价的 20%,每次订购成本为 300 元。求经济订货批量和库存总成本。

解: $D=1\,200$ 单位,$P=10$ 元,$C_r=300$ 元,$H=20\%$,$P=10\times20\%=2$(元)。

$$\mathrm{EOQ}=Q^*=\sqrt{\frac{2DC_r}{H}}=\sqrt{\frac{2\times1\,200\times300}{10\times20\%}}=600(\text{单位})$$

$$\text{库存总成本 TC}=DP+\frac{DC_r}{Q}+\frac{QH}{2}$$
$$=1\,200\times10+\frac{1\,200\times300}{600}+\frac{600\times10\times20\%}{2}$$
$$=13\,200(\text{元})$$

即在每次订购数量为 600 单位时,库存总费用最小,为 13 200 元。

定量库存控制法的适用范围

③ 定量库存控制法的适用范围。订货点法主要适用于需求量大、需求波动性大、缺货损失较大的库存物品的控制。具体而言,主要适用以下物品。

a. 消费金额高、需要实施严格管理的重要物品;

b. 根据市场的状况和经营方针,需要经常调整生产或采购数量的物品;

c. 需求预测困难的物品等。

周期性检查库存控制方法(定期订货法)

(2) 定期库存控制模型。定期库存控制也称固定订购周期控制,以这种方式进行订货的方法称定期订货法。采用该法控制库存也具有两个基本特点,一是“双定”,即预先确定订货周期和最大库存水平;二是“定期不定量”。由于存货的消耗不均衡,若订货间隔期相同,则每次订货的数量往往不同。按照该模型进行库存控制,就需要周期性地检查库存水平,将库存补充到最大。因此,该模型也称周期性检查库存控制模型。采用该模型进行库存控制,不存在固定的订货点,但也要设立安全库存量。定期库存控制模型如图 5-16 所示。

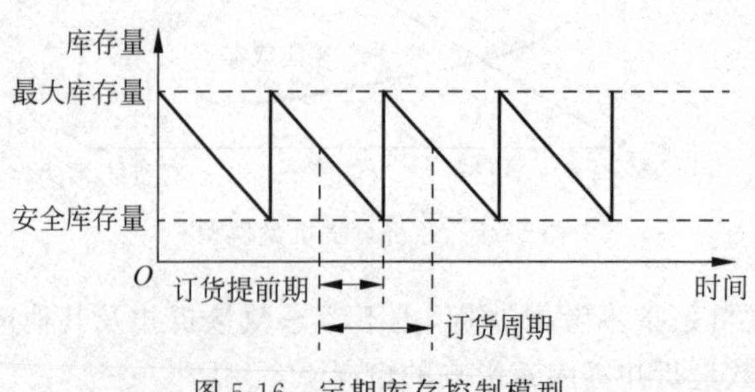

图 5-16 定期库存控制模型

显然，按照该模型进行库存控制必须确定三个参数：订货周期、最大库存量及订货量。

① 订货周期的确定。订货周期即订货间隔期[8]，是指相邻两次订货的时间间隔。一般按照经济订货周期求解。所谓经济订货周期(economic order interval,EOI)，是指通过平衡采购进货成本和保管仓储成本核算，以实现总库存成本最低的最佳订货周期。

订货周期的计算公式为

$$\text{EOI}=T^*=\sqrt{\frac{2C_r}{HD}}$$

式中，C_r 为一次订货费用(元/次)；H 为存储单元(SKU)的储存费率(元/件·年)；D 为库存物品的年需求量或年需求率(件/年)。

② 最大库存量的确定。最大库存量一般是通过对库存物品需求的预测来确定的，应该满足订货周期(订货间隔期)、订货提前期和安全库存量三方面的要求，计算公式为

$$Q_{\max}=\bar{R}_d(T+\bar{L}_t)+\text{SS}$$

式中，$Q_{\max}$ 为最大库存量(件)；$\bar{R}_d$ 为$(T+\bar{L}_t)$期间对库存物品的平均日需求量(件/天)；T 为订货间隔期(天)；$\bar{L}_t$ 为平均订货提前期(天)；SS 为安全库存量(件)。

对于定期订货法，安全库存量的设定及计算方法与定量订货法类似，但要注意，该法与定量订货法的区别是，需要在订货周期(订货间隔期)内备有一定的安全库存。

③ 订货量的确定。订货量即库存补充量，计算公式为

$$Q_i=Q_{\max}-Q_{Ni}-Q_{Ki}+Q_{Mi}$$

式中，Q_i 为第 i 次订货的订货量(件)；$Q_{\max}$ 为最大库存量(件)；Q_{Ni} 为第 i 次订货时的在途库存量(件)；Q_{Ki} 为第 i 次订货时的实际库存量(件)；Q_{Mi} 为第 i 次订货时已售待出库的货物数量(件)。

【例 5-3】 某商业企业的 X 型彩电年销售量为 10 000 台，订货费用为 100 元/次，每台彩电年平均储存成本为 10 元/台，订货提前期为 7 天，订货间隔期为 15 天，其间，平均每天的销售量为 25 台，安全库存量为 100 台。求经济订货周期和最大库存量。

解：已知 $D=10\,000$ 台，$C_r=100$ 元/次，$H=10$ 元/台，$L_t=7$ 天，$T=15$ 天，$\bar{R}_d=25$ 台/天，SS=100 台，则

$$\text{EOI}=T^*=\sqrt{\frac{2C_r}{HD}}=\sqrt{\frac{2\times100}{10\times10\,000}}=0.047\,2(\text{年})$$

$$Q_{\max}=\bar{R}_d(T+\bar{L}_t)+\text{SS}=25\times(15+7)+100=650(\text{台})$$

即经济订货周期为 0.047 2 年(约 18 天)，最大库存量为 650 台。

④ 定期库存控制方法的适用范围。定期库存控制方法可以简化库存控制的工作量，但由于库存消耗的不均衡，缺货风险高于定量库存控制方法，因此该法主要适用于需求较稳定或需求量不大、缺货损失较小的库存物品的控制。具体而言，主要适用以下物品。

a. 单价较低，不便于少量订购的货物，如螺栓、螺母等；

b. 需求量变动幅度大，但变动有周期性、可以正确判断的物品；

c. 品种数量繁多、库房管理事务量较大的物品；

d. 通用性强、需求总量比较稳定的产品等；

e. 受交易习惯的影响，需要定期采购的物品；

f. 消费量计算复杂的产品；

g. 联合采购可以节省运输费用的商品；

h. 同一品种物品分散保管、同一品种物品向多家供货商订购、批量订购分期入库等订购、保管和入库不规则的物品；

i. 建筑工程、出口等时间可以确定的物品；

j. 定期制造的物品等。

(3) 库存补给策略。在定量订货和定期订货库存控制模型的基础上，产生了一系列库存补给策略，最基本的有以下四种。

综合库存控制策略

① (Q,R)策略。即连续检查、固定订货点(R)和订货量(Q)的库存补给策略。该策略适用于需求量大、缺货成本较高、需求波动性很大的库存物品的补给。

② (R,S)策略。即连续检查、固定订货点(R)和最大库存量(S)的库存补给策略。该策略和(Q,R)策略的不同之处在于其订货量是根据实际库存水平而定，因而是可变的。(R,S)策略的适用条件与(Q,R)策略相似。

③ (T,S)策略。即周期性检查(固定检查周期 T)、固定最大库存量(S)的库存补给策略。该策略适用于一些不很重要或使用量不大的库存物品的补给。

相关需求库存的控制方法

④ (T,R,S)策略。该策略是(T,S)策略和(R,S)策略的综合。其特点是 T、R、S 三个参数都是固定的。在实施该策略时，每隔一段时间(T)检查一次库存，若库存量低于或等于订货点(R)，则发出补货通知单，补货量(Q)等于最大库存量(S)与检查时的库存量(I)之差；若库存量还未下降到订货点(R)，则无须补货。

2. 相关需求库存控制

以上策略适用于独立性需求环境下的库存控制系统，它是以经常性地补充库存并维持一定的库存水平为特征的。连续检查和定期检查就是这种系统的两种基本控制策略。对于相关需求的库存控制系统有 MRP 和 JIT 系统，参见本书项目 3，在此不再赘述。

5.5 物流成本管理[9]

物流成本占企业经营成本的比重很大，物流成本的高低直接关系到企业竞争力的强弱，因而物流成本管理已成为企业物流管理的一个核心内容，而降低物流成本则成为物流管理的首要任务。

5.5.1 物流成本的概念与内涵

物流成本(logistics cost)是指"物流活动中所消耗的物化劳动和活劳动的货币表现"(GB/T 18354—2021)。物流成本是物品在物流活动中所支出的人力、物力和财力的总和，包括物品在实物运动(如运输、包装、装卸搬运、配送、流通加工等)过程中所发生的费用，以及从事这些活动所必需的设施设备费用；完成物流信息处理所发生的费用及相应的设施设备费用；对上述活动进行综合管理所发生的费用。简言之，物流成本是完成物流活动的全部成本和费用。

从物流成本管理的角度，可将物流成本分为社会物流成本、货主企业(工商企业)的物流成本及物流企业的物流成本三种类型。其中，社会物流成本也称宏观物流成本，它是一个国家在一定时期内发生的物流总成本，是不同性质的企业物流成本(微观物流成本)之和。[10] 通常用物流成本占 GDP 的比重来衡量一个国家物流管理水平的高低。国家和地方政府可以通过制定物流相关政策、进行区域物流规划、建设物流园区等举措来推动物流产业的发展，从而降低宏观物流成本。

可以认为，制造企业物流是物流业发展的原动力，而商业企业是连接工业企业和最终用户的桥梁与纽带，工商企业是物流服务的需求主体。故一般所说的物流成本主要是指货主企业的物流成本，商业企业的物流活动可以看成工业企业物流活动的延伸，而物流企业主要为工商企业提供物流服务。因此，物流企业的物流成本是货主企业物流成本的转移，是货主企业物流成本的组成部分。社会宏观物流成本则是货主企业物流成本的综合。

5.5.2 物流成本管理

1. 物流成本管理的意义

无论采用何种物流技术与管理模式，最终目的都是实现物流合理化，即通过对物流系统目标、物流设施设备及物流活动组织等进行调整与改善，实现物流系统的整体优化，而最终的目标都是要在保证一定物流服务水平的前提下实现物流成本的降低。可以说，整个物流管理的发展过程就是不断追求物流成本降低的过程。

物流成本管理是物流管理的重要内容，而降低物流成本与提高物流服务水平则构成物流管理最基本的课题。物流成本管理的意义在于，通过对物流成本的有效把握，利用物流要素之间的效益背反关系，科学、合理地组织物流活动，加强对物流活动过程中费用支出的有效控制，降低物流活动中的物化劳动和活劳动的消耗，从而达到降低物流总成本、提高企业和社会经济效益的目的。

从微观的角度看，降低物流成本给企业带来的经济效益主要体现在以下两个方面。

(1) 由于物流成本在企业产品成本中占有很大的比重，在其他条件不变的情况下，降低物流成本意味着产品的边际利润增加，企业的获利能力增强，总利润增加。

(2) 物流成本的降低，意味着企业产品的价格竞争力增强，企业可以利用相对低廉的价格在市场上出售自己的产品，从而提高产品的市场竞争力，扩大销量，获得更多的利润。

从宏观的角度讲，降低物流成本给行业和社会带来的经济效益主要体现在以下三个方面。

(1) 如果全行业的物流效率普遍提高，平均物流费用降低到一个新的水平，将会增强该行业在国际上的竞争力。而对于一个地区性的行业来说，则可提高其在全国市场的竞争力。

(2) 全行业物流成本的普遍下降，将会对产品价格产生一定的影响，导致物价降低，这有利于刺激消费，提高国民的购买力。

(3) 对于全社会而言，物流成本的降低，意味着创造同等数量的财富，在物流领域所消耗的物化劳动和活劳动得到节约。这样就实现了以尽可能少的资源投入，创造出尽可能多的物质财富，达到了节约资源的目的。

2. 物流成本管理相关理论

(1)"物流成本冰山"说。这一理论是由日本早稻田大学的西泽修教授提出的。西泽修教授认为，人们对物流成本的全貌并不知晓，如果把物流成本比喻成一座冰山，大家看到的只是露出海面的冰山一角，而大部分冰山却被海水淹没，这才是物流成本的主体部分。他指出，企业在计算盈亏时，"销售费用和管理费用"项目所列支的"运费"和"保管费"的现金金额，一般只包括企业支付给其他企业的运费和仓储保管费，而这些外付物流费用不过是企业整个物流费用的"冰山一角"，如图5-17所示。

一般情况下，在企业的财务统计数据中，我们只能看到支付给外部运输企业和仓储企业的委托物流费用，而实际上，这些委托物流费用在整个企业的物流费用中确实犹如冰山一角。因

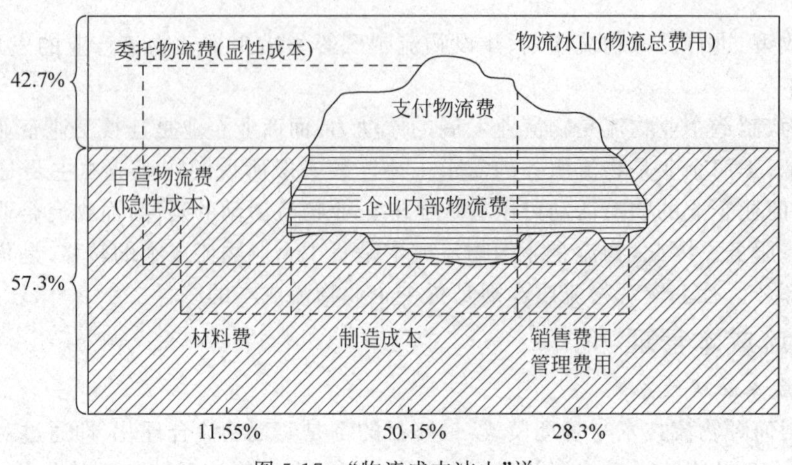

图 5-17 “物流成本冰山”说

为物流基础设施设备的折旧费、企业利用自己的车辆运输、利用自己的仓库保管货物、由自己的工人进行包装和装卸等自营物流费用都计入了原材料、生产成本(制造费用)、管理费用和销售费用等科目中。一般来说,企业向外部支付的委托物流费用是很小的一部分,而发生在企业内部的自营物流费用才是企业物流成本的主要部分。从现代物流管理的需求来看,当前的会计科目设置使企业管理者难以准确把握物流成本的全貌。美国、日本等国家的实践表明,企业实际物流成本的支出往往要超过企业外付物流成本额的 5 倍以上。

“物流成本冰山”说之所以成立,除了会计核算制度本身没有设立专门的物流成本科目外,还有以下三方面的原因。

① 物流成本的计算范围太大。包括供应物流、生产物流、销售物流、逆向物流与废弃物物流。物流活动范围广,涉及的主体多,很容易漏掉其中的某一部分,结果会导致物流费用的计算结果差别很大。

② 运输、保管、包装、装卸及物流信息处理等各物流环节活动中,哪些应该作为物流成本的计算对象问题。如果只计运费和保管费,与运输、保管、包装、装卸及物流信息处理等全部费用都计入相比,计算结果的差别也会很大。

③ 选择哪几种成本科目列入物流成本计算的问题。比如,向外部支付的运输费、保管费、装卸费等一般都容易列入物流成本,但本企业内部发生的物流费用,例如,与物流相关的人工费、物流设施建设费、设备购置费,以及折旧费、维修费、电费、燃料费等是否也列入物流成本,这些都与物流费用的大小直接相关。

综上所述,物流成本确实犹如大海里的一座冰山,露出海面的仅是冰山一角。

汽车行业的“物流冰山”现象

近年来,我国汽车行业的竞争越来越激烈,汽车制造商降低成本已迫在眉睫。汽车制造商的成本主要包括生产、销售、物流和管理等成本及费用,而物流则主要包括整车物流和零部件物流。有数据显示,欧美汽车制造商的物流成本占销售额的比例约为 8%,日本汽车厂商的这一比例甚至可以达到 5%,而中国汽车生产企业的这一数字普遍在 15%以上。中国汽车制造商的“物流冰山”现象已经显现。如果中国汽车制造商能达到欧美企业的物流配送水平,仅零部件售后物流服务一项就可以节省近千万元。中国汽车制造商必须加强物流管理,降低物流成本,获取“第三利润源”。

（2）“第三利润源”说。西泽修教授于 1970 年所写的《流通费用》一书中继续指出，利用劳动对象和劳动者提高生产效率、创造利润，分别是企业的“第一利润源”和“第二利润源”。在“第一利润源”和“第二利润源”可利用空间越来越小的情况下，物流成为企业增加利润的“第三利润源”。显然，“第三利润源”说揭示了现代物流的本质，使物流能在战略和管理上统筹企业生产、经营的全过程，并推动现代物流的发展。

（3）“黑大陆”说。1962 年，“现代管理之父”彼得·德鲁克在《财富》杂志上发表的《经济的黑色大陆》一文中，把物流比作“一块未开垦的处女地”，强调应高度重视流通及流通过程的物流管理。他指出，“流通是经济领域的黑暗大陆”。虽然彼得·德鲁克在这里泛指的是流通，但由于流通领域中物流活动的模糊性特别突出，而该领域恰恰是人们尚未认识清楚的领域，所以“黑大陆”说主要是针对物流而言的。“黑大陆”说是一种未来学的研究结论，是战略分析的结论，带有较强的哲学抽象性，这一学说对于研究物流成本起到了启迪和动员作用。

（4）“成本中心”说。该学说认为，物流在整个企业战略中，只对企业营销活动的成本产生影响。物流是重要的企业成本的产生点，又是“降低成本的宝库”，因而解决物流的问题，并不只是要搞合理化、现代化，也不只是为了支持保障其他活动，重要的是通过物流管理和一系列物流活动降低成本。所以，成本中心既是指主要成本的产生点，又是指降低成本的关注点，物流是“降低成本的宝库”等说法正是这种认识的形象表述。

（5）物流成本“交替损益”观。在物流管理中，要使任何一个要素增益，必将对其他要素产生减损的作用，这就是物流成本的“交替损益”，也称“效益背反”或“二律背反”。该规律主要体现在物流成本与物流服务水平之间以及各物流功能要素之间。

物流管理的核心问题是如何实现在降低物流成本的同时，提高客户服务水平。而物流服务水平的提高必然以提高物流成本为代价。在技术没有很大进步的情况下，企业很难做到在提高物流服务水平的同时又降低物流成本。因此，需要在物流成本与物流服务水平之间进行权衡。

物流成本与物流服务水平之间是一种此消彼长的关系，两者间的关系适用于收益递减规律。如图 5-18 所示，物流服务水平与物流成本之间并非呈线性关系。在物流服务水平较低的阶段，如果增加 a 个单位的成本，则物流服务水平将提高 b 个单位；而在物流服务水平较高的阶段，同样增加 a 个单位的成本，则物流服务水平仅提高 c 个单位，且 $c<b$。若无限度地提高物流服务水平，则会导致物流成本迅速上升，而物流服务水平并没有同步增长，甚至可能会出现下降的趋势。从理论上讲，企业可以在保持一定的物流成本的情况下，提高物流服务水平；或者在保持一定的物流服务水平的情况下，降低物流成本。当然，在具体运作时还必须考虑客户的需求以及竞争对手的反应。因此，有效物流管理的目标，就是要在保持客户要求的物流服务水平的同时，使物流成本达到最低。

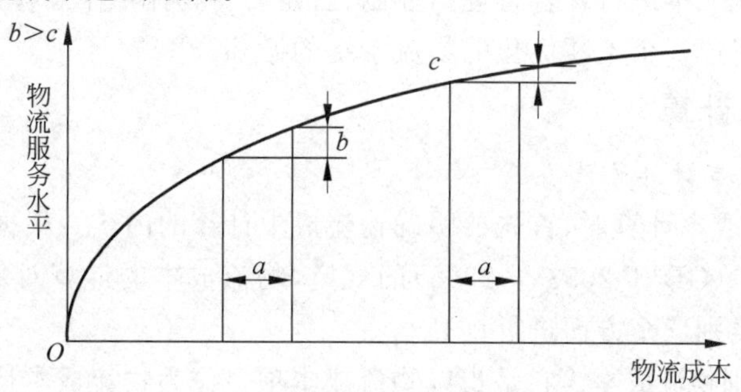

图 5-18　物流成本与物流服务水平的效益背反

3. 物流成本管理与控制系统

物流成本管理与控制系统主要由物流成本管理系统和物流成本日常控制系统两部分组成。

(1) 物流成本管理系统。物流成本管理系统是指在物流成本核算的基础上,运用专业的预测、计划、核算、分析和考核等经济管理方法进行物流成本的管理,具体包括物流成本预算管理、物流成本性态分析、物流责任成本管理及物流成本效益分析等。物流成本管理系统有三个层次,如图 5-19 所示。

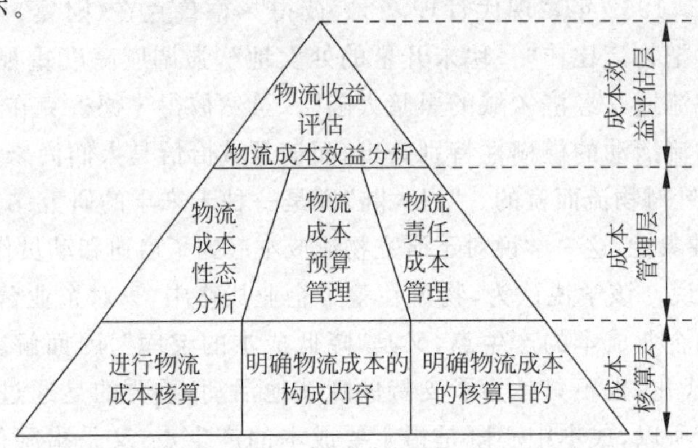

图 5-19 物流成本管理系统的层次结构与基本内容

需要说明的是,在进行物流成本核算时,首先要明确核算的目的,不能仅停留在会计核算层面,而要充分利用物流成本信息,服务于管理决策。其次要明确物流成本的构成内容,要将全部物流成本从原有的会计资料中分离出来。最后,进入具体的核算阶段,要将物流成本按照一定的标准进行分配与归集核算。比如,按产品、顾客、地域、物流功能或费用支付形式等进行归集,这些归集方法与目前的财务会计核算口径是一致的。或者按照作业成本法进行归集,则更加科学、有效。

(2) 物流成本日常控制系统。物流成本日常控制系统是指在物流运营过程中,通过物流技术的改善和物流管理水平的提高来降低和控制物流成本。具体的技术措施包括:提高物流服务的机械化、装箱化、托盘化水平;改善物流途径,缩短运输距离;扩大运输批量,减少运输次数,实施共同运输;维持合理库存,管好库存物质,减少物质损毁等。

物流成本控制是物流成本管理的中心环节。物流成本控制的对象有很多,在实际工作中,一般可以物流成本的形成阶段作为控制对象,也可以物流服务的不同功能作为控制对象,还可以物流成本的不同项目作为控制对象。这三种物流成本控制的形式并非独立的,彼此间存在相互作用与相互影响,如图 5-20 所示。

综上所述,对物流成本进行综合管理与控制,就是要将物流成本管理系统与物流成本日常控制系统结合起来,形成一个不断优化的物流系统的循环。

5.5.3 物流成本计算

1. 传统的物流成本计算方法

在进行企业物流成本计算时,首先要明确物流成本计算的内容。根据我国国家标准《企业物流成本构成与计算》(GB/T 20523—2006)的规定,物流成本的计算对象可以从成本项目类别、范围类别和形态类别三个方面进行计算。

(1) 成本项目类别物流成本。它是指以物流成本项目作为物流成本计算的对象,具体包括物流功能成本和存货相关成本。其中,物流功能成本是指在包装、运输、仓储、装卸搬运、流通加

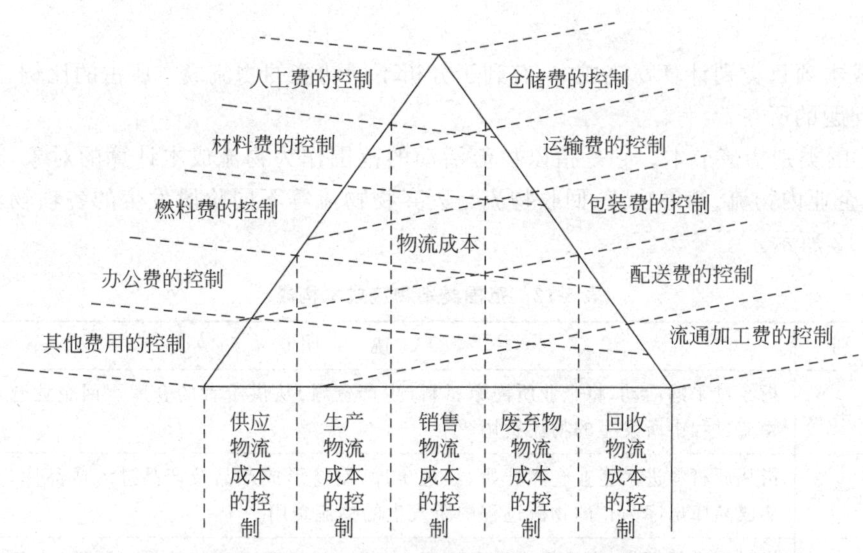

图5-20　物流成本日常控制系统的对象与基本内容

工、物流信息处理和物流管理过程中所发生的物流成本。而存货相关成本是指企业在物流活动过程中所发生的与存货有关的资金占用成本、物品损耗成本、保险和税收成本，如表5-11所示。

表5-11　成本项目类别物流成本构成

成本类别	成本项目		说　明
物流功能成本	物流运作成本	运输成本	指一定时期内，企业为完成货物运输业务而发生的全部费用，包括从事货物运输业务的人员费用、车辆(包括其他运输工具)的燃料费、折旧费、维修保养费、租赁费、养路费、过路费、年检费、事故损失费、相关税金等
		仓储成本	指一定时期内，企业为完成货物储存业务而发生的全部费用，包括仓储业务人员费用，仓储设施的折旧费、维修保养费、水电费、燃料与动力消耗等
		包装成本	指一定时期内，企业为完成货物包装业务而发生的全部费用，包括包装业务人员费用，包装材料消耗，包装设施折旧费、维修保养费，包装技术设计、实施费用，以及包装标志的设计、印刷等辅助费用
		装卸搬运成本	指一定时期内，企业为完成装卸搬运业务而发生的全部费用，包括装卸搬运业务人员费用，装卸搬运设施折旧费、维修保养费、燃料与动力消耗等
		流通加工成本	指一定时期内，企业为完成货物流通加工业务而发生的全部费用，包括流通加工业务人员费用，流通加工材料消耗，加工设施折旧费、维修保养费、燃料与动力消耗费等
	物流信息成本		指一定时期内，企业为采集、传输、处理物流信息而发生的全部费用，指与订货处理、储存管理、客户服务有关的费用，具体包括物流信息人员费用，软硬件折旧费、维护保养费，通信费等
	物流管理成本		指一定时期内，企业物流管理部门及物流作业现场所发生的管理费用，具体包括管理人员费用、差旅费、办公费、会议费等
存货相关成本	资金占用成本		指一定时期内，企业在物流活动过程中负债融资所发生的利息支出(显性成本)和占用内部资金所发生的机会成本(隐性成本)
	物品损耗成本		指一定时期内，企业在物流活动过程中所发生的物品跌价、损耗、毁损、盘亏等损失
	保险和税收成本		指一定时期内，企业支付的与存货相关的财产保险费及因购进和销售物品应缴纳的税金支出

采用成本项目类别计算物流成本,有利于分析不同功能的物流成本所占的比例,从而发现物流成本问题的所在。

(2) 范围类别物流成本。它是指以物流活动的范围作为物流成本计算的对象,具体包括供应物流、企业内物流、销售物流、回收物流与废弃物物流等不同阶段发生的各项物流成本支出,如表 5-12 所示。

表 5-12 范围类别物流成本构成

范围类别	说明
供应物流成本	指经过采购活动,将企业所需原材料(生产资料)从供给者的仓库运回企业仓库为止的物流过程中所发生的物流费用
企业内物流成本	指从原材料进入企业仓库开始,经过出库、制造形成产品及产品进入成品库,直到产品从成品库出库为止的物流过程中所发生的物流费用
销售物流成本	指为了进行销售,产品从成品仓库运出开始,经过流通环节的加工制造,直到运输至中间商的仓库或消费者手中的物流活动过程中所发生的物流费用
回收物流成本	指退货、返修物品和周转使用的包装容器等从需方返回供方的物流活动过程中所发生的物流费用
废弃物物流成本	指将经济活动中失去原有使用价值的物品,根据实际需要进行收集、分类、加工、包装、搬运、储存等,并分送到专门处理场所的物流活动过程中所发生的物流费用

采用范围类别计算物流成本,有利于分析物流活动各阶段的成本支出情况,比较适合生产企业。

(3) 形态类别物流成本。它是指以物流成本的支付形态作为物流成本计算的对象,具体包括委托物流成本和企业内部物流成本。其中,委托物流成本是货主企业支付给物流企业的物流服务费用,而企业内部物流成本的支付形态具体包括材料费、人工费、维护费、一般经费和特别经费,如表 5-13 所示。

表 5-13 形态类别物流成本构成

成本支付形态		说明
企业内部物流成本	材料费	包括资材费、工具费、器具费等
	人工费	包括工资、福利、奖金、津贴、补贴、住房公积金等
	维护费	包括土地、建筑物及各类物流设施设备的折旧费、维护维修费、租赁费、保险费、税金、燃料与动力消耗费等
	一般经费	包括办公费、差旅费、会议费、通信费、水电费、煤气费等
	特别经费	包括存货资金占用费、物品损耗费、存货保险费和税费
委托物流成本		指企业向外部物流机构所支付的各项费用

采用成本支付形态来计算物流成本,便于检查物流成本用于各项日常支出的数额和所占的比例,对比与分析各项成本水平的变化情况,比较适合生产企业和专业物流机构的物流成本管理。

事实上,物流企业的物流成本计算可以从成本项目和形态类别两个方面展开,如表 5-14 所示。

表 5-14　物流成本支付形态

编制单位：　　　　　　　　　　　　年　月　　　　　　　　　　　　单位：元

成本项目			内部支付形态					
			材料费	人工费	维护费	一般经费	特别经费	合计
物流功能成本	物流运作成本	运输成本						
		仓储成本						
		包装成本						
		装卸搬运成本						
		流通加工成本						
		小计						
	物流信息成本							
	物流管理成本							
	合计							
存货相关成本	资金占用成本							
	物品损耗成本							
	保险和税收成本							
	其他成本							
	合计							
物流成本合计								

2. 作业成本法

作业成本法(activity-based costing,ABC)是美国芝加哥大学的青年学者库伯和哈佛大学教授卡普兰于 1988 年提出的,目前被认为是确定和控制物流成本最有前途的方法。

(1) 作业成本法的概念与原理。作业成本法是一种新的物流成本计算方法,它是以成本动因理论为基础,通过对作业进行动态追踪,评价作业业绩和资源利用情况的方法。

作业成本法引入了许多新概念,图 5-21 显示了各概念之间的关系。资源按资源动因分配到作业或作业中心,作业成本按作业动因分配到产品。分配到作业的资源构成该作业的成本要素,多个成本要素构成作业成本池,多个作业构成作业中心。作业动因包括资源动因和成本动因,分别是将资源和作业成本进行分配的依据。

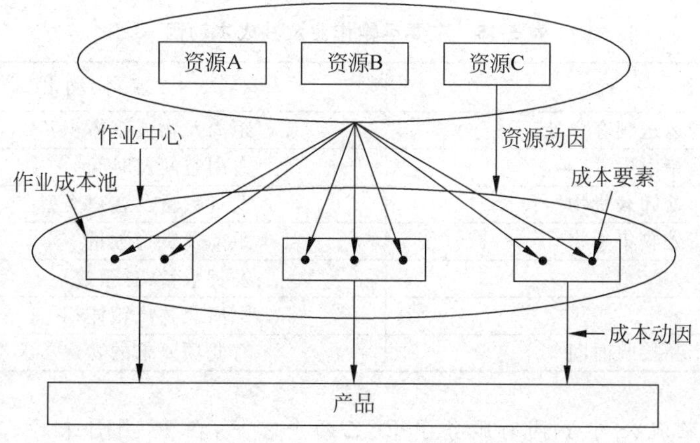

图 5-21　作业成本模型

作业成本法的基本原理是,产品消耗作业,作业消耗资源并导致成本的发生。作业成本法把成本核算深入作业层次,它以作业为单位收集成本,并把作业或作业成本池的成本按作业动因分配到产品。

作业成本法的提出有重要的意义。一方面,作业成本法根据不同的作业类型,利用多个成本动因进行核算,不仅能够准确提供产品或服务的成本,尤其是间接成本,而且有助于企业了解客户是如何影响其成本结构的。另一方面,作业成本法着眼于企业生产中的价值增值活动,在整个供应链管理过程中有助于去除无效成本,优化流程。

(2) 作业成本法在物流管理中的应用。通常将作业成本法在物流领域的应用称为物流作业成本法(logistics activity-based costing),它是指"以特定物流活动成本为核算对象,通过成本动因来确认和计算作业量,进而以作业量为基础分配间接费用的物流成本管理方法"(GB/T 18354—2021)。

物流作业成本分析的基本步骤如下。

① 确定企业物流系统中涉及的各项作业。作业是工作的基本单位,作业的类型和数量随企业的不同而不同。该步骤主要是确定企业作业中心,例如,一个退货处理部门就是一个作业中心,其作业包括产品回收、运输、拆卸、零件翻新再利用,以及材料再生等。

② 确认企业物流系统中涉及的资源。物流活动消耗的资源主要包括劳动力、设施设备及能源等,资源的界定建立在作业分类的基础上,与作业无关的资源不能计入成本核算的范围。

③ 确认资源动因,将资源分配到作业。作业决定着资源的耗用量,这种关系称作资源动因。在计算作业资源要素成本额时,应注意产品性质的不同会引起作业方式的不同,例如,药品适合独立小包装,大宗消费品适合整盘包装,包装方式的不同会进一步造成运输方式的不同。资源的耗费总是与一定的作业相关联,作业方式的不同会带来资源消耗的差异。

④ 确认成本动因,将作业成本分配到产品或服务中。成本动因反映了成本对象对作业消耗的逻辑关系。例如,问题最多的产品产生的客户服务电话最多,故按照电话数的多少(作业动因)把解决顾客问题的作业成本分配到相应的产品中。

在物流作业成本分析中,确定作业类别和成本动因是最核心的两个环节,企业根据自身的情况所做出的决定也各不相同。在这里,我们给出最基本的物流活动——运输所涉及的最一般的作业及成本动因,如表 5-15 所示。

表 5-15 主要运输作业及其成本动因

作业	成本动因
将货物运送到客户处	距离及物流箱体积
空包装箱回运	占用空间及时间
在客户处卸载货物	发货数量及客户类型
在发货处收集货物	距离及货物数量
分拣	发货数量(总箱数)
中转	距离及物流箱体积
预定产品接收时间	有此项要求的客户需求量

【例 5-4】 某物流公司 Y 同时服务于甲、乙两个客户,在 12 月月末时,其物流总成本、员工总工作时间和甲、乙两个客户的订单及其所占用的资源分别如表 5-16～表 5-18 所示。请用作业成本法计算该物流公司对甲、乙两个客户的实际服务成本。

表5-16 Y公司的物流总成本

支付形态	支付明细	相关成本(费用)/元
维护费	固定资产折旧	80 000
人工费	货物入库人员1人	3 000
	货物出库人员1人	3 000
	货物分类人员2人	4 000
	仓储管理人员3人	6 000
	货物验收人员3人	6 000
	单证处理人员3人	7 500
材料费	办公费	10 000
一般经费	水电费	5 000
合计		124 500

表5-17 Y公司员工的总工作时间

员工类别	总工作时间/(h/月)
货物入库人员	250
货物出库人员	250
货物分类人员	350
仓储管理人员	500
货物验收人员	500
单证处理人员	500

表5-18 甲、乙两个客户的订单及所占用的资源

项目	甲客户	乙客户
租赁仓库面积/m^2	10 000	6 000
月订单总数/笔	200	120
占用托盘总数/个	700	300
货物入库比例	0.625	0.375
货物出库比例	0.625	0.375
货物分类比例	0.625	0.375

解:(1) 确定作业内容。Y公司的物流作业包括订单处理、货物验收、货物入库、货物分类、货物出库及仓储管理六项作业。[11]

(2) 确定资源成本库(作业成本池)。资源的界定是在作业界定的基础上进行的,每项作业必定涉及相关的资源,与作业无关的资源应从物流成本核算中剔除。Y公司的资源成本库(作业成本池)如表5-19所示。

表5-19 Y公司的资源成本库(作业成本池) 单位:元

成本	作业					
	订单处理	货物验收	货物入库	货物分类	货物出库	仓储管理
人工费	7 500	6 000	3 000	4 000	3 000	6 000
折旧费	7 000	7 000	15 000	7 000	15 000	29 000
办公费	3 000	1 000	1 000	1 000	1 000	3 000
水电费	600	600	1 000	600	1 000	1 200
合计	18 100	14 600	20 000	12 600	20 000	39 200

(3) 确定作业动因。作业动因必须是可量化的,如人工工时、距离、时间、次数等。Y公司的作业动因如表5-20所示。

表5-20 Y公司的作业动因

作　业	作业动因
订单处理	订单数量
货物验收	托盘数量
货物入库	人工工时
货物分类	人工工时
货物出库	人工工时
仓储管理	租赁仓库面积

(4) 计算作业成本。首先计算作业分配系数,然后计算单项物流作业成本,最后求和,即得到甲、乙两个客户的实际物流服务成本。

根据公式:作业分配系数=作业成本÷作业量,可求得各项作业的作业分配系数,如表5-21所示。

表5-21 作业分配系数

作业	订单处理	货物验收	货物入库	货物分类	货物出库	仓储管理
作业成本(A)	18 100元	14 600元	20 000元	12 600元	20 000元	39 200元
作业量(B)	320 (订单数量)	1 000 (托盘数量)	250 (人工工时)	350 (人工工时)	250 (人工工时)	16 000 (租赁仓库面积)
作业分配系数(A/B)	56.6	14.6	80	36	80	2.45

根据公式:作业成本=作业分配系数×作业动因数,可求得甲、乙两个客户的实际物流服务成本,如表5-22所示。

表5-22 甲、乙两个客户的实际物流服务成本

作　业	作业分配系数	实际耗用成本动因数		实际成本/元	
		甲	乙	甲	乙
订单处理(订单数量)	56.6	200	120	11 320	6 792
货物验收(托盘数量)	14.6	700	300	10 220	4 380
货物入库(人工工时)	80	156.25	93.75	12 500	7 500
货物分类(人工工时)	36	218.75	131.25	7 875	4 725
货物出库(人工工时)	80	156.25	93.75	12 500	7 500
仓储管理(租赁仓库面积)	2.45	10 000	6 000	24 500	14 700
合　计				78 915	45 597

注:① 甲实际耗用货物入库成本动因数156.25(=250×0.625);乙实际耗用货物入库成本动因数93.75(=250×0.375)。

② 甲实际耗用货物分类成本动因数218.75(=350×0.625);乙实际耗用货物分类成本动因数131.25(=350×0.375)。

③ 甲实际耗用货物出库成本动因数156.25(=250×0.625);乙实际耗用货物出库成本动因数93.75(=250×0.375)。

5.6　物流标准化

急需出台统一规范的赔付标准

母亲节前夕，北京的金先生想送一套从英国带回来的水晶玻璃杯给在绍兴的妈妈。发货前，金先生反复确认运输过程中水晶杯是否有破损危险。收快递的小伙儿拍着胸脯保证："您放心！我们贴上易碎标志，然后给您好好包装一下，塞上报纸和泡沫塑料，保证没问题。"为此，金先生多付了10元钱的包装费。

可杯子到了绍兴，还是破了两个。两个杯子折合人民币1 000多元呢，金妈妈心疼坏了，找快递公司索赔。快递公司说，按照发货单背面的规定，只能赔偿运费30元。金妈妈戴上老花镜，在发货单背面的小字里找啊找，果然有这样的说法，金妈妈无奈吃了个哑巴亏。

物流标准化是实现物流现代化的基础。近年来，随着我国物流产业的快速发展，物流标准化建设滞后问题越来越突出。加强物流标准化建设已成为加快推进我国物流产业发展的迫切需要。

5.6.1　物流标准化的含义

标准化是指在经济、技术、科学及管理等社会实践中，对产品、工作、工程、服务等普遍的活动制定、发布和实施统一标准的过程。标准化的内容，实际上就是经过优选之后的共同规则，为了推行这种共同规则，世界上大多数国家都有自己的标准化组织，例如，英国的标准化协会(BSI)，我国国家标准化管理委员会等。在国际上，设在日内瓦的国际标准化组织(ISO)负责协调世界范围内的标准化问题。标准化是国民经济中一项重要的技术基础工作，它对于改进产品、过程和服务的适用性，防止贸易壁垒，促进技术合作，提高社会经济效益具有重要的意义。

物流标准化是指以物流系统为对象，围绕运输、储存、装卸、包装及物流信息处理等物流活动制定、发布与实施有关技术和工作方面的标准，并按照技术标准和工作标准的配合性要求，统一整个物流系统的标准的过程。

物流标准化工作是实现物流系统化的一项重要内容，它不仅是实现物流各环节衔接的一致性、降低物流成本的有效途径，也是进行科学化物流管理的重要手段。

5.6.2　物流标准化的特点

物流标准化对物流业的发展具有划时代的意义，物流标准化具有以下主要特点。

(1) 物流标准化涉及面较广。物流标准化涉及机电、建筑、工具、工作方法等领域，这些标准虽处于一个大系统，但缺乏共性，造成标准种类繁多、内容复杂，给标准的统一性和配合性带来很大的困难。

(2) 物流标准化系统属于二次系统(也称后标准化系统)。即指物流标准在诞生之前，物流相关行业及领域的标准就已经存在，这些标准被物流标准直接引用，如一些运输标准和仓储标准。

(3) 物流标准化要求体现科学性、民主性、经济性。科学性要求体现现代科技成果，不仅要以科学试验为基础，还要求与物流的现代化(包括现代技术和管理)相适应，要求将现代科技成果运用到物流系统中。民主性是指标准的制定应采用协商一致的办法，广泛考虑各种现实条件,广泛听取意见,使标准更具权威性,减少阻力,易于贯彻执行。经济性是指标准的贯彻,能降低物流成本,产生经济效益,这是物流标准化的主要目的之一,也是标准化生命力的决定因素。

(4) 物流标准化具有国际性。经济全球化进程加快,国际贸易迅猛增长,而国际贸易离不开国际物流的有力支撑。各国都应重视本国物流与国际物流的衔接,促进本国物流与国际物流标准化体系一致,才能降低国际交往的技术难度,降低外贸成本。

(5) 贯彻安全与保险的原则。即指物流标准中对物流安全性与可靠性的规定以及为安全性与可靠性统一技术标准和工作标准。

5.6.3 物流标准化的内容

按照标准化工作应用的范围,物流标准可分为基础标准、技术标准、工作标准和作业标准。

物流基础标准是制定其他物流标准应遵循的,全国统一的标准,是制定物流标准必须遵循的技术基础与方法指南。它主要包括专业计量单位标准、物流基础模数尺寸标准、物流术语标准等。

物流技术标准是指对标准化领域中需要协调统一的技术事项所制定的标准。在物流系统中,主要是指物流基础标准和物流活动中采购、运输、装卸、仓储、包装、配送、流通加工等方面的技术标准。

物流工作标准是指对工作的内容、方法、程序和质量要求所制定的标准。物流工作标准是对各项物流工作制定的统一要求和规范化制度,主要包括:各岗位的职责及权限范围;完成各项任务的程序和方法,以及与相关岗位的协调、信息传递方式、工作人员的考核与奖惩方法;物流设施、建筑的检查验收规范;吊钩、索具使用、放置规定;货车和配送车辆运行时刻表、运行速度限制,以及异常情况的处理方法等。

物流作业标准是指在物流作业过程中,物流设备运行标准,以及作业程序和作业要求等标准。这是实现作业规范化、效率化及保证作业质量的基础。

为方便标准的贯彻,中国标准出版社汇编出版了《物流标准汇编》,收录了我国已经颁布实施的物流国家标准和行业标准,按照内容分为物流基础、管理与服务,物流信息分类编码,物流信息采集,物流信息交换,物流技术五个部分。

韩国托盘共用公司(KPP)和韩国物流箱共用公司(KCP)

5.6.4 物流标准化的方法

目前,物流体系的标准化工作在各个国家都处于初始阶段,标准化的重点在于通过制定标准规格尺寸来实现整个物流系统的贯通,从而提高物流活动的效率。因此,物流标准化的方法主要是指初步规格化的方法,具体包括以下内容。

1. 确定物流模数

物流标准化的基础是物流模数。物流模数(logistics module)是指"物流设施、设备或货物包装[12] 的尺寸基数"(GB/T 18354—2021)。物流模数的作用和建筑模数尺寸的作用大体相同,考虑的基点主要是简单化。物流模数一旦确定,物流设备的制造、物流设施的建设、物流系统各个环节的配合协调、物流系统与其他系统的配合就有了依据。目前国际标准化组织(ISO)制定的物流基础尺寸的标准如下。

(1) 物流基础模数尺寸:600mm×400mm。

(2) 物流集装基础模数尺寸:以1 200mm×1 000mm为主,也允许1 200mm×800mm和

1 100mm×1 100mm 的规格。

(3) 物流基础模数尺寸与物流集装基础模数尺寸的配合关系。

物流集装基础模数尺寸影响和决定着与其有关的各个环节的标准化。物流集装基础模数尺寸可以从 600mm×400mm 按倍数系列推导出来,也可以在满足 600mm×400mm 的基础模数的前提下,从卡车或大型集装箱的“分割系列”推导出来。物流基础模数尺寸与物流集装基础模数尺寸的配合关系,可以用物流集装基础模数尺寸的 1 200mm×1 000mm 为例来说明,如图 5-22 所示。从图 5-22 可以看出,物流集装基础模数尺寸可以由五个物流基础模数尺寸组成。

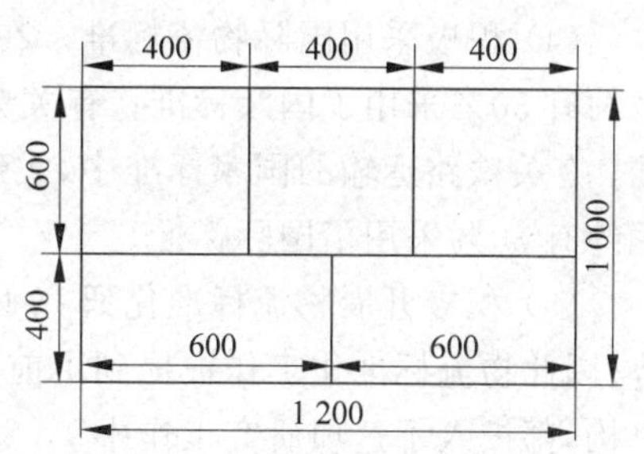

图 5-22　模数尺寸的配合关系(以 1 200mm×1 000mm 为例)

2. *以分割及组合的方法确定物流各环节的系列尺寸*

物流模数作为物流系统各环节标准化的核心,是形成系列化的基础。可依据物流模数进一步确定有关系列的大小及尺寸,再从中选择全部或部分,作为定型的生产制造尺寸,这就完成了某一环节的标准系列。由物流模数体系可以确定包装容器、运输装卸设备、保管器具等系列尺寸。物流模数体系的构成如图 5-23 所示。

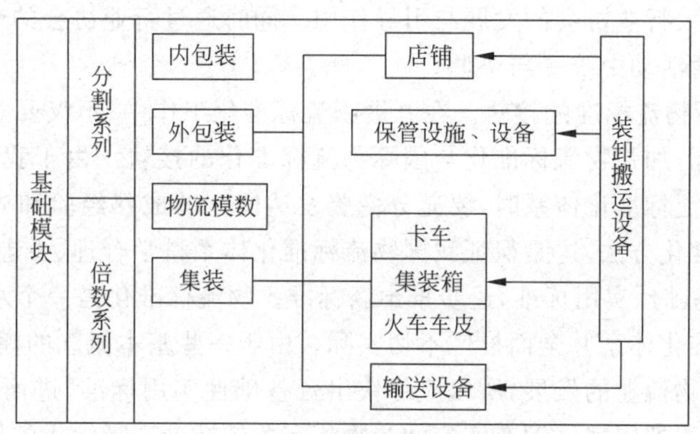

图 5-23　物流模数体系的构成

根据图 5-23 所示的关系,可以确定各环节的系列尺寸。例如,日本工业标准 JIS 规定的“输送包装系列尺寸”,就是按照 1 200mm×1 000mm 推算的最小尺寸为 200mm×200mm 的整数分割系列尺寸。

5.6.5　我国物流标准化现状与对策

1. 我国物流标准化现状

目前,我国物流标准化工作取得了一系列成绩,具体体现在以下几方面。

(1) 制定了一系列物流或与物流相关的标准。目前,我国制定并颁布实施的物流或与物流相关的标准近千个,涵盖国家标准、行业标准、地方标准和企业标准等层次。

(2) 建立了与物流有关的标准化组织与机构。我国建立了以国家技术监督局为首的全国性的标准化研究管理机构体系,成立了中国物品编码中心、全国物流信息技术委员会和全国物流标准化技术委员会,具体负责制定现代物流标准体系。

(3) 积极参与国际物流标准化活动。我国参加了国际标准化组织(ISO)和国际电工委员会与物流有关的各技术委员会与技术处,并明确了各自的技术归口单位。此外,我国还参加了国际铁路联盟(UIC)和社会主义国家铁路合作组织(OSJD)两大国际铁路的权威机构。

(4) 积极采用国际物流标准。在近百个有关包装、标志、运输、储存等方面的国家标准中,大约有30%采用了国际标准;有关公路、水上运输的国家标准中,大约有5%采用了国际标准;有关铁路运输的国家标准中,大约有20%采用了国际标准;有关车辆方面的国家标准中,大约有30%采用了国际标准。

(5) 积极开展物流标准化研究工作。在加入WTO的今天,中国物流国际化是必然的趋势,因此物流标准化工作被提到了前所未有的高度,全国不少相关科研院所、高等院校的科研机构,都投入了这项研究工作中。

2. 推进我国物流标准化工作的对策

(1) 鼓励企业积极参与物流标准化建设。政府部门是国家标准的组织制定者和推广者,在国家标准的制定中扮演着重要角色。而企业是标准的最终执行者,物流标准的推广必须有企业的配合。企业是务实的,利益是它们平衡取舍的关键。政府可以在推广物流标准化工作中予以政策支持和制约。

(2) 行业协会应发挥引导协调作用。行业协会应鼓励敦促行业中各企业参照国际先进物流标准,努力打破条块分割和地方保护主义,统筹规划,整合物流资源,从经济发展的需要规划物流产业的布局,加大行业协会的发展与引导作用。同时通过行业协会的纽带作用,使行业内各个企业在物资流通活动中统一与协调。

(3) 注重与国际物流标准的接轨。在开展物流标准化工作中,不仅要立足国内实际情况,同时还要着眼于国际,加强物流标准化与国际物流标准化的接轨。由于我国物流标准化工作起步较晚,在建立物流标准化体系时,要充分借鉴发达国家的成熟经验和先进技术,积极采用国际先进标准和标准化方法,这是保证我国物流标准化体系科学合理、少走弯路的有效举措。

(4) 尽快出台基础性实用标准,逐步推出新标准。物流标准化是一个水到渠成的过程,在短期内完善物流标准化体系并全面推广不切实际。由于一些基本概念的模糊和基础资料的匮乏,严重影响了我国物流业的发展,所以应尽快出台基础性实用标准,进而在考虑物流各环节协调的基础上,对现行的国家已颁布实施的与物流有关的标准进行深入的研究分析与比较,全面整理,淘汰影响物流业整体发展的旧标准,尽可能以国际标准为基本参照系逐步推出新标准,同时保持各种相关标准的协调一致性,逐步完善物流标准化体系。

(5) 重视物流标准化人才的培养。目前,我国物流标准化人才奇缺,这将直接影响行业企业物流的发展。为此,要积极培养现代物流人才,包括多种方式的培训,例如,从企业现有人员中选择部分有学历、高素质的管理人员到有关大专院校深造,也可以引进国外物流人才。同时,还要尽快建立起人才激励机制,培养造就一大批熟悉物流业务、具有跨专业学科,具有较强综合能力的物流管理人才和专业技术人才,才能更好地开展物流标准化工作。

小　结

物流管理是为达到既定的目标,从物流全过程出发,对相关物流活动进行的计划、组织、协调与控制。物流组织有多种形式,在设计时应遵循一些基本原则。物流服务是为满足客户物流需求所实施的一系列物流活动过程及其产生的结果。物流服务已成为企业经营差异化的重要手段,成为提升企业竞争力的关键。物流质量管理包括货物的质量保证及改善,物流服务质

量、工作质量和工程质量等内容，具有全员参与、全程控制、全面管理、整体发展等特点。物流质量管理的方法包括质量目标管理、PDCA循环、QC小组活动等。库存是储存作为今后按预定的目的使用而处于备用或非生产状态的物品。广义的库存还包括处于制造加工状态和运输状态的物品。库存对企业经营有利有弊，是一把“双刃剑”。库存成本包括购入成本、订货成本、储存成本和缺货成本。库存管理的评价指标主要有平均库存值、可供应时间和库存周转率等，库存控制是库存管理的关键。常见的库存分类方法有ABC分类法和CVA分类法。“零库存”的实质是库存最少化。物流成本是物流活动中所消耗的物化劳动和活劳动的货币表现。作业成本法是确定和控制物流成本最有前途的方法。我国物流标准化建设滞后，加强物流标准化建设已成为加快推进我国物流产业发展的迫切需要。

同步测试

一、判断题

1. 物流管理的目标就是要在提高服务水平的同时，使物流成本达到最低。（　）

2. 采用定量订货法进行库存控制的关键在于确定订购点和订货量。（　）

3. 物流质量管理是企业全面质量管理的重要一环，其核心是物流服务质量管理。（　）

4. 在完成物流基本功能的基础上，根据客户需求提供的各种延伸业务活动就是物流增值服务。（　）

5. 从“第三利润源”说中，人们应该认识到：物流活动和其他独立的经济活动一样，它不仅仅是“成本中心”，而且可以成为“利润中心”。（　）

二、单选题

1. 要实现物流增值服务，关键取决于物流服务中的运输服务、仓储服务和其他功能的（　）。

A. 信息化程度　　B. 作业规范化程度
C. 综合程度　　D. 业务市场化程度

2. 对于较贵重物品、需要实施严格管理的重要货物应采取（　）方法进行库存控制。

A. 定量订货库存控制　　B. 定期订货库存控制
C. 需求驱动精益供应库存控制　　D. 准时生产制库存控制

3. 对于那些品种多、通用性强、单价较低，但需求预测较困难的物品，在进行库存控制时适合使用（　）。

A. 定期订货法　　B. 定量订货法　　C. 准时化管理　　D. 供应商管理法

4. 在定期订货法中既是安全库存水平的决定因素，又是自动确定每次订货批量的基础的指标是（　）。

A. 订货周期　　B. 订货点　　C. 最大库存水平　　D. 产品需求量

5. 定期库存控制的关键在于确定（　）。

A. 最大库存量　　B. 订购周期
C. 订购点　　D. 订购周期和最大库存量

三、计算题

1. 某物流中心在12月收到800份订单，总发货量为1.8万吨，其中，624份订单是按客户要求的时间发运并交货的。由于种种原因导致950t货物延迟发运。客户为解决货物的短缺，又向该中心补充发送了50份紧急订单，中心组织人力在12h内完成了36份。现对该中心的订单处理进行评价,计算订单延迟率、订单货物延迟率和紧急订单响应率,并提出提高紧急订单响应率的主要措施。

2. 某商业企业的X型彩电年销售量为10 000台,订货费用为100元/次,每台彩电年平均储存成本为10元/台,订货提前期为7天,安全库存为100台。求订货点和经济订货批量。

四、情境问答题

1. 某零售企业为了降低成本,每次订货都严格采用EOQ模型计算经济订货批量,但经过一段时间后发现总成本并无明显下降。问题可能出在哪里?

2. 某医疗用品批发商经营的商品包括:骨科材料、心脏支架等昂贵器材;输液器、注射器等常用产品;消毒棉等一次性耗材。该企业的仓库主管应该如何对这些产品进行管理?

3. 有人认为零库存是一把"双刃剑",虽然可以减少浪费、使物流活动更加合理,但不能保障供应,难以应对意外变化。你同意该观点吗?为什么?

4. 丁一是某零售企业集团的仓库部门主管,负责制定公司的库存策略,并对仓库日常管理工作进行监督。对于自己的工作,他的理解是库存策略的制定并不是孤立的,而是需要考虑企业发展各方面的因素。对此,你是如何理解的?

5. 摩托罗拉公司位于天津保税区的原料库存采用全球先进的HUB模式。大约有30家零部件供应商在其天津工厂的周边地区设有工厂或仓库。摩托罗拉公司每天将原材料、零部件等物料的需求计划提供给供应商,供应商据此管理库存,并且每天安排4次送货,使其真正实现了JIT生产。请问这是何种库存管理模式?有何优点?可能存在哪些风险?摩托罗拉公司成功的原因是什么?

6. Y公司为海南省一家果蔬批发企业,其主要客户为北京、天津、上海等地的大型连锁超市。企业在年终进行年度成本核算时,"库存成本"一栏包含库存持有成本、订货成本和缺货成本三项。你认为是否合理?为什么?

7. 某物流公司仓库的固定资产价值超过8 000万元,而每年的利润不足500万元,资产回报率较低。公司领导认为,为提升利润率,需开展物流增值服务,开发更多利润贡献率高的优质客户。可以通过哪些手段达到该目标?

8. 连赢电器是一家电连锁经营企业,公司为了提高销量和顾客忠诚度,决定对客户服务质量进行考核并有针对性地改善销售服务水平。为此,销售部打算通过发放"客户满意度调查问卷"来收集有关信息。假如由你承担调查问卷的设计工作,你认为该问卷应包括哪些内容才能达到调查的目的?

五、实训题

学生以小组为单位,课余寻找一家物流企业,对其组织结构和开展的业务进行调研,并撰写一份不低于1 000字的调查报告。

六、案例分析题

ABC公司的困惑

ABC公司主要从事复印机耗材和零件的进口与销售业务,进行国际贸易及区域贸易代理,并为中国地区用户提供复印机耗材和零部件的供应。

为了使公司更具竞争力,公司专门设立了物流部门,下设采购、仓储、报关、客户服务等几个分部。物流部门的大致工作流程如下。

采购部门每月根据销售部门提供的销售计划,结合前三个月的实际销量和现有库存情况制订订货计划(包括一个月的实际订货和后两个月的预测),发送订单,并进行订单的跟踪管理。

所订货物到达后，由报关员准备相关资料（如发票、装箱单、提单等），进行入境备案，备案结束后将货物存放到保税仓库。

在此期间，订单管理人员会将相关的到货信息输入系统，以备客户服务人员随时了解库存情况并将信息及时传达给客户。客户根据需要进行选择并通过因特网将订单发到客户服务部，客户服务人员核对订单后，按照客户所属的分仓库发货（公司为了顺利开展工作，缩短客户的订货周期，按照区域划分，在国内建立了四个分仓库）。

采购和仓库管理人员根据实际销售情况，确定从保税仓库报关调入国内仓库的机器类型与数量，再由客户服务部门根据客户订单信息和即时销售信息确定调拨到各分仓库的数量和种类。

影响物流工作效率的因素包括：

(1) 销售预测的不准确性；

(2) 市场的进一步扩大和销售策略的改变；

(3) 每种复印机的零件超过2 000种，除了常规的耗材外，其他零件根本无法预计销量和预备库存量。

一直以来，以上问题困扰着物流部门的日常运作。由于物流部和销售、技术、市场等各部门都有非常密切的联系，如果在该环节上出现问题，将会对公司的整体运转产生难以估量的损失。

根据案例提供的信息，回答以下问题。

1. 对该公司来说，怎样才能做到既有效地预防库存积压和缺货，又能满足市场需求？

2. 怎样设定零部件的安全库存量，防止缺货从而提高客户满意度？

项目6

国际物流运营与管理

项目6脚注

BLG物流集团

【素养目标】

1. 具有家国情怀。
2. 树立社会主义核心价值观及科学发展观。
3. 树立系统观念。
4. 具有国际视野。
5. 具有创新精神。
6. 具有专业认同感。

【知识目标】

1. 掌握国际物流的概念。
2. 掌握国际物流的特点。
3. 了解国际物流的分类。
4. 熟悉国际物流业务。
5. 了解保税制度与保税物流。
6. 掌握货主企业国际物流运营模式。
7. 理解物流企业的国际化运营策略。
8. 掌握跨境电商的物流模式及特性。

【能力目标】

1. 能正确使用国际贸易术语。
2. 能开展国际物流业务运营。

【引例】

上海趋研信息科技有限公司开发的国际物流和货代人工智能解决方案

上海趋研信息科技有限公司是一家初创企业，是自然语言处理(NLP)技术应用的优秀代表，可以为客户提供国际物流自动化、智能化和可视化解决方案。该公司开发的DocuAI Capture系统可以自动识别、提取、校核收到的国际物流单据(包括仓单、发票、提单、箱单、托书、VGM等)，并通过高数量样本训练，准确率高达95%，单证处理效率提高70%以上。

该公司开发的DocuAI RPA可以自动化许多国际物流货代的操作流程，如自动订舱、在船东网站上查询并获取运价信息；利用软件机器人在船东网站上操作，可以实时获取数百条航线、数十家船东的运价信息，并以标准格式发送到客户的信息系统，省去人工不断查询、下载及整理等工作。

DocuAI Argus 是该公司开发的国际货物查询或者集装箱查询方案。Argus 通过和 60 家主流船东的 API 接口链接，可以实时查询客户货物在国际货运网络中的位置和状态(高达 30 多个国际物流节点)，同时提供船期查询、港口计划查询和航空货物查询等服务。

问题

1. 上海趋研信息科技有限公司可以为客户提供哪些人工智能解决方案？

2. 该案例带给我们什么启示？

3. 什么是国际物流？有何特点？如何运作？

随着经济全球化进程的加快，国际贸易发展迅猛。国际贸易需要国际物流提供有效支撑。国际物流是现代物流系统的一个重要领域，近年来发展较快。

6.1　国际物流认知

国际贸易打破国界，相应地，国际物流必然跨越不同国家(地区)。国际物流服务于国际贸易及跨国公司的全球采购、多国制造、全球销售及售后服务支持。全球供应链的正常运转，离不开国际物流的有效支撑。

京东物流集团的全球供应链物流服务

京东物流集团的全球供应链物流包含十余个跨境口岸、110 多个海外仓，近千条全球运输线路及中国全境的配送网络，覆盖全球 224 个国家和地区。基于全球智能供应链基础网络(GSSC)，京东物流集团面向客户提供包含跨境进出口、国际运输、海外仓配等在内的全球范围端到端一站式解决方案。

6.1.1　国际物流的概念与内涵

国际物流(international logistics)是指“跨越不同国家(地区)之间的物流活动”(GB/T 18354—2021)。与其他类型的物流活动相比，国际物流具有其明显的特殊性。国际物流包含以下四层含义。

(1) 国际物流是不同国家(或地区)之间，伴随着相互间经济往来、贸易活动和其他国际交流活动而发生的物流活动，它是国内物流的延伸和扩展，是超越国界、更大范围内的货物流通。同时，它也是国际贸易最重要的组成部分，国际贸易的最终实现要依靠国际物流来完成。

(2) 国际物流是现代物流系统的重要领域，是后起的具有较大发展潜力的物流形态，正处于上升过程中，具有广阔的发展前景。

(3) 随着国际分工的细化和逐步完善，全球经济一体化进程日益加快，国与国之间的关税壁垒相继拆除，国际贸易总量迅猛增长，相应地，国际物流总量也迅速增加。我国在加入 WTO 以后，国际贸易飞速发展，货物进出口总额继 2005 年首次突破 10 万亿元以后，2010 年首次跃上 20 万亿元的新台阶，2003—2007 年连续 5 年的增长幅度在 15%以上，继续稳居世界第 3 位，货物出口总额名列世界第 2 位。我国 2018 年货物进出口总额突破 30 万亿元，2018—2021 年连续 4 年货物进出口总额均在 30 万亿元以上。我国 2022 年货物进出口总额突破 40 万亿元大关，2022—2023 年连续 2 年货物进出口总额均在 40 万亿元以上。十余年来，我国货物进出口总额总体呈增长态势，如表 6-1 所示。

表 6-1　十余年来中国进出口总额增长情况　　单位：亿元

年份	进出口		出口		进口		进出口差额
	金额	增幅/%	金额	增幅/%	金额	增幅/%	
2003	70 457	37.1	36 288	34.6	34 169	39.9	2119
2004	95 594	35.7	49 122	35.4	46 473	36.0	2 649
2005	115 209	20.5	61 732	25.7	53 477	15.1	8 266
2006	137 488	19.3	75 674	22.6	61 824	15.6	13 850
2007	160 583	16.8	89 976	18.9	70 607	14.2	19 369
2008	177 980	10.8	99 252	10.3	78 728	11.5	20 524
2009	150 776	−15.3	82 089	−17.3	68 694	−12.7	13 396
2010	201 270	33.5	106 830	30.1	94 434	37.5	12 396
2011	235 331	16.9	122 676	14.8	112 655	19.3	10 021
2012	244 088	3.7	129 335	5.4	114 747	1.9	14 588
2013	258 267	7.6	137 170	7.9	121 097	7.3	16 072
2014	264 334	2.3	143 912	4.9	120 423	−0.6	23 489
2015	245 741	−7.0	141 255	−1.8	104 485	−13.2	36 770
2016	243 386	−0.9	138 455	−1.9	104 932	0.6	33 523
2017	277 923	14.2	153 321	10.8	124 602	18.7	28 718
2018	305 050	9.7	164 177	7.1	140 874	12.9	23 303
2019	315 505	3.4	172 342	5.0	143 162	1.6	29 180
2020	321 557	1.9	179 326	4.0	142 231	−0.7	37 096
2021	391 009	21.4	217 348	21.2	173 661	21.5	43 687
2022	420 678	7.7	239 654	10.5	181 024	4.3	58 630
2023	417 568	−0.7	237 726	−0.8	179 842	−0.7	57 883

资料来源：国家统计局，http://www.stats.gov.cn/sj/tjgb/ndtjgb/.

由此可见，国际物流面临着新的发展机遇，但挑战同样存在，国际物流必须跟上甚至超过国际贸易的发展势头，为国际贸易活动提供更加有效和便捷的物流服务支持。

(4) 国际物流是现代物流系统的一个子系统，同时又是一个相对独立、完整的复杂系统，其涉及面不仅仅是物流的七大功能要素，还包括国家政策、法规、金融、保险等各个相关领域，是一项综合的系统工程。在国际物流系统中，很少有企业单独依靠自身力量完成包括进出口货物在内的各项复杂的国际物流业务，而必须依靠众多企业(包括国际贸易公司、货运代理公司、内陆货运公司、船公司、航空公司和报关行)，以及政府部门(海关、商检、卫检、动植检)的通力合作才能圆满完成国际物流业务运作。

6.1.2　国际物流的产生和发展

第二次世界大战以后，国际的经济交往越来越频繁，尤其是 20 世纪 70 年代爆发了石油危机以后，国际贸易总量空前增长，对交易水平和交货质量的要求也越来越高。在这种情况下，原来为满足运送必要商品的运输观念已不能适应新的要求，系统物流观念进入国际领域，国际物流的概念正式提出，并越来越受到人们的重视。总的来说，国际物流活动是伴随着国际贸易和跨国经营的发展而发展的，国际物流的发展主要经历了以下几个阶段。

1. 第一阶段(20 世纪 50 至 70 年代)

在 20 世纪五六十年代，国际物流业务量激增，出现了大型物流工具，如 20 万吨的油轮、10 万吨的矿石船等。进入 20 世纪 70 年代，国际物流的业务量进一步扩大，船舶大型化趋势越来越明显,货主对国际物流服务水平的要求也越来越高。业务量大、服务水准高的物流活动从石油、矿石等物流领域向难度较大的中小件杂货物流领域延伸,其标志是国际集装箱船得到了迅速发展。国际各主要航线的定期班轮都投入了集装箱船,散杂货国际运输的水平迅速提高,国际物流服务水平显著提升。在这一阶段,还出现了国际航空物流和国际联运,而且增长幅度都比较快。

2. 第二阶段(20世纪70年代末至80年代中期)

这一阶段国际物流的突出特点是出现了"精益物流",物流的机械化、自动化水平提高,物流设施和物流技术得到了快速发展。很多企业建立了配送中心,并广泛运用电子计算机进行管理。出现了无人立体仓库,一些国家还建立了本国的物流标准化体系。同时,伴随着新时代人们需求观念的转变,国际物流着力解决"小批量、高频度、多品种"的物流问题,出现了不少新技术和新方法,这就使现代物流不仅覆盖了少品种、大批量商品和集装杂货,也覆盖了多品种、小批量商品,几乎涉及所有的物流活动对象,基本解决了所有货物的现代物流问题。

3. 第三阶段(20世纪80年代中期至90年代初)

在这一阶段,一方面,随着经济、技术的发展和国际贸易的日益扩大,物流国际化趋势开始成为世界性的共同问题。各国企业越来越强调改善国际物流管理,以此降低产品成本,提高服务水平,扩大产品销量,期望在日益激烈的国际竞争中取得成功。另一方面,伴随着国际联运的发展,出现了电子数据交换(EDI)技术和物流信息系统。信息的共享,使国际物流向成本更低、服务更好、业务量更大以及精细化方向发展。可以说,20世纪八九十年代,国际物流已进入信息时代。

4. 第四阶段(20世纪90年代初至今)

在这一阶段,国际物流的概念及其重要性已为各国政府和外贸部门所普遍接受。贸易伙伴遍布全球,必然要求物流国际化,具体表现为物流设施国际化、物流技术国际化、物流服务国际化、货物运输国际化、包装国际化和流通加工国际化等。世界各国广泛开展国际物流理论和实践的大胆探索。人们已经达成共识,只有广泛开展国际物流合作,才能促进世界经济繁荣。"物流无国界"的理念被人们广泛接受。

6.1.3　国际物流的特点

国际物流主要是为跨国经营和对外贸易服务的,它要求各国之间的物流系统相互衔接。与国内物流系统相比,国际物流具有以下特点。

1. 渠道长、环节多

国际物流活动往往要跨越多个国家和地区,地理范围大。需要跨越海洋和大陆,物流渠道长。此外,还需要经过报关、商检等业务环节。这就需要在物流运营过程中合理选择运输方式和运输路线,尽量缩短运输距离,缩短货物在途时间,合理组织物流过程中的各个业务环节,加速货物的周转并降低物流成本。

2. 环境复杂

由于各国的社会制度、自然环境、经营管理方法及生产习惯不同,特别是在物流环境上存在差异,就使得国际物流活动变得极为复杂。物流环境存在差异,就迫使国际物流系统需要在几个不同的法律、人文、习俗、语言、科技和设施的环境下运行,无疑会加大物流活动的难度并使系统变得复杂化。例如,不同国家不同的物流法律法规,使国际物流的复杂性远远高于一般的国内物流活动,甚至会阻断国际物流活动的进行;不同国家的不同经济和科技发展水平,会造成国际物流活动处于不同的科技条件支撑下,甚至有些地区根本无法应用某些技术而导致国际物流系统水平下降；不同国家的不同物流标准，也造成国际“接轨”困难，从而使国际物流系统难以建立；不同国家的不同人文环境和风俗习惯也使国际物流活动的开展受到很大的局限。

3. 对标准化程度要求高

对国际物流而言，统一标准非常重要。如果没有统一的标准，国际物流水平就无法提高。目前，美国、欧洲基本上实现了物流工具、物流设施标准的统一，例如，托盘采用1 000mm×1 200mm的规格，集装箱采用几种统一的规格及采用条码技术等，这样可以降低物流作业难度，降低物流成本。而不向这一标准靠拢的国家，必然在转运等诸多环节耗费更多的时间和费用，从而降低其国际竞争力。在物流信息技术的使用方面，不仅要实现企业内部标准化，而且要实现企业间与物流市场的标准化，这将使各国之间、各企业之间物流系统的信息交换变得更加简单、有效。

4. 风险高

国际物流环境复杂必然会导致风险高。国际物流的风险主要包括政治风险、经济风险和自然风险。政治风险主要是指由于国际物流活动所经过国家的政局动荡(如罢工、战争等)可能会造成货物受损或灭失；经济风险包括汇率风险和利率风险，主要是指从事国际物流活动必然会引发资金流动，从而产生汇率风险和利率风险；自然风险则主要是指在国际物流过程中，可能因自然因素，如台风、潮汐、暴雨等因素引起运送延迟及货物破损等风险。

5. 需要开展国际多式联运

国际物流运距长，运输方式多样。运输方式包括海洋运输、铁路运输、航空运输、公路运输，以及由这些运输方式组合而成的国际多式联运。运输方式的选择及运输组合的多样性是国际物流的一个显著特征。近年来，在国际物流活动中，“门到门”的运输组织方式越来越受到货主的欢迎，这使能满足这种需求的国际多式联运得到了迅速发展，逐渐成为国际物流中运输的主流。

6.1.4 国际物流的分类

分类标准不同，分出的类别也不一样。国际物流通常有以下几种分类方法。

1. 根据货物在国与国之间的流向分类

按照货物在国与国之间的流向，可将国际物流划分为进口物流和出口物流两类。当国际物流服务于一国的商品进口时，称为进口物流；反之，为出口物流。各国在物流进出口政策，尤其是海关管理制度上存在一定的差异，而进口物流与出口物流的业务环节也有所不同(存在交叉的部分)，这些都需要物流经营管理人员区别对待。

2. 根据货物流动的关税区域分类

按照这一标准，可以将国际物流划分为不同国家之间的物流和不同经济区域之间的物流。区域经济的发展是当今国际经济发展的一大特征，例如，由于欧盟各国属于同一关税区，成员国之间物流的运作与成员国和其他国家或经济区域之间的物流运作，在方式和环节上就存在着较大的差异。

3. 根据跨国运送的货物特性分类

按照这一标准，可以将国际物流划分为国际军火物流、国际商品物流、国际邮品物流、国际捐助或救助物资物流、国际展品物流等。本学习情境所指称的国际物流主要是指国际商品物流。

6.1.5　国际物流与国际贸易的关系

办理订舱业务

1. 国际贸易与国际贸易术语

国际贸易也称世界贸易，是指不同国家(或地区)之间的商品或劳务的交换活动。国际贸易由进口贸易和出口贸易两部分组成，故有时也称为进出口贸易。国际贸易是商品和劳务的国际转移。

国际贸易术语又称价格术语。在国际贸易中，买卖双方所承担的义务，会影响到商品的价格。在长期的国际贸易实践中，逐渐形成了把某些和价格密切相关的贸易条件与价格直接联系在一起，形成了若干种报价的模式。每一种模式都规定了买卖双方在某些贸易条件中所承担的义务。用来说明这种义务的术语，称为贸易术语。

根据国际商会《2020年国际贸易术语解释通则》[1]的解释，共有11种贸易术语，按照卖方责任由小到大、交货地点与卖方所在地距离由近到远以及各种术语的共同特点，可将其划分为E、F、C、D四组，如表6-2所示。

表6-2　国际贸易术语分类

E组 启运	EXW(Ex works)	工厂交货
F组 主运费未付	FCA(free carrier) FAS(free alongside ship) FOB(free on board)	货交承运人 装运港船边交货 装运港船上交货[2]
C组 主运费已付	CFR(cost and freight) CIF(cost insurance and freight) CPT(carriage paid to) CIP(carriage and insurance paid to)	成本加运费[3] 成本加保险费加运费[4] 运费付至 运费和保险费付至
D组 到达	DAP(delivered at place) DPU(delivered at place unloaded) DDP(delivered duty paid)	目的地交货 卸货地交货 完税后交货

2. 国际贸易与国际物流的关系

国际物流是伴随着国际贸易的发展而产生和发展起来的，并已成为影响和制约国际贸易发展的重要因素。国际贸易与国际物流之间是相互促进、相互制约的关系。

(1) 国际贸易是国际物流产生和发展的基础与条件。最初，国际物流只是国际贸易的一部分，但是生产的国际化和国际分工的深化促进了国际贸易的快速发展，也促使国际物流从国际贸易中分离出来，以专业化物流经营的姿态出现在国际贸易中。跨国经营与国际贸易在规模、数量和交易品种等方面大幅度的增长，也促进了商品和信息在世界范围内的大量流动与广泛交换，物流国际化成为国际贸易和世界经济发展的必然趋势。

(2) 国际物流的高效运作是国际贸易发展的必要条件。国际市场竞争日益激烈，对国际贸易商们提出了以客户和市场为导向，及时满足国内外消费者定制化需求的要求。消费者多品种、小批量的需求使国际贸易中的商品品种和数量成倍增长，并且客户对国际物流运作条件的要求也各不相同。在这种情况下，专业化、高效率的国际物流运作对于国际贸易的发展是一个非常重要的保障。缺少高效国际物流系统的支持，国际贸易中的商品就有可能无法按时交付，并且物流成本也将提高。只有把物流工作做好，才能使商品适时、适地、按质、按量、低成本地在不同国家之间流动，从而提高商品在国际市场上的竞争力，扩大对外贸易。

3. 国际贸易对国际物流提出的新要求

随着世界经济的飞速发展和政治格局的风云变幻,国际贸易表现出一些新的趋势和特点,从而对国际物流也提出了越来越高的要求。

(1) 质量要求。国际贸易结构正发生着巨变,传统的初级产品、原料等贸易品种正逐步让位于高附加值、高精密加工的产品。由于高附加值、高精密商品流量的增加,对物流工作质量提出了更高的要求。同时,由于国际贸易需求的多样化,造成物流多品种、小批量化,要求国际物流向优质服务和多样化方向发展。

(2) 效率要求。国际贸易活动的集中表现就是合约的订立和履行,而国际贸易合约的履行是由国际物流系统来完成的,因而要求物流高效率地履行合约。从进口国际物流看,提高物流效率最重要的是如何高效率地组织所需商品的进口、储备和供应。也就是说,从订货、交货,直至运入国内保管、组织供应的整个过程,都应加强物流管理。根据国际贸易商品的不同,应采用与之相适应的巨型专用货船、专用泊位,以及大型物流机械和专业化的运输,这对提高物流效率起着重要作用。

(3) 安全要求。由于国际分工和专业化生产的发展,大多数商品在世界范围内进行着生产和分配。例如,美国福特公司某一品牌型号的汽车要在 20 个国家中的 30 个不同的厂家联合生产,产品销往 100 个不同国家或地区。国际物流所涉及的国家多,地域辽阔,商品在途时间长,受气候条件、地理条件等自然因素和政局、罢工、战争等社会政治经济因素的影响。因此,在组织国际物流活动时,应正确地选择运输方式和运输路径,要密切注意所经地域的气候条件、地理条件,还应注意沿途所经国家和地区的政治局势、经济状况等,以防止这些人为因素和不可抗拒的自然力造成货物灭失。

(4) 经济要求。国际贸易的特点决定了国际物流的环节多、备运期长。在国际物流领域,控制物流费用,降低成本具有很大潜力。对于国际物流企业来说,选择最佳的物流方案,提高物流经济性,降低物流成本,保证服务水平,是提高竞争力的有效途径。

总之,国际物流必须适应国际贸易结构和商品流通形式的变革,不断向合理化方向发展。

6.2 国际物流业务

【引例】

联邦快递的国际物流业务

国际优先快递业务(international priority distribution,IPD)是联邦快递(FedEx)公司向客户提供的新型业务。它可以将发往相同国家不同地址的大批量货物整合为一票货,统一报关,并享有快递业务先放行后报关的特权。同时,FedEx 为 IPD 货物提供舱位保证,从而使货物作为一个整体到达 FedEx 指定的目的港。在目的港统一清关后,货物将根据其不同的收件地址,通过支线飞机运达最终目的地的收货人手中。

FedEx 可以提供"美洲一日达"服务,而其在美国的"隔夜快递"业务早已成熟,加上双边通关[5]时间,由 FedEx 提供的"门到门"服务,标准的运送过程可在 5 天内完成,比传统空运节省 3 天的时间。

FedEx 还免费提供一整套配送管理软件,该软件可以安装在客户的局域网中,并将系统产生的订单信息直接转化为提单、发票等其他相关文件。同时,软件可以根据需要自动产生发货通知，收件人马上可以获得自动发出的标准格式的通知，内容包括提单号、货物描述、总重量、总件数等基本信息。在货物顺利送达之后，系统将自动产生签收通知，并以电子邮件的形式通知发货人。此外，在各种文书准备完毕之后，系统可以自动产生取件通知，联邦快递在确认其准确性后将根据货物情况安排取件时间、人员和车辆。

由于联邦快递的信息系统直接连接到海关的通关系统，联邦快递公司在收到客户的取件通知时，已经获取该票货物的详细信息，公司的数据录入人员只需做少许修改即可完成整个录入工作。这样来自客户专业详细的信息将大大提高通关速度，保证配送的顺利进行。该系统的使用，可以大大缩减发货人的文书时间，减少因缺乏沟通而造成延误的可能性。

问题

1. FedEx 向客户提供了哪些国际物流服务？
2. 为什么 FedEx 具有强大的竞争优势？

国际物流是跨国物流活动，主要包括发货、国内运输、出口国报关、国际运输、进口国报关、送货等业务环节。其中，国际运输是国际物流的关键和核心业务环节。通过开展国际物流活动，实现商品的国际移动，创造时间价值和空间价值，满足国际贸易活动和跨国公司经营的需要。

典型的国际物流系统流程如图 6-1 所示。整个物流过程可以委托一家国际物流服务商完成，也可以分别由各地的仓储企业、运输企业和货代企业来完成。

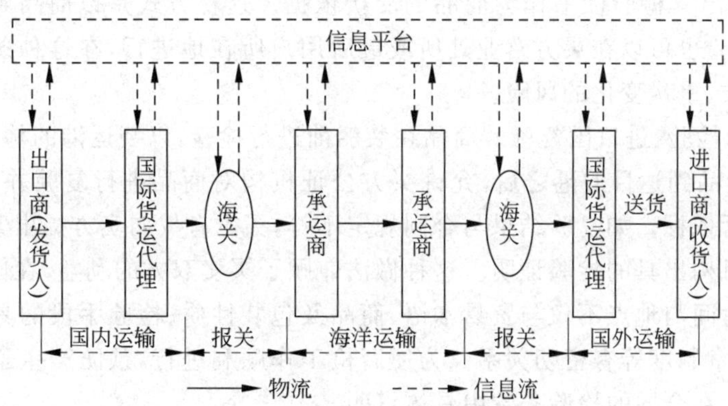

图 6-1　典型的国际物流系统流程

6.2.1　商品检验

商品检验是国际物流系统中的一个重要子系统。进出口商品的检验，就是对卖方交付商品的品质和数量进行鉴定，以确定交货的品质、数量和包装是否与合同的规定一致。如发现问题，可分清责任，向有关方索赔。在国际贸易买卖合同中，一般都订有商品检验条款，其主要内容有检验时间与地点、检验机构与检验证明、检验标准与检验方法等。

1. 实施商品检验的范围

我国对外贸易中的商品检验，主要是对进出口商品的品质、规格、数量及包装等实施检验，对某些商品进行检验以确定其是否符合安全、卫生的要求；对动植物及其产品实施病虫害检疫，对进出口商品的残损状况和装运某些商品的运输工具等需进行检验。

我国进出口商品检验[6] 的范围主要有以下几个方面。

(1) 现行《商检机构实施检验的进出口商品种类表》(以下简称《种类表》)所规定的商品。

《种类表》是由国家商品检验局根据对外经济贸易发展的需要和进出口商品的实际情况制定的,不定期地加以调整和公布。

(2)《中华人民共和国食品安全法》和《中华人民共和国进出境动植物检疫法》所规定的商品。

(3) 船舶和集装箱。

(4) 海运出口危险品的包装。

(5) 对外贸易合同规定由商检局实施检验的进出口商品。

我国进出口商品实施检验的范围除以上所列之外,根据《中华人民共和国进出口商品检验法》的规定,还包括其他法律、行政法规规定需经商检机构或由其他检验机构实施检验的进出口商品或检验项目。

2. 商品检验的时间和地点

根据国际贸易惯例,对商品检验的时间与地点有以下三种规定。

(1) 在出口国检验。这是指出口国装运港的商品检验机构在商品装运前对商品品质、数量及包装进行检验,并出具检验合格证书作为交货的最后依据。具体而言,商品以离岸品质、重量为准,商品到达目的港后,买方无权向卖方提出异议。有时,商品的检验也可以在出口方的工厂进行,出口方只承担商品离厂前的责任,对运输中商品品质、数量变化的风险概不负责。

(2) 在进口国检验。这是指商品到达目的港后,商品的数量、品质和包装由目的港的商品检验机构检验,并出具检验证书作为商品的交接依据。这种方式是以商品到岸品质、重量为准。有时,商品检验也可以在买方营业处所或最后用户所在地进行,在这种条件下,卖方应承担运输过程中品质、重量变化的风险。

(3) 在出口国检验、进口国复验。商品在装船前进行检验,以装运港的检验证书作为交付货款的依据;在商品到达目的港之后,允许买方公证机构对商品进行复验并出具检验证书作为商品交接的最后依据。如复验结果与合同规定不符,买方有权向卖方提出索赔,但必须出具卖方同意的公证机构出具的检验证明。这种做法兼顾了买卖双方的利益,在国际上采用较多。

商品检验的时间与地点不仅与贸易术语、商品及包装性质、检验手段的具备与否有关,还与国家的立法、规章制度等有密切关系。为使商检工作顺利进行,预防产生争议,买卖双方应将检验时间与地点在合同的检验条款中具体订明。

3. 检验机构

国际贸易中的商品检验工作,一般是由专业性的检验部门或检验企业来办理,有时由买卖双方自己检验商品。国际贸易中从事商品检验的机构大致有以下几类。

(1) 官方机构。由国家设立的检验机构。

(2) 非官方机构。由私人和行业协会等开设的检验机构,如公证人、公证行等。

(3) 企业或用货单位设立的化验室、检验室。

在我国,根据《中华人民共和国进出口商品检验法》的规定,从事进出口商品检验的机构,是国家设立的商检部门和设在全国各地的商检局。在实际交易中选用哪类检验机构检验商品,取决于各国的规章制度、商品性质及交易条件等。

检验机构的选定一般是与检验的时间和地点联系在一起的。在出口国工厂或装运港检验室,一般由出口国的检验机构检验;在目的港或买方营业处、所检验时,一般由进口国的检验机构检验。究竟选定由哪个机构实施和提出检验证明,在买卖合同条款中,必须明确加以规定。

4. 检验证书

商品检验证明即进出口商品经检验、鉴定后,由检验机构出具的具有法律效力的证明文件。检验证书是证明卖方所交商品在品质、重量、包装、卫生条件等方面是否与合同规定相符的依据。如与合同规定不符,买卖双方可据此作为拒收、索赔和理赔的依据。

目前在国际贸易中,常见的检验证书主要有品质证明书、重量证明书、卫生证明书、兽医证明书、植物检疫证明书、价值证明书、产地证明书等。在国际商品买卖业务中,卖方究竟提供何种证书,要根据成交商品的种类、性质、有关法律和贸易习惯及政府的涉外经济政策而定。

6.2.2 报关业务

报关(customs declaration)是指"进出境运输工具的负责人、进出境货物的所有人、进出口货物的收发货人或其代理人向海关办理运输工具、货物、物品进出境手续的全过程"(GB/T 18354—2021)。报关时,申报主体需按照海关规定的格式填报《进出口商品报关单》,随附海关规定应交验的单证,请求海关办理商品进出口手续。

1. 海关的职责

海关是国家设在进出境口岸的监督机关。在国家对外经济贸易活动和国际交往中,海关代表国家行使监督管理的权利。通过海关的监督管理职能,保证国家进出口政策、法律、法令的有效实施,维护国家的权利。

1987 年 7 月 1 日实施的《中华人民共和国海关法》(以下简称《海关法》)是现阶段我国海关的基本法规,也是海关工作的基本准则。中华人民共和国海关总署为国务院的直属机构,统一管理全国海关,负责拟定海关方针、政策、法令、规章。国家在对外开放口岸和海关监管业务集中的地点设立海关。中国海关按照《海关法》和其他法律、法规的规定,履行下列职责:

(1) 对进出境的运输工具、商品、行李物品、邮递物品和其他物品进行实际监管;

(2) 征收关税和其他税费;

(3) 查缉走私;

(4) 编制海关统计和办理其他海关业务。

2. 报关单证和报关期限

经海关审查批准予以注册、可直接或接受委托向海关办理运输工具、商品、物品进出境手续的单位叫报关单位。报关单位的报关员需经海关培训和考核认可,获得报关员证件,才能办理报关业务。报关员需在规定的报关时间内,备有必要的报关单证,办理报关手续。

对一般的进出口商品,需要交验的报关单证包括以下内容。

(1) 进出口商品报关单(一式两份)。这是海关验货、征税和结关[7] 放行的法定单据,也是海关对进出口商品汇总统计的原始资料。为了及时提取商品和加速商品的运送,报关单位应按海关规定的要求准确填写报关单,并需加盖经海关备案的报关单位的"报关专用章"和报关员的印章并签字。

(2) 进出口商品许可证或国家规定的其他批准文件。凡国家规定应申领进出口许可证的商品,报关时都必须交验外贸管理部门(包括经贸部、经贸部属各地的特派员办事处及各地经委或经贸委、厅、局)签发的进出口商品许可证。凡根据国家有关规定需要有关主管部门批准的还应交验有关的批准文件。

(3) 提货单、装货单或运单。这是海关加盖放行章后发还给报关人据以提取或发运商品的凭证。

(4) 发票。它是海关审定完税价格的重要依据,报关时应递交载明商品真实价格、运费、保险费和其他费用的发票。

(5)装箱单。单一品种且包装一致的件装商品和散装商品可以免交。

(6)减免税或免检证明。

(7)商品检验证明。

(8)海关认为必要时应交验的贸易合同及其他有关单证。

《海关法》规定,出口商品的发货人或其代理人应当在装货的24h前向海关申报。进口商品的收货人或其代理人应当自运输工具申报进境之日起14天内向海关申报。逾期罚款,征收滞报金[8]。如自运输工具申报进境之日起超过3个月未向海关申报,其商品可由海关提取变卖。如确因特殊情况未能按期报关,收货人或其代理人应向海关提供有关证明,海关可视情况酌情处理。

3. 进出口商品报关程序

《海关法》规定,进出口商品必须经设有海关的地点进境或者出境,进口商品的收货人、出口商品的发货人或其代理人应当向海关如实申报、接受海关监管。对一般进出口商品,海关的监管程序是接受申报、查验商品、征收税费、结关放行。而相对应的收发货人或其代理人的报送程序是申请报送、交验商品、缴纳税费、凭单取货。

海关在规定时间内接受报关单位的申报后,审核单证是否齐全、填写是否正确、报关单内容与所附各项单证的内容是否相符,然后查验进出口商品与单证内容是否一致,必要时海关将开箱检验或者提取样品。商品经查验通过后,如属应纳税商品,由海关计算税费,填发税款缴纳证,待报关单位交清税款或担保付税后,海关在报关单、提单、装货单或运单上加盖放行章后结关放行。

4. 关税及其他税费的计算征收

关税政策和税法是根据国家的社会制度、经济政策、社会生产力发展水平、外贸结构和财政收入等因素综合考虑制定的。依法对进出口商品征税是海关行使国家外贸管理职权的重要内容。进出口商品应纳税款是在确定单货相符的基础上,对相关商品进行正确分类,确定税率和完税价格后,据以计算得到的,其基本计算公式为

$$关税税额=完税价格\times关税税率$$

式中,进口商品以海关审定的正常成交价为基础的到岸价格为完税价格。到岸价格包括货价、运费、保险费及其他劳务费用。出口商品以海关审定的商品售于境外的离岸价格扣除出口税后作为完税价格。

准许进出口的商品和物品,除《海关法》另有规定外,应由海关征收关税,但国家可以因政治或外交需要对某些国家或某些人员的进口商品或物品给予关税减免,或者由于经济发展需要,在一定时间内对某些进出口商品实行减征或免征关税。关税的减免权属于中央。

另外,当商品由海关征税进口后,由于其在国内流通,与国内产品享有同等待遇,因而也需缴纳国内应征的各种税费。为简化手续,可以把一部分国内税费的征收在商品进口时就交由海关代征。目前,我国由海关代征的国内税费有增值税、城建税、教育费附加税等。

当进出口商品、进出境物品放行后,海关发现有少征或漏征税款时,可在自物品放行之日起一年内,向纳税义务人补征,因纳税义务人违反规定造成的,可延至三年内追征;当海关发现多征税款后,应立即退还,纳税义务人也可在自缴纳税款之日起一年内要求海关退还。

6.2.3 国际货运代理

国际贸易中的跨国货物运输和配送可以由进出口双方自行组织,也可以委托跨国第三方

物流企业组织完成。其中,国际货运代理是方便、节约地执行国际物流不可或缺的一个重要环节。

国际货运代理(international forwarder)是指“接受进出口货物收货人或发货人的委托,以委托人或自己的名义,为委托人办理国际货物运输及相关业务的服务方式或经济组织”(GB/T 18354—2021)。

国际货运代理人是接受货主委托,办理有关货物报关、交接、仓储、调拨、检验、包装、转运、租船和订舱等业务的人。其身份是货主的代理人并按代理业务项目和提供的劳务向货主收取劳务费。

1. 国际货运代理的业务范围

国际货运代理的业务范围有大有小,大的兼办多项业务,如海陆空及多式联运,货运代理业务齐全;小的则专办理一项或两项业务,如某些空运货运代理和速递公司。较常见的货运代理主要有以下几类。

(1) 租船订舱代理。这类代理与国内外货主企业有广泛的业务关系。

(2) 货物报关代理。有些国家对这类代理应具备的条件规定较严,必须向有关部门申请登记,并经过考试合格,发给执照才能营业。

(3) 转运及理货代理。其办事机构一般设在中转站及港口。

(4) 储存代理。其包括货物保管、整理、包装及保险等业务。

(5) 集装箱代理。其包括装箱、拆箱、转运、分投,以及集装箱租赁和维修等业务。

(6) 多式联运代理。即多式联运经营人或称无船承运人,是与货主签订多式联运合同的当事人。不管一票货物运输要经过多少种运输方式,要转运多少次,多式联运代理必须对全程运输(包括转运)负总的责任。无论是在国内还是国外,对多式联运代理的资格认定都比其他代理要严格一些。

2. 国际货运代理在国际物流中的作用

在国际物流中,国际货运代理具有以下作用。

(1) 能够安全、迅速、准确、节省、方便地组织进出口货物运输。根据委托人托运货物的具体情况,选择合适的运输方式、运输工具、最佳的运输路线和最优的运输方案。

(2) 能够就运费、包装、单证、结关、检查检验、金融、领事要求等提供咨询,并对国外市场的价格、销售情况提供信息和建议。

(3) 能够提供优质服务。为委托人办理国际货物运输中某一个环节的业务或全程各个环节的业务,手续方便、简单。

(4) 能够把小批量的货物集中为成组货物进行运输,既方便了货主,也方便了承运人,货主因得到优惠的运价而节省了运输费用,承运人接收货物时省时、省力,便于货物的装载。

(5) 能够掌握货物全程的运输信息,使用现代化的通信设备随时向委托人报告货物在途的运输情况。

(6) 不仅能组织协调运输,而且影响到新运输方式的创造、新运输路线的开发及新费率的制定。

总之,国际货运代理是整个国际货物运输的组织者和设计者,特别是在国际贸易竞争日益激烈、社会分工越来越细的情况下,它的地位越来越重要,作用越来越明显。

3. 国际货运代理应具备的条件

按照我国有关法规规定,国务院对外贸易经济合作主管部门负责对全国的国际货运代理

业实施监督管理。在我国,从事国际货物运输代理的企业必须具备以下条件:

(1) 必须依法取得中华人民共和国企业法人资格;

(2) 拥有与其从事的国际货物运输代理业务相适应的专业人员;

(3) 拥有固定的营业场所和必要的营业设施;

(4) 拥有稳定的进出口货源市场;

(5) 注册资本最低限额应符合下列要求:经营海上国际货物运输代理业务的,注册资本最低限额为500万元人民币;经营航空国际货物运输代理业务的,注册资本最低限额为300万元人民币;经营陆路国际货物运输代理业务或国际快递业务的,注册资本最低限额为200万元人民币;经营前述两项以上业务的,注册资本最高限额为其中最高一项的限额;国际货物运输代理企业每设立一个从事国际货物运输代理业务的分支机构,应当增加注册资本50万元。

6.2.4 理货业务

理货是对外贸易与国际货物运输配送中不可缺少的一项重要工作,它履行判断货物交接数量和状态的职能,是托运和承运双方履行运输契约、分清货物短缺和毁损责任的重要过程。

1. 理货的概念

理货是随着水上贸易运输的出现而产生的,最早的理货工作就是计数,现在,理货的工作范围已经发生了变化。理货是指船方或货主根据运输合同在装运港和卸货港收受与交付货物时,委托港口的理货机构代理完成的在港口对货物进行计数、检查货物残损、指导装舱积载、制作有关单证等工作。

2. 理货工作的内容

(1) 理货单证。理货单证是理货机构在理货业务中使用和出具的单证,它反映船舶载运的货物,在港口交接当时的数量或状态的原始记录,因此它具有凭证和证据的性质。理货机构一般是公正型或证明型的机构,理货人员编制的理货单证,其凭据或证据就具有法律效力。

理货单证是承运人与托运人或提单持有人之间办理货物数字和外表状态交接的证明,是港口安排作业、收货人安排提货的主要依据,是买卖双方履行合同情况的主要凭证和理货机构处理日常业务往来的主要依据,也是承运人、托运人、提单持有人以及港方、保险人之间处理货物索赔案件的凭证。主要的理货单证有以下几种:

① 理货委托书;

② 计数单,这是理货员理货计数的原始记录;

③ 现场记录,这是理货员记载商品异常状态和现场情况的原始凭证;

④ 日报单,这是理货长向船方报告各舱货物装卸进度的单证;

⑤ 待时记录,这是记载由于船方原因造成理货人员停工待时的证明;

⑥ 货物溢短单,这是记载进口商品件数溢出或短少的证明;

⑦ 货物残损单,这是记载进口商品原残损情况的证明;

⑧ 货物积载图,是出口货物实际装舱部位的示意图。

(2) 分票和理数。分票是理货员的一项基本工作。分票就是依据出口装货单或进口舱单分清货物的主标志或归属,分清混票和隔票不清货物的归属。分票是理货工作的起点,理货员在理数之前,首先要按出口装货单或进口舱单分清货物的主标志,明确货物的归属,然后才能根据理货数字确定货物是否有溢短或残损,以便进行处理。分票也是提高货物运输质量的重要保障。卸船时,如理货人员发现舱内货物混票或隔票不清,应及时通知船方人员验看,并编制现场记录且取得船方签认，然后指导装卸工组按票分批装卸。

理数是理货员的一项最基本的工作，是理货工作的核心内容，也是鉴定理货质量的主要依据。理数也称计数，就是在船舶装卸货物过程中，记录起吊货物的钩数，点清钩内货物细数，计算装卸货物的数字。

货物溢短是指船舶承运的货物，在装运港以装货单数字为准，在卸货港以进口舱单数字为准，当理货数字比装货单或进口舱单数字溢出时，称为溢货；短少时，称为短货。在船舶装卸货物时，装货单和进口舱单是理货的唯一凭证与依据，也是船舶承运货物的凭证和依据。理货结果就是通过将装货单和进口舱单进行对照，来确定货物是否溢出或短少。货物装卸船后，由理货长根据计数单核对装货单或进口舱单，确定实际装卸货物是否有溢短。

(3) 理残。凡货物包装或外表出现破损、污损、水湿、锈蚀、异常变化等现象，可能危及货物的质量或数量，称为残损。理残是理货人员的一项主要工作，其工作内容主要是船舶承运的货物在装卸时，检查货物包装或外表是否有异常状况。理货人员为了确保出口货物完整无损，进口货物分清原残和工残，在船舶装卸过程中，剔除残损货物，记载原残货物的积载部位、残损情况和数字的工作叫理残，又称分残。

残损是指由于意外事故、自然灾害或其他人力不可抗拒的因素导致的货物残损。其中，意外事故残损是指在装卸船过程中，因各种潜在因素造成意外事故，导致货物残损。这类残损责任比较难以判断，容易发生争执。自然灾害事故残损是指在装卸船过程中，由于不可抗拒的因素造成自然灾害给货物造成的残损。如突降暴雨、水湿货物等，对此，理货人员要慎重判断责任方。

(4) 绘制实际货物积载图。装船前，理货机构从船方或其代理人处取得货物配载图，理货人员根据配载图指导和监督工人装舱积载。但是由于各种原因，在装船过程中经常会发生调整和变更配载的情况。理货长必须参与配载图的调整和变更，在装船结束时，理货长还要绘制实际装船位置的示意图，即实际货物积载图。

(5) 签证和批注。理货机构为船方办理货物交接手续，一般要取得船方签认，同时，承运人也有义务对托运人和收货人履行货物收受和交付的签证责任。因此，船方为办理货物交付和收受手续，在货物残损单、货物溢短单、大副收据和理货证明书等理货单证上签字，称为签证。签证是船方对理货结果的确认，是承运人对托运人履行义务，划分承托双方责任的依据。签证工作一般在船舶装卸货物结束后、开船之前完成。我国港口规定，一般在船舶装卸货物结束后两小时内完成。

在理货或货运单证上书写对货物数字或状态的意见，称为批注。按加批注的对象不同，批注可分为船方批注和理货批注两类。批注的目的和作用，一是为了说明货物的数字和状态情况；二是为了说明货物的责任关系。

(6) 复查和查询。如果卸货港理货数字与舱单记载的货物数字出现不一致，则需要进行复查。对此，国际航运习惯的做法是，船方在理货单上批注“复查”的内容，即要求理货机构对理货数字进行重新核查。然后，理货机构采取各种方式对所理货物数字进行核查，以证实其准确性。当然，当理货数字与舱单记载的货物数字差异较大时，理货机构也可以主动进行复查，以确保理货数字的准确性。

理货查询有多种形式。如果船舶卸货时发生货物的溢出或短少，理货机构为查清货物溢短情况，可以向装运港理货机构发出查询文件或电报，请求进行调查并予以答复；或者在船舶装货后，发现理货、装舱、制单有误，或有疑问，理货机构可以向卸货港理货机构发出查询文件或电报,请求卸货时予以注意、澄清,并予以答复;或者船公司向理货机构发出查询文件或电报,请求予以澄清货物有关情况并予以答复。

6.3 保税制度与保税物流

保税制度是各国政府为了促进对外加工贸易和转口贸易而采取的一项关税措施,它是对特定的进口商品,在进境后,尚未确定内销或复出的最终去向前,暂缓缴纳进口税,并由海关监管的一种制度。而保税物流[9](bonded logistics)是指"在海关特殊监管区域或者场所,企业从事仓储、配送、运输、流通加工、装卸搬运、物流信息、方案设计等业务时享受海关实行的'境内关外'管理制度的一种物流服务模式"(GB/T 18354—2021)。

6.3.1 保税区和保税仓库

保税区(bonded area),也称保税仓库区,其级别低于综合保税区[10]。保税区是一国海关设置的或经海关批准注册、受海关监督和管理的可以较长时间存储商品的区域。在我国,保税区是经国务院批准设立的、海关实施特殊监管的经济区域。

上海外高桥保税区

上海外高桥保税区于1990年6月经国务院批准设立,同年9月正式启动,是全国首个,也是全国16个保税区中经济总量最大的保税区。外高桥保税区批准时规划面积为10km²,位于上海浦东新区,濒临长江入海口,地处黄金水道和黄金岸线的交汇点,紧靠外高桥深水港区,是全国首个"国家进口贸易促进创新示范区"和上海国际航运、贸易中心的重要载体。2010年,外高桥保税区在英国伦敦《金融时报》全球自由贸易区按八大要素综合评比中获得第一名。2014年10月6日,外高桥保税区正式开通微信公众平台"上海自贸区销售中心",标志着上海市政府倡导的"互联网+"的发展思路正式拉开序幕。2020年4月,上海自贸区离岸转手买卖产业服务中心在外高桥保税区启动,标志着这一国际新型贸易模式进入常态化、规范化、规模化的产业发展阶段。

国外商品存入保税区内,可以暂时不缴进口税;如再出口,不缴出口税;如要进入所在国的国内市场,则要办理报关手续,缴纳进口税。进入保税区的国外商品,可以进行储存、分装、混装、加工、展览等。有的保税区还允许在区内经营保险、金融、旅游、展销等业务。

保税区和保税仓库的出现,为国际物流的海关仓储提供了既经济又便利的条件。国际贸易中有时会出现对商品不知最后作何处理的情况,买主(或卖主)将商品在保税仓库暂存一段时间。若商品最终复出口,则无须缴纳关税或其他税费;若商品将内销,可将纳税时间推迟到实际内销时为止。而从物流角度看,应尽量减少储存时间、储存数量,加速商品和资金周转,实现国际物流的高效率运转。保税区可分为以下几种形式。

1. 指定保税区

指定保税区是为了在海港或国际机场简便、迅速地办理报关手续,为外国商品提供装卸、搬运和临时储存的场所。商品在该区内储存的期限较短,限制较严。

2. 保税货栈

保税货栈是指经海关批准用于装卸、搬运或暂时储存进口商品的场所。

3. 保税仓库

保税仓库(bonded warehouse)是指“经海关批准设立的专门存放保税货物及其他未办结海关手续货物的仓库”(GB/T 18354—2021)。保税仓库必须具备专门储存、堆放货物的安全设施及健全的仓库管理制度和详细的仓库账册,配备专门的经海关培训认可的专职管理人员。境外机构的商品可以连续长时间储存在保税仓库内。保税仓库的存在,便于货主把握交易时机以出售商品,有利于业务的顺利进行和转口贸易的发展。从经营方式上看,保税仓库主要有以下三种类型。

(1) 专业性保税仓库。它由有外贸经营权的企业自营,一般只储存本企业经营的保税货物,例如,纺织品进出口公司自营的保税仓库,专用于储存进口的纺织品原料和加工复出口的成品。

(2) 公共保税仓库。具有法人资格的经济实体,可向海关申请建立公共保税仓库,专营仓储业务。其本身一般不经营进出商品,而是面向社会和国内外保税货物持有者进行仓储经营活动。外运公司经营的保税仓库即属于这一类型。

(3) 海关监管仓库。主要用于存放货物以及行李物品进境而所有人未来提取,或者无证到货、单证不齐、手续不完备以及违反海关章程,海关不予放行,需要暂存海关监管仓库听候海关处理的货物。这种仓库有的由海关自行管理,也可以交由专营的仓储企业经营管理,海关行使行政监管职能。

4. 保税工厂

保税工厂(bonded factory)是指“经海关批准专门生产出口产品的保税加工装配企业”(GB/T 18354—2021)。

5. 保税展厅

保税展厅是经海关批准,在一定期限内用于陈列外国货物进行展览的保税场所。保税展厅通常设置在本国政府或外国政府、本国企业或外国企业等直接举办或资助举办的博览会、展览会上,它除了具有保税的功能外,还可以展览商品,加强广告宣传,促进贸易的发展。

目前,各国为了提高其经济开放程度,更好地融入国际的经济交流,纷纷实行各种经济特区政策。除了保税区政策之外,与国际贸易和国际物流相关的经济特区政策还包括自由贸易港政策和出口加工区政策。

6.3.2 自由贸易港/自由贸易(试验)区

1. 基本概念

(1) 自由贸易港。自由贸易港是指设在国家与地区境内、海关管理关卡之外的,允许境外货物、资金自由进出的港口区;对进出港区的全部或大部分货物免征关税,并且准许在自由港内,开展货物自由储存、展览、拆散、改装、重新包装、整理、加工和制造等业务活动。

(2) 自由贸易区。自由贸易区(free trade area)是指签订自由贸易协定的成员国相互彻底取消商品贸易中的关税和数量限制,使商品在各成员国之间可以自由流动的一片区域。按照《京都公约》[11] 的解释,“自由区(free zone)系指缔约方境内的一部分,进入这一部分的任何货物,就进口税费而言,通常视为在关境之外,并免于实施通常的海关监管措施。有的国家还使用其他的一些称谓,例如自由港、自由仓等。”

自由贸易港是自由贸易区的一种表现形式。

(3) 自由贸易试验区。自由贸易试验区(pilot free trade zone)是指“在主权国家或地区的关境内,设立的以贸易投资便利化和货物自由进出为主要目的的特定区域”(GB/T 18354—

2021)。其在贸易和投资等方面拥有比世贸组织有关规定更加优惠的贸易安排。其实质是采取自由贸易港政策的关税隔离区。狭义仅指提供区内加工出口所需原料等货物的进口豁免关税的地区,类似于出口加工区。广义的自由贸易试验区还包括自由贸易港和转口贸易区。

党中央支持海南建设自由贸易试验区及自由贸易港

2018年4月13日,党中央决定支持海南全岛建设自由贸易试验区,支持海南逐步探索、稳步推进中国特色自由贸易港建设,分步骤、分阶段建立自由贸易港政策和制度体系。

2. 各国对自由贸易港或自由贸易区的一般规定

自由贸易港或自由贸易区一般分为两种类型:一类是把港口或设区的所在城市都划为自由贸易港或自由贸易区,另一类是把港口或设区的所在城市的一部分划为自由贸易港或自由贸易区,各国对自由贸易港或自由贸易区的规定一般有以下内容。

(1) 关税方面的规定。对于允许自由进出港口或自由贸易区的外国商品,不必办理报关手续,免征关税。少数已征收进口税的商品如烟、酒等的再出口,可退还进口税。但这些商品如果进入所在国国内市场销售,则必须办理报关手续,缴纳进口税。有些国家对在港内或区内进行加工的外国商品往往有特定的征税规定。如美国规定,用美国的零配件和外国的原材料装配或加工的产品进入美国市场时只对该产品所包含的外国原材料的数量或金额征收关税。

(2) 业务活动的规定。对于允许进入自由贸易港或自由贸易区的外国商品,可以储存、展览、拆散、分类、分级、修理、改装、重新包装、重新贴标签(揭洗)、整理、加工和制造、销毁、与外国或所在国原材料混合、再出口或向所在国国内市场出售。

6.3.3 出口加工区

出口加工区是一个国家或地区在其港口或机场附近,划出一定的区域范围,建造码头、道路、车站、厂房、仓库等基础设施,并提供免税等一系列优惠政策,鼓励外国企业在区内投资生产以出口为主的工业品的加工区域。出口加工区是20世纪60年代后期,首先在一些发展中国家建立和发展起来的。其目的在于吸引外国资本,引进先进技术和设备,促进工业和外贸的发展,带动该地区经济发展,提高生产技术水平。

出口加工区起源于自由港或自由贸易区,但两者又有所不同。自由贸易港或自由贸易区以转口贸易为主,侧重于商业;而出口加工区以出口加工工业为主,侧重于工业。

1. 出口加工区的类型

出口加工区一般分为两类,即综合性出口加工区和专业性出口加工区。综合性出口加工区是指区内可以生产经营多种出口加工产品,目前世界上绝大多数出口加工区属于这种类型。而专业性出口加工区是指区内只准生产经营某种特定的出口加工产品。

由于在出口加工区投资的外国企业所需的设备和原材料大部分依靠进口,产品全部或大部分输出国外市场销售,因此出口加工区应设在交通便利、运输费用低廉的地方。通常在国际性的空港或海港附近设区最为理想。

2. 出口加工区的一般规定

为了发挥出口加工区的作用,吸引外国企业前来投资设厂,各国、各地区都制定了许多具体的政策措施,主要包括以下内容。

(1) 关税的优惠规定。对在区内投资设厂的外国企业,从国外进口的生产设备、原材料、燃料、零部件及半成品等，免征进口税。生产的产品出口时，免征出口税。

(2) 国内税的优惠规定。许多国家和地区的出口加工区为区内企业提供减免所得税、营业税、贷款利息税等优惠待遇。

(3) 放宽外汇管制的规定。在出口加工区的外国企业，允许其资本、利润、股息全部汇出。

(4) 投资保证的规定。许多国家或地区不仅保证各项有关出口加工区的规定长期稳定不变，而且保证对外国投资不没收或征用。如因国家利益或国防需要而征用时，政府保证给予合理的经济赔偿。

(5) 其他相关政策。对于报关手续，土地、仓库、厂房的租金，贷款利息，外籍员工及其家属的居留权等都给予优惠待遇。

6.3.4　我国保税区国际物流的发展

我国目前批准设立的保税区，有依托港口的，如天津港、沙头角、上海外高桥、广州、青岛、宁波、汕头保税区；有依托开发区的，如大连、厦门、福州的保税区；有既不在开发区，又不临港口的，如福田保税区；还有唯一依托内河港口的张家港保税区。从 1990 年 5 月国务院批准建立第一个保税区到现在，经过二十多年来的发展，全国保税区的保税仓储、转口贸易、商品展示功能有了不同程度的发展，具备了一定规模的国际物流基础。其中，保税仓储功能作为保税区与其他各类经济区域相区别的功能特征，总体发展较快。为了达到吸引外资的目的，各保税区都投入了大量的资金用于保税区的基础设施建设。同时，参照国外自由贸易区的有关经验，结合我国具体情况，制定了一系列政策法规，以确保保税区按国际惯例办事，为投资者提供可靠的保障。自从保税区建立以来，就吸引了大批国内外投资者，招商势头良好，成绩显著。

6.4　国际物流运营

跨国公司的国际物流运营实例

大型跨国物流公司在全球范围内利用自身规模优势建立起国际物流网络，开展各项物流服务。例如，DHL 利用其在全球 100 多个国家和地区建立起来的国际物流网络，开展国际物流快件运送业务。以中国到日本为例，从上海客户处取件到送达日本东京客户处，一般只需 36～48h，其间要经过电话受理、上门收件、快件中心集货分理、机场送达(有时还需要办理通关手续)、分拨、客户送达等环节业务。如果 DHL 没有庞大的国际物流网络，要提供这样便捷的服务是不可想象的。

跨国公司的跨国经营以及货主企业的国际化产品分销是国际物流发展的原动力。随着经济全球化进程的加快，企业的国际化运营越来越普及，尤其是随着跨国公司的迅速发展，它们为实现全球利益最大化，在全球范围内组织采购、生产和营销活动，其物流运作的地理范畴也突破国境，成为国际物流。

6.4.1　货主企业的国际物流运营

货主企业的国际化采购、生产、分销和配送，使很多公司迫切需要发展国际物流系统来实现产品的顺畅跨国流动。目前，物流已经成为众多跨国公司的战略性工具。有效的国际物流运营，已经成为企业降低经营成本、扩大销售市场、增加市场份额的有效手段。

货主企业在国际物流运营中,一般可以采取以下几种模式。

1. 构建自有的全球性物流系统

企业可以构建自有的全球性物流系统,建立全球性物流管理组织机构,并构筑全球性的物流网络。在这种模式下,物流运营的总成本相对较低,并且公司可以通过对物流系统设施的投资参与到东道国的经济活动中,也有利于对物流活动进行有效控制。不利之处是存在巨额的初始投资,以及物流组织管理的复杂性较高。

2. 物流业务的分段外包

这种模式在企业中应用比较广泛。货主企业依据进出口贸易合同的不同组织形式,将各环节的物流业务分别外包给不同的物流企业具体运营。例如,将物流业务分段外包给国内运输企业、国内货运代理企业、船务公司、远洋运输企业、国外货运代理企业以及国外配送企业等。这种模式的主要特点是,由货主企业自有的物流管理部门来协调组织物流活动全过程,而把不同环节的物流业务分别外包;其缺点是物流部门面对的参与体多,组织工作量大,不利于统一安排,协调性相对较差。

3. 引入一体化的第三方物流服务商来完成企业的国际物流运营

随着第三方物流的崛起,这种物流业务方式被货主企业越来越多地应用在国际物流业务运营中。第三方物流企业的介入可以减少货主企业的投资,并能够随时根据客户需求的变化调整服务外包的内容及规模,在使用物流新技术方面也更具灵活性。目前,第三方物流企业提供的服务已从传统的运输、仓储等基本服务扩展到材料采购、订货处理、库存管理、信息服务、物流系统设计以及提供物流解决方案等领域。物流外包第三方,可以使货主企业只和一家物流服务商合作,降低物流组织的难度,但这可能会导致货主企业的单位物流运营成本上升,且难以控制第三方物流公司的业务运营。因此,货主企业应与国际物流一体化服务商建立长期稳定的战略合作伙伴关系,以保证国际物流运营策略的相对稳定性。

一家公司应该采用哪种国际物流运营模式取决于诸多因素。如果国外市场较大,保护性强,物流费用高,且公司实施的是全球战略,则最好采用第一种模式;而对于那些刚开始从事全球采购或分销业务且对全球物流运营不甚了解的公司来说,第三方物流服务可能是最佳的选择。

6.4.2 物流企业的国际化运营策略

物流业作为流通产业的一个重要组成部分,在国民经济中起着不可或缺的作用。随着全球经济一体化进程的加快,物流在国民经济中的地位在不断提高。我国自改革开放以来,工业生产领域的对外开放取得了长足的进展。越来越多的工业企业参与外向型经营,它们需要从国外进口大量的设备和原材料,同时也向国外出口商品。这就为我国的物流企业提供了国际化经营的机遇,促使物流企业向国际化方向发展。另外,由于中国在人力成本、改革开放环境及市场等方面存在优势,越来越多的跨国公司到中国投资建厂,中国越来越成为全球的一个"制造中心",这也要求我国物流企业能为其提供高效、高质量的国际物流服务。我国物流企业正面临着一次大规模国际化发展的机遇和挑战。

然而我国许多物流企业在观念和体制上存在诸多弊端,已不能适应发展的需要。为此,若不进行脱胎换骨的改造就向现代物流推进,必将被国际浪潮所淹没。因此,我国物流企业的管理者应审时度势,冷静分析自身的优势和劣势,正确定位,制定相应的国际化运营策略。

1. 立足核心主业，拓展全程物流服务

物流与供应链服务是跨地区、跨部门、跨行业的一项庞大系统工程，物流企业都希望能进入客户更多的物流服务环节，为客户提供满意的服务，但各家企业的资源毕竟是有限的。我国的物流企业只有在充分挖掘自身潜能的基础上，利用信息技术与信息网络，与整个供应链上的节点企业合作，向综合物流方向拓展，才能形成逐步发展、以点带面的发展战略。

2. 强化国际业务能力，建立、完善国际物流网络

物流企业在战略制定上，必须突破地域和行业限制，以全球为着眼点。只有这样，才能最大限度地抓住机遇，规避风险。在具体战略的选择上，首先应该以中国为主要拓展市场，获得本地竞争优势，再以近致远，争取全球竞争优势。在物流运营网络的建设上，应依托多年来在国内发展已形成的网络优势，加强跨区域联合，借船出海，充分利用国内网络和业务优势，通过与实力雄厚的国外物流公司合作，引进资金、先进的物流技术和管理经验，达到提高国内物流市场占有率，并快速跻身国际物流市场的目的。

3. 开展虚拟经营，实施战略联盟，争做联盟中心

物流企业为发挥自身优势，弥补自身不足，可与其他企业结成战略联盟，开展虚拟经营，实现物流与供应链全过程的有机融合。通过多家企业的共同努力，形成合力，最终提高行业竞争力，成员企业也将从中获益。战略联盟的实施，可以将有限的资源集中在高附加价值的功能上，而将低附加价值的功能虚拟化。虚拟经营能够在组织上突破有形的界限，实现企业的精简高效，从而提高物流企业的竞争力和生存能力。在缔结联盟的过程中，为避免成为附庸，就需要掌握主动权，就要争做盟主，以此来增加获利的潜力。

4. 建立全球性的物流信息网络

随着世界经济一体化进程的加快，物流业正逐步向全球化、信息化、一体化方向发展。高新技术在物流业中的应用，电子数据交换技术与国际互联网的应用，使物流效率得到了大幅度提高。目前，国外许多大型物流企业建立了全球物流信息网络，并取得了良好的效果。借助全球性的信息网络，企业可以系统、高效、快速地组织管理好物流各个环节的活动。我国物流企业要参与国际物流市场竞争，首先必须逐步建立和完善自身的全球物流信息网络，并努力提高全员的物流信息网络化意识，使自身的物流信息系统不断向世界先进水平迈进。

美国洛杉矶西海岸报关公司的物流信息网络

美国洛杉矶西海岸报关公司与码头、机场、海关都有信息联网。当货物从世界各地起运时，客户便可以从该公司获得准确的到达时间、到泊(岸)位置等信息，使收货人与各仓储、运输公司做好准备，以便货物快速流动，安全、高效地直达目的地。

6.5　跨境电商物流模式与特性

【引例】

京东的跨境电商物流服务

京东积极开展跨境电商进口仓储物流布局，在北美和欧洲等地设立了多个海外仓，京东旗下的"海囤全球"(原名"京东全球购")在国内的杭州、广州、郑州、廊坊和上海等地拥有保税仓,并在法国设立了采购中心。

京东物流集团目前的网络布局重点在东南亚,在泰国、印度尼西亚、越南等国建立了自营海外仓,与当地物流公司合作提供末端配送服务;其国际运输开通了中国至印度尼西亚雅加达、泗水,泰国曼谷、林查班等国外城市出口专线,包括从集货、验货、报关清关、国际运输、货品追踪、库存管理、售后服务等一站式跨境物流服务(JD SEA Gateway)。

在国内,京东物流联手 eBay 跨境直购,提供进口清关及配送等服务;顾客在印度尼西亚下单后,京东向沃尔玛集中采购,通过京东物流的国际供应链服务,空运至当地配送,与印度尼西亚"本地仓备货"模式形成互补优势。按照京东物流发展战略布局,国际物流网络将覆盖整个东南亚。此外,京东还在俄罗斯、韩国、意大利、波兰等市场均以直邮的方式运作,在俄罗斯将会部署海外仓。

问题

京东的跨境电商物流服务有什么特点?

跨境电商是指分属于不同关境的交易主体,通过电子商务平台达成交易,进行支付结算,并通过跨境物流送达商品、完成交易的一种国际商业活动。近年来,跨境电商发展迅猛,跨境电商需要高效的国际物流提供有效支撑。

6.5.1 跨境电商的分类

1. 按照业务交易主体属性划分

按照业务交易主体属性,可以把电子商务交易主体划分为企业、个人、政府三种类型。再结合买方与卖方的属性,可以把电子商务划分为 B2B、B2C、C2C、B2G 几种类型。由于目前跨境电子商务交易尚未涉及政府这一交易主体,因此,可以把跨境电商划分为 B2B 跨境电商、B2C 跨境电商、C2C 跨境电商三种类型。其中,B2B 跨境电商具有代表性的是阿里巴巴(指阿里巴巴集团旗下的 1688 全球购物网站),B2C 跨境电商具有代表性的有天猫国际、海囤全球、网易考拉、洋码头等,C2C 跨境电商具有代表性的有阿里速卖通[12]、美丽说、海蜜、易贝等。

2. 按照经营品类及平台运营主体划分

按照电子商务网站经营商品品类,可以把电子商务划分为垂直型电商和综合型电商两种类型。垂直型电商专注于特定产品市场领域,为该领域客户提供深度信息与服务,满足顾客的特定需求,如专注于服装领域的凡客诚品、专注于女性用品特卖的唯品会等。综合型电商涉及多个产品市场领域,通过电子商务平台展示和销售的商品种类繁多,如淘宝网、京东商城等。

按照电子商务网站(平台)开发与运营主体,可以把电子商务划分为第三方平台电商(或称平台型电商)和自营型电商两种类型。平台型电商开发和运营第三方电子商务网站,吸引卖家入驻平台,由卖家负责商品的物流与客户服务并对买家负责。平台型电商不亲自参与商品的购买和销售,只负责提供商品交易的媒介或场所,如淘宝网、天猫商城。自营型电商不仅开发和运营电子商务网站,而且负责商品的采购、销售、物流及客户服务,同时对买家负责,其代表企业如 1 号店、海尔商城、亚马逊及当当网[13]。

按照电子商务平台经营品类及运营主体,可以把跨境电商划分为综合平台型、综合自营型、垂直平台型、垂直自营型四种类型。其中,综合平台型跨境电商的代表企业有海囤全球、天猫国际、淘宝全球购、洋码头等;综合自营型跨境电商的代表企业有亚马逊海外购、沃尔玛全球 e 购、网易考拉海购、小红书、兰亭集势等;垂直平台型跨境电商的参与者比较有限,主要集

中在服饰、美妆等垂直类商品，其代表企业有美丽说、海蜜全球购等；垂直自营型跨境电商也比较少见，其代表企业有我买网跨境购、蜜芽、聚美优品、唯品会等。

3. 按照商品流向划分

按照商品流向，可以把跨境电商划分为跨境进口电商、跨境出口电商两种类型。跨境进口电商指从事商品进口业务的跨境电商，具体指国外商品通过电子商务渠道销售到我国市场，通过电子商务平台完成商品的展示、交易、支付，并通过线下的跨境物流送达商品、完成商品交易的电子商务企业。其代表企业有天猫国际、海囤全球、洋码头等。跨境出口电商指从事商品出口业务的跨境电商，具体指本国商品通过电子商务渠道销售到国外市场，通过电子商务平台完成商品的展示、交易、支付，并通过线下的跨境物流送达商品、完成商品交易的电子商务企业。其代表企业有亚马逊海外购、易贝、阿里速卖通、环球资源、大龙网、敦煌网等。

我国跨境电子商务交易仍以跨境出口为主，其中又以跨境 B2B 出口为主要形式。

企业是商业活动中主要的经济组织。在跨境电子商务交易中，跨境电子商务企业扮演着重要的角色。跨境电商既是商品交易的场所，又是交易双方信息沟通的媒介。

6.5.2　跨境电商的物流模式

跨境电商主要有国际小包、海外租仓、集货运输等物流模式。

1. 国际小包模式

国际小包模式包括邮政小包和国际快递两种形式。前者如中国邮政小包、香港邮政小包和新加坡邮政小包等，其特点是物流时间长、物流时效性差。后者(国际快递)有 DHL 和 EMS 等，其特点是物流成本较高。邮政小包和国际快递是简单且传统的物流方式。对于未上规模的企业而言，邮政小包和国际快递几乎是仅有的几种备选的物流方式。

2. 海外租仓模式

海外租仓模式是指企业预先在国外租下仓库，然后以海运或空运的形式先把货物运达仓库，在接到客户订单后从仓库直接发货的物流模式。要实现这一模式并不容易，因为企业虽然从海外仓库发货、运输的成本会低很多，还可以提高物流时效，但仓库建设或租赁的成本及运营成本很高。

3. 集货运输模式

集货运输模式包括企业自身集货运输和外贸企业联盟集货两种类型。企业自身集货运输模式指企业自己从国外供应商处采购商品，通过自身的 B2C 平台销售给国外买家，通过买入卖出的方式赚取利润差价，企业自己组织物流活动的模式。该模式主要适合 B2C 平台本身是外贸公司的企业。外贸企业联盟集货模式主要是利用规模优势和优势互补原理，将经营的货物比较相似的小型外贸企业联合起来组成 B2C 战略联盟，通过协定成立共同的外贸 B2C 物流运营中心，实现物流协同运营的模式。外贸企业联盟集货模式主要有两个缺点，一是物流程序较复杂，物流周期较长；二是企业在前期需要投入大量资金，这对于许多中小型外贸企业来说，这笔费用是难以承受的。

6.5.3　跨境电商的物流特性

世界电商看中国，我国的跨境电商物流发展迅猛。目前市面上的跨境电商卖家使用的物流方式多为国际邮政小包、中国邮政小包、四大快递、各种专线及海外仓[14]。但是，物流始终是电子商务发展的瓶颈，跨境电商物流的以下特性制约着跨境电商的发展。

1. 物流成本高

以中国邮政小包为例，其运价偏高，在全价情况下会对卖家造成很大影响。很多卖家常常迫不得已改换其他物流渠道。但是,专线等其他物流渠道通常难以保证清关的稳定性,从而对跨境电商的物流绩效和买家的客户体验造成诸多不利影响。

2. 无法实现包裹全程物流追踪

在国内电商物流体系中,全程追踪包裹已成为各商家的基本要求,但对于跨境电商物流,全程追踪包裹基本无法实现。目前只有少数电商物流发达的国家才能提供包裹查询。这主要是因为大部分国家的物流系统信息化水平不高,我国电商物流企业无法与其他国家物流企业建立物流信息共享网络,从而无法为配送出国的物品提供追踪服务。

3. 海外仓成为发达市场的"标配",但仍然面临诸多问题

海外仓的建设需要大量的资金支持,行业资金不足成为海外仓建设面临的重要问题。我国海外仓主要集中在一些发达国家,其人工成本和仓库租赁费用高昂。若企业在租赁仓库时无法及时提供信用证明,还需要缴纳高额保证金作为担保。目前,我国大型企业(如阿里巴巴、京东等)有充足的海外仓建设资金,但多数小型企业资金不足,无法承担海外仓建设所需的高昂费用,也无法通过建设规模化的仓储中心降低运营成本。这些企业利润单薄,不堪重负,经营难以为继,甚至倒闭。

4. 物流过程长,配送效率低

跨境电商物流的运作流程如下:货物从起运地发出,经由本国国内物流环节运达海关,经过海关检验检疫等环节后再发往目的国,再经过目的国的海关商检,通过目的国国内物流环节配送到收货人。由此可见,跨境电商物流环节非常多,导致不可控因素大大增加,整个物流过程非常漫长。

跨境电商的物流时效

总体而言,跨境电商的物流时效性较差。以全球著名的 eBay 平台为例,其通过国际 e 邮宝将货物送达欧洲消费者手中的时间一般为 7~12 天,若使用专线物流送达的时间为 15~30 天。同等情况下,我国跨境电商物流的时效性更差,多数商家承诺的送达期限为 3 个月。

综上,跨境电商物流过程长,配送效率低下,这在考验消费者耐心的同时,严重制约了我国跨境电商的发展。

小　结

国际物流是指跨越不同国家(地区)之间的物流活动,是国际贸易的重要组成部分。国际物流具有渠道长、环节多、风险高、环境复杂、对标准化程度要求高等特点。国际物流主要包括发货、国内运输、出口国报关、国际运输、进口国报关、送货等业务。报关是指进出境运输工具的负责人、进出境货物的所有人、进出口货物的收发货人或其代理人向海关办理运输工具、货物、物品进出境手续的全过程。保税制度是各国政府为了促进对外加工贸易和转口贸易而采取的一项关税措施。保税物流是在海关特殊监管区域或者场所,企业从事仓储、配送、运输、流通加工、装卸搬运、物流信息、方案设计等业务时享受海关实行的"境内关外"管理制度的一种物流服务模式。保税区也称保税仓库区,其级别低于综合保税区。保税仓库是经海关批准设立的专门存放保税货物及其他未办结海关手续货物的仓库。保税工厂是经海关批准专门生产出口产品的保税加工装配企业。自由贸易港是指设在国家与地区境内、海关管理关卡之外的,

允许境外货物、资金自由进出的港口区。自由贸易港是自由贸易区的一种表现形式。自由贸易试验区是在主权国家或地区的关境内,设立的以贸易投资便利化和货物自由进出为主要目的特定区域。国际货运代理是指接受进出口货物收货人或发货人的委托,以委托人或自己的名义,为委托人办理国际货物运输及相关业务的服务方式或经济组织。跨国公司的国际化经营以及货主企业的国际化货物分销是国际物流发展的原动力。跨境电商主要有国际小包、海外租仓、集货运输等物流模式。

同步测试

一、判断题

1. 国际物流是跨越不同国家(地区)之间的物流活动。　(　　)

2. 根据国际商会《2020 年国际贸易术语解释通则》的解释,共有 13 种贸易术语,可将其划分为 E、F、C、D、G 五组。　(　　)

3. FOB 即装运港船上交货,采用该条款,买方风险更小。　(　　)

4. 国际物流会影响国际贸易,但国际贸易对国际物流没有影响。　(　　)

5. 国际货运代理只是一个中介,对国际物流活动的成功开展所起的作用不是很大。　(　　)

6. 保税物流是在海关特殊监管区域或者场所,企业从事仓储、配送、运输、流通加工、装卸搬运、物流信息、方案设计等业务时享受海关实行的"境内关外"管理制度的一种物流服务模式。　(　　)

7. 保税区也称综合保税区或保税仓库区。　(　　)

8. 自由贸易港也称自由贸易区或自由贸易试验区。　(　　)

9. 报关也称清关或结关。　(　　)

10. 保税仓库和保税工厂的功能是相同的。　(　　)

二、多选题

1. 国际物流具有(　　)特点。

A. 渠道长、环节多　　B. 环境复杂
C. 风险高　　D. 对标准化程度要求高
E. 需要开展国际多式联运

2. 根据跨国运送的商品特性,可以将国际物流划分为(　　)几类。

A. 国际军火物流　　B. 国际商品物流
C. 国际邮品物流　　D. 国际捐助或救助物资物流
E. 国际展品物流

3. 在我国,从事国际货物运输代理的企业必须具备(　　)条件。

A. 依法取得中华人民共和国企业法人资格
B. 有与其从事的国际货物运输代理业务相适应的专业人员
C. 有固定的营业场所和必要的营业设施
D. 有稳定的进出口货源市场
E. 注册资本不低于 500 万元

4. 理货业务涉及的主要单证包括(　　)。

A. 理货委托书　　B. 日报单　　C. 货物溢短单
D. 货物残损单　　E. 货物积载图

5. 保税区包括(　　)形式。
A. 指定保税区　　B. 保税货栈　　C. 保税仓库
D. 保税工厂　　E. 保税展厅

6. 保税仓库主要包括(　　)类型。
A. 专业性保税仓库　　B. 公共保税仓库　　C. 海关监管仓库
D. 进口仓库　　E. 出口仓库

7. 综合保税区可以发展(　　)业务。
A. 国际中转　　B. 配送　　C. 采购
D. 转口贸易　　E. 出口加工

8. 与保税物流相关的概念有(　　)。
A. A 型保税物流中心　　B. B 型保税物流中心　　C. 保税物流园区
D. 保税仓库　　E. 保税工厂

9. 跨境电商的物流模式包括(　　)。
A. 国际小包　　B. 海外租仓　　C. 集货运输
D. 企业自身集货运输　　E. 外贸企业联盟集货

10. 跨境电商物流具有(　　)特性。
A. 物流成本高
B. 无法实现包裹全程物流追踪
C. 海外仓成为发达市场的“标配”,但建仓及租赁费用高昂
D. 物流过程长
E. 配送效率低

三、实训题

学生以小组为单位,课余对学校所在地的某保税仓库进行调研,了解其储存对象及作业流程,分析其作用,并撰写一份不低于 1 000 字的调查报告。

四、案例分析题

上海铁联走向国际的成长历程

上海铁联国际储运有限公司(以下简称上海铁联)由上海外高桥保税区三联发展有限公司和上海铁路局合资组建而成。公司使用物流管理信息系统后,发展快速。如今,公司在服务实践中逐渐成长为以仓储业务为主,运输、货代业务为辅的国际性物流企业。

上海铁联是上海外高桥保税区内最大的物流企业之一。上海外高桥保税区是国务院批准成立的中国第一个保税区,是浦东开发最早启动的四大功能小区之一,规划建设面积 10km^2,已开发面积 7.5km^2。经过十余年的建设,外高桥保税区的展示、贸易、加工和研发功能初具规模,IT 芯片封装、第三方物流、高科技的机电一体化、新材料产业发展迅猛,已成为世界经济登陆中国的桥梁、中国经济向外辐射的窗口。目前,外高桥保税区的 GDP、工业生产总值、进出口额、集装箱吞吐量、税收收入在全国 12 个保税区中排名第一。

上海铁联地处外高桥保税区内。在保税区占地 40 000 多平方米,拥有三座共 $21\,000\text{m}^2$ 的大型单层钢结构室内保税仓库、$10\,000\text{m}^2$ 的集装箱场站,并享有保税区各类优惠政策。公司具有中国外经贸部批准的海、陆国际一级货代经营权,是集国际贸易、国际货代、报关报检、

海陆联运、保税仓储等于一体的综合性国际储运公司。作为保税区内成长型企业，如何在发展中不断提升企业管理水平、增强企业竞争力、成功地向国际性物流企业转型呢？

上海铁联的领导认为："我国保税区国际物流的发展趋势是不仅需要依托保税区其他各项主体功能的发展，更要依托高水平的物流运作来促进保税区其他各项主体功能的深化，使保税区各种功能形成协调互动的发展格局。作为保税区内的企业，就必须实现物流流程的合理化和物流服务的规范化，提高自身的经营管理水平和物流服务质量，从而使企业真正具有独特的市场竞争能力。"

上海铁联与上海博科资讯股份有限公司（以下简称博科资讯）在物流管理信息化方面的合作，保证了上海铁联更加贴近国际化客户的需求，成为国际性物流专业公司。而博科资讯也在上海铁联原有的国际贸易项目基础上，进一步树立起保税物流管理信息化领先品牌的形象。双方的强强合作，加快了上海铁联国际化的进程。

针对上海铁联提出的发展目标和公司目前存在的问题，博科资讯的咨询顾问进行了深入细致的调研。在调研中发现，由于长期采用人工操作，物流管理无法实现细化和量化，当货流量大时，手工操作的出错率较高，成本增加，企业效益得不到提高。

面对这些亟须解决的问题，博科资讯开发出了包括集中处理、进出货作业、报关业务、库存管理、物流计费、运输管理等在内的性能良好的物流信息系统。这套系统首先解决了上海铁联人工管理物流信息无法量化的问题，建立了货主及其客户的档案资料，对货主或其客户提供满足其要求的服务，为货主提供进、出、存精细化管理，对货物进出库和库存情况进行实时查询和跟踪。对不同的货主设定不同的物流计费策略，提供各种物流作业计费的设定功能，从而进行物流自动计费。在进出库管理模块及库存管理模块中，博科资讯使用先进的射频识别(RFID)技术和条码技术，使货物的进库、出库、装车、库存盘点、货物的库位调整、现场库位及商品查询等数据实现实时双向传输，做到了快速、准确、无纸化，大大提高了效率，人为因素造成的出错率降到了最低限度，从而降低了仓储成本。在物流计费模块中，增加了应收应付功能，对货主的代垫费用进行记录和管理，并将相关数据传输至财务系统，从而大大提高了财务人员的工作效率。使用运输管理模块后，通过设置车辆的基本资料、记录车辆的业务情况和运行中发生的各种费用，实现了对车辆的有序管理，减少了流转过程，提高了营运效率，缩减了人员编制，降低了营运成本。

通过使用博科资讯开发的物流信息系统，上海铁联已与国际运输方式接轨，实现了国际国内"门到门"的物流服务，现已通过了 ISO 9002 质量体系认证。目前，公司提供仓储物流服务的客户，多数为世界五百强企业，例如，德国巴斯夫、美国杜邦、法国埃尔夫阿托等。受马士基物流公司、道康宁公司的委托，上海铁联还输出管理服务，提供从换单、报关、进库、运输到客户的一条龙服务。随着保税区和港区的融合，上海铁联已成功转型为国际性物流公司。

根据案例提供的信息，回答以下问题。

1. 上海铁联成功走向国际的根本原因是什么？

2. 面对国际物流市场的发展，国内物流企业如何才能更好地参与国际市场竞争？

项目7

智慧供应链管理

项目 7 脚注

【素养目标】

1. 具有家国情怀。
2. 树立社会主义核心价值观及科学发展观。
3. 树立系统观念。
4. 具有协同理念。
5. 具有绿色低碳理念。
6. 具有成本意识。
7. 具有服务意识。
8. 具有团队精神。
9. 具有创新精神。
10. 具有专业认同感。

微课：供应链上升为我国国家战略

供应链管理产生的历程

【知识目标】

1. 理解供应链的概念。
2. 掌握供应链的特征。
3. 了解供应链的分类。
4. 理解供应链管理的要旨。
5. 掌握供应链管理的特点。
6. 了解供应链管理的领域。
7. 掌握供应链管理的基本要求。
8. 了解供应链管理的发展趋势。
9. 理解基于产品的供应链设计策略。
10. 掌握供应链的设计原则。
11. 了解供应链的设计步骤。
12. 理解供应链管理策略。
13. 了解第四方物流。

管理模式与企业经营环境的关系

微课：供应链管理全球顶尖企业的特质

【能力目标】

1. 能绘制供应链结构图。
2. 能设计中小企业供应链。

微课：采购、物流、供应链三者的关系

【引例】

思科公司凭借数字化供应链成为业界最高效的公司

思科公司是全球最大的互联网设备供应商，曾一度以公司从不开发技术而闻名于世。虽然近年来其自主研发的产品或技术的比例在不断提高，但仍然有40%的技术创新成果是通过公司并购及战略联盟的方式从其他公司获得的。思科公司能够在全球供应链网络中快速地进行资源的优化配置和整合，归因于其数字化供应链战略。

(1) 需求预测与管理。人们无法想象，思科公司93%的订单是通过cisco.com网站在线交易完成的。从客户查询产品信息、下达订单到思科公司确认库存数量、通知(合同)制造商生产产品、客户付款以及产品交付乃至售后服务，都是利用网络完成的。客户一旦登录思科公司的网站，网站就会自动识别客户来自哪里、属于何种类型，并能够根据客户的类型向其推荐适合客户的购买模式和产品。这是思科公司通过App互联网获取大数据进行分析，并通过人工智能对供应链需求进行预测的结果。

(2) 数字化供应链体系。思科公司通过虚拟数据库构建了完整的供应链合作伙伴视图，并通过数字化工具、优化产品组合、战略采购等一系列举措，大幅度提升了其与供应链合作伙伴的协同水平，构建了高水准的数字化供应链体系。思科公司依托先进的信息技术手段，实施了业务流程重组(BPR)，并与供应链合作伙伴构建了虚拟企业、动态联盟。相应地，思科公司的供应链运营模式从传统的“推式”转变为“拉式”。

(3) 虚拟物流。随着思科并购新公司、推出新产品，其业务关系变得十分复杂。为了能够在任何时间和地点全面了解公司的订单及其执行情况，思科公司构建了虚拟物流网络，创建了虚拟视图，加强了其与全球物流网络中相关物流企业的合作，确保了物流对采购、生产、客户服务等供应链运作的有效支撑。

微课：思科公司凭借数字化供应链成为业界最高效的公司

问题

1. 思科公司成功的关键是什么？
2. 目前供应链发展到了什么阶段？
3. 怎样理解物流与供应链的关系？
4. 怎样才能实施有效的供应链管理？

随着科技进步及经济社会的发展，企业经营环境变得高度动态、复杂与多变。顾客越来越挑剔，竞争越来越激烈。特别是进入20世纪90年代以后，许多企业经营管理者发现仅仅依靠一家企业的力量不足以在竞争中获胜，于是纷纷联合，企业间从竞争走向合作。相应地，企业的竞争模式逐渐演变为供应链与供应链的竞争。

7.1 智慧供应链认知

京东物流集团的一体化供应链服务

京东物流集团以物联网、大数据、机器人和人工智能(AI)等技术为基础，面向产业链上下游提供涵盖智慧供应链系统、无人科技和价值链等全方位的供应链智慧化、数字化解决方案。

供应链的概念与内涵

随着服务客户的能力提升和场景不断丰富,京东物流集团不仅提供标准化供应链服务产品,同时针对家电、服饰、消费品、家居、3C、生鲜、汽车后市场等不同行业的特点,打造了定制化的解决方案,全面满足客户多样化需求。此外,京东物流集团孵化了"京东服务+"平台,深耕3C、家电、家居领域,让消费者在京东能实现从产品到服务的一站式购买、享受售后安装、维修、清洗保养等一体化服务。

想一想 京东物流集团为客户提供了哪些供应链服务?

美国供应链管理专业协会(CSCMP)认为:"物流是供应链流程的一部分,是以满足客户要求为目的,对货物、服务及相关信息在产出地和销售地之间实现高效率和高效益的正向和反向流动及储存所进行的计划、执行与控制的过程。"目前,物流管理已经发展到了供应链管理阶段。

人工智能正在推动供应链变革

近年来,人工智能正在积极推动供应链发生变革。企业运用人工智能技术,借助复杂的算法及海量数据,不断挖掘企业简化运营、优化决策及显著节约成本的潜力。

人工智能能够优化供应链并促使相关业务流程自动化。借助机器学习的强大能力,人工智能系统能够实时分析庞大的数据集,识别潜在模式,并以远超人类的精准度做出预测。这为供应链管理者提供了快速、有效的决策支持,从而实现运营精简及企业盈利能力的提升。

根据IDC的预测,到2026年,福布斯全球2000强制造型企业中,将有55%的企业利用人工智能技术重新设计其服务供应链。这一趋势显示出人工智能在简化运营、提升效率以及为动态供应链管理带来竞争优势的巨大潜力。

根据麦肯锡公司的预测,生成式人工智能的各种应用场景每年有望带来2.6万亿美元至4.4万亿美元的收入增长,这进一步体现了人工智能在重塑供应链等多个领域所具有的革命性潜力。

7.1.1 供应链的概念

供应链的概念是在发展中形成的。供应链的概念经历了企业内部供应链(萌芽阶段)、传统供应链(扩展供应链)、集成供应链(整合供应链)、协同供应链等阶段,在云计算、边缘计算、大数据、区块链、5G、人工智能(AI)、增强现实/虚拟现实(AR/VR)等技术快速发展的今天,供应链已经发展到与互联网、物联网深度融合的智慧供应链(见图7-1和图7-2)的新阶段。

微课:供应链的定义

微课:供应链概念的演变历程

微课:智慧供应链

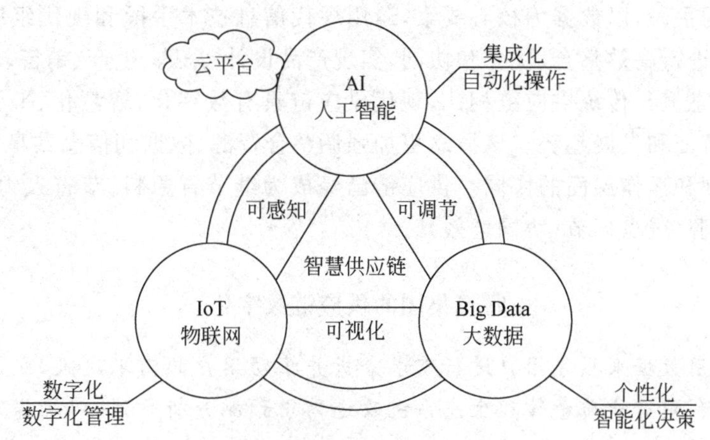

图 7-1　智慧供应链示意图

图 7-2　智慧供应链图谱

智慧供应链

2010 年 IBM 公司发布的《智慧的未来供应链》研究报告中提出了智慧供应链的概念，意指供应链与互联网、物联网的深度融合。企业通过采用物联网、大数据、云计算和人工智能等先进技术，使整个供应链系统运作如同在人的大脑指挥下实时收集并处理信息，做出最优决策、实现最优布局，系统中各组成单元能实现高质量、高效率、低成本的分工与协同。

智慧供应链一般具有感知、优化决策和智能反馈等功能，通过连接升级、数据升级、模式升级、体验升级、智能升级和绿色升级全面推进供应链升级，深刻影响社会生产和流通方式，并且在降低服务成本、提高流通效率、减少资源能耗、开展增值服务等方面显现巨大的优势。

目前，人们提出了现代供应链的概念。它是指以客户需求为导向，以提高质量和效率为目标,以整合资源为手段,以数据为核心要素,运用现代信息技术手段和现代组织方式将上下游企业和相关资源进行高效整合、优化和协同,实现产品设计、采购、生产、销售、服务等全过程高效协同的组织形态。与传统供应链相比,现代供应链具有数字化、智慧化、平台化、服务化、绿色化、全球化等特征和发展趋势。该概念更加强调整合资源、数据和信息共享以及供应链成员企业在战略、计划和运作层面的协同。供应链已经成为继节省原料、节省人力、降低物流成本之后的第四利润源(减少环节、协同增效)。

联想集团的供应链数字化

联想集团利用数据来指导用户进行需求分析并推动用户的需求决策,成功地实现了公司业务转型。联想利用智能质量管理生态系统改进需求预测分析方法,以确保客户满意。联想还采用5G、区块链(BC)、物联网(IoT)、RPA和人工智能(AI)等先进技术,以优化向全球客户提供的产品及服务解决方案。联想高级副总裁兼集团运营官表示:"供应链数字化是联想成功的关键驱动力之一,并确保我们保持最佳供应链的卓越性"。

供应链数字化

供应链数字化(supply chain digital transformation)是指在供应链相关信息充足的基础上,供应链从上游到下游由数字驱动,并由人工智能技术在数字驱动的基础上为供应链活动做出有效决策。供应链数字化的应用技术主要包括机器人流程自动化(RPA)、人工智能(AI)和区块链(BC)。RPA通常是供应链数字化的第一步,它是一种通过自动从数据库(如ERP或者电子邮件)读取相关信息并根据事先预设好的流程自动对所读取的信息做出反应的软件。RPA是供应链数字化中最受欢迎的技术(RPA的开发及后续使用成本较小),目前将近60%的财务部门已经引进RPA来自动处理业务流程,其次是采购和人力资源领域。人工智能通常是指人类语言学习、机器视觉及机器学习。在数字化供应链[1](见图7-3)中主要指机器学习(ML),即利用现有的数据对模型进行训练,并通过多次迭代优化结果。如利用机器学习模型对供应链需求进行预测(最典型的应用)、供应链风险管理、对运输延迟进行预测等。区块链是管理数据的数据库技术,具有数据录入以后不可更改的特性,其在供应链领域多指以制造企业为核心企业向其上下游辐射出去形成的私有链。IBM公司的相关数据显示,供应链数字化可使企业采购成本降低20%,供应链成本节省50%,收入增长10%。传统条块式的供应链管理转向全链条的可视化管理,是企业供应链数字化建设的长期行动方向。加强在数据管理范围、数据收集手段、数据分析及应用三个方面的供应链数字化建设,实现以数据驱动推动供应链数字化。

微课:现代供应链

微课:数字化供应链

微课:中国物流与供应链数字化发展迅猛

微课:利润源的演进历程

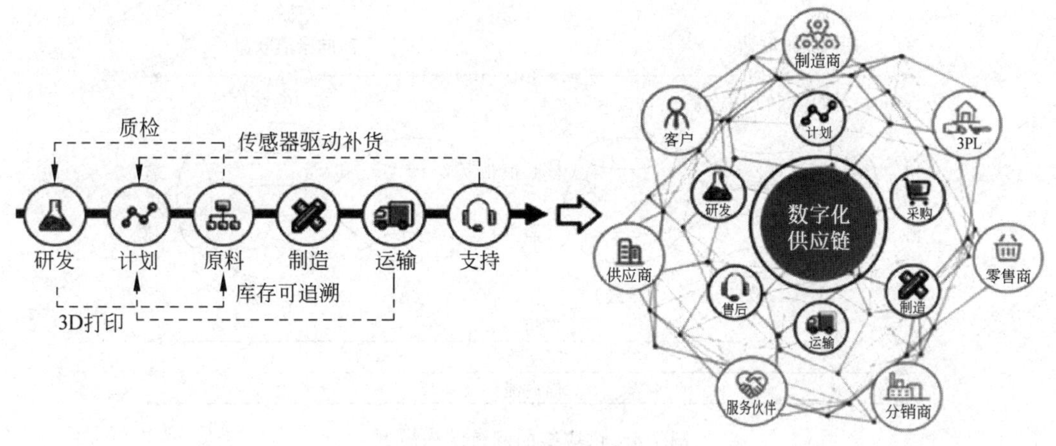

图 7-3　数字化供应链

我国国家标准《物流术语》(GB/T 18354—2021)对供应链(supply chain)的定义是:“生产及流通过程中,围绕核心企业的核心产品或服务,由所涉及的原材料供应商、制造商、分销商、零售商直到最终用户等形成的网链结构。”

本书认为,供应链是围绕核心企业,通过对商流、物流、信息流及资金流等流程的控制,从原材料、零部件等生产资料的采购与供应开始,经过生产制造、分销(拨)、零售以及售后服务等活动,由供应商、制造商、分销商、零售商、相关服务商(如物流服务商、银行等金融机构、IT 服务商等)和终端用户连成的整体功能网链结构模式。

供应链涵盖所有成员企业,它不仅是一条从供应源到需求源的物流链、资金链、信息链,更是一条增值链,物料及产品因加工、包装、运输等过程而增加价值,给消费者带来效用,同时也给供应链其他成员企业带来收益。

供应链的结构

供应链的典型流程

供应链成员企业的角色分类

典型行业企业的供应链结构

7.1.2　供应链的结构

1. 供应链的结构模型

供应链有多种结构模型,例如,静态链状模型、动态链状模型、网状模型和石墨模型等,其中最常见的是网链结构模型,如图 7-4 所示。

从供应链的网链结构模型可以看出,供应链是由节点和连线组成的复杂网络。其中节点代表企业实体,连线代表节点间的连接方式,可能是物流、资金流或信息流。通常,节点具有双重身份,它既是其供应商的客户,又是其客户的供应商。节点企业在需求信息的驱动下,通过供应链的职能分工与合作,以资金流、物流/服务流为媒介实现供应链的增值。

供应链中的实体包括法律实体、物理实体和功能实体三种类型。法律实体指合法存在的企业,物理实体指物流节点(如车站、码头、航空港、物流中心、配送中心、仓库等),功能实体指企业的功能部门(即职能部门)。

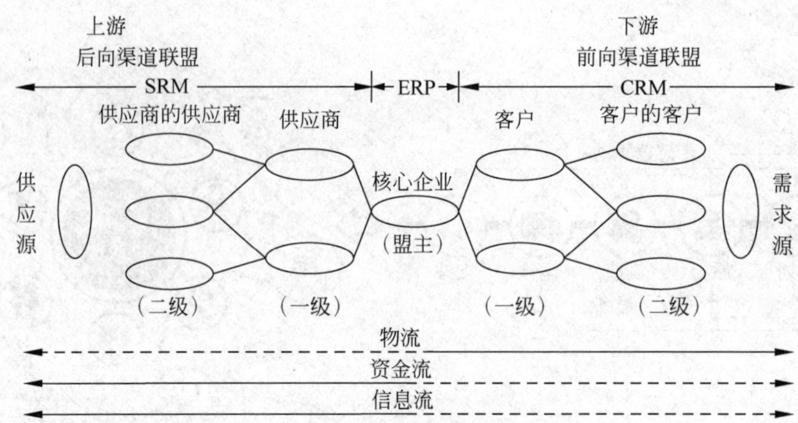

图 7-4 供应链的网链结构模型

供应链的结构要素主要包括供应链的长度、供应链的宽度(集约度)、节点企业间的关系。一般认为,供应链的长度即是满足顾客需求所涉及的环节数,同类企业处于同一层面。而供应链的宽度即供应链的集约度,它可以由供应链中同类企业的数量来衡量。

2. 供应链中的关键流

从严格意义上讲,物流、资金流和信息流都是双向的,但它们都有一个主要流向(在图 7-4 中以实线箭线表示)。通常,物流从上游往下游流动,其表现形态包括原材料、零部件、在制品、产成品等实体的流动,称为正向物流;但当发生退货、回收包装物或其他废旧物品时,物流的流向与正向物流恰恰相反,称为逆向物流或反向物流。在供应链的"三流"中,物流比较外显,最容易观察到。

供应链中的信息主要包括需求信息和供应信息。需求信息主要有客户订单、企业与客户签订的销售合同等,其流向与正向物流相反,当其从下游往上游流动时,即引发正向物流;供应信息通常由需求信息引发,例如,货物发运单、提前装运通知等,其流向与正向物流相同,与需求信息的流向相反。其中,需求信息流的方向是供应链信息流的主要流向。在市场转型的今天,供应链成员企业的经营活动一般是在需求信息的驱动下开展的,因而,辨识并获取客户的需求信息是供应链经营活动的起点。

物流或服务流本质上反映了资金的运动过程。顾客的需求信息引发物流或服务流,与之相伴而生的是资金流。与正向物流相对应,资金流主要从下游往上游流动,与正向物流反向;而当发生逆向物流时,资金流与正向物流同向。总之,物流与资金流是反向的。

7.1.3 供应链的特征

一般来说,供应链具有以下主要特征。

供应链的特征

1. 需求导向性

供应链的存在、优化与重构,都是基于一定的市场需求。在供应链运营的过程中,用户的需求成为信息流、物流/服务流、资金流的驱动源。因此,及时、准确地获取不断变化的市场需求信息,并快速、高效地满足顾客的需求,成为供应链运营成功的关键。

2. 增值性

供应链是一个高度一体化的提供产品和服务的增值过程。所有成员企业都要创造价值。

制造商主要通过对原材料、零部件进行加工转换，生产出具有价值和使用价值的产品来实现增值（形质价值或形式价值）；物流商主要通过提供仓储、运输服务来创造时间价值和空间价值，通过提供流通加工服务来创造形质（式）价值；银行等金融机构主要通过为供应链中的企业提供融资服务来创造价值；IT服务商主要通过为工商企业和物流企业提供软件开发、系统维护与升级等服务来创造价值。供应链时代的来临，要求各成员企业分工协调、同步运作，实现供应链的增值。

3. 交叉性

一家供应商可同时向多家制造商供应原材料等生产资料，一家制造商生产的产品也可以由多个分销商分销，一个零售商可同时销售多家制造商生产的产品，一个第三方物流企业可同时向多条供应链中的工商企业提供物流服务。某条供应链中的节点企业还可以成为其他供应链的成员。众多的供应链错综复杂地交织在一起，大大增加了协调管理的难度。

4. 动态性

供应链的动态性首先来源于企业经营环境的动态、复杂与多变性。为了适应竞争环境的变化，管理者需要对供应链进行不断优化，从而使其呈现出动态性的特征。此外，供应链的结构与类型因行业而异。即使是同一行业中的企业，其供应链的类型与结构也不可能完全相同。随着企业的发展，供应链的类型与结构也需要动态地更新。

5. 复杂性

供应链同时具有交叉性和动态性等特征，因而是错综复杂的。供应链的有效运作还需要协调控制物流、资金流、信息流等多种“流”，这进一步增大了供应链管理的复杂性。此外，虽然供应链成员企业都有通过满足顾客需求来实现盈利这一共同目标，但毕竟每个成员企业都拥有独立的产权，并存在一定程度上的利益冲突（供应链成员企业间本质上是竞争与合作关系），因而更增大了核心企业协调管理供应链的复杂性。

在上述特征中，顾客需求是供应链存在和运营的前提，而增值性是供应链的本质特征。

7.1.4 供应链的分类

供应链有多种分类方法，以下是几种常见的分类。

功能型产品与创新型产品特征的比较

1. 按照供应链存在的稳定性划分

按照供应链存在的稳定性，可将其划分为稳定供应链和动态供应链两种类型。稳定供应链面临的市场需求相对单一、稳定，而动态供应链面临的市场需求相对复杂且变化频繁。在实际运作中，需要根据不同的市场需求特点来构建不同的供应链，且应根据变化的市场需求来修正、优化乃至重构供应链。

2. 按照供应链的容量与用户需求的关系划分

按照供应链的容量与用户需求的关系，可将其划分为平衡供应链和倾斜供应链两种类型。平衡供应链是指用户需求不断变化，但供应链的容量能满足用户需求而使之处于相对平衡的状态、供需能够平衡的供应链。倾斜供应链则是指当市场变化剧烈时，企业不是在最优状态下运作而处于倾斜状态、供需失衡的供应链。平衡供应链具有相对稳定的供需匹配能力，而倾斜供应链则会导致库存积压或缺货成本上升，供应链总体拥有成本（total cost of ownership，TCO）增加。

3. 按照产品类型划分

（1）产品的基本类型。按照产品生命周期（product life cycle，PLC）、产品边际利润、需求的稳定性以及需求预测的准确性等指标,可以将产品划分为功能型产品(functional products)和创新型产品(innovative products)两种类型,其需求特征如表7-1所示。

表7-1 功能型产品与创新型产品需求特征的比较

需求特征	产品类型	
	功能型产品	创新型产品
产品生命周期(PLC)	>2年	1～3年
边际贡献率/%	5～20	20～60
产品多样性	低(10～20)	高(上百)
平均需求预测偏差率/%	10	40～100
平均缺货率/%	1～2	10～40
平均季末降价比率/%	几乎为0	10～25
产品生产的提前期(LT)	6个月～1年	1天至2周

由表7-1可知,功能型产品用于满足用户的基本需求,具有较长的生命周期,需求比较稳定、一般可预测,但边际利润较低,如日用百货等。而创新型产品的生命周期较短,产品更新换代较快,需求不太稳定、需求预测的准确度较低,但其边际利润较高,如时装、IT产品等。

按照产品类型,可将供应链划分为功能型供应链和创新型供应链两种类型。

产品类型与供应链类型的匹配

功能型供应链与创新型供应链运营成功的关键

效率型供应链与响应型供应链的比较

(2) 功能型供应链和创新型供应链介绍如下。

① 功能型供应链。功能型供应链是指以经营功能型产品为主的供应链。因功能型产品的市场需求比较稳定,容易实现供需平衡,故这种供应链运营成功的关键是通过减少供应链的环节来实现供应链的简约化和精益化,通过供应链的规模运作(包括采购、生产和物流)来降低运营成本,通过非核心业务外包和设置适量的库存等策略和举措来提高供应链的效率,降低供应链的成本。

② 创新型供应链。创新型供应链是指以经营创新型产品为主的供应链。因创新型产品的市场需求不太稳定,供需容易失衡,故这种供应链运营成功的关键是利用链上的信息来协调成员企业间的活动,以实现供需匹配。为此,供应链成员企业应实时信息共享,联合预测需求,协同制订计划,同步协调运作;应增强供应链的系统性和集成性,提升供应链的敏感性和响应性。

4. 按照供应链的功能模式划分

供应链的功能模式主要有物理功能和市场中介功能两种。按照供应链的功能模式,可将其划分为效率型供应链和响应型供应链两种类型。

效率型供应链也称有效性供应链(efficient supply chain),是指在生产领域以较低的成本

将原材料转化成零部件、半成品及产成品，以及在运输、配送等实物流通(物流)活动中体现物理功能的供应链；响应型供应链也称反应性供应链(responsive supply chain)，是指通过市场中介功能(商流)及高效物流系统(物流)把产品分销(拨)到目标市场，对不可预知的需求做出快速反应、体现市场中介等功能的供应链。这两种类型供应链的比较见表 7-2。

表 7-2　效率型供应链与响应型供应链的比较

比较项目	供应链类型	
	效率型供应链	响应型供应链
主要目标	高效、低成本地满足可预测的需求	对不可预测的需求做出快速响应，避免缺货及削价损失
制造的核心	提高生产资源的平均利用率	拥有弹性的生产能力
库存策略	供应链库存最小化	设置足够的缓冲库存(零部件、产成品)
提前期(LT)管理的重点	在不增加成本的前提下缩短提前期	尽量缩短提前期
选择供应商的准则	重点关注成本、质量	重点关注速度、柔性和质量
产品设计策略	产品标准化，成本最小化	模块化设计，尽可能实施延迟策略

5. 按照供应链的运营模式划分

按照供应链的运营模式，可将其划分为推式供应链、拉式供应链和推—拉式供应链三种类型。

推式供应链是指企业根据对市场需求的预测进行生产，然后将产品通过分销商逐级推向市场的供应链。这是一种有计划地将产品推销给用户的传统的供应链模式，其本质特点是预测驱动供应链的运作。而拉式供应链则是顾客需求驱动型供应链，体现了现代的供应链运营模式。例如，企业按订单生产(make to order，MTO)就是拉式供应链中常见的需求响应策略。在拉式供应链中，零售商通过 POS 系统及时准确地获取销售时点信息，并通过 EDI 将其传递给制造商共享。制造商根据需求信息制订生产计划，采购原料并安排生产，通过上下游企业的实时信息共享，动态地调整生产计划，使供、产、销与市场保持同步，真正做到生产的产品适销对路。

推式供应链和拉式供应链流程的比较如图 7-5 所示。

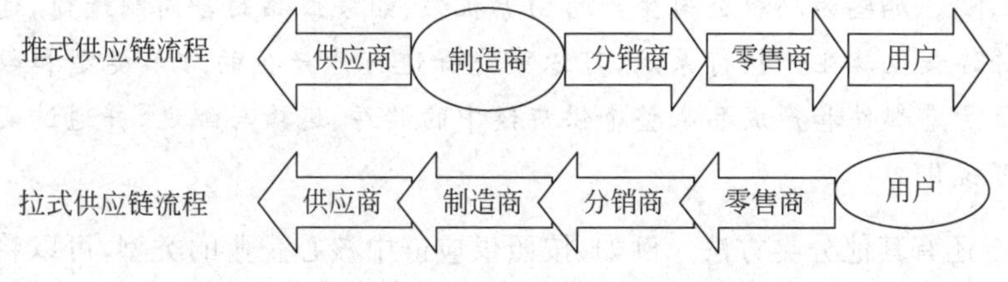

图 7-5　推式供应链和拉式供应链流程的比较

推式、拉式、推—拉式供应链的比较

需要说明的是，推式供应链和拉式供应链代表两种极端的情形，在实务中常常需要将其有机结合，这样就形成了推—拉式供应链。在推—拉式供应链中，需要将供应链流程进行分解，共性流程由预测驱动(推)，个性化(差异化)流程由订单驱动(拉)。这样，合理界定推—拉的分界线就显得格外重要，如图 7-6 所示。

案例：戴尔与康柏的供应链运营模式

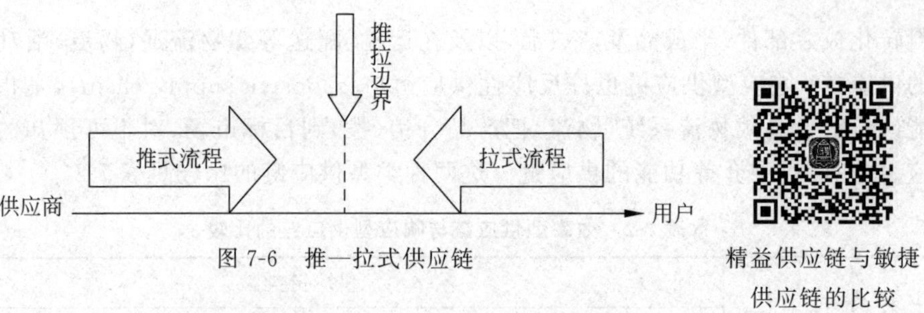

图 7-6 推—拉式供应链

精益供应链与敏捷供应链的比较

6. 按照供应链的特征划分

按照供应链的特征,可将其划分为精益供应链(lean supply chain)和敏捷供应链(agile supply chain)两种类型。精益供应链源自日本丰田汽车公司的精益生产(lean production, LP),是精益思想在供应链中的应用。精益供应链是精干、高效的供应链,是消除非增值环节、杜绝浪费、追求持续改善的供应链。敏捷供应链则强调供应链的“敏捷性”和“反应性”,它是企业在复杂、多变的环境下,针对特定的市场机会,为获得最大化的价值而形成的基于一体化动态、联盟协同运作的供应链。其特点是根据动态联盟的形成和解体,进行快速重构和调整。其实质是借助信息技术、先进制造技术和现代管理方法与手段的多企业资源的集成。它强调信息共享、流程整合、虚拟企业(动态联盟)、快速响应。敏捷性是敏捷供应链的核心。精益供应链通过消除非增值环节来缩短交货期,敏捷供应链通过信息共享和高效快速的物流活动来缩短订货提前期。两者最大的区别在于,精益供应链强调消除一切浪费,敏捷供应链则强调供应链的快速重构。

案例

思科公司的敏捷供应链

思科公司是实施敏捷供应链的典范。思科公司90%以上的订单来自互联网,而其过手的订单不超过50%。思科公司通过公司的外部网连接零部件供应商、分销商和合同制造商,构成一个虚拟的制造环境。当客户通过思科公司的网站订购一种典型的思科产品(如路由器)时,订单将触发一系列的信息给为其生产电路板的合同制造商,同时分销商也会被通知提供路由器的通用部件(如电源插件)。那些为思科公司生产路由器机架、组装成品的合同制造商,通过登录思科公司的外部网并连接至其生产执行系统,可以事先知道可能产生的订单类型和数量。第三方物流服务商则负责零部件和产成品在整个供应链中的储存、运输与配送,并通过实时信息共享实现供应链的可视化。

除了上述分类外,供应链还有其他分类方法。例如,按照供应链中核心企业的类型,可以将供应链划分为制造商主导型供应链、批发商主导型供应链(在农副产品、服装等轻工业产品市场上,批发商仍然占据着主导地位)、零售商主导型供应链、物流商主导型供应链等类型。

核心企业主导型供应链

按照管理对象划分的供应链

7.2 供应链管理认知

【引例】

京东物流集团的供应链产业平台

京东物流集团的供应链产业平台聚焦两大方向，一是提供全程供应链服务，二是搭建供应链技术平台。围绕全程供应链服务，京东物流将以“双24小时”和“双48小时”的方式实现产销全链打通和国内国际双通。在产地上行的“最先一公里”，打造以产地为核心、辐射全国的高效网络，实现“产地到全国24小时达”。在销地下沉的“最后一公里”，推进“千县万镇24小时达”，让24小时甚至半日达成为更多地区的物流“标配”。在国际业务上，京东物流可通达全球200多个国家和地区，满足国内商家出海、跨境进口以及海外当地的物流服务需求，基于全球智能供应链基础网络(GSSC)，将搭建“双48小时”通路网络，使海外商品进入中国和中国品牌走向世界更加便捷。

依托在智能技术创新和全场景应用的能力积累，京东物流集团已经打造了涵盖底层技术、软硬件系统及智能供应链三个层面的立体化供应链技术平台，可以模块化对外输出。

问题

京东物流集团的供应链产业平台为客户提供什么服务?

供应链管理的产生顺应了时代要求，它不仅关注企业内部的资源和能力，而且关注企业外部的资源和联盟竞争力，强调企业内外资源的优化配置以及整个供应链上企业能力的集成，是一种全新的管理思想和方法。

戴尔公司的供应链管理

供应链管理的概念与内涵

供应链管理的流程

供应链管理的特点

7.2.1 供应链管理的概念与要旨

我国国家标准《物流术语》(GB/T 18354—2021)对供应链管理(supply chain management)的定义是：“从供应链整体目标出发，对供应链中采购、生产、销售各环节的商流、物流、信息流及资金流进行统一计划、组织、协调、控制的活动和过程。”

本书认为，供应链管理是在满足服务水平需要的同时，通过对整个供应链系统进行计划、组织、协调、控制和优化，最大限度地减少系统成本，实现供应链整体效率优化而采用的从供应商到最终用户的一种集成的管理活动和过程。

供应链管理涉及供应链合作伙伴关系管理，供应链需求预测与计划管理，供应链设计与优化，企业内部与企业间物料供应与需求管理，基于供应链的产品设计与制造管理，供应链物流管理，供应链资金流管理，供应链风险管理及供应链可视化管理等内容。

核心企业通过与供应链成员企业的合作，对供应链系统的物流、资金流、信息流进行控制和优化，最大限度地减少非增值环节，提高供应链的整体运营效率；通过成员企业的协同运作,共同对市场需求做出快速响应,及时满足顾客需求;通过调和供应链的总成本与服务水平之间的冲突,寻求服务与成本之间的平衡,实现供应链价值最大化,提升供应链系统的整体竞争力。

7.2.2 供应链管理的特点

一般来说,供应链管理具有以下主要特点。

1. 需求驱动

供应链的形成、存在、重构都是基于特定的市场需求,用户的需求是供应链中物流、资金流、信息流的驱动源。一般来说,供应链的运作是在客户订单的驱动下进行的,由客户订单驱动企业的产品制造,产品制造又驱动采购订单,采购订单驱动供应商。在订单驱动的供应链运作中,成员企业需要协同,需要努力以最小的供应链总成本最大限度地满足用户的需求。

2. 系统优化

供应链是核心企业和上下游企业以及众多的服务商(包括物流服务商、信息服务商、金融服务商等)结合形成的复杂系统,是将供应链各环节有机集成的网链结构。供应链的功能是系统运作体现出的整体功能,是各成员企业能力的集成。因此,通过系统优化提高供应链的整体效益是供应链管理的特点之一。

3. 流程整合

供应链管理是核心企业对企业内部及供应链成员企业间物流、资金流、信息流的协调与控制过程,需要打破企业内部部门间、职能间的界限,需要打破供应链成员企业间的阻隔,将企业内外业务流程集成为高效运作的一体化流程,以降低供应链系统成本,缩短供应提前期,提高顾客满意度。

4. 信息共享

供应链系统的协调运行是建立在成员企业之间高质量的信息传递和信息共享的基础之上的,及时、准确、可靠的信息传递与共享,可以提高供应链成员企业之间沟通的效果,有助于成员企业的群体决策。信息技术的应用,为供应链管理提供了强有力的支撑,供应链的可视化(visibility)极大地提高了供应链的运行效率。

5. 互利共赢

供应链是核心企业与其他成员企业为了适应新的竞争环境而组成的利益共同体,成员企业通过建立协商机制,谋求互利共赢的目标。供应链管理改变了企业传统的竞争方式,将企业之间的竞争转变为供应链与供应链之间的竞争,强调供应链成员之间建立起战略伙伴关系,扬长避短,优势互补,强强联合,互利共赢。

7.2.3 供应链管理的领域

供应链管理主要涉及需求管理、生产计划管理、物流管理、供应管理四个领域,如图 7-7 所示。

由图 7-7 可知,供应链管理以同步化、集成化的供应链计划(如供应链综合计划、销售与运作计划)为指导,以先进的制造技术(如计算机集成制造系统)、现代物流技术及信息技术(如云计算、大数据、人工智能)等为支撑,围绕供应、生产运作、物流及满足需求来实施。供应链管理是“应用系统的方法来管理从原材料供应商通过工厂和仓库直到最终顾客的整个信息流、物流、资金流的过程”。

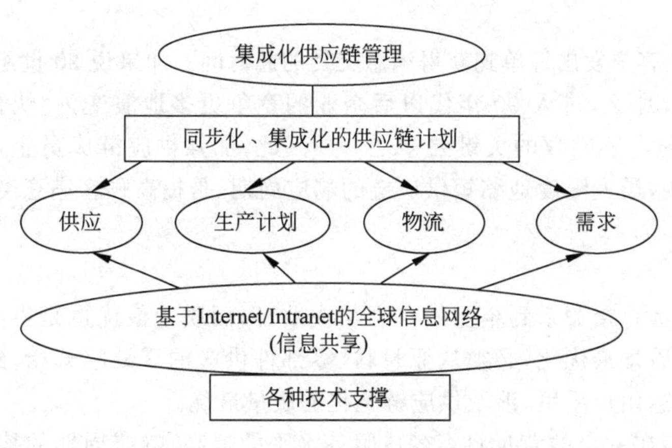

图 7-7　供应链管理涉及的领域

供应链管理的领域

人工智能在亚马逊供应链运营与管理中的应用

在供应链优化的众多领域，人工智能的应用尤为引人注目。无论是优化配送路线、精准预测需求，还是智能管理库存水平，人工智能均对企业的供应链运营与管理产生了深远的影响。亚马逊公司一直站在将人工智能融入供应链运营与管理的前沿。亚马逊电商平台运用机器学习技术为其推荐引擎提供强大支持。该引擎能够深入分析客户的搜索查询上下文与意图，并实时追踪用户在平台上的行为。得益于这一推荐引擎，亚马逊成功实现了 35%的销售收入增长。同时，在供应链战略与管理方面，亚马逊也广泛依赖人工智能技术。亚马逊采用机器学习和独有算法，对历史销售数据、客户行为及市场趋势等多源数据进行自动化处理与分析，进而精确预测客户需求，确保在恰当的时间和地点拥有适量的库存，从而缩短交货周期并降低库存成本。此外，亚马逊还运用机器学习技术自动处理采购管理及仓储管理与运输规划等物流管理关键环节至关重要的数据。亚马逊拥有专门的软件，不仅用于选择供应商并与之进行价格谈判，还能实现订单跟踪。在其仓库运营中，机器人更是发挥着举足轻重的作用，通过自动化技术实现了整个存储与检索系统的高效运转。

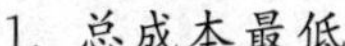

7.2.4　供应链管理的目标

供应链管理的目标

供应链管理的目标是增强企业竞争力，首要目标是提高顾客满意度，具体目标是通过调和总成本最小化、总库存最少化、响应周期最短化及服务质量最优化等多元目标之间的冲突，实现供应链绩效最大化。

1. 总成本最低

总成本最低并非指供应链中某成员企业的运营成本最低，而是指整个供应链系统的总成本最低。为了实施有效的供应链管理，必须将供应链成员企业作为一个有机的整体来加以考虑，以实现供应链运营总成本最小化。

2. 库存总量最少

传统管理思想认为，库存的设置是为了应对供需的不确定性，是必需的。然而，按照精益管理思想，库存乃“万恶之源”，会导致成本上升。因此，为了控制成本，就必须将供应链系统的库存控制在最低水平。总库存最少化目标的达成，需要核心企业在集成供应链各库存点信息的基础上对供应链中的库存进行集中控制，抑或上下游企业协同对供应链库存进行控制。

3. 响应周期最短

供应链的响应周期[2]是指从客户发出订单到获得满意交货的总时间。如果说20世纪80年代企业的竞争是“大鱼吃小鱼”,那么,进入90年代以后企业的竞争更多地演变为“快鱼吃慢鱼”。时间已成为当今企业市场竞争成败的关键要素之一。因此,加强供应链成员企业的合作,构筑完善的供应链物流系统,最大限度地缩短供应链的响应周期,是提高顾客满意度、提升企业竞争力的关键。

4. 服务质量最优

企业产品及服务质量的优劣直接关系到企业的兴衰与成败,因而质量最优也是供应链管理的重要目标之一。而要实现质量最优化,必须从原材料、零部件供应的零缺陷开始,经过生产制造、产品分拨,直到产品送达用户手里,涉及供应链全程的质量最优。

一般而言,上述目标之间存在一定的背反性:客户服务水平的提高、响应周期的缩短、交货品质的改善必然以库存、成本的增加为前提。然而运用集成化供应链管理思想,从系统的观点出发,改善服务、缩短周期、提高品质与减少库存、降低成本是可以兼顾的。只要加强成员企业的合作,优化供应链业务流程,就可以消除重复与浪费,降低库存水平,降低运营成本,提高运营效率,提高顾客满意度,最终在供应链服务[3]与供应链成本之间找到平衡点。

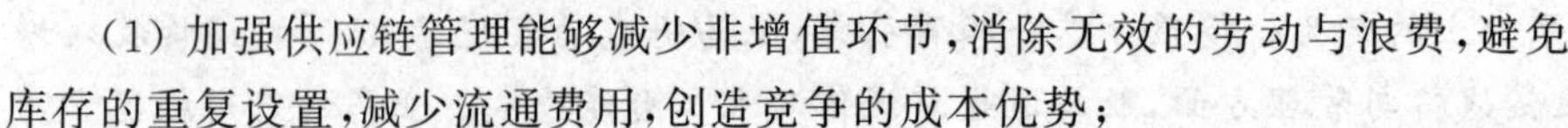

7.2.5 供应链管理的优势

成功的供应链管理能够协调整合供应链所有活动,使之成为无缝连接的一体化流程。具体而言,供应链管理主要有以下几方面的优势。

供应链管理的优势

(1) 加强供应链管理能够减少非增值环节,消除无效的劳动与浪费,避免库存的重复设置,减少流通费用,创造竞争的成本优势;

(2) 实施供应链管理能够通过成员企业的快速重构形成动态联盟,对市场需求做出快速反应,实现供求良好结合,创造竞争的时空优势;

(3) 实施供应链管理可以构筑供应链战略合作伙伴关系,实现成员企业在战略、战术和运作层面的协同,实现企业核心能力的协同整合,创造强大的竞争优势;

(4) 实施供应链管理还可以促使企业采用现代化的信息技术、物流技术与管理方法。在供应链运营与管理中,信息技术的广泛应用是其成功的关键,而先进的物流设施设备、科学的管理方法则是其成功的重要保障。

总之,实施供应链管理可以提高供应链的运营效率,降低供应链的运营成本,提高客户服务水平,提高顾客满意度,给企业带来强大竞争优势。

实施有效供应链管理的优势

PRTM公司曾经做过一项关于集成化供应链管理的调查,涉及6个行业共165家企业。调查结果显示,实施有效的供应链管理,可以使企业获得如下竞争优势:①供应链总成本降低10%(占销售收入的百分比)以上;②订单响应周期缩短25%~35%;③中型企业的准时交货率提高15%,其资产运营绩效提高15%~20%,库存降低3%;④绩优企业的库存降低15%,而现金流周转周期比一般企业减少40~65天。

7.2.6 供应链管理的基本要求

供应链是具有供求关系的多个企业的组织,成员企业各有各的产权,各有各的利益,彼此间还存在竞争。因而,供应链管理的成功实施有一定的难度,对核心企业的要求较高。一般而言，实施供应链管理对成员企业有以下基本要求。

供应链管理的基本要求

1. 建立双赢/共赢合作机制

供应链成员企业的合作必须建立在双赢/共赢的基础之上。核心企业把上下游企业及其他服务商整合起来形成集成化的供应链网络，各成员企业仍然从事本企业的核心业务，保持自己的经营特色，但它们必须为供应链价值的最大化而通力合作。为此，首先应建立共赢合作机制，这是实施供应链管理的基本要求。

2. 实时信息共享

供应链成员企业的协同，必须建立在实时信息共享的基础上。而传统供应链渠道长、环节多，需求信息易扭曲、失真。为此，一方面要优化供应链的结构，实现供应链的简约化，另一方面要借助EDI、(移动)互联网、物联网以及增强现实/虚拟现实(AR/VR)等现代信息技术手段，打造透明的供应链，实现供应链的可视化，为成员企业的协同运作奠定良好的基础和条件。

新兴技术在供应链中的应用，促进企业数字化转型

电子商务、区块链、物联网（IoT）、人工智能（AI）和供应链数字孪生等技术帮助企业推动数字化转型。数字孪生是数百个物流位置、资产、库存和仓库的虚拟表示，它使用高级分析和人工智能来模拟供应链的性能，包括导致漏洞和风险的所有复杂性。区块链允许将物流服务商、航运公司及其他承运人等不同主体的业务流程集成到一个平台上。在供应链中可以使用物联网进行机械和技术维护、库存控制、车队跟踪和改善仓库管理。人工智能有助于解决供应链中的治理挑战，以及长期存在的数据孤岛等问题，从而提高分散和远程利益相关者之间的可见性和集成度。电子商务集成、创建了互联系统，使物流服务商能够高效运营并提供无缝的客户体验。

3. 根据客户所需的服务特性进行市场细分

传统意义上的市场细分一般是根据顾客的产品需求特性划分目标客户群体，往往忽视了客户的服务(尤其是物流服务)需求特性；而实施供应链管理则强调根据客户的服务需求特性进行市场细分，并在此基础上决定提供的服务方式和服务水平，尽可能满足客户的个性化需求。

根据客户需求进行市场细分

一家造纸企业在市场调查的基础上，按照传统的市场细分原则划分客户群，其结果是，有三种类型的客户群对纸张有需求：印刷企业、经营办公用品的企业和教育机构。接下来，该公司针对这三类客户制定差别化的服务策略。但若是实施供应链管理，还须进一步按照客户所需的服务特性来细分客户群，比如印刷企业，就应再细分为大型印刷企业和小型印刷企业，因为这两类企业的需求有差异，前者允许较长的供应提前期，而后者则要求JIT供货(要求在24h内供货)。

4. 根据客户需求和目标盈利率设计供应链物流网络

客户需求是供应链运营的驱动源，而实现目标盈利率是企业实施供应链管理要达成的目标。因此,在设计供应链物流网络时,必须考虑客户需求和目标盈利率这两个要素。

根据客户需求和盈利率设计物流网络

接上案例"根据客户需求进行市场细分",这家造纸企业过去无论是针对大型印刷企业还是小型印刷企业,均只设计一种物流网络,即在印刷企业较集中的地区设立一个中转站,并建立仓库。这往往造成对大型印刷企业的供应量不足;而小型印刷企业则持有较多的库存,引起小型印刷企业不满。因为这既不能满足小型印刷企业的个性化需求,还占用了其较多的资金,成本与风险均上升。实施供应链管理后,这家造纸企业建立了3个大型配送中心和46个紧缺物品快速反应中心,分别满足了这两类企业的不同需求。

7.2.7 供应链管理的发展趋势

供应链管理的发展趋势主要表现在以下几方面。

供应链管理的发展趋势

(1) 全球供应链管理。全球供应链管理是指企业在全球范围内构筑供应链系统,根据企业经营的需要在全球范围内选择最具竞争力的合作伙伴,实现全球化的产品设计、采购、生产、销售、配送和客户服务,最终实现供应链系统成本和效率的最优化。构筑全球供应链的策略主要包括生产专门化(规模经济)、库存集中化、延迟与本土化。构筑全球供应链应遵循决策与控制全球化、客户服务管理本土化、业务外包最大化、供应链可视化等原则。

(2) 电子供应链管理。因特网的飞速发展,改变了企业的性质及其竞争方式,基于网络技术协同的电子供应链(E-supply chain)应运而生。电子供应链建立在一体化供应链网络之上,而一体化供应链网络则通过物流网络和信息网络连接在一起。电子供应链管理(E-SCM)是核心企业将电子商务理念和互联网技术应用于供应链管理,通过电子市场将供应商、客户及其他交易伙伴连接在一起,形成电子供应链,或将传统供应链转变成电子供应链。电子市场主要有专有市场和公共市场两种类型。专有市场由核心企业开发和运作,包括电子采购(E-procurement)平台和电子销售平台。公共市场由平台服务商开发和运作,是为核心企业提供定位、管理支持以及核心企业与合作伙伴协同的平台。

(3) 绿色供应链管理。面对全球资源的枯竭以及环境污染的加剧,绿色供应链(green supply chain)作为现代企业可持续发展的模式,越来越受到关注。可以把从产品形成、消费一直到最终废弃处理作为一个环境生命周期(ELC),通过生命周期评价(LCA)来评估整个供应链对环境的影响。如果企业及其供应链伙伴相互协作能够减少供应链活动对环境的影响,就可以逐步形成环境友好型的绿色供应链。绿色供应链管理将环境管理与供应链管理整合在一起,可以识别供应链流程对环境的影响。它倡导企业通过内外变革来对环境产生积极的影响,包括要求合作伙伴通过ISO 14001环境管理体系认证等。绿色供应链管理不仅可以通过确保供应链符合环境法规、将环境风险最小化、维护员工健康及采取环境保护等措施来避免额外的供应链成本,而且可以通过提高生产率、促进供应链关系、支持创新及加快增长等途径形成供应链的环境价值。

京东物流集团的供应链碳管理平台

京东推出供应链碳管理平台(SCEMP),科学计量物流碳足迹,携手上下游合作伙伴构建绿色供应链生态圈,助力"双碳"目标达成。SCEMP是国内首个面向物流行业全场景的温室气体管理平台，通过 IoT 设备数字化采集所有能源信息，其底层集成强大的适配物流行业的因子库、“双碳”路径模型、运筹减碳算法等技术并与 WMS、TMS、ECLP 等系统对接，精细化计算所有排放源数据，支持企业碳排放量的全景可视化追踪及对“双碳”目标的管理。SCEMP 可实现移动排放源 MRV 可视化，并为供应链物流运输全景化搭建计算模型。平台的计算结果符合 ISO 14064/14067、PAS 标准系列及中国生态环境部等部门的碳披露要求。强大的数据库还支持一级数据采集的真实性和有效性，解决了移动排放源的监测难题。

(4) 供应链金融。供应链金融[4] 是面向供应链成员企业的一项金融服务创新，主要通过将供应链核心企业的信用价值有效传递给上下游众多的中小企业，提高其信贷可得性，降低其融资成本，进而提高整个供应链的财务运行效率。供应链金融的行为主体包括核心企业、上下游企业、物流企业、商业银行、电子商务平台及保险公司和抵押登记机构等其他供应链服务成员。供应链金融包括前向物流金融和后向物流金融等模式。其中，前向物流金融模式最典型的是“厂商银”，又称买方信贷或保税仓融资模式。后向物流金融最典型的是基于应收账款的物流金融服务。基于物流产生的应收账款融资主要包括应收账款质押融资和应收账款保理两种方式。

天物大宗的在线供应链金融服务

天物大宗的在线供应链金融服务

天物大宗是一家为大宗商品贸易提供在线服务的电子商务企业。该公司大力开发大宗商品贸易的在线供应链金融服务，逐步实现了大宗商品供应链的商流、物流和资金流的在线整合。其中，利用电子商务平台为贸易双方提供在线供应链金融服务是天物大宗业务的最大特色。天物大宗通过真实的交易信息确定贸易双方的信用等级，并利用网络化、信息化的“物流监管”优势，有效地降低了在线供应链金融服务的风险。凭借母公司丰富的自有资金和银行的授信额度优势，天物大宗可以为客户提供订货融资、合同融资、仓单融资和应收款保理融资四种在线融资服务。

案例：沃尔玛供应商的应收账款保理融资

微课：沃尔玛供应商的应收账款保理融资

7.3　供应链的设计

设计和构建一个有效的供应链，对于企业的成功至关重要。有效率和有效益的供应链可以增强企业的运作柔性，降低运作成本，提高客户服务水平，提升企业竞争力。

惠普打印机供应链的优化

7.3.1　供应链的设计策略

供应链的设计策略主要有基于产品的供应链设计策略、基于成本的供应链设计策略、基于多代理的供应链设计策略等策略。其中，比较成熟、应用较广的是基于产品的供应链设计策略。该策略的提出者宾夕法尼亚大学沃顿商学院的马歇尔·费希尔(Marshall L. Fisher)认为,供应链的设计要以产品为中心。供应链的设计者首先要清楚顾客对产品的需求,包括产品类型及需求特性(不同的产品可以满足不同的客户需求)。此外,还应该明确不同类型供应链的特征,在此基础上,设计出与产品特性相一致的供应链。

基于产品的供应链设计策略

基于成本的供应链设计策略

基于多代理的供应链设计策略

已知,根据产品生命周期、产品边际利润、需求的稳定性及需求预测的准确性等指标可以将产品划分为功能型产品和创新型产品两种基本类型,而根据供应链的功能模式可以将供应链划分为效率型供应链和响应型供应链两种类型。根据这两类产品的特性及这两种类型供应链的特征,就可以设计出与产品类型相一致的供应链。基于产品的供应链设计策略矩阵如图 7-8 所示。

策略矩阵中的四个元素分别代表四种不同的产品类型与供应链类型的组合,从中可以看出产品和供应链的特征,管理者据此就可以判断企业的供应链类型是否与产品类型相匹配。显然,这四种组合中只有两种是有效的,即效率型供应链与功能型产品相匹配以及响应型供应链与创新型产品相匹配的组合。

供应链管理-协调供需关系

显然,上述供应链设计思想主要考虑了产品类型及需求特性,忽略了供应特性(如供应市场的复杂度与不确定性)。事实上,在不同的行业或不同的产品市场领域,企业所面临的供应风险是不同的。如果综合考虑需求的不确定性及供给的不确定性,上述供应链设计策略矩阵可以进一步得到优化,如图 7-9 所示。

	功能型产品	创新型产品
效率型供应链	匹配	不匹配
响应型供应链	不匹配	匹配

图 7-8 基于产品的供应链设计策略矩阵

供应的不确定性 \ 需求的不确定性	低 → 高	
	功能型产品	创新型产品
高 变化流程	风险规避型供应链	敏捷型供应链
低 稳定流程	效率型供应链	响应型供应链

图 7-9 供应链设计策略矩阵

若需求与供给都相对稳定,可以设计为效率型供应链;若需求与供给的不确定程度都高,可以设计为敏捷型供应链;若供给稳定而需求的不确定性程度高,可以设计为响应型供应链;若需求稳定而供给的不确定程度高,可以设计为风险规避型供应链。

需要指出的是,基于产品的供应链设计策略应该与公司的业务战略相适应,并能最大限度地支持公司的竞争战略。许多学者也认为应该在产品开发的初期设计供应链。因为产品生产

和流通的总成本最终取决于产品的设计，这样就能使与供应链相关的成本和业务得到有效的管理。

供应链的设计原则

7.3.2 供应链的设计原则

设计供应链时，应遵循如下一些基本原则，其目的是确保在供应链的设计、优化乃至重构过程中能贯彻落实供应链管理的基本思想。

1. 双向原则

双向原则是指自上而下与自下而上相结合。自上而下即从全局到局部，是设计目标和任务逐级分解的过程，自下而上则是从局部到全局，是设计方案的系统集成的过程。在进行供应链设计时，一般由企业供应链管理者（如供应链总监 CSCO）根据企业所在的产品市场领域及客户的产品与服务需求特性进行供应链规划，再结合采购与供应、生产运作、分销（拨）、客户服务及物流等相关职能领域的业务流程特点进行详细设计。在供应链运营过程中，还要充分利用自下而上不断反馈的信息，对供应链进行优化、整合。因而供应链的设计与优化是自上而下与自下而上两种策略的有机结合。

2. 简约化原则

简约化原则也称简洁性原则。为了能使供应链具有快速响应市场需求变化的能力，供应链的环节要少，同时每个节点都应该是敏捷的，能够根据客户订单进行供应链的快速重构。因此，合作伙伴的选择就应该遵循“少而精”的原则。企业通过和少数业务伙伴建立战略联盟，努力实现从精益采购到精益制造，再到精益供应链这一目标。

3. 集优原则

供应链成员企业的选择应遵循“强强联合”的原则，以实现企业内外资源的优化整合。每个节点企业都应该具有核心业务，在理想的情况下都应该具有核心能力。并且需要实施“归核化”战略，将资源和能力集中于核心业务，培育并提升本企业的核心能力。通过成员企业间的“强强联合”，将实现成员企业核心能力的协同整合，全面提升整个供应链系统的核心竞争力。

4. 优势互补原则

供应链成员企业的选择还应遵循优势互补的原则。“利益相关，优势互补”是组织之间或个体之间合作的一条基本原则。尤其是对企业这种营利性的经济组织而言，合作的前提是成员企业能实现“优势互补”。成员企业通过合作，取长补短，实现共赢。

5. 协调性原则

供应链的设计应体现协调性原则。每个成员企业在供应链中所处的位置与作用，在很大程度上取决于供应链管理目标达成的需要。为此，供应链中各个参与体的存在，应当根据供应链管理目标的达成进行取舍。同时，各成员企业至少要能够承担供应链的某一项职能，要能够从供应链绩效目标达成的角度体现出整个供应链的协调性。

6. 动态性原则

动态性是供应链的一个显著特征。一方面，企业经营环境是动态、复杂多变的，另一方面，由于成员企业间的相互选择，必然使供应链的构成发生变化。为了能适应竞争环境，供应链节点应根据企业经营的需要动态更新。因此，供应链的设计应符合动态性原则，应根据企业发展的需要优化乃至重构供应链，以适应不断变化的竞争环境。此外，处于不同产业的企业，其供应链的类型与结构也有所不同，在设计、构建供应链时应体现权变、动态的原则，不可盲目照搬。

7. 创新性原则

创新是供应链设计的一条重要原则。在对供应链进行创新设计时,要注意以下几点:①目标导向,即创新必须在企业总体目标和战略的指导下进行,并与企业的战略目标保持一致;②客户导向,即供应链的设计要从用户的需求出发,体现市场导向、需求导向的理念,最大限度地满足客户需求;③集思广益,即要充分发挥企业采购、生产、物流及客户服务等相关人员的积极性、主动性和创造性,并加强与关键供应商和关键客户及其他关键合作伙伴的沟通,群策群力,确保供应链创新设计的有效性;④科学决策,即要建立科学的供应链设计项目评价体系和组织管理体系,并进行技术经济分析及可行性论证。

8. 战略性原则

供应链的设计应具有前瞻性,应在企业竞争战略和供应链管理策略的指导下进行。供应链的规划与设计应从长计议,不能仅仅着眼于满足眼前企业运营的需要,还应该能够满足企业未来发展的需要。为此,供应链高级经理应至少对企业未来 5 年涉足的产品市场领域进行展望,并在此基础上进行供应链的顶层设计,确保战略性原则的贯彻与落实。

7.3.3 供应链的设计步骤

基于产品的供应链设计主要有以下八个步骤,如图 7-10 所示。

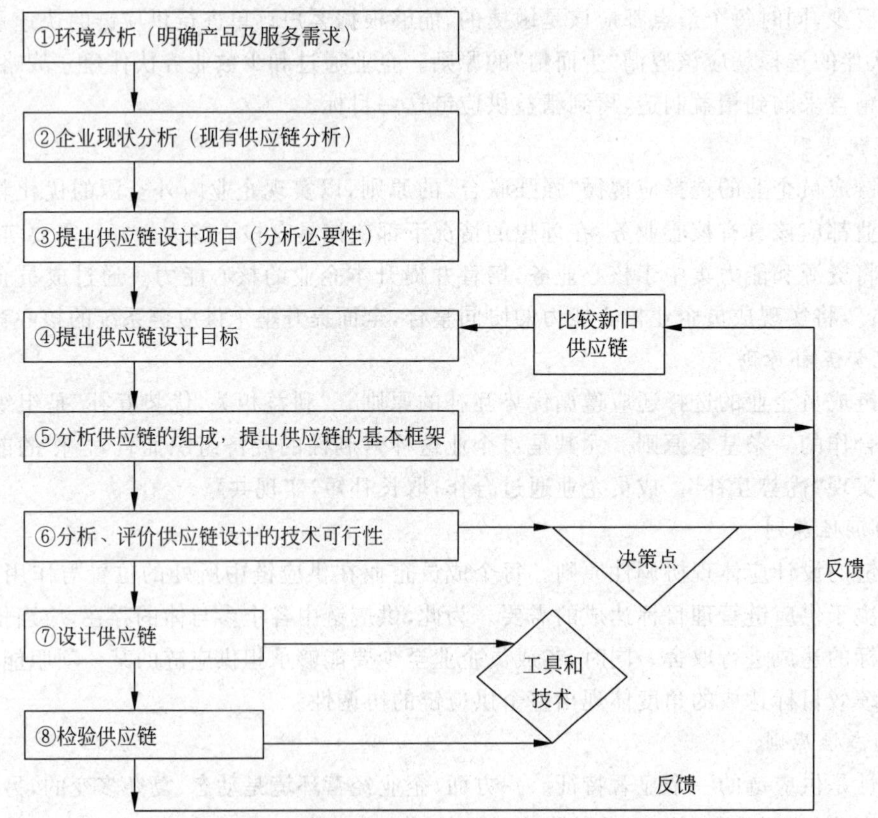

图 7-10 基于产品的供应链设计步骤模型

1. 环境分析

市场竞争环境分析的主要目的是明确顾客的产品需求及相关服务需求,包括产品类型及其特征、相关服务需求及其特性。为此,需要运用 PEST 模型、波特竞争模型、产品生命周期

(PLC)模型(产品生命周期是分析企业所在行业成长性的一种重要工具)等多种管理工具,分析企业经营环境,包括环境的不确定性、所在行业的成长性、市场的竞争性(特别是同业竞争者、关键的用户、关键原料或产品供应商、替代品或替代服务供应商、新入侵者/潜在进入者等特殊环境要素所构成的竞争威胁)。在市场调查、研究、分析的基础上确认用户的需求及市场竞争压力。第一步输出的结果是按每种产品的重要性排列的市场特征。

供应链的设计步骤

日本某服装制造商的经营策略

波特竞争模型和 PEST 模型在公司环境分析中的应用

2. 企业现状分析

这一步主要是分析企业供求管理的现状(若企业已经在实施供应链管理,则应着重分析供应链及其运营管理的现状),其目的是发现、分析、总结企业存在的问题(特别是影响供应链运营绩效的问题),找出影响供应链设计(或再设计/优化设计)的瓶颈环节,并明确供应链开发或改进的方向。

3. 提出供应链设计项目

针对存在的问题提出供应链设计项目,并分析其必要性。例如,是供应渠道需要优化还是分销渠道需要优化;是生产系统需要改进还是客户服务水平需要提高;是供应链物流系统需要构筑还是供应链信息系统需要集成,等等。

4. 提出供应链设计目标

供应链设计的主要目标在于寻求供应链服务与供应链成本之间的平衡,同时还可能包含以下目标:进入新市场、开发新的分销渠道、开发新的供应渠道、建立新的生产基地、改善售后服务水平、提高供应链的运营效率、降低供应链的运营成本等。

5. 分析供应链的组成,提出供应链的基本框架

供应链由供应商、制造商、分销商、零售商和用户等节点组成,进一步分析,供应链系统还包括供应链物流系统、供应链信息系统等子系统。因此,分析供应链包括哪些节点、哪些物流节点、这些节点的选择与定位及评价标准,提出供应链的基本框架,就成了这一步的主要任务。

6. 分析、评价供应链设计的技术可行性

本阶段的主要任务是进行供应链设计的技术可行性分析。如果技术可行,就可以进行下一步的设计;否则,就要进行回溯分析,对供应链的设计项目、设计目标、供应链的组成等进行重新评估。

7. 设计供应链

这一步是供应链设计的主要环节,包括以下主要内容。

(1) 确认供应链的成员组成。主要包括供应商、制造商、分销商、零售商、用户、物流服务商、银行等金融机构、IT 服务商等成员。

(2) 明确物料的来源。需要考虑以下问题:是企业内部自制还是外购,是直接供应还是间接供应,是采用多层次的供应商网络还是单源供应等。

(3) 生产系统设计。主要包括产品决策、生产能力规划、生产物流系统设计等问题。

(4) 分销系统与能力设计。主要包括需求预测、目标市场选择、分销渠道设计(如采用多级分销还是直销模式,抑或采用多渠道系统)等问题。

(5) 供应链物流系统设计。主要包括生产资料供应配送中心、成品库、物流中心、区域配送中心(RDC)、配送中心等物流节点的选择、选址与定位;运输方式的规划;物流管理信息系统的开发,如仓库管理系统(WMS)、管理系统(TMS)、库存管理系统(IMS)及进货管理系统等子系统的开发与集成;物流系统流量预估等。

(6) 供应链信息系统设计。主要解决基于Internet/Intranet、EDI的供应链成员企业间的信息组织与集成问题。

在供应链设计中,需要用到许多设计方法、工具和技术。前者如网络图形法、数学模型法、计算机仿真分析法、CIMS-OAS框架法,后者如设计软件、流程图等。

8. 检验供应链

供应链设计完成以后,应采用一些方法和技术进行测试,抑或通过试运营运行进行检验。如果不可行,则要返回到第四步进行重新设计;如果可行,便可实施供应链管理。

7.4 供应链管理策略的选择与实施

随着供应链管理的发展,人们对供应链战略目标实现策略的研究与实践也在不断深化,先后开发出了快速反应、有效客户反应等策略。实践证明,供应链管理策略的成功实施,能有效支持企业的竞争战略,能提高顾客满意度,提升企业竞争力。

7.4.1 快速反应

快速反应是美国纺织与服装行业发展起来的一种供应链管理策略。

供应链管理策略与企业竞争战略的关系

QR策略产生的背景

QR策略的内涵

1. 快速反应的内涵

快速反应(quick response,QR)是指"供应链成员企业之间建立战略合作伙伴关系,利用电子数据交换(EDI)等信息技术进行信息交换与信息共享,用高频率小批量配送方式补货,以实现缩短交货周期,减少库存,提高顾客服务水平和企业竞争力为目的的一种供应链管理策略"(GB/T 18354—2021)。换言之,QR策略是供应链成员企业为了实现共同的目标,如缩短供应提前期、降低供应链系统库存量、避免大幅度降价、避免产品脱销、降低供应链运营风险、提高供应链运营效率等而加强合作,实现供应链的可视化和协同化,其重点是对消费者的需求做出快速反应。

实施QR策略,要求零售商和供应商一起工作,通过共享POS数据来预测补货需求,不断监测环境变化以发现新产品导入的机会,以便对消费者的需求做出快速反应。从业务运作的角度看,贸易伙伴需要利用EDI来加快供应链中信息的传递,共同重组业务活动以缩短供应提前期并最大限度地降低运作成本。

2. QR 策略的实施步骤

QR 策略的实施包括以下几个主要步骤。

(1) 商品单元条码化。即对所有商品消费单元用 EAN/UPC 条码标识,对商品贸易单元用 ITF-14 条码标识,对物流单元则用 UCC/EAN-128 条码标识。

(2) POS 数据的采集与传输。零售商通过 RF 终端扫描商品条形码,从 POS 系统得到及时准确的销售数据,并通过 EDI 传输给供应商共享。

(3) 补货需求的预测与补货。供应商根据零售商的 POS 数据与库存信息,主动预测补货需求,制订补货计划,经零售商确认后发货。

QR 策略实施的阶段和步骤

QR 策略成功实施的条件

3. QR 策略成功实施的条件

QR 策略的成功实施,需要具备以下基本条件。

(1) 供应链成员企业建立战略合作伙伴关系。企业必须改变通过"单打独斗"来提高经营绩效的传统理念,要树立通过与供应链成员企业建立战略合作伙伴关系,实现资源共享,共同提高经营绩效的现代供应链管理理念。

(2) 供应链成员企业建立有效的分工协作关系的框架。明确成员企业分工协作的方式和范围,加强协同,消除重复作业。零售商在 QR 系统中起主导作用,零售店铺是构筑 QR 系统的起点。

(3) 实现供应链的可视化。开发和应用现代信息技术手段,打造透明的供应链。以供应链的可视化促进供应链的协同化。这些信息技术手段包括条码技术、电子订货系统(EOS)、销售时点系统(POS)、射频识别(RFID)、电子数据交换(EDI)、提前装运通知(ASN)、电子转账(electronic funds transfer,EFT)等。

(4) 采用先进的物流技术和管理方法。在 QR 策略的实施过程中,需要采用供应商管理库存(VMI)、连续补货计划(CRP)[5]、越库作业/直拨[6] 等先进的物流管理方式和手段,以减少物流作业环节,降低供应链系统的库存量,实现及时补货。

案例　**可口可乐公司借助人工智能优化自动售货机的销售预测与补货流程**

可口可乐公司利用人工智能优化资源配置、提高运营效率,满足甚至超越消费者的期望,改善公司的业务绩效。可口可乐公司引入人工智能系统"可乐 3000",优化其自动售货机的销售预测与补货流程。可口可乐公司利用该系统的预测分析功能,深入了解特定产品在特定地点的表现,使其能够做出更明智的库存与放置决策。这使公司自动售货机的商品销售量提高了 15%,同时补货需求降低了 18%。可口可乐公司借助人工智能技术分析历史销售数据与当前市场趋势,并实时做出决策,从而缩短了交货期、降低了成本并提高了顾客满意度。在对反应速度及运营效率要求极高的时代,人工智能已成为供应链优化的关键力量。

(5) 柔性生产与供应。在供应链中需建立柔性生产系统,实现多品种小批量生产,努力缩短产品生产周期,满足客户的订货需求。

4. QR 策略的实施效果

对于零售商来说,需要投入占销售收入 1.5%~2%的成本以支持条码、POS 系统和 EDI 的正常运行。这些投入主要用于以下几方面:EDI 启动软件,现有应用软件的改进,租用增值网(VAN),产品查询,系统开发,教育与培训,EDI 工作协调,通信软件,网络及远程通信,CPU 硬件,条码标签打印的软件与硬件等。

实施 QR 策略的收益是巨大的,远远超过其投入。Kurt Salmon 协会的 David Cole 在 1997 年曾说过:"在美国那些实施 QR 第一阶段的公司每年可以节省 15 亿美元的费用,而那些实施 QR 第二阶段的公司每年可以节省 27 亿美元的费用。"他提出,如果企业能够过渡到第三阶段——协同计划、预测与补货(CPFR)[7],每年可望节约 60 亿美元的费用。

CPFR 是一种建立在供应链成员企业密切合作和标准流程基础之上的供应链库存管理策略,其作用是将诸如品类管理等"销售与营销的最佳实践"与"供应链的计划与执行流程"实现无缝衔接,以便达成在提高产品可得性的同时降低运输、库存等物流成本的目标。

全球零售业顾问集团嘉思明(Kurt Salmon Associates,KSA)咨询公司通过调查、研究和分析认为,通过实施 CPFR 可以达到以下目标:①新产品开发的提前期可以缩短 2/3;②缺货率大大降低甚至杜绝;③库存周转率可以提高 1~2 倍;④通过敏捷制造(AM)技术,20%~30%的产品可以实现用户定制。

小贴士:CPFR 的实施效果

沃尔玛的 CPFR 实践

沃尔玛利用信息技术手段有效整合物流和资金流,是基于 CPFR 供应链计划管理模式的理论和实践。在供应链运作的整个过程中,CPFR 应用一系列技术模型,对供应链中的不同客户、不同节点的执行效率进行信息交互式管理和监控,对商品资源、物流资源进行集中的管理和控制。通过共同管理业务过程和共享信息来改善零售商和供应商的伙伴关系,提高采购订单的计划性,提高市场预测的准确度,提高供应链运作的效率,控制存货周转率,并最终控制物流成本。

7.4.2 有效客户反应

有效客户反应是 1992 年从美国食品杂货业发展起来的一种供应链管理策略。

1. 有效客户反应的内涵

有效客户反应(efficient customer response,ECR)是"以满足顾客要求和最大限度降低物流过程费用为原则,能及时做出准确反应,使提供的物品供应或服务流程最佳化的一种供应链管理策略"(GB/T 18354—2021)。

ECR 策略的目标是建立一个具有高效反应能力和以客户需求为基础的系统,在零售商与供应商等供应链成员企业之间建立战略合作伙伴关系,其目的是最大限度地降低供应链系统的运营成本,提高供应链系统的运营效率,提高客户服务水平。

ECR 策略的优势在于供应链成员企业为了提高消费者满意度这个共同的目标而结盟,共享信息和诀窍。它是一种把以前处于分离状态的供应链各方联系在一起以满足消费者需求的有效策略。

ECR 策略的核心是品类管理,即把品类(商品品种类别)作为战略业务单元(SBU)来管理,通过满足消费者需求来提高经营绩效。品类管理是以数据为决策依据,不断满足消费者需

求的过程。品类管理是零售业精细化管理之本。

品类管理主要由贯穿供应链各方的四个关键流程(即 ECR 的四大要素)组成,包括有效的新产品导入、有效的商品组合、有效的促销及有效的补货,如图 7-11 所示。

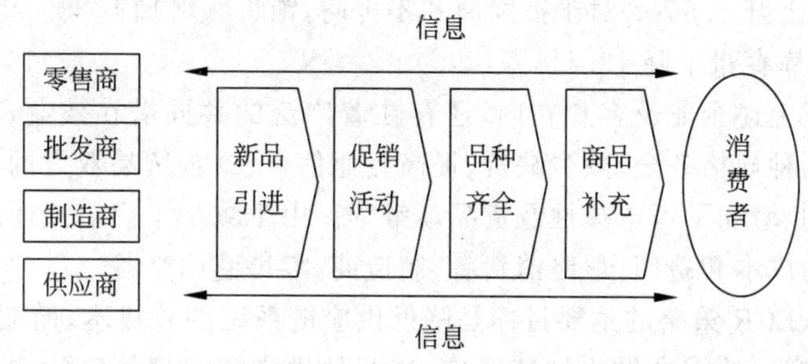

图 7-11　ECR 的运作过程

2. ECR 策略的实施

(1) ECR 策略在实施中的注意事项

① 确保给消费者提供更高的让渡价值。传统的贸易关系是一种此消彼长的对立型关系,即贸易各方按照对自己有利的条件进行交易,这是一种零和博弈。ECR 策略强调供应链成员企业建立战略合作伙伴关系,通过合作,最大限度压缩物流过程费用,以更低的成本向消费者提供更高的价值,并在此基础上获利。

② 确保供应链的整体协调。传统流通活动缺乏效率的主要原因在于制造商、批发商和零售商之间存在企业间联系的非效率性和企业内采购、生产、销售和物流等部门或职能之间存在部门间联系的非效率性。传统的企业组织以部门或职能为基础开展经营活动,以各部门或职能的效益最大化为目标。这样,虽然能够提高各个部门或职能的效率,但容易引起部门或职能间的摩擦。同样,在传统的业务流程中,各个企业以本企业的效益最大化为目标,这样虽然能够提高各个企业的经营效率,但容易引起企业间的利益摩擦。ECR 策略要求去除各部门、各职能以及各企业之间的隔阂,进行跨部门、跨职能和跨企业的管理和协调,使商品流和信息流在企业内和供应链系统中顺畅地流动。

③ 需要对关联行业进行分析研究。既然 ECR 策略要求对供应链整体进行管理和协调,ECR 策略所涉及的范围必然包括零售业、批发业和制造业等相关的多个行业。为了最大限度地发挥 ECR 策略所具有的优势,必须对关联行业进行分析研究,对组成供应链的各类企业进行管理和协调。

(2) ECR 策略的实施原则

在实施 ECR 策略时应遵循以下基本原则:①以更低的成本向消费者提供更优质的产品和服务;②核心企业主导供应链的运作;③供应链成员企业实时信息共享,科学决策;④最大限度压缩物流过程费用,确保供应链的增值;⑤重视供应链绩效评估,成员企业共同获利。

(3) ECR 策略在实施中使用的关键技术与方法

ECR 策略在实施中使用的关键信息技术手段包括条码技术、销售时点系统(POS)、射频识别(RFID)、电子数据交换(EDI)、电子订货系统(EOS)、提前装运通知(ASN)及产品、价格和促销数据库(item, price and promotion database)等。

ECR 策略在实施中使用的关键物流技术和管理方式包括供应商管理库存(VMI)、连续补货计划(CRP)、越库作业/直拨(CD)、品类管理(CM)等。

(4) ECR 策略的实施效果

实施 ECR 策略的效益是显著的。欧洲供应链管理委员会对 392 家企业调查的结果显示：对于制造商，预期销售额增加 5.3%，制造费用减少 2.3%，销售费用降低 1.1%，仓储费用减少 1.3%，而总盈利上升 5.5%；对于批发商和零售商，销售额增加 5.4%，毛利增加 3.4%，仓储费用降低 5.9%，库存量下降 13.1%。

除此之外，对于上述企业及客户在内，还存在着广泛的共同潜在效益，包括信息通畅、货物品种规格齐全、减少缺货、提高企业信誉、改善贸易双方的关系、消费者购货便利、增加了可选择性及货品新鲜等。由于减少了商品流通环节，消除了不必要的成本和费用，最终消费者、制造商、零售商均受益。

QR 策略和 ECR 策略的主要区别

需要指出的是，ECR 策略的主要目标是降低供应链系统的总成本，而 QR 策略的目标则是对客户的需求做出快速反应，这两种供应链管理策略的侧重点是不同的。

7.5 第四方物流运营与管理

随着物流业的进一步发展，行业内以及行业间企业并购、整合风潮促使以利用信息技术手段，为供应链提供完整解决方案的“第四方物流”产生。

7.5.1 第四方物流的概念与内涵

美国埃森哲公司最早提出第四方物流的概念，他们认为：“第四方物流服务商(fourth-party logistics service provider，4PLs)是一个供应链的集成商，它对公司内部和具有互补性的服务供应商所拥有的资源、能力和技术进行整合与管理，提供一整套供应链解决方案。”

从上述定义可以看出，第四方物流服务商的主要作用是对供应链进行整合和优化，在物流、信息等服务商及客户之间充当唯一“联系人”的角色。第四方物流服务商是具有领导力量的供应链集成[8]商，它通过设计、实施综合完整的供应链解决方案来提升供应链影响力并实现供应链的增值。

第四方物流的基本运营模式如图 7-12 所示。

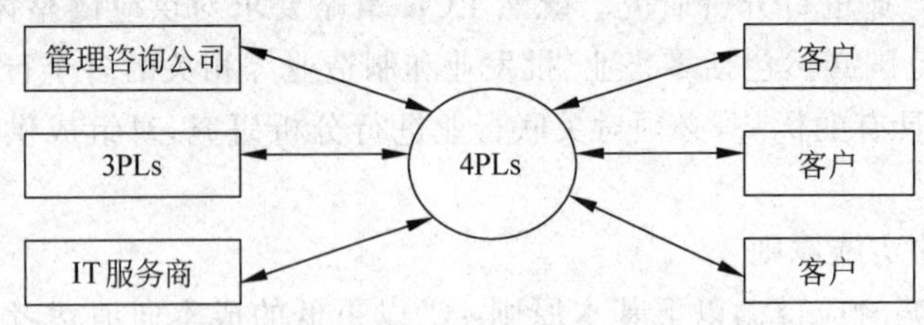

图 7-12 第四方物流的基本运营模式

由图 7-9 可知，第四方物流服务商集成了管理咨询公司、第三方物流服务商及 IT 服务商的资源和能力，利用分包商来管理和控制客户企业点到点的供应链运作活动。它在整合上述企业资源和能力的基础上，设计、实施能够实现价值最大化的供应链解决方案。第四方物流在运营中，不但强调业务外包的重要性，而且对人员的素质和能力的要求比较高。

案例：第四方物流公司——维克多供应链管理公司

近年来，国外已经出现了第四方物流的研究与试验。事实证明，第四方物流的发展可以满足整个物流系统的需要，它在很大程度上整合了社会资源，减少了物流时间，提高了物流效率，减少了环境污染。

7.5.2 第四方物流的特征

第四方物流具有再造、变革、实施和执行等几个特征。

1. 再造

再造是供应链流程协作和供应链流程的再设计。第四方物流服务商提供的最高层次的供应链解决方案就是流程再造。供应链业务流程的显著改善是通过供应链各环节计划与运作的协调一致或通过参与各方的通力合作来实现的。再造是对客户企业的供应链管理进行优化，并使供应链各节点的业务策略保持协调一致。

2. 变革

变革是通过新技术来实现供应链职能的加强，变革努力集中在改善某一具体的供应链职能上，包括销售与运作计划、分销管理、采购策略和客户支持等。领先的技术，高明的战略思维，卓越的流程再造及强有力的组织变革管理，共同组成最佳方案，对供应链流程进行整合和改善。

3. 实施

实施是进行流程一体化、系统集成及运作交接。第四方物流服务商应能帮助客户实施新的业务方案，包括业务流程重组、客户企业与服务供应商之间的系统集成等。

4. 执行

执行是指第四方物流服务商开始承接多个供应链职能和流程的运作。其运营范围包括制造、采购、库存管理、供应链信息技术、需求预测、网络管理、客户关系管理及行政管理等。同时，第四方物流服务商运用先进的技术优化整合供应链内部及与之交叉的供应链运作。

7.5.3 第四方物流的服务内容

第四方物流服务商不仅管理和控制特定的物流服务，而且对整个供应链物流过程提出策划方案，并通过电子商务进行集成。因此，第四方物流成功的关键在于为顾客提供最优的增值服务，即快速、高效、低成本和个性化的服务。发展第四方物流，需要充分利用第三方物流的能力、技术，且使贸易流畅，为客户提供全方位、一体化、多功能的综合服务，并扩大运营的自主性。第四方物流主要提供以下几方面的服务。

1. 物流服务

通过有效整合物流资源，为工商企业提供货物运输、仓储、加工、配送、货代、商检、报关等服务和全程物流数字化服务，以及整体物流方案策划服务。

2. 金融服务

为工商企业提供基于“电子银行”的企业间结算服务，与多家银行联合推出商品质押融资业务。

3. 信息服务

为工商企业提供来自物流终端的统计信息，帮助企业科学决策。通过整合传统资源及网络资源，为企业提供信息收集、信息发布、商品展示及广告宣传服务。

4. 管理、技术及系统服务

为工商企业提供基于供应链管理的全程物流管理及网络技术支持服务。为工业原料流通领域的企业提供管理需求界定、业务流程分析与规范、业务流程再造及建立 ISO 质量管理体系等服务。

7.5.4 第四方物流的价值

第四方物流服务商通过整合社会资源,提供综合性的供应链解决方案,有效满足客户企业多样化、复杂化、个性化的服务需求。第四方物流服务商通过影响整个供应链来实现增值,并带给客户可感知的效用。

1. 实现供应链一体化

第四方物流服务商通过与第三方物流企业、信息技术服务商和管理咨询公司等的协同运作,使物流的集成一跃成为供应链的一体化。业务流程再造将使客户、制造商、供应商的信息和技术系统实现一体化,把人的因素和业务规范有机结合,使整个供应链的战略规划和业务运作能够得到高效的贯彻实施。

2. 提高资产利用率

工商企业通过实施第四方物流,将减少固定资产投资,并提高资产利用率。与此同时,工商企业可实施"归核化"战略,通过扩大生产规模及投资新产品研究开发来获取规模经济和范围经济性收益。

3. 优化客户企业组织结构

第四方物流通过"再造"来实现客户企业业务流程的优化。随着物流及其他业务外包的不断扩展,必然使客户企业的一些传统职能"虚拟"化,从而使组织结构扁平化,使组织结构具有柔性,更能适应经营环境的变化。

4. 降低成本,增加利润

第四方物流的运作强调物流数字化的作用,通过有效的物流数字化作业,为物流信息系统提供强有力的信息源保证,从而使物流信息系统强大的分析决策功能得以有效发挥,并促进工商企业的利润增长。

第四方物流采用现代信息技术手段、科学的管理方法和优化的运作流程,使库存及资金的周转次数减少,从而降低交易费用。通过供应链规划、业务流程再造及一体化流程的实现,最大限度地降低供应链运营成本,实现利润增长。

第四方物流利润的增长取决于其服务质量的提高及成本的降低。第四方物流服务商是通过为供应链提供全方位、一体化、多功能的综合服务来获利的。

7.5.5 第四方物流运营模式的选择

第四方物流的运营模式主要有协同运营型、方案集成型和行业创新型三种类型。

1. 协同运营型

这是第四方物流服务商与第三方物流企业共同开发市场的一种模式。第四方物流服务商向第三方物流企业提供供应链整合策略、进入市场的能力、项目管理能力及技术服务等支持。第四方物流服务商在第三方物流企业内部运作,第三方物流企业成为第四方物流服务商的思想与策略的具体实施者,以达到为客户服务的目的。双方一般会采取战略联盟或合同治理的方式进行合作。第四方物流的协同运营模式如图 7-13 所示。

2. 方案集成型

在该模式中,第四方物流服务商整合了自身及第三方物流企业的资源、技术和能力,并充分借助第三方物流企业为客户提供服务。第四方物流服务商作为一个"枢纽",可以集成多个

服务商的能力及客户的能力。第四方物流的方案集成型运营模式如图 7-14 所示。

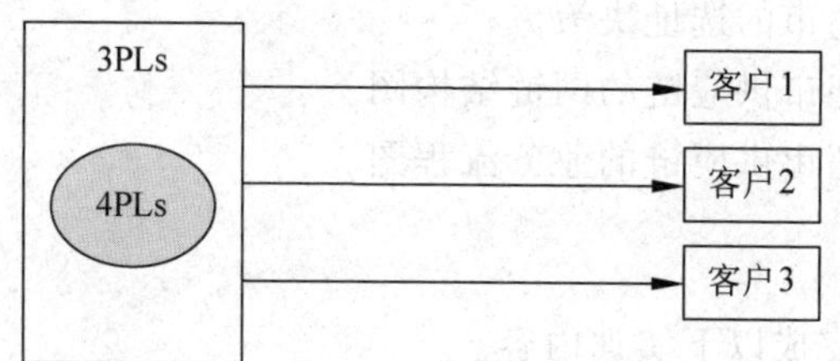

图 7-13　第四方物流的协同运营模式

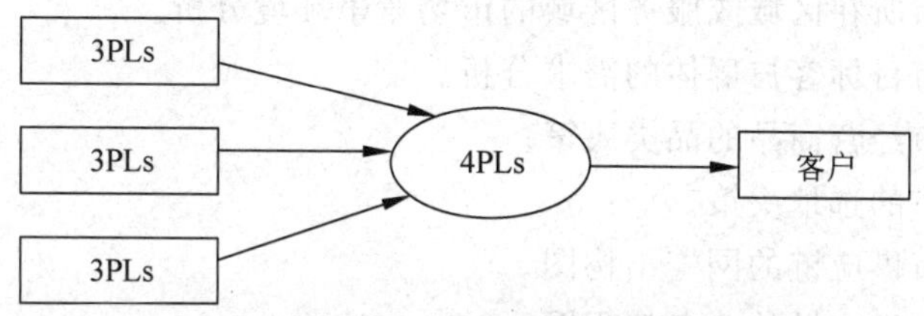

图 7-14　第四方物流的方案集成型运营模式

3. 行业创新型

在该模式中，第四方物流服务商将多个第三方物流企业的资源和能力进行集成，以整合供应链的职能为重点，为多个行业的客户提供完整的供应链解决方案，第四方物流的行业创新型运营模式如图 7-15 所示。在该模式中，第四方物流服务商这一角色非常重要，因为它是第三方物流企业集群和客户集群的枢纽。

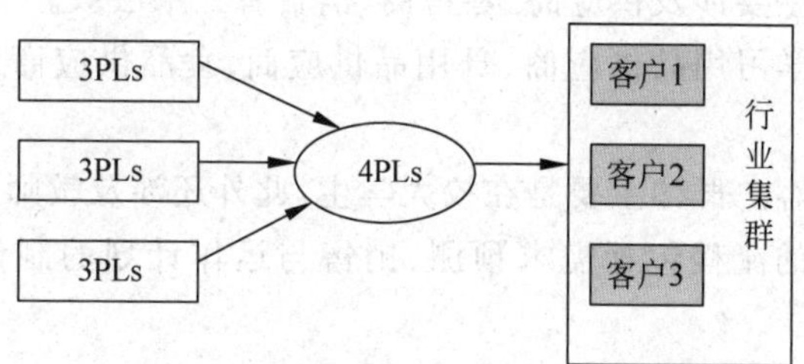

图 7-15　第四方物流的行业创新型运营模式

实训项目 8　校园超市供应链的设计

实训项目描述

学校后勤公司打算在学生生活区设立一家超市，面积约 150m^2，经营的商品拟以小食品、学生生活用品及学习用品等为主。假如你是学校后勤公司的业务主管，请完成“校园超市供应链的设计方案”。

实训目标

通过实训，应达到以下目标。

1. 能有效开展市场调查。
2. 能正确进行市场竞争环境分析。
3. 能正确进行校园超市目标客户群体的需求分析。

微课：校园超市供应链的设计

4. 能正确进行校园超市经营商品的品类决策。
5. 能正确进行校园超市的选址决策。
6. 能正确绘制校园超市供应链的网链结构图。
7. 能正确绘制校园超市供应链的业务流程图。

实训内容

学生以小组为单位,完成以下实训内容。

1. 开展校园超市所在区域或服务区域的市场调查,并完成调查报告。
2. 进行校园超市所在区域或服务区域的市场竞争环境分析。
3. 进行校园超市目标客户群体的需求分析。
4. 进行校园超市经营商品的品类决策。
5. 进行校园超市的选址决策。
6. 绘制校园超市供应链的网链结构图。
7. 绘制校园超市供应链的业务流程图。
8. 完成校园超市供应链的设计方案。

建议实训时间

5h,其中课内 1h,课余 4h。

注意事项

1. 校园超市供应链主要涉及供应商、零售商、消费者三个层级。

2. 供应商可能包括学习用品供应商、日用品供应商、食品供应商、饮料供应商、假日用品供应商等类型。

3. 校园超市的目标客户群体主要是在校大学生,此外还涉及教师、外来人员等。

4. 校园超市供应链的流程包括需求预测、销售与运作计划的制订、商品采购与供应、退货、客户服务等。

评价与反馈

1. 小组成果展示

(1) 小组的收获与体会见表 7-3。

表 7-3 小组的收获与体会

活动总结	内容描述
活动收获	
活动体会	

(2) 对其他小组的建议见表 7-4。

表 7-4 对其他小组的建议

反馈建议	内容描述
改进建议	

注:① 请从专业知识及用语准确、方法及应用正确和方案严谨可行等方面,分别对其他小组提出建议。

② 建议内容应分条列出、清楚准确,注意保持和谐的氛围。

2. 评分

采用加权平均法对学生的实训成绩进行评定，包括学生自评(25%)、小组互评(25%)、教师评价(50%)三部分，见表 7-5。

表 7-5　学生实训成绩评定

考核项目	评 分 标 准	分数	学生自评(25%)	小组互评(25%)	教师评价(50%)	小计
团队合作	是否默契：在市场调查、方案设计时是否相互交流、共同提高	5				
活动参与	是否积极：是否人人参与调查、分析及方案设计，是否都贡献了智慧和力量	5				
任务方案	是否正确、合理：任务方案涉及的内容是否科学、合理、规范，是否符合设计要求	5				
实训过程	① 是否正确开展了市场调查并形成调查报告	10				
	② 是否正确进行了市场竞争环境分析	10				
	③ 是否正确进行了目标客户群体的需求分析	10				
	④ 是否正确进行了品类决策	10				
	⑤ 是否正确进行了选址决策	10				
	⑥ 是否正确绘制了校园超市供应链的网链结构图	10				
	⑦ 是否正确绘制了校园超市供应链的业务流程图	10				
任务完成情况	是否圆满完成	5				
实训方法	是否规范、标准	5				
实训纪律	是否能严格遵守	5				
总　分		100				
教师签名：			年　月　日		得分	

注：没有按照要求进行实训，未能提供实训成果，本任务考核记 0 分。

实训项目 9　供应链运作与管理

实训项目描述

教师将全班同学分为 8 个小组，每个小组分别扮演供应商、制造商、批发商、零售商、顾客、银行等供应链参与体角色。供应链企业经营的产品是标准帽，标准帽由制造商生产。生产标准帽的原材料 A6 纸由供应商提供。标准帽通过批发商、零售商等中间商向用户销售。企业开展经营活动所需的资金可以向银行借贷。各小组模拟的企业的经营周期是1个月,月底时各小组计算盈亏,以此决定胜负。

实训目标

通过实训,应达到以下目标。

1. 能做出正确的经营决策。
2. 能正确制订供应链计划。
3. 能正确开展供应链运作活动。
4. 能正确处理供应链成员企业的关系(竞争/合作)。
5. 能与企业内部成员及外部业务伙伴进行有效沟通。
6. 能正确进行需求与供给预测。
7. 能正确进行供应链库存计划与控制。
8. 能正确核算运营成本并进行盈亏分析。
9. 能通过游戏体验供应链运作活动,并能从游戏中总结供应链运作与管理的经验。

实训内容

学生以小组为单位,完成以下实训内容。

1. 分组并确定所扮演的角色。教师将全班同学分为8个小组,每个小组分别扮演供应商(1家)、制造商(2家)、批发商(1家)、零售商(2家)、顾客(1组)、银行(1家)等供应链参与体角色。

2. 需求与供给预测。用户对标准帽的需求是波动的。在模拟的情境中,小镇居民在每个月的17日(第三周的星期六)领工资,这意味着小镇居民在每个月第四周的购买力比较强,在第五周有一定的购买力,在第三周的购买力最弱。各组在制订供应链运作计划时应考虑到这一点。

3. 制造商采购原材料。制造商生产的产品是标准帽,生产标准帽所用的原材料是A6纸(A4纸的1/4,约5cm×14.5cm),由供应商提供。生产每顶标准帽的原材料的采购价格是40元,供应商回购原材料的价格是20元。

4. 制造商生产标准帽。步骤如下:①取一张原材料(A6纸,呈长方形);②将A6纸较长的一个纸边折叠2cm;③将A6纸较短的两侧对接;④将一侧插入另一侧的折边中。这样就制成了一个简易的标准帽。

5. 产品分销。制造商的产品可以通过批发商、零售商等中间商向用户销售。批发商每周只从每家制造商处收购3顶质量合格的标准帽,收购价格是每顶80元。制造商也可以将标准帽销售给零售商,但是他们必须就产品的质量、购销数量和价格(包括是否允许赊销/赊购)等交易条件进行谈判并达成协议。

6. 关于赊销/赊购。游戏假定赊销不限量,且标准帽的赊销价格是每顶90元。如果制造商和零售商就赊销/赊购一事进行协商,制造商必须考虑货款能否收回。一旦双方达成赊销/赊购协议,接下来双方通过掷骰子决定制造商的赊销货款能否收回、何时收回及收回的款额。如果掷骰子后骰子正面显示的数字是1,预示着货款收不回;若显示2,本周四前收回一半货款;若显示3,本周四前收回全部货款;若显示4,本月底前收回一半货款;若显示5,本月底前收回全部货款;若显示6,重新掷骰子。

7. 关于资金。假定每组有100元存款。每组在每月的第一天可以从银行获得200元贷款。每组在当月 29 日连本带息将贷款还给银行,共计 250 元。每组在当月 27 日(星期二)支付 100 元房租。每组在每周星期六支付员工 110 元薪金。

8. 每周的工作安排。各组每周的工作安排如下：星期一,制造商采购原材料；星期二,制造商生产标准帽；星期三,制造商销售标准帽,零售商采购标准帽；星期四,零售商销售标准帽,制造商收回货款；星期五,各组制订下周的工作计划,零售商公布下周的市场状况；星期六,各组支付员工的薪金；星期日,各组休息。

9. 计算盈亏。在每月的最后一天,各组计算当月的盈亏。各组应该扣除 100 元存款,在此基础上计算利润额。

10. 讨论与分享。在游戏结束以后,各组对游戏过程及结果进行总结,并在全班范围内开展交流,分享成功的经验和失败的教训,以促进共同提高。随后教师点评。

建议实训时间

课余 4h。

注意事项

1. 教师利用计时器控制每一天的开始和结束。
2. 市场信息也可以由教师发布。
3. 各组应坚持制订工作计划,并把本组的工作目标写在白板上。
4. 各组在采购与供应谈判达成协议后要签订购销合同。
5. 如果有时间,全班同学可以多做几次游戏,每次做游戏都会产生不同的感受。
6. 如果有可能,各组可以轮流扮演不同的角色。
7. 做游戏的时间可以灵活安排,在同学们熟悉游戏内容后可以缩短每轮做游戏的时间。
8. 不是为做游戏而做游戏,而是要达到寓教于乐的目的。

评价与反馈

1. 小组成果展示

(1) 小组的收获与体会见表 7-6。

表 7-6　小组的收获与体会

活动总结	内容描述
活动收获	
活动体会	

(2) 对其他小组的建议见表 7-7。

表 7-7　对其他小组的建议

反馈建议	内容描述
改进建议	

注：① 请依据标准和规范,分别对其他小组提出建议。
② 建议的内容应分条列出、清楚准确,注意保持和谐的氛围。

2. 评分

采用加权平均法对学生的实训成绩进行评定,包括学生自评(25%)、小组互评(25%)、教师评价(50%)三部分,见表 7-8。

表 7-8　学生实训成绩评定

考核项目	评分标准	分数	学生自评(25%)	小组互评(25%)	教师评价(50%)	小计
团队合作	是否默契:在决策、计划及运作活动中是否相互交流、发扬团队精神、共同提高	5				
活动参与	是否积极:是否人人参与决策、计划及运作活动,是否都贡献了智慧和力量	5				
任务方案	是否正确、合理:任务方案中操作方法是否符合标准和相关规范	5				
实训过程	(1) 任务准备 ① 熟悉实训内容及要求 ② 选择实训环境和道具	20				
	(2) 任务实施 ① 做出经营决策 ② 制订供应链计划 ③ 开展供应链运作活动 ④ 进行供应链库存计划与控制 ⑤ 成本核算及盈亏分析	30				
	(3) 任务结果 ① 实训活动视频三个 ② 总结汇报 PPT 一份	20				
任务完成情况	是否圆满完成	5				
实训方法	是否规范、标准	5				
实训纪律	是否能严格遵守	5				
总　分		100				
教师签名:			年　月　日		得分	

注:没有按照要求进行实训,未能提供实训成果,本任务考核记 0 分。

产品类型与供应链类型及需求响应策略等的匹配关系

校园超市供应链的设计

小　　结

供应链是描述商品或服务的需—产—供过程中的实体活动及其相互关系动态变化的网络。其概念的演变经历了传统供应链、集成供应链、协同供应链和智慧供应链等阶段。供应链具有需求导向、增值性、交叉性、动态性、复杂性等特征。供应链管理主要是对成员企业的合作关系进行协调，并对采购、生产、销售各环节的商流、物流、信息流及资金流进行统一管理。其管理范围涉及需求、生产计划、物流及供应等领域。供应链管理具有需求驱动、系统优化、流程整合、信息共享、互利共赢等特点。供应链管理的主要目标是消除重复与浪费，寻求供应链服务与供应链成本的平衡，并对市场需求做出快速响应。供应链管理必须建立在双赢的基础之上，并能实现实时信息共享。全球供应链管理、电子供应链管理、绿色供应链管理及供应链金融等是供应链管理的主流发展趋势。供应链的设计策略包括基于产品的供应链设计策略、基于成本的供应链设计策略及基于多代理的供应链设计策略等。供应链的设计需遵循双向、简洁、集优、协调、动态、战略、创新等原则。实施 QR 策略能对客户的需求做出快速反应，实施 ECR 策略能有效降低供应链系统的总成本。第四方物流服务商能为企业提供完整的供应链解决方案。

同步测试

一、判断题

1. 供应链上各企业不存在竞争关系，只存在合作联盟关系。（　　）
2. 现代供应链主要指产业供应链。（　　）
3. 供应链管理强调供应链成员企业的协同。（　　）
4. 推式供应链比较适合创新型产品，拉式供应链比较适合功能型产品。（　　）
5. 供应链上的资金流、信息流和物流的方向都是一致的。（　　）
6. 供应链的精益性强调去除多余的环节，精干、高效，而敏捷性则强调快速重构。（　　）
7. 构建绿色供应链就需要通过生命周期评价(LCA)来评估整个供应链对环境的影响。（　　）
8. 电子供应链应该建立在网络技术协同的基础上。（　　）
9. 精益供应链的特点是根据动态联盟的形成和解体，进行快速重构和调整。（　　）
10. 电子供应链建立在一体化供应链网络之上，而一体化供应链网络则通过物流网络和信息网络连接在一起。（　　）

二、单选题

1. 供应链的本质特征是(　　)。
   A. 需求导向性　　B. 增值性　　C. 动态性　　D. 交叉性
2. 后向物流金融最典型的是(　　)。
   A. 基于应收账款的物流金融服务　　B. 基于应付账款的物流金融服务
   C. 买方信贷　　D. 保税仓融资
3. 下列属于供应链管理的作用与优势的是(　　)。
   A. 成本优势　　B. 资金优势　　C. 库存优势　　D. 信息优势

4. 下列不属于创新型产品的特征的是(　　)。

A. 边际利润高　B. 需求不稳定　C. 产品生命周期长　D. 产品多样性高

5. 供应链管理涉及的主要问题是(　　)。

A. 资金流问题　B. 全球化问题　C. 结构性问题　D. 协调机制问题

6. 与反应型供应链相匹配的产品是(　　)。

A. 创新型产品　B. 功能型产品　C. 科技型产品　D. 基本型产品

7. 推式供应链的运营是以(　　)为核心,对需求变动的响应能力较差。

A. 供应商　B. 制造商　C. 分销商　D. 零售商

8. 下列不属于功能型产品特征的是(　　)。

A. 产品多样性低　B. 需求稳定　C. 产品生命周期长　D. 边际利润高

9. 企业实施供应链管理的最终目标是(　　)。

A. 优化分销渠道　B. 优化物流管理

C. 提高客户满意度　D. 提高企业利润

10. 虚拟企业也称(　　)。

A. 动态联盟　B. 静态联盟　C. 敏捷供应链　D. 精益供应链

三、案例分析题

中国的希音为什么能够打败西班牙的 ZARA

SHEIN(希音)仅仅用了十几年的时间,就从一家名不见经传的中国企业快速成长为全球服装行业的一匹黑马。在时尚和服装 App 下载量方面,希音位居全球第一。2022 年,希音的市场份额一举超过 ZARA,成为美国市场最大的服装零售商。希音打败 ZARA,成为全球服装行业的一颗璀璨之星。

一、ZARA 的服装供应链模式

集中生产、极速补货、超低库存,这种把时尚服饰当成是“会变质的蔬菜”来设计和架构的独特供应链被业界称为“时尚快速反应的极速供应链”。

公司的创始人奥特加于 1975 年在西班牙街头创立这家名为 ZARA 的门店时,其目的并非现在对 ZARA“快速时尚”的认知。而是因为当年一个德国大客户取消了给奥特加工厂的大订单,大量积压的库存让奥特加面临破产。在垂死挣扎之际,奥特加尝试通过直接做零售,通过促销、打折使库存快速变现。没想到,此举不仅挽救了处于垂死边缘的工厂,还让奥特加萌发了将生产和零售相结合,通过加快供应链的反应速度,将库存风险降至最低的“极速供应链模式”。

为了能够将销售和生产紧密衔接、加快供应链的反应速度,奥特加想尽了一切办法。他把大部分的采购和生产业务集中在欧洲:在 ZARA 的总部(西班牙拉科鲁尼亚)建立高度自动化的生产基地。为了加速生产基地和周边劳动密集型缝制厂的协作,奥特加在方圆 200 英里的地下架设了传送带网络,这就是闻名于世的 ZARA 的“地下工厂”。不仅如此,奥特加还在全球多地建立了国际物流中心,通过空运的方式将服装运输到全球各地,极大地提高了服装的库存周转率。

ZARA 的服装供应链可以实现服装产品从设计到上架仅 15 天时间,整个供应链基本没有呆滞库存。这种高度垂直一体化的供应链模式,让 ZARA 与同时代的其他采用全球采购(生产外包)的服装品牌厂商拉开了差距。因为传统服装品牌厂商的产品从设计到上架往往需要三个月到半年的时间。虽然时尚服装的毛利极高,但扣除折价及报废的损失之后,净利润所剩无几。甚至如果企业运作不当,还会造成亏损。

二、希音制胜的关键

这些年,中国许多服装品牌厂商就始终处于上述这个状态。经济好的时候,或者把握住市场商机之时,销售形势一片大好,公司盈利颇丰。一旦市场转向,消费者购买意愿下降,服装品牌企业就会出现大量的呆滞库存,业绩陡然下滑。但是也有例外。希音打败ZARA,成为全球服装行业的成功案例。希音的成功,是创始人很好地把握住了中国在这个时代的两个最大的红利——互联网数字化及中国作为全球最大的制造工厂。希音将ZARA的极速供应链模式架构在这两大红利之上,成功地打造出了比ZARA更快的"超极速供应链"。

(一)来自中国互联网数字化的能力

希音的创始人许仰天来自互联网行业,他早期从事的是搜索引擎优化工作,其骨子里流淌着互联网原生的思考和行为方式。

ZARA所构建的极速供应链是在IT时代,该供应链的反应速度也是上个时代可以达到的最快速度;而希音所构建的超极速供应链是在当今数字化时代,该供应链的反应速度也是当代可以达到的最快速度。从某种程度上讲,希音和ZARA的竞争是不同时代、不同维度的供应链的竞争。

1. 销售方式之比较

ZARA主要通过线下门店进行销售,而希音主要通过独立网站和App进行线上销售。ZARA可以做到千店千面,而希音可以通过互联网实现颗粒度更细的千人千面。希音不仅可以为不同地区不同消费者推荐风格迥异的商品,还可以基于各地文化和习俗差异开展丰富多彩的线上购物活动,提升用户的黏度。

2. 时尚元素的获取方式之比较

ZARA另一个引以为傲的能力是它的"酷猎手"(Cool Hunter)模式。通过穿梭于巴黎、米兰街头巷尾和时装秀场的那些拿着"大炮筒"相机的"酷猎手"来捕捉当下最为流行的服装时尚元素,然后通过邮件将这些讯息传递给总部的设计师。设计师据此就可以足不出户地掌握全球服装的时尚资讯,接下来便高效地完成时尚服装的设计。

而希音采用的是创始人许仰天最擅长的互联网方式,通过App和独立站点获取大数据并进行分析;通过谷歌、Facebook等网站上的爬虫抓取时尚流行元素。

与ZARA采用人力获取讯息的方式相比,希音的方式不仅效率更高,而且可以通过数据算法把经验沉淀在数字化的商品规划系统中。

3. 供应链协作系统之比较

ZARA的系统创建于20世纪,采用传统IT系统的架构方式。虽然ZARA这些年也一直在进行系统的升级和改造,但现阶段制约企业发展的最大限制因素之一的恰恰就是这些传统的IT系统:烟囱式架构,数据不统一,很难有效利用最新的算法及仿真等能力,缺少智慧化的基座,迭代难度大。

希音的系统则是根植于数字化时代的云原生架构。从2014年起,希音就投入资金进行供应链数字化系统的自主研发。通过构建和打通商品中心、运营中心、生产中心等九个部门的十个数字化模块,将全部供应商接入供应链平台进行集中化管理。例如,通过MES和GMP等系统,从产能分配、订单下达、工厂进度跟踪、物流履约进程等方面,全面实现了供应链的数字化、可视化管理。

虽然希音的数字化能力还处在不断迭代中,但数字化时代的柔性系统及其迭代能力是

ZARA在IT时代构建的信息系统所无法企及的。

(二) 来自中国制造的能力

数字化只是其一,希音在供应链上的胜出还来源于他们深谙中国制造的能力所在。

ZARA总部所在的西班牙拉科鲁尼亚是欧洲纺织服装行业的中心。而希音所在的珠三角,尤其是广州,是全球纺织服装行业的中心。

希音和ZARA的竞争是两家公司企业供应链的竞争,更是中国服装产业供应链和欧洲服装产业供应链的竞争。希音的供应链中心位于番禺,周边众多的中小工厂在三十几年外贸订单的驱动下,逐步形成了独特的服装小订单快速生产的能力。这与希音所要求的小订单快速反应能力完美契合。

供应商是希音成功的最重要的因素之一。与ZARA的垂直一体化不同的是,因为有了数字化协同和中国服装供应商快速反应能力的双重支持,希音放心地将制造外包给了周边的1 000多家中小服装供应商。为了更好地与供应商协同,希音在供应商管理上做足了功课。

服装行业的中小制造商大都缺钱,服装行业的平均付款周期更是高达45天。然而,作为供应链核心企业的希音,为自己的服装供应商提供了短至半个月的付款周期,优质供应商甚至能够获得七天的付款周期。不仅如此,针对制造成本较高的小订单,希音还会对供应商给予补贴,甚至为优质供应商提供贷款和奖励等。

对于供应商最担心的服装库存问题,希音还承诺非质量问题不退货,让供应商在接单生产时无后顾之忧。

这些举措不仅赢得了良好的口碑,还获得了供应商的支持。相应地,希音的采购成本比同行普遍低5元/件。

中国的服装供应商能力参差不齐,有的具备设计能力甚至有自己的独立品牌,但溢价高;有的就是一个夫妻店,只懂得接单制造,但成本也更低。

为了能够充分利用不同供应商的优势,希音与不同类型的供应商实施了不同的合作模式。对于有品牌及设计和制造能力的供应商采用OBM模式,对于有设计和制造能力的供应商采用ODM模式,对于只拥有制造能力的供应商采用OEM模式,对于那些能够进行销售拓展的供应商采用VMI模式。采用不同的合作模式,让具有不同能力的供应商都能够在希音的平台上找到契合点并发挥自己最擅长的能力。

为了确保供应商满足希音的质量和履约要求,希音对供应商进行了分级分类管理。按照采购金额和对供应商的评估指标,希音将供应商分成S、A、B、C、D五个等级,S级供应商可以获得高达8%~12%的利润,而处于D级的供应商则将面临淘汰。竞争和奖惩使希音的供应商不断努力提升自己的能力,形成了正向循环。

为了能够让供应商专注于制造,希音搭建了全球供应链物流网络。供应商只需要将货物运送至希音的国内仓,剩下的事情都由希音的物流团队完成。为了提高物流速度,希音采用了与ZARA一样的空运模式,并通过在全球各地建立起来的物流中心和转运中心提高运输的时效性。

由于拥有强大的供应链能力,希音在商品丰富度上可以同时销售15万个单品,是ZARA的15倍;新品上市周期最短为7天,是ZARA(15天)的一半;在款式测试效率上,希音每生产3千件服装可以测试30个款式,而ZARA的线下方式每次最多只能测试6个款式。

未来十年,将是中国供应链借助数字化的翅膀腾飞的黄金十年,我们有机会在这十年里赶超欧美企业通过几十年乃至上百年所构建的商业模式。作为中国人,我们对此充满信心!

希音和 ZARA 的竞争还在继续，未来还会有很多像希音这样的中国企业，通过结合中国供应链的优势和中国数字化的优势实现“弯道超车”，成为杀出各个传统行业的一匹匹黑马，我们拭目以待！

根据案例提供的信息，回答以下问题。

1. 希音为什么能够打败 ZARA？

2. ZARA 的服装供应链有什么特点？

3. 如何理解 ZARA 垂直一体化的供应链模式？这里的垂直一体化是指纵向一体化吗？

4. ZARA 的服装供应链属于何种类型的供应链？

5. ZARA 的服装供应链与传统服装品牌厂商的供应链有什么不同？

6. 为什么说“希音和 ZARA 的竞争是不同时代、不同维度的供应链的竞争”？

7. 什么是数字化供应链？数字化供应链和传统供应链有何不同？

8. 为什么说“希音和 ZARA 的竞争是两家公司企业供应链的竞争，更是中国服装产业供应链和欧洲服装产业供应链的竞争”？

9. 什么是现代供应链？现代供应链与传统供应链的区别是什么？

10. 为什么企业供应链会发展到产业供应链的新阶段？

11. 希音与合同制造商是如何建立双赢合作关系的？

12. 简述希音与合同制造商合作模式的内涵。

13. 希音为什么要对合同制造商进行分级分类管理？

14. 希音与合同制造商合作关系的本质是什么？

15. 简述希音和 ZARA 的服装供应链的异同。

16. 请对希音供应链的优化提出建议。

17. 请结合本案例谈谈对“企业的竞争已经演变为供应链与供应链的竞争”这句话的理解。

参考文献

[1] 胡建波.工作过程系统化的高职“供应链管理”课程教学改革探析[J].供应链管理,2021(10).
[2] 胡建波.采购成本核算范围的合理界定[J].企业管理,2021(4).
[3] 胡建波.降库存“舞动”供应链[J].企业管理,2020(3).
[4] 胡建波.从产品生命周期看采购与供应[J].企业管理,2019(11).
[5] 胡建波.SCOR模型助力供应链改善[J].企业管理,2018(10).
[6] 胡建波.延迟策略的实质与缓冲点决策[J].企业管理,2017(2).
[7] 胡建波.产品生命周期(PLC)理论在企业管理中的应用[J].现代商业,2016(36).
[8] 胡建波.工学结合背景下高职物流管理专业人才培养的思考[J].职教通讯,2015(7).
[9] 胡建波,陈敏.供应链库存管理策略[J].企业管理,2013(4).
[10] 胡建波.延迟策略在供应链管理中的应用[J].企业管理,2012(2).
[11] 胡建波.探析物流外包的风险与对策[J].企业导报,2012(4).
[12] 胡建波.合理设置缓冲存货点[J].企业管理,2011(6).
[13] 胡建波.供应链管理的两种策略[J].企业管理,2011(7).
[14] 胡建波.牛鞭效应的成因与减弱对策[J].企业管理,2011(8).
[15] 胡建波.不同生产方式的库存管理策略[J].企业管理,2011(10).
[16] 胡建波.基于产品类型的供应链管理策略研究[J].中国物流与采购,2011(14).
[17] 胡建波.物流外包的风险成因与对策[J].中国物流与采购,2011(17).
[18] 胡建波.ABC分类法及其在物流管理中的应用[J].商业时代,2011(27).
[19] 胡建波.工商企业物流外包的动因探析[J].中国水运,2011(3).
[20] 胡建波.供应链设计与优化[M].成都:电子科技大学出版社,2011.
[21] 胡建波.高职供应链管理实务课程建设与改革研究[M].成都:西南财经大学出版社,2011.
[22] 胡建波.物流案例与习题集[M].成都:西南财经大学出版社,2011.
[23] 胡建波.高职“供应链管理实务”学习领域课程整体设计[J].职业技术教育,2009(26).
[24] 胡建波.工作过程导向的高职“供应链管理实务”课程重构[J].职业技术教育,2008(34).
[25] 胡建波.企业核心竞争力的培育方法与途径[J].商场现代化,2007(20).
[26] 胡建波,王东平.供应链管理能力的提升策略[J].企业改革与管理,2006(7).
[27] 胡建波,王东平.企业核心竞争力的关键构成要素及分析[J].华东经济管理,2006(7).
[28] 胡建波.高职院校教师职业能力研究[M].成都:电子科技大学出版社,2012.
[29] 胡建波.高职院校教师职业能力的内涵与要素分析[J].职教通讯,2011(5).
[30] 胡建波.高职院校教师职业能力的现状与对策[J].商情,2010(33).
[31] 胡建波.职业能力的内涵与要素分析[J].职教论坛,2008(2下).
[32] 胡建波.高职学院核心竞争力及培育研究[J].职业技术教育,2005(34).
[33] 汤伶俐,胡建波.西部科技孵化载体的路径重建[J].企业改革与管理,2006(10).
[34] 蓝仁昌,刘俐.物流企业运营管理[M].4版.北京:中国财富出版社,2019.
[35] 王转,吴秀丽,张庆华,卢山.现代物流学[M].北京:清华大学出版社,2020.